华中师范大学中国农村研究院

智库书系·地方经验研究

丛书主编／徐 勇 邓大才

天长突破：

让土地活起来的农村产权改革

党亚飞 姜胜辉 邓佼 等◎著

社会科学文献出版社

SOCIAL SCIENCES ACADEMIC PRESS (CHINA)

《智库书系》编辑委员会成员

总　序

地方经验研究是由华中师范大学中国农村研究院推出的系列著作。

中国作为一个古老的文明大国，能够在 20 世纪后期迅速崛起，展现出强大的活力，得益于改革开放。20 世纪 80 年代兴起的改革开放，重要目的就是"搞活"，在搞活经济的过程中确立了市场机制。市场竞争机制不仅激活了经济，而且激活了地方和基层的自主性和创造性。极具战略眼光的顶层设计和极具探索精神的地方基层实践以及两者之间的良性互动，是中国政府推动现代化建设取得巨大成功的秘诀。中国改革开放的路径就是：先有地方创造的好经验，中央加以总结提高上升为好政策，然后经过若干年推广再确定为好制度。本书系正是在这一背景下推出的。

我们华中师范大学中国农村研究院自 20 世纪 80 年代开始，就关注农村改革，研究农村治理，并以实地调查作为我们的基础和主要方法。调查一直是立院、建院和兴院之本。在长期实地调查中，我们经常会与地方和基层领导打交道，也深知地方和农村基层治理之不容易。地方和基层治理的特点是直接面对群众、直接面对问题、直接面对压力。正因为如此，地方和基层领导势必要解放思想，积极开动脑筋，探索解决问题的思路和方法，由此有了地方创新经验。我们自觉主动地与地方进行合作，通过理论与实践相结合，共同探索地方发展路径并总结地方创新经验，起始于 2011 年。当年初，地处广东西北部的云浮市领导为探索欠发达地区的科学发展之路，专程前来我院求助请教，我们也多次前往该市实地考察、指导和总结。至此，我们开启了地方经验研究的征程，并形成了基本的研究思路和框架。

地方经验研究的目的，主要是发现地方创造的好经验、好做法、好举措，突出其亮点、特点和创新点。中国的现代化是前所未有的伟大实践，必然伴随大量问题。对不理想的现实的批判思维必不可少，需要勇气；而促进有效解决问题的建设思维也不可或缺，需要智慧，两者相辅相成，各有分工，共同目的都是推动社会进步。作为学者，我们不仅要持公正立场评点现实，更要参与到实际生活中，理解现实，并运用自己的智慧与实践者一同寻求解决问题之道。历史的创造者每天都在创造历史，但他们往往不是自觉的，学者的参与有可能将其变为自觉的行为；历史的创造者每天都在创造历史，但他们往往并不知道自己在创造历史，学者的总结则可以补其不足。地方与基层的探索是先行一步的实践，需要总结、加工、提炼，乃至推介，使更多人得以分享；地方与基层的探索是率先起跑的实践，需要讨论、评价、修正，乃至激励，使这种探索能够可持续进行。我们的地方研究便秉承以上精神，立足于建设性思维。

地方经验研究的方法，绝不是说"好话"，唱"赞歌"。在地方经验研究中，我们遵循着以下三个维度：一是地方做法，时代高度。尽管做法是地方的，但反映时代发展的趋势，具有先进性。二是地方经验，理论深度。尽管是具体的地方经验，但包含相当的理论含量，具有普遍性。三是地方特点，全国广度。尽管反映的是地方特点，但其内在价值和机制可复制，具有推广性。正是基于此维度，我们在地方经验研究中，非常注意两个导向：一是问题导向。地方和基层实践者之所以成为创新的主要动力，根本原因在于他们每天都必须直接面对大量需要处理的问题。解决问题的过程就是实践发展的过程。二是创新导向。解决问题是治标，更重要的是寻求解决问题的治本之策，由此就需要创新，需要探索，也才会产生地方好经验。怎样才是创新呢？需要有两个标准：一是历史背景。只有将地方经验置于整个宏观历史大背景下考察，才能理解地方创新由何而来，为什么会产生地方创新。二是未来趋势。只有从未来的发展走向把握，才能理解地方创新走向何处去，为什么值得总结推介。

我们正处于一个需要而且能够产生伟大创造的时代。地方经验研究书系因时代而生，随时代而长！

主编 徐 勇

2015 年 7 月 15 日

目　录

理论篇

个案篇

经验篇

理论篇

导　论

习近平总书记在 2015 年中央农村工作会议上强调，重农固本是安民之基。十九大报告再次提出，农业农村农民问题是关系国计民生的根本性问题，必须始终把解决好"三农"问题作为全党工作的重中之重。从实质上说，农民问题更是核心，根植于农村土地问题。因此处理好农民与土地的关系，是解决好"三农"问题的重要突破口。当前，我国正处于深化改革的关键时期，但农村农业仍然是我国改革发展中的短板和弱项，严重制约着我国的现代化进程。如何蹚过农村改革的深水区，啃下土地问题这块"硬骨头"，成为我国正在面临的重大挑战。

2013～2017 年，中央一号文件连续五年聚焦深化农村改革，尤其是在农村土地制度改革方面，持续要求加大对农村集体产权制度改革的力度，激活农业农村发展新动能。然而，长期以来我国农村集体土地存在一定的制度性障碍，束缚着我国迈向农业农村现代化的步伐。其制约性因素表现为产权不清晰、权能不完整、流转不顺畅、保护不严格等，造成农民个体难富裕、农业整体难进步、农村集体难发展，农业与工业难以同步发展，农村与城市难以融合发展，致使农业农村沦为"塌陷区"。面对长期存在和日益复杂的"土地"问题，安徽省天长市以国家农村集体产权制度改革试点为契机，率先推进"三权分置"改革，先行先试农村集体资产股份权能改革，完善支农保护制度，巩固和丰富"统分结合"的农村基本经营制度，创新构建新型农业服务体系，夯实乡村治理根基，为实现农业全面升级、农村全面进步和农民全面发展奠定了坚实基础，为实现乡村振兴提供了有益探索。

一 "天长突破"的缘起

天长市是安徽省东大门，"三面环苏、居中靠东、挂北偏南"，特殊的地理区位优势，赋予了天长市市场经营意识，厚植了其改革创新理念。同时，由于天长市位于改革重镇滁州市，改革土壤厚重，竞相改革氛围浓烈。而集体土地产权附带的诸多体制机制性障碍因素，束缚了农地发展潜能，限制了农民增收创收，挤压了农业农村的发展空间。在全面深化农村改革的爬坡越坎时期，天长市综合历史延续、现实条件、战略要求和基层诉求等方面，锐意进取，大胆实践，在农村产权制度改革中成为创新典范。

（一）具备突破发展的基础性条件

改革不是空中楼阁，必须建立在一定的历史土壤和物质基础之上。天长市接近长三角市场，工农业起步较早，具备雄厚的经济条件和稳定的发展基础，这些成为其推动深化农村产权制度改革的有力支撑。首先，天长市的经济发展水平较高，综合经济实力靠前，为推进深化改革发展起到了"稳定器"和"加速器"的作用。天长市仪表、电缆产业优势明显，民营经济发达，为县域经济注入了强劲动力。天长市2016年政府工作报告显示，2012~2016年，天长市的县域经济综合实力一直稳居全省前十，在滁州市连续多年保持综合考核第一的位次。2012年在全省一类县考核中排名第五，在皖江示范区和省级开发区两项考核中均排名第一。2014年、2015年连续两年跻身全国科学发展百强县，连续10年进入中部百强县行列。强大的工业基础和工商资本，为以工代农、工农互促、融合发展提供了重要条件。其次，天长市作为农业发展强市，更是农业商品粮基地，持续不断地深化土地制度改革，保障粮食稳产增收，势在必行。2016年天长市政府工作报告显示，天长市农业加快发展，粮食总产达74.6万吨，实现"十二连丰"，两次荣获全国粮食生产先进县称号。因此，若想在原有农业发展的基础上稳中求进，需要进一步破除影响土地产能的制约性要素。再次，天长市具有合作经营、专业经营的良好因子和历史创制。根据天长市农委党组成员房华玄介绍，"自（20世纪）80年代开始，天长市就产生过水产养殖专业合作社"，这为探索多种形式的适度规模经营打下了基础，也具有历史性参考依据。最后，天长市个体农民的市场意识形塑较早。早在20世纪80年代左右，部分天长市农民就去浙江、上海、江苏等地"跑外勤"，具备较为广阔的视野和市场经营意识，为后来发展工商业以及向农业领域扩容转型提供了一定的基础，在发展家庭农场、合作社和龙头企业等新型农业经营主体上起到了积极作用。

（二）适时完善集体产权制度所需

2017年中央一号文件指出，要落实农村土地集体所有权、农户承包权、土地经营权"三权分置"办法。加快推进农村承包地确权登记颁证，扩大整省试点范围。抓紧研究制定农村集体经济组织相关法律，赋予农村集体经济组织法人资格。天长市全面深化农村改革，尤其是在农村土地制度改革中的探索实践，顺应历史发展潮流，也是一次理论突破和制度创新，是对以家庭联产承包经营为基础、统分结合的双层经营体制的重大创新，从调整生产关系上释放了生产力。

一方面，土地承包权制度需要巩固和完善。20世纪60年代，我国实行人民公社体制，政社合一，土地所有权和经营权统一，村庄集体安排生产、经营、消费、分配，家庭生产功能丧失。农民在缺乏土地这一重要生产资料的基础上，生产积极性低下。而为了改变这一体制弊端，20世纪80年代，隶属滁州市的凤阳县小岗村农民以立下生死状的方式实行家庭联产承包责任制，土地集体所有，农户承包经营，农民"一夜之间吃饱了饭"。然而，一度促进中国农村经济发展的制度创新，却带来了一些问题。一是小农户经营造成土地过度分散化；二是在当前工业化、城镇化背景下，人口"离土进城、离农务工"，造成农业经营"弱质化、兼业化和空心化"，土地作为农民曾经的"香饽饽"也逐渐变成"鸡肋"。而外部社会资本和工商资本由于没有社区成员身份，加之体制性限制，无法规模流转经营农地。农民有地不愿种、不会种，新型农业经营主体想种无地种、无钱种的双向问题突出，倒逼"三权分置"改革应运而生。另一方面，在集体资产方面，存在"统"的问题，"统"的优势不明显，具体原因在于产权不明、流转不畅和保护不严、运营不利等。这一系列叠加因素造成集体非经营性资产没有发挥应有价值，同时，经营性资产无法保值增值，甚至被私占流失，不利于农民权利的保障，不利于农村集体经济的壮大发展，也不利于构建稳定的乡村秩序，更不利于基层治理现代化的实现。为此，在 2015 年 7 月，天长市作为安徽省唯一的国家集体资产股份权能改革试点，率先整体推进，明晰权属、折股量化并实施股份合作经营，赋予了农户实质的集体资产股份收益。

（三）适应中央总体战略部署的需要

天长市的农村产权制度改革和突破创新，不是凭空而来的，而是在中央战略部署下的地方实践，是中央和地方互动实践的结果。一方面，党的十八大以来，尤其是 2013 年以来，"三权分置"内容逐渐成形成熟。2013 年，习近平总书记在武汉考察时强调，深化农村改革，完善农业基本经营制度，要好好研究农村土地所有权、承包权、经营权三者之间的关系。在此基础上，党的十八届五中全会明确要求，要完善农村土地所有权、承包权、经营权分置办法，依法推进土地经营权有序流转。2016 年 10 月，中办、国办下发《关于完善农村土地所有权承包权经营权分置办法的意见》，对引导土地经营权有序流转、发展适度规模经营、推动现代农业发展和增加农民收入提供了制度基础。安徽省天长市在中央决策部署前，于 2009 年就制定并出台了《关于推进农村土地流转的试行意见》。天长市已经有大量的土地流转经营，但是流转规模过大，流转程序不完善，流转平台和服务中心不健全，出现了经营规模过大导致的"亏本跑路"等现象。天长市农委农经站站长范正磊谈到，"当时农业经营领域出现了三个'三分之一'，其中三分之一是亏本"。为此，2016 年 12 月，天长市发布规范农村土地承包经营权流转的行动方案，由过去盲目的"垒大户"向理性的适度规模经营转变。

另一方面，在集体资产股份权能改革上，天长市同样在规范引导之下开展。2015 年，中央部署在全国 29 个县（市、区）积极发展农民股份合作、赋予农民对集体资产股份权能改革试点。2016 年 12 月 26 日，中央出台《关于稳步推进农村集体产权制度改革的意见》，对改革做出了全面部署。天长市作为 29 个集体资产股份权能改革试点之一，在 2017 年上半年率先完成试点任务，成为安徽省乃至全国的改革标杆。

在中央的规范引导和积极支持下，天长市作为农村综合改革试验区，在集体产权制度改革进程中，试点先行，分类实施，整体推进，为中央提出的改革命题交出了地方答卷，也成为其他地区可以借鉴的样本。

（四）顺应基层探索经营发展所需

天长市的农村产权制度改革，并不是完全基于中央提出的改革规划的被动选择，更是其本身发展的需要，是基于其内生需求的一种主动选择的结果。一方面，从资源性土地方面来看，一是从农民角度来说，由于本地濒临长江三角洲，企业数量较多，天长市外出经商、务工人口规模大，农民"离土又离乡"；同时本市各镇民营经济发达，加工制造业对农村劳动力吸纳较多，农民"离土不离乡"。二者叠加造成"谁来种地"的问题。一些分散土地被转移到具有社会资本的乡土能人手中，由其联耕或流转。据芦龙农事服务专业合作社的刘明文理事长反映，大部分农户都外出打工，土地被撂荒。时任村支书的刘明文就通过置换土地、整合土地的方式，建立合作社，自耕或返包流转土地约 6000 亩。二是从新型农业经营主体角度分析，工业面临结构调整，内部产能过剩，促使工业资本向土地资源投放，催生了家庭农场、合作社等新型农业经营主体。瑞鹤家庭农场主徐总介绍："过去我主要经营仪表电缆厂，后来我们厂向农业领域转投，就近流转了 3 个村 1000 余户的 5000 亩耕地。"瑞鹤家庭农场通过熟人将土地进行流转、整合、分厂经营。总体来看，天长市的土地流转具有乡土自发性、农民自主性的特点，也符合工业化、城镇化发展基本规律，是小农户分散经营向适度规模经营转变的结果。

另一方面，大量非经营性资产和经营性资产面临着无资金、无人员、无组织参与、运营和管护的状态，非经营性资产常常"有建无护"，导致"公地悲剧"，这对农村公益事业建设和农村公共事务管理都极为不利。一些经营性资产由于资产权属不明，管护不严，村民没有实质权利，导致出现了公款私用、小官巨贪，以及资产流失造成的集体经济空壳等重大问题。村中沉睡资源亟须唤醒，村民财产权利和民主权利亟须实化，村庄集体经济有待发展壮大，这就需要集体产权制度改革适时推开，为集体经济创造更多的有效实现形式。

二 "天长突破"的路径选择

天长市创新推动农村集体产权制度改革，既有综合的改革先机，又具备改革创新的社会土壤。政府、社会和基层社区具有改革共识，以现实问题为导向，以多元需求为基础，以发展根基为起步，探索出了一条以土地产权改革为核心，以政府引动、市场撬动、社会互动和村组联动为支柱的改革创新路径，成为天长的一个响亮品牌。

（一）政府引动，推进改革的保障力量

天长市集体产权制度改革符合中央总体战略部署，是在天长市政府的全力推进、有效引导下开展的。一是创新政府领导机制。天长市政府在领导体制和人员配备上做文章，率先破题，为改革突围发力。天长市将农村集体产权制度改革作为"一把手"工程，三级书记负责，一竿子到底，全链条联动，压力层层传导。突破了利益部门的横向壁垒，也破除了纵向分割，改革具有动力、活力和合力。同时，各镇街按照人口规模配置农经人员数量，人事对称带来服务均衡。二是搭建产权交易平台。集体产权制度改革是一项系统性工程，需要配套制度和载体的支撑。天长市在完成"三权分置"改革和集体资产量化折股后，在各镇街建立集体资产流转交易服务中心，搭建集体资产流转交易平台，构筑农村"三资"流转交易服务体系。真正让资源、资产和资金流转起来，实现要素优化配置，促进农业农村发展提质增效。三是优化支农保护制度。政府握着"钱袋子"，而如何用好支农惠农资金，直接决定了财政支农制度的绩效，决定了政府政策的正当性与合理性。天长市以改革为契机，用活财政投放的持续增长机制，保障改革长效。如按照农村集体经济规模，对村分类注入资金，助力"空壳村"摘帽。另外，用好财政补贴政策和金融服务政策。如创设资金整合长效机制、以奖代补机制、政府购买机制、定向委托机制等，精准扶持。采取政银合作办法，开发"农权贷""兴农贷"等金融服务产品，真正让完整的产权权能发挥效用。四是制定规则规范运行。为加强农村集体产权制度改革力度，提高农民参与程度，根治影响干群关系的"小官巨贪"行为，优化农村政治生态，天长市试点制定并整体推行《小微权力清单制

度》，将权力关进制度牢笼，规范了权力运行。政府积极作为，为自己"清淤疏堵"，进而为改革蓄能助力。

（二）市场撬动，拓展改革的动力引擎

正确处理政府和市场的关系，是深化集体产权制度改革的必要前提。充分有效利用市场配置资源的方式，有利于提升改革的制度绩效。天长市在集体产权制度改革实践中，综合运用引入市场资本、形塑市场主体、激活市场机制等措施，为拓展改革安上了动力引擎。一是引入市场资本。传统意义上，政府支农资金效度有限，农户个体资金规模有限，都不能发挥资金的最大效用。另外，由于体制性障碍，工商资本和社会资本难以进入农业农村领域。对此，政府借助税收减免、资金整合杠杆，推进集体产权制度改革，明晰产权归属，完善产权权能，为工商资本进村铺路，扫除制度壁垒。真正保证市场资本经营放心，农民获得收益安心。二是形塑市场主体。过去小农户或者村委会经营，市场意识不足，土地经营效益不高，增值空间不大，增收渠道不畅，农户经济不富裕，集体经济不景气。天长市借助集体产权制度改革契机，构建新型农业经营体系，培育新型农业服务主体，开启了农业产业化的新业态，不断创新发展农业经营形式。通过规范引导，鼓励支持，真正实现了规模化经营、社会化服务、市场化运行、产业化发展。三是激活市场机制。市场是要素资源优化配置的重要手段。天长市在集体产权制度改革实践当中，以价格机制规范市场运行，以利益联结机制优化主体合作关系，以竞争机制促进农业农村改造升级，为农业农村发展蓄足了新动能。

（三）社会互动，深化改革的有效支撑

社会力量的根植内生和内育外引，能为深化集体产权制度改革提供源源不断的支持，是改革突破的有效支撑。一是乡土社会主体的参与。改革只有深入乡土土壤，才能深入彻底。而只有乡土身份人员参与，改革才能有效推进，扩大影响力。天长市在集体产权制度改革中坚持"两手抓"。一手抓外部的"新乡贤"，通过"新乡贤"本身及其附带影响，将外部的资源、技术、资金、理念等引进来，同时，借助这一中介，将改革成果扩散，内外互动。一手抓内部的"老农民"。通过将乡土"五老"、乡土能人、村组干部等组织起来，服务于改革实践，真正让改革扎根乡村，渗透农户，内化于心，外化于行。在集体产权制度改革中，尤其是土地承包、雇工经营、清查核资等工作中，新老乡贤发挥着至关重要的带动辐射作用。二是乡土社会规则的引入。天长市在推进集体产权制度改革中，依法有序实施，同时吸纳乡土规则，尊重风俗习惯，适应乡土需要调整改革措施，保障改革进程顺利。如天长市在抗旱服务队建设中，依据传统用水习惯，借鉴传统规则制定契约，减少建水利、管护水的矛盾纠纷。三是乡土社会手段的运用。在土地承包权改革进程中，天长市农民采取土地置换的办法进行土地整合，变闲散土地为规模经营。另外，依托熟人社会的乡土底色，将小组长的社会权威引进家庭农场管理当中，有益于组织农民生产经营。通过这一主体和机制，工商资本和小农户有效衔接了起来。

（四）村组联动，厚植改革的根本基础

2017 年中央农村工作会议指出，最艰巨最繁重的任务在农村，最广泛最深厚的基础在农村，最大的潜力和后劲也在农村。因此，深耕农村基层土壤，对于全面深化农村改革来说尤为必要。天长市在村组建设方面具有创新实践。一方面，完善基层组织架构，理清基层组织职能。传统意义上，村级组织包括党支部、村委会和监委会，缺乏专门负责村级经济的基层组织，村委会负责管理集体经济。但是，由于人员不足、能力有限、监管不力、运营不善，集体经济流失严重，基层组织的合法性根基随之受损。对此，天长市在集体资产股份权能改革中，设立股份合作社，成立理事会和监事会，按照"两套班子、一套人马"运行，"分灶不分家"。这一创制，提升了村级组织的凝聚力，壮大了集体经济的实力，拓宽了农民收入渠道，提高了农民的参与能力，推进了基层治理能力和治理体系的现代化进程。天长市让基层组织建立运转起来的同时，也使基层组织更好地实现了上下联动，有效自治，高效服务。另一方面，赋予基层组织更多功能。在集体产权制度改革实践中，基层组织不再仅是公共服务、自治和党务建设的实体，也是土地流转服务体系的重要底盘，成为农民和新型农业经营主体间的沟通桥梁，保障了农民和工商资本共同获益。如芦龙社区在农村土地流转经营中就扮演着中介的角色。天长市以改革补齐乡村治理短板，真正让基层组织起到了"四两拨千斤"的作用。

三　"天长突破"的创新特点

天长市作为农村综合改革试验区，在改革实践中率先发力，敢于突破，跻身改革"第一方阵"，成为地方改革创新中的典型样本。尤其是在农村集体产权制度方面，通过不断完善制度框架和政策体系，实现农业农村提档升级，在制度、理论和实践创新上领先了一步。

（一）阶段性和延续性结合：是一个渐进性的改革进程

发展是改革的目的，改革是发展的动力。在发展中不断出现新的矛盾和问题，需要全面深化的改革实践，实现深度融合发展。天长市集体产权制度改革的创新实践，就是阶段改革和深化改革相互结合，不断压实推进的历史进程，是一个循序渐进、逐步深入的过程。"三权分置"改革是在家庭联产承包责任制"两权分离"基础上的延展完善，农民立足社区成员权，继续稳定土地承包权。外部经营主体分享用益物权，获得土地经营权，进一步利用土地经营权实现抵押担保，完善土地产权权能，发挥产权的激励作用。完善"三权分置"改革，保障了农民、新型农业经营主体、政府、村庄集体等多元主体共赢共享，也是基层实践对中国特色社会主义土地制度内涵的再丰富。农村集体资产股份权能改革则在"统"的方面继续深化。探索实现资产变资金、农民变股东，赋予农民真正的民主参与管理权和财产收益权。同时，分设集体经济股份合作社，两套班子，一套人马，完善基层组织架构，理清基层组织职能，实现基层治理体系现代化，提升基层治理能力。

（二）传统性和现代性连接：是一个前瞻性的改革创举

任何改革都不是无根之木、无源之水，都是在一定基础上的继续推进，革故鼎新。天长市集体产权制度改革实践，是立足历史传统、关照现实，同时把脉未来的改革创举。一方面，集体产权制度改革是对家庭联产承包责任制、统分结合双层经营体制的继承、升华和发展，丰富了农村基本经营制度的内涵，是深化农村土地制度的过程。同时，改革实践照顾传统小农户生产方式，尊重农民意愿，照顾历史现实。充分挖掘传统乡土规则潜能，发挥乡贤能人、乡村五老、理事会等的组织优势，在清产核资进程中，利用传统要素、主体服务现代改革实践。另一方面，引入市场主体、市场要素和市场机制等现代因素。在"三权分置"和集体资产股份权能改革后，天长市引导工商资本流入农村，有效实现集体经济的发展壮大。在此基础上，发展适度规模经营，培育新型农业经营主体，构建新型农业服务体系，将小农户和新型农业经营主体衔接起来，向农业产业化发展方向迈进。

（三）系统性和整体性统一：是一个全方位的改革实践

集体产权制度改革是一项系统工程，具有协同性、系统性和整体性。就整体性而言，即从推动集体产权制度改革的角度出发。天长市集体资产股份权能改革是全域覆盖、全渠道参与、全要素投入、全员式受益的改革实践过程。从政府的高位推动，到各部门的协同联动，再到各个利益群体的横向联结，通过畅通参与渠道，凝聚了改革共识，形成了改革合力，为全方位改革实践提供了必要前提。同时，在市镇村三级层层覆盖，不同类型的社区成员均能作为股份成员，借助三资整合管护，规范运营，获得股份收益。另外，从改革的本质要素来看，天长市在集体产权制度改革过程中，以产权配置贯穿改革始终，无论是资源性土地的确权登记颁证，落实集体所有权，稳定承包权，放活经营权，推进适度规模经营，还是非经营性资产的集体统一管护，维护村庄公益事业的建设，以及经营性资产的股份合作运营，职业经营，都需要牵住"产权"这一牛鼻子，这是真正保证全方位改革实践的核心和重点。可以说，天长市集体产权制度改革是整体推进、系统联动的过程，整体性保证效力，系统性保证合力。

（四）有效性和有益性一体：是一项灵活性的改革突破

改革需要基于一定条件分类分项开展，创新改革机制，创制改进办法，创立改善措施，扎实推进，久久为功。基于此，才能将有效度的改革和改革的效益紧密结合起来。天长市集体产权制度改革，是在一系列体制机制创新突破中进行的，保障了改革成效。在"三权分置"改革中，天长市灵活运用财政支农惠农杠杆，拓展"兴农贷""农权贷""劝耕贷"等金融产品，整合打捆补贴和奖补措施，使精准扶助代替了"摊大饼"的办法。在农业服务中，天长市实施订单联营、合作经营、股份合营，设立利润返还、股份分红、保底收益等利益分享机制，保证参与者共享发展成果。在集体资产股份权能改革中，政府率先实现体制突破。市镇村三级书记负责，打造"一把手"工程，加大改革推进力度。创新农经队伍配置体制，农业人口与服务人员挂钩，按照 1 万人口配置 1 名服务人员的标准，实现全市全覆盖，提升政府服务水平。对农村集体经济组织的支持机制也有突破，实行"五七九运转经费"的财政兜底支农措施。另外，在资产核资清查、股份量化过程中，实施"十八步工作法"，规范程序，提升工作效度。正是改革体制机制、工作方式方法、领导观念理念的革新创制，架起了全面深化改革的"四梁八柱"，有助于农民增收创收，有益于农村集体经济壮大，有利于农业稳中求进，最终促进了农业农村现代化步伐蹄疾步稳。

四　理论篇各章节安排

天长市作为农村综合改革试验区，立足实际，压茬推进，在实现农村农业现代化的改革进程中，保障了农民权益，促进了农村经济发展，有效推进了基层治理体系和治理能力现代化，开拓了一系列可复制、可推广、可操作的先进经验和创新做法，成为中部地区突破农村改革难题的"排头兵"。理论篇一方面对天长市农村综合改革历程进行概要式的历史梳理和现实呈现，另一方面尝试通过理论分析对天长改革实践进行提升总结。理论篇紧紧围绕土地及其权利全面展开，涉及土地与农民、市场、政府、基层组织等各个维度的关系，试图将天长市在深化农村集体产权制度改革中的创新做法和先进经验展现出来。

理论篇共分为八个部分，其中，导论部分重点论述了"天长突破"的改革背景、改革路径与综合改革形成的特点、亮点，对天长市农村集体产权制度改革进行总体性介绍。

第一章到第六章是本书的主体部分，第一章着重分析了天长市实施改革的具体背景。从三农问题着手，深入剖析地权制约下的农业发力、农民发展、农村突围困境，并阐释了天长市的内在改革优势，以此反映出天长市实施改革的必要性和紧迫性。

第二章介绍了在产权改革中政府引导作用的发挥和领导体制机制的创新。从改革的难题、怎么推进改革和如何保障改革成效等方面详尽阐释，全面呈现了天长市政府在改革路径、工作方法和推进措施等层面的创新。

第三章探讨了"三权分置"改革对农村基本经营制度的巩固效用。从完善"三权分置"改革带来的适度规模经营入手，主要描述了新型农业经营体系的配套支持政策、适度规模经营形式和系统保障机制等内容。

第四章介绍了产权改革对发展农村集体经济的激励作用。围绕明晰集体资产权属、创新集体资产运营方式、激活集体资产权能和产权改革成效等维度铺开，介绍天长市依托农村集体资产股份权能改革，实现"资源变资产、资金变股金、农民变股东"，以此保障农民财产收益，壮大集体经济。

第五章论述了产权改革对农业农村社会化服务的协调配置作用。分别从传统服务模式的制约性因素、服务要素的市场化配置手段、流程化服务的供给模式以及服务的溢出效应等几个角度入手。介绍天长市借助产权配置功能，通过健全社会化服务体系，实现小农户和现代农业发展的有机衔接，促进农村一二三产业融合发展，共享社会化服务成果。

第六章主要阐述了产权改革形塑农村基层治理的功能。重点从理顺基层组织功能定位、创新基层组织服务方式和健全基层组织运转机制三方面展开，突出强调产权改革夯实基层善治之路的重要作用。

结论部分是对天长市集体产权制度改革创新实践的总结，从改革的具体内涵、成效、价值及其未来发展方向等方面进行阐释。

理论篇的撰写目的，一方面是全面剖析天长市的改革历程，以此映射中国改革发展的现实，同时为其他地方的改革实践提供可比较、可参照的样本。另一方面，通过参加地方调查研究，研究者能更深刻地认识基层实践，为学术研究提供丰富的理论源泉。由于撰写者认识和写作水平有限，在写作中难免出现一些不足之处，敬请各位学界前辈和同人予以批评和指正。

第一章

地权制约下的农村发展困境

改革开放之初，我国实行了将农村土地权属分离为集体所有权和农户承包经营权的家庭联产承包责任制，这是对计划经济时期"集体所有、集体经营""两权合一"土地制度的重大创新。该制度一度释放出巨大潜能，创造出在短短几年时间里就解决了我国几亿农民吃饭问题的减贫奇迹。随着工业化、城镇化的深入推进，农村劳动力不断转移，承包农户无力耕种土地的问题十分突出，农民流转土地的现象日益增多，"家家包地、户户种田"的局面已经发生了很大的变化。农地承包主体与经营主体分离成为普遍趋势，家庭农场、专业合作社、农业企业日益成为实际的农业生产经营者。在这种情况下，以往以两权分离为特点的家庭联产承包责任制不再能溢出创新的制度活力，反而成为农村发展的最大制约因素，直接或间接地影响了农业经营、农民增收、农村建设与农村治理。地权问题已成为制约我国农村振兴发展的最大堵点。鉴于此，安徽省天长市积极谋划，顺势而动，在"上有政策牵引，下有问题倒逼，外有市场策动，内有需求导向"的形势下，充分挖掘自身改革基础与改革优势，拉开了以地权为突破点的农村综合改革序幕，以此让希望重回田野，以改革赢得未来。

第一节　地权掣肘，农业难发力

随着农业步入现代化发展的阶段，家庭联产承包责任制的制度缺陷逐渐凸显：土地承包权稳定后，在城乡二元经济的大背景下，农村土地抛荒、农民兼业、农业低效的问题愈发严峻，土地经营权陷入了"进退两难"的尴尬境地。一方面农民收入来源受制于农业种植这一单一渠道，另一方面土地在不愿种地或不擅种地的农民手中其效能难以最大程度地释放，"谁来种地"的时代命题亟待解答。位于安徽东部地区的天长市，属南京一小时都市圈城市，农业发展步伐的缓慢让其在与周围城市的竞争中处于弱势地位。内源盘活不足、主体经营不专以及服务供给不畅成为天长市农业实现跨越式发展不得不迈过的三大难关。

一　农业内源不活

提升农村土地经营规模、强化土地生产效能是盘活农业内源的应有之义。然而，家庭联产承包责任制固有的土地"均等化"倾向，土地流转渠道的堵塞以及土地效能挖掘的乏力，都影响了天长市农村土地效益的有效释放。

（一）小户经营分散化，流转无规模

20 世纪 80 年代初期，我国农村开始广泛推行家庭联产承包责任制，这一制度带来了农村社会生产力的"第一次飞跃"，三农面貌发生了翻天覆地的变化。然而，随着市场经济的不断深化，家庭联产承包责任制固有的局限性开始逐步显现。这一制度带来的"后遗症"之一便是农业生产规模的"碎片化"。由于家庭联产承包责任制在一定程度上是将土地按人口平均分配、各种质量的土地均匀搭配的一种"均田制"，单家独户的农业生产经营方式成为主流。统计数据显示，80 年代中期，我国平均每户所承包的土地为 8.35 亩。而到了 90 年代中期，农户平均拥有的耕地下降到 6 亩，户均承包土地 9~10 块，有 1/3 的省、区、市人均耕地不足 1 亩。[①] 另

---

① 印华：《我国农地产权制度改革和农业发展模式的思考》，《财经研究》2001 年第 2 期。

外，相比世界上的其他国家，中等收入以上发达国家平均每个农业生产单位的面积高达 76.5 公顷，而我国大多数农户经营的土地面积在 0.5 公顷以下。由规模经济理论可知，任何一个经济主体都必须达到合理的经济规模，才能提高全要素生产率，降低单位产品成本，获得规模效益。天长市作为传统的农业大市，既是全国首批大型商品粮、商品油生产基地县（市）之一，也是优质水稻、小麦、油菜、水产品和生猪等 5 大优势农产品主产区，但长期以来受到农业经营规模的限制，农业经营效益难以显著增长。天长市大地农业专业合作社联合社理事长宣有林就算了这样一笔账：传统"一稻一麦"每亩成本约在 1000 元，按正常年景，水稻和小麦亩产分别为 1100 斤和 1000 斤，折价约为 2400 元，再刨去每亩土地 700 元租金和雇工等各项零碎开支，每亩地年纯收入在 300～400 元之间。以一个 200 亩农场需要 3 个固定人力计算，人均年纯收入在 2 万～2.5 万元之间，这一数字与进城务工收入相当。"从实际情况看，200 亩可以视作一个家庭农场的盈亏平衡规模。但过去天长大部分农户只有 1 亩左右的土地经营面积，这种情况下农户不得不外出打工才能维持生活"，宣有林如是说。

（二）土地政策不明晰，流转无依据

家庭联产承包责任制推行以来，与土地所有权相配套的政策法规长期缺位，导致土地使用权的主体、地位、界限、获取与转让的法律程序、法律形式及法律保护手段都没有明确的法律规定。这不仅严重制约了农村土地的转让效率，也带来了与土地相关的诸多纠纷。首先，土地承包政策调整频繁。据农业部农村经济研究中心开展的有关土地调整样本小组的调查，"自土地承包到户以来，90 个样本组中有 88 个进行过土地的大小调整，占样本组总数的 97.8%。90 个样本组共发生过 567 次大小调整，其中大调整 96 次，小调整 471 次，平均 6.3 次"。[①] 可见，地方政府部门随意调整农民承包的土地，缩短承包期限，中止承包合同，收回农户承包地高价发包，非法征用农地等侵害农民土地使用权的事件在全国时有发生。如此频繁的土地政策调整，自然不能有效保护农民拥有的土地合法权益，也影响了部分农户扩大农业经营面积、对土地进行长期投入的意愿。其次，

---

① 廖洪乐：《农村承包地调整》，《中国农村观察》2003 年第 1 期。

土地流转规则缺失。天长市虽然早在 2009 年就制定并出台了《关于推进农村土地流转的试行意见》，试图对土地流转进行规范，但由于此时国家政策尚未明朗，农民对土地占有和使用的顾虑始终未能消除，有关土地流转的纠纷也屡见不鲜。例如，天长市农民徐长林在 2013 年将自家的 15 亩地出租给了当地的种田大户，自己外出打工，虽然和对方签了 12 年的流转合同，但仅仅 1 年后徐长林就毁约了。心存顾虑的徐长林要回土地的态度坚决，种田大户维权无门，一气之下与徐长林解了约。土地流转政策的模糊让土地流转交易双方的合法权益都难以保障。最后，土地流转信息不畅。"过去谁家想要流转土地，不得不托关系，找熟人，每家都要跑，村民这才愿意把自家的土地流转给你"，天长市杨村镇沂湖村种植大户赵自昆感慨道。赵自昆从 1997 年开始承包村里的耕地种植小麦和水稻，随后面积逐渐扩大至 280 亩，"村民们宁愿土地荒着或者给亲戚种，也不愿意轻易流转给我们这些种植大户，更别说想要流转外村的农户，我这两百多亩土地也是好几年慢慢积累起来的，土地流转非常麻烦"。土地流转信息的畅通无疑能够有效降低交易成本。然而现实中，由于土地流转信息平台的缺位，交易双方都面临着"土地难流转"的窘境。

（三）扶持办法不到位，经营无效益

要实现农村土地经营效益的提升，仅仅在增加规模上下功夫还远远不够，充分挖掘土地本身的产能成为关键。但是长期以来，政府在提升地利上多是鼓励和引导，缺乏实质性的补贴帮扶。天长市的农民同样面临着这一困境，政府给予的农业补贴大多与粮食种植面积挂钩，农户不得不成为挖掘地利的"独行侠"。首先，农机购置缺乏补助。一位天长的农场主就曾抱怨，"相比于土地流转租金，一套机器少则十来万，多则数十万的价格，更让农场的资金'捉襟见肘'"。农业机械化显然是提升农业经营效益的有力抓手，但独自面对高昂的农机购置费用，天长农户大多望而却步，进而影响了整个天长市农业机械化水平的提升。其次，土壤改良欠缺指导。由于人员编制等诸多问题，天长市为农户配置的农技指导人员十分有限，在这一情况下，农技指导人员大多只能宣传基本的农业政策并对农作物的病虫害防治进行指导，而在土地整治方面，指导人员有心无力。一位天长农技人员就曾坦言，"别小看土壤改良，得到改良的土地收成至少可

以提高 2~3 成，但土壤改良指导起来费时费力，过去人手缺乏，我们难以兼顾，农户自然就得不到有效的指导"。最后，土地融资服务匮乏。农业经营资金短缺问题一直是农户尤其是农业经营大户的"心头病"。在天长市，土地资源还难以成为有效的抵押物，政府也未设立专门的风险基金，这使银行等金融机构不愿意向种植大户提供金融信贷服务，即便愿意贷款，高昂的利息也增加了农户的经营成本和经营压力。"以往我们想要向银行贷款，抵押土地的话，银行不认可，担心我们还不上，我们只能靠向亲戚朋友借钱来渡过难关"，天长市瑞鹤家庭农场负责人徐长鹤提到。

二　土地经营不力

传统的家庭经营方式一直占据天长市农业经营的主流，而农业经营主体的兼业化、农业组织管理的粗放化和农业产品生产的同质化都是单一家庭经营的硬伤。土地经营方式的固化严重制约了农业发展的步伐。

（一）主体兼业严重

尽管改革开放以来，我国的经济社会获得了长足的发展，但是城乡二元结构也愈发明显。在这一大背景下，天长市的农民不再满足于家中"一亩三分地"的微薄收入，而是更多选择以兼业的方式来提高自身家庭的收入水平。根据全国农村观察点的调查，1993~2013 年，全国纯农户比重由49.90%下降到 39.65%，非农户和兼业农户比重已达 60.05%。[①] 由于天长市地近南京、扬州等经济发达城市，天长市的农民分化更为显著：第一类是纯农户。他们的家庭主要收入来源为农业经营，由于单家独户经营且土地面积有限，农业整体效益水平低下，农业收入低，这一类农户的比重一直呈现下降的趋势。天长市农经站站长范正磊估计，天长市的纯农户占比不超过 3 成。第二类是半耕半工户，家庭的收入不光来自农业也依靠非农生产，农闲时期就在本地甚至外地务工，等到农忙时节家庭主要劳动力便回到家中忙碌十多天再回企业继续干活，天长市芦龙乡村民就表示："过去家里面种几亩地压根不赚钱，甚至会亏钱，土地直接撂荒了不舍得，给

---

① 张红宇、李伟毅：《新型农业经营主体：现状与发展》，《中国农民合作社》2014 年第10 期。

旁人种又不放心，等到农忙的时候就请假回来种几天，收粮食的时候能收多少是多少，根本谈不上效益，请假还要扣工资。"这一类农户在天长市普遍存在。虽然务工的收入更高，但农民不愿意轻易放弃自家的土地，一位农户的说法颇具代表性，"土地是农民的命根子，现在打工虽然赚钱多，但随时有丢掉工作的风险，土地只要不荒着，多少还是能收点粮食"。第三类是纯务工农户。这部分的农户选择在本地或者外地务工，自家的土地交给亲朋好友代为经营，或者流转给自家信任的农业经营大户。现实中，因为土地流转政策等不明晰，加之土地带有的社会保障功能，大量的天长市农户不愿意也不敢完全放弃自家土地的经营。这一类的农户比重始终得不到显著的提升。非专业化的农户成为天长市农业经营的主体性力量，但他们显然难以扛起天长市农业现代化的大旗。

（二）组织管理粗放

高效的组织管理水平是农业经营的基本保障，然而在农民兼业化越来越普遍的情况下，传统的通过家庭精耕细作维持的土地效益变得难以为继，天长市农业组织管理粗放化问题愈发严峻。其一，妇幼老弱成为农事生产的主力。为了实现家庭收入的最大化，天长市农户普遍选择让家中的青壮年劳动力外出打工，而家中的土地则交由其他成员负责。家中的妇幼老弱无论在体力还是农事技艺上都大大逊色于青壮年劳力，自然农业经营效益低下。一位天长老农户也道出了其中的无奈，"我们担心土地抛荒后被集体收回，家中的年轻人也嫌种地收入低，不愿意留在家中"。其二，农业生产资料使用效率低下。传统的家庭经营方式一直是天长市农业经营的主流，农民专业合作社内部存在的合作也大多局限于市场信息方面的共享，农户与农户之间的组织合作渠道淤塞，合作内容单一，导致农业生产资料的使用效率难以提高。以天长市铜城镇村民徐长柏为例，他在2014年购置了1台农业拖拉机，"购买的拖拉机第一年只耕种了500多亩地，这里面大多是自家和同村村民的土地，也就农忙的时候能派上用场，其他时候机器就不得不闲置了，本来一台拖拉机一年耕种几千亩完全不成问题"，徐长柏如是感叹。其三，委托看管或直接抛荒不占少数。考虑到微薄的农业收入，天长市部分农户选择将土地交给自己的亲朋好友代为经营或者直接抛荒。土地抛荒往往是农户的无奈之举，即使交由他人代为经营，在选择土地流转对象时，天长市的农户们也并没有多少可靠的选择。"经营好的大户们不敢轻易流入土地，很多村子想成片流出土地也难以找到合适的流转对象"，天长街道杨圩村村书记很是忧心。据他介绍，杨圩村在 2010 年以前的抛荒面积就一度达到了 300 亩，村里面数次向镇里面反映，希望找到合适的土地流转对象，但是土地抛荒问题迟迟得不到解决。

（三）农业产品单一

长期以来，天长市农民种植多元产品、发展优质产品、打造差异品牌的意识薄弱，导致农户生产的农产品同质化问题严重，以至于不得不面对增产不增收的局面。首先，农产品种植种类单一。天长市是全国优质商品粮基地，粮食种植一直占据农业生产的主流。然而随着全国乃至世界农产品市场一体化程度的不断加深，天长农户在主要粮食生产的竞争力方面处于下风，粮食价格低迷直接造成农户经营效益不容乐观。天长市农经站站长范正磊就曾提到，"天长市农委很早就意识到了这一问题并且积极鼓励农户种植瓜果蔬菜等农产品，而不是单单种植水稻、小麦这些粮食作物。但是农民普遍比较保守，2008 年以前仍有至少八成的农户选择种植粮食作物"。农产品种类的单一化无疑对农业经营效益形成了制约。其次，优质农产品占比不高。随着民众生活水平的提升，其对农产品的品质也提出了更高的要求。然而，生产高质量的农产品不仅需要更高的生产成本，投入更多的生产资料，还需要保证相应的管理水平，天长市绝大部分农户难以达到这一标准。天长市牧马湖农业开发集团有限公司党支部副书记谢学美就谈到，"过去只有包括我们在内的少数几家农业企业在开发优质农产品种植业务，农户一方面没有这个条件，另一方面也没有相应的意识"。最后，农产品品牌化水平低。打造产品品牌能够凸显农产品的特质，在市场竞争中脱颖而出。但在天长市，只有少数的农业企业开发出了"牧马湖""朱寿昌"等颇具地域文化的农产品品牌，绝大部分的农产品只能贴牌出售甚至直接销售给中间商，赚取其中有限的收入。以天长祥马春茗茶为例，祥马春家庭农场农场主就回忆道，"农场生产的茶叶过去都是贴牌销售，收益不高，正常打出品牌销售的话，收益至少能提升三至四成"。

三 服务供给不畅

天长市传统的农业服务以政府为主导，在现代农业的发展进程中发挥了宝贵的历史作用，但也造成服务资源配置不均的问题长期存在。这些问题主要表现为：基础服务整合乏力；市场服务低效失灵以及社会服务基础薄弱。

（一）基础服务整合乏力

天长市以政府为主导的传统农业基础服务，常常无法满足经营主体的要求，主要有以下三个原因。一是服务资金投入有限。2011 年天长市的一般公共支出中"三农"支出约为 4.16 亿元，占全市财政总支出的18.91%，其中农业专项资金 1.35 亿元，涉及农业基础设施建设等公共服务。2012 年涉农专项资金增加到 2.78 亿元。2013 年到 2015 年，农林水事务支出水平稳定在 7 亿元以上，占全市财政总支出的比重亦皆在 16% 左右。尽管天长市的农业投入占财政收入的比例不低，投入力度不小，但这些投入资金依然无法满足农业生产服务的资金需求，使农业服务基础设施建设缓慢，农业服务主体发展受限。二是服务队伍配备不齐。天长市每个乡镇都配有一个农经站，每个农经站的人员数量不超过 5 名，提供服务的能力十分有限。此外，高职称、高学历的专业服务人员主要集中于县级部门，下乡直接面对农户提供服务的时间很少，而乡镇农经站没有专门配备从事农业生产服务工作的人员，服务水平亟待提高。三是服务项目供给不足。过去，天长市有限的服务资金投入和不均衡的服务队伍配置，直接导致了服务项目供给的单一和短缺，只涉及农业基础设施建设、动物防疫、邮政供销系统等领域，这些服务都远远不能满足农业产业链的需求。同时，农业生产过程需要的农技服务、农机服务、农资服务、信息服务，政府也只能满足一部分。据天长市农业产业化办公室副主任胡峰介绍，"政府提供的农业公共服务十分有限，农机服务尚不涉及；农资服务虽有涉及，但服务效果不够理想；农技服务和信息服务应当是政府提供公共服务的重点，但实际却是农技服务短缺现象最为严重"。

（二）市场服务低效失灵

农业企业所提供的市场化服务，能够满足农户不同的服务需求。天长市农业服务企业众多，但在改制前，其在市场服务的过程中存在诸多问题。首先，农户厂商购销产品链条长。农业经营主体的收益与两个最主要的因素紧密相关，一是农资购买低成本，二是农产品销售高价格。但是天长市不仅在农资购买方面存在多道环节，而且在产品销售方面受制于小商贩的中间运作，导致经营性服务效益低下，既保证不了农业经营主体的收益，也损害了农业企业的利益。其次，农业企业提供服务价格高。在天长市构建新型农业服务体系以前，农户向农业企业购买服务的价格较高。丰穗家庭农场经营规模在天长市属中等偏大，为提高生产效率，几年来，仅购置农机就投入了 280 多万元。植保服务属于产中维护，涉及农药等农资产品费用和植保作业的人工费用，二者加起来费用居高不下。虽然服务供给项目对应服务需求，但是高价格增加了农民创收的压力，服务效益不明显。最后，农户个体经营议价能力弱。天长市各地农户对农资产品的选择需求不尽相同，且多为农户个体采购，对单一品牌的购买数量不大，难以形成团购价格优势。丰穗家庭农场主陶金银就反映，"农资价格太高也是头疼事，就拿我们家的农场来说，每亩田的种子、化肥、农药，一季投入高达 550~620 元，每亩一季产出只有 1200~1500 元，到了忙时，价格还得上涨"。农业经营主体获得的农资供应价格居高不下，农业生产效益难以实现。正如天长市大地农业专业合作社联合社副理事长张建昌所述，"单个的农民抵御市场风险的能力弱，农民不应该单打独斗，而应该抱团发展，形成规模，降低风险"。为解决农户个体议价能力弱的问题，天长市将农户组织联结了起来，统一农资采购品牌，通过数量优势获得价格优势。

（三）社会服务基础薄弱

农业生产所需要的基本生产资料和资源都离不开村组的支持、管理和服务。在天长市，多数村组在提供农业生产性服务的过程中，难以将农民有效组织起来。在协调生产要素配置、农业基础设施管护和农业生产纠纷调解方面发挥的作用有限，造成农村整体的生产力水平难以提升。究其原因有三：其一，农户组织管理缺方法。多数村组的土地、用水纠纷不断，加之农户不信任现象严重，致使村组干部将大部分精力用于解决矛盾纠纷，而非日常的组织管理。芦龙农事专业合作社理事长刘明文说："农户为了抢用水渠的水，（会）私自将水渠打开引流到自己的田地，造成水资源严重浪费，农户矛盾日渐凸显，村组无法协调。"此外，村组在促进联耕联营等生产过程中也是困难重重，调节不力，没有找到有效的办法实现土地统筹管理，村组组织协调农户的水平有待提高。其二，农业基础设施少管护。天长市大部分村组农业基础设施管护不善，甚至有些农业基础设施因常年失修，处于废弃状态，这直接影响了农业的正常生产，大大损害了农业经营主体的利益。其三，劳力资源配置常失调。农业生产的季节性劳力失调和结构性失业是长期存在的，也是隐形存在的。解决农村劳力问题，关键在于村组能否合理引导、规范组织、有效培育。在适应工农业用工结构变化的基础上，村组可以发挥自身组织优势，组织劳力组团输出，为新型农业经营主体服务，最大限度调动劳动力资源，提高劳动力的积极性。

第二节　要素沉寂，农民难发展

土地和劳动力是农业生产的主要要素。对于传统时期的中国而言，劳动力与土地的自由流动，是能够创造世界上最为灿烂的农业文明的密码之一。劳动力和土地唯有自由流动起来，才能够发挥其最大的经济效益。1978年开启的以家庭承包制为核心的农村改革，最主要的成果是农民获得生产经营自主权，农村劳动力获得了解放。但是随着社会的不断发展，农村土地、集体资产管理、农村金融等方面的制度障碍不断凸显，农业生产的两大要素再次被束缚，无法焕发活力，进而限制了农民在产权与治权上的发展。

一　多渠道增收受限

多渠道增加农民收入是我国经济社会发展的重大战略。但是天长市农民受制于土地，不仅难以通过务农获得可观的收益，金融服务需求也难以满足，即便是离开土地的农民，也不能完全脱离土地，全职外出就业。

（一）务农效益难以显现

从农民收入构成看，家庭经营性收入、工资性收入、转移性收入、财产性收入四个部分中，家庭经营收入的比重正逐年降低。一家一户小生产的经营方式即便再"精耕细作"，其劳动生产率水平也非常低下，对家庭收入的贡献十分有限。数据显示，2013 年我国农业劳动生产效率分别为第二产业的 1/5，第三产业的 1/4；2014 年农民人均纯收入中来自农业家庭经营的比重已下降到 31.8%。从天长数据看，2014 年，农民人均纯收入中来自农业家庭经营的比重已低于 3 成。究其原因，如前文所述，由于家庭联产承包责任制将大规模的土地人为划分成了众多条块，地块面积的狭小限制了土地的规模经营，大量现代化的设备无法使用。在生产经营中，农田机耕、灌溉、生产资料供应、农产品销售、生产投资贷款、先进技术推广等都成为严重的问题。即使是新型农业经营主体也深受其扰。家庭农场主陶金银诉苦道："我手里的农机设备多，经营的土地虽然有 3000 多亩，但是不连片儿，机器不得不经常在田埂上东跑西颠，这可让咱吃了大苦头。"成本的难以下降、技术的难以提升都在无形中削弱了农民的务农热情，导致他们在农事活动上愈发漫不经心，最终影响了务农效益的显现，增收渠道阻滞。

（二）金融需求难以满足

随着现代化步伐的不断加快，农村各类主体的金融服务需求日益增加。然而由于农民缺少贷款抵押物，融资需求始终无法满足。从制度层面看，主要有三个方面的原因：一是政策法规空白，无法融资。无论是《担保法》还是国务院于 2015 年 8 月 24 日发布的《关于开展农村承包土地的经营权和农民住房财产权抵押贷款试点的指导意见》，都没有能够破解天长市的农村金融服务困境，问题依然严重。二是资产权能缺失，无法抵押。一方面，农村集体资产产权虚置，权能不能充分发挥。另一方面，农村集体土地难以直接入市。三是风险控制失效，无法授信。天长市的农村信用基础较差，当前缺乏完备的农村征信体系，农村征信环境不成熟。这直接导致了银行进入农村社会的风险增加，评估难度增大。加之天长市政府在风险兜底工作上存在不足，没有建立专项风险补偿机制，更是加重了银行和农民的顾虑，形成了"银行不敢放，农民不敢贷"的尴尬局面。因此，天长市需要借鉴改革试点经验，发掘自身优势资源，打好改革基础，创新运行规则，突破制度枷锁，最终推进农村金融改革，为农民发展谋福利。

（三）外出就业难以自由

在传统的城乡分割的二元经济制度下，受户籍制度的限制，农民难以向城市转移而只能困守土地，农村土地沉淀了过多的劳动力而使其出现大量剩余，土地与劳动力要素错配，农业的专业化和农民的分工分业长期处于停滞状态。改革开放以来，随着城乡二元制度逐步被打破，农民的身份属性不再稳定和固化，农民有了各种就业机会，并能对其进行比较和选择，其结果是促进了农民的分工分化：一部分农民在比较各种机会成本和预期收入后转移到城镇从事二、三产业，成为以非农收入为主要收入来源的农民工；一部分农民则因各种原因仍在农村以农业收入为主要收入来源，有的还成为专业农户；还有一部分农民分化为个体劳动者、个体工商户、私营企业主等。在这种分工分化中，农民工是最大的群体。2015 年全国农民工数量达到 2.77 亿人，其中本地农民工 1.09 亿人，外出农民工达到 1.69 亿人。① 天长市因着三面环苏的区位优势，农民"跑外勤"的传统格外浓厚。虽然进城务工的农民已常年在城市从事非农产业，但其在户籍所在地还有一块承包地，形成与土地日益分离、无力耕种的现实。另外，由于城乡户籍、教育、医疗等方面的一体化基础不太稳固，城市就业还不稳定，进城务工农民在这种现实压力下依然面临着诸多风险，土地就成为他们维持就业和生计的最后一条"退路"，这也造成了他们普遍不愿放弃承包地的心态。在此种心态下，农民兼业化现象日趋显著，这使务工农民无法自由地穿梭于城市与农村之间，外出就业负担重重，间接影响了农民务工效益的最大化。新街镇兴业社区通行组村民干存田常年在电子行业打工。因家中还有 6 亩田地，干存田时常需要往返于两地，这让他很是犯愁。

二　个人权利受制

地权是农民最基本的权利，农村改革在土地集体所有基础上将土地承包给农民，农民由此获得了一定的"身份"。随着农村社会的不断发展，

---

① 数据来源：《2015 年农民工总量 2.77 亿人 增 1.3% 增速持续回落》，中新网，2016 年 4 月 28 日，http://www.Chinanews.com/gn/2016-04-28/7851516.shtml。最后访问日期：2018 年 1 月 15 日。

农民手中的"身份土地"正逐渐转为"契约土地"，身份固化的承包地反过来限制了土地的自由流动，致使农民的财产权利和民主权利也无法进一步拓展，最终限制了农民的自由发展。

（一）财产权利效用不实

孟子说："有恒产者有恒心，无恒产者无恒心。"财产权制度是一个国家最重要的基础性制度之一，是社会主义市场经济的基石。秘鲁经济学家德·索托在《资本的秘密》一书中揭示，发展中国家贫穷的重要原因是没能把资产转化成为资本，缺乏财产权的表达机制。在广大农村，土地首先表现为一种自然资源，是人类一切生产和生活的源泉。土地资源的有用性及其所具有的稀缺性与垄断性，赋予了土地作为财产的本质属性，在此基础上，农民若将土地财产投入经济运行，则即可将土地变为重要的土地资产和土地资本。从中国来看，农民由于土地制度的限制，财产性收入一直处于较低水平。统计数字显示，2015 年我国农村居民人均财产性收入为272.1 元，仅占农村居民可支配收入的 2.2%，在农民四大收入来源中比重最低。这说明当前我国农民的财产权表达机制存在不小的问题。一是农民对农地使用不具有自由性、排他性以及不受他人强制干预的权力。这导致农民不能最大化地利用农地的资源功能和要素功能，出现了一系列农业生产上的问题。例如，天长市曾发生过村干部强令村民低价流出土地，损害农民合法权益的事件。二是权能利用无法最大化。农民从农地上不仅可以获得农产品，还应可以获得资本性收入与社会需求的满足。只有最大化地利用农地的资本功能和社会功能，才能使农民享有同城市居民同等的权益。天长市民生村镇银行的工作人员就曾表示："由于政策上尚不明晰，银行基于农村土地产权抵押的金融产品几近空白。"

（二）民主权利表达不畅

习近平总书记指出："我们要坚持国家一切权力属于人民，既保证人民依法实行民主选举，也保证人民依法实行民主决策、民主管理、民主监督。"人民当家做主是中国特色社会主义民主的本质与核心。一方面，只有切实维护农民的民主权利才能更好地保障农民财产权利的实现，另一方面，财权权利的获得也能对畅通民主权利起到良好的反哺作用。然而长期以来，我国农民的民主权利始终未能与财产权利相勾连，以至于民主权利没有内生动力，只得处于"悬空"状态。就天长市农村基层来看，民主悬空主要表现在三个方面：一是民主决策缺失。搞好民主决策，对于发挥广大群众的聪明才智、调动全体农民的积极性、促进农村经济社会发展、保持农村基层政治和社会稳定都具有十分重要的意义。但是天长市农民在村务决策方面的参与却少之又少。正如天长市永丰镇蒲东村董克朋书记所言，"过去村里开会农民很少来，有些是出去打工，家里只有老人和小孩。有些觉得开会跟他没啥关系，就是不想来。我们甚至试过花钱请，但是也请不来"。由于没有内在的利益联结机制，天长市农民的民主决策机制难以焕发出活力。二是民主管理缺失。天长市始终缺乏一套完整有效的民主管理机制，这使村务管理一度成为某些村干部徇私的隐秘途径。比如在农村危房改造资金的使用方面，过去几乎没有农民参与调度，完全由村干部自行定夺，故而干部借机吃拿卡要、优亲厚友、虚报冒领等问题层出不穷。经查，原大通镇元通社区党支部书记徐荣保就在危房改造工作中优亲厚友，将其母亲确定为危房改造对象，为其在大通村乔塘居民组建成一层两间改造住房后对外出租，并获得危房改造补助资金2万元。三是民主监督缺失。民主管理程序的模糊使农民无法对标具体的监督事项，对于村两委的运行机制不甚了解，也就更谈不上对村干部的行为进行有效监督，最终导致了一些"蝇贪"的产生。

第三节　根基不稳，农村难突围

村庄的良好发展有三大指标，一是集体经济有活力，二是村民自治有动力，三是公共服务有实力。唯有三大基础均稳固扎实，新农村建设与农村治理才能持续发展，乡村才能持续振兴。习近平总书记在十九大报告中明确提出，要建设一个"产业兴旺、生态宜居、乡风文明、治理有效、生活富裕"的现代化农村。用天长市农村发展的现实情况比照这一标准，显然还需奋起直追。受制于孱弱的村集体经济，再加上大量人口外出务工，天长市的农村发展面临着严峻的挑战。具体来说，如何有效盘活农村集体资产，如何避免村民自治悬浮空转，如何提升农村公共资源或服务供给水平，这三方面都是摆在天长市政府面前的现实命题。

一　村庄自给力低

放活农村集体资产，释放集体资产潜能，是进一步提升农村发展动力的关键。然而，天长市农村集体资产权属不清、集体经济管理不善、集体成员权益不实，导致农村集体资产未能充分开发，经营效益未能实现最大化，最终导致了农村内生发展动力受阻。

（一）集体资产沉睡

集体资产作为农村经济发展的"燃油"，却因为制度和管理上的缺陷，潜在能量无法充分发挥，导致农村经济发展"步履蹒跚"。据国务院发展研究中心农村经济研究部课题组研究，2012 年我国农村净资产达 127 万亿元，其中所有权属于集体的为 87.35 万亿元，占 68.62%。① 天长市以 2015年 6 月 30 日为基准日，摸清了集体资产"家底"：有村级集体经营性资产4300 万元、未承包到户的资源性资产 3.1 万亩，固定资产净值为 2.95 亿元。这么巨额的集体资产如果依法转化为农民的财产权利，将会为村庄发展带来无尽的动力。

然而长期以来，天长庞大的集体资产却始终处于沉睡状态，很大程度上制约了村庄的内源发展，从原因来看有两个方面：一方面，集体资产权属不清。随着市场经济的发展，我国的产权制度进一步落实和完善，但广大农村地区的集体资产没有进行确权登记，农村集体资产的产权归属模糊不清，集体资产"家底"仍未摸清，农民对集体资产的占有关系不明确，限制了集体资产增收功能的发挥。天长市龙岗社区书记就曾坦言，"村集体的资产复杂多样，连我们这些干部都理不清楚，更别说普通的村民了"。另一方面，集体资产管理不善。农村集体资产管理主体不明，村委会不仅承担了村庄行政事务，也肩负发展村庄经济的职能，管理主体职能分散导致农村集体资产缺乏科学和有效的管理，农村经济发展效率低下，归属纠纷、资源浪费、资产流失以及恶意侵占集体资产等现象不可避免。"村干部光是应付上级交代的各项任务就已经焦头烂额了，哪有什么精力去想集

① 张英洪：《抓住农村改革的三条主线》，2017 年 3 月 17 日，http://www.aisixiang.com/data/103619.html。最后访问日期：2018 年 1 月 16 日。

体资产怎么保值增值"，天长市汊涧镇长山村村会计如是感慨。因此天长市亟待改进集体资产管理制度，唤醒沉睡的资产，释放集体经济潜能。换言之，天长市要顺应农村经济的新形势，开展农村产权改革势在必行。

（二）集体经济孱弱

尽管天长市农村集体资产整体上还处于"存量少、增量小"的初级阶段，但是由于资产管理主体和管理方式上存在较大问题，天长的集体资产管理经营不善，并且用于发展集体经济的资金不能做到专款专用，大量被挪用到发展公益事业、填补行政管理等费用开支上，整体上呈现出营运孱弱的局面。第一，资产资源发包不规范。在合同订立、发包程序、合同效力等方面存在条款不清晰、程序不公开、内容不严谨等现象，集体资产经营由少数人说了算，缺乏一套规范的运作程序。第二，发包合同和租赁合同条款不规范、合同要素不全，甚至有的根本不签订合同，为以后纠纷的处理以及村集体权益的保障留下了隐患。同时，资产利用率低。大量的闲置资金在村级账户上"睡大觉"，尽管保证了资金的安全，却错失了很多投资的机会。账面上有的投资，无收益和收益率低的情况特别严重。第三，"三资"管理力量薄弱。全市已经全部建立起了农村"三资"管理平台，但管理的内容中规范和正常的基本仅限于农村财务管理，其他模块运行不够正常或者没有真正运行起来。有些乡镇还未建立农村土地承包经营权流转服务中心，已经建立的乡镇，运行也不够正常。管理人员配备也很少。目前，全市实际从事乡镇农经工作的人员平均每个镇不到2人，工作繁杂，使他们根本无法掌控所代理村的具体情况。第四，农村产权交易规则尚未完善。农村产权交易市场是促进农村集体资产流动的主要平台，交易市场的建立需要完善的规则。天长市依托市公共资源交易中心拓展农村产权交易服务功能，但还未形成配套制度，农村集体资产流转存在许多制度漏洞，农村产权交易平台实现稳定运行还有很长的路要走。第五，债权债务不实。村级债权大多来源于内部村民欠缴的"三提五统"、农业税以及各种承包款项。村与农户间的内部往来特别是农户欠村的部分，随着农业税费的全面取消，收取难度大大增加，村干部不想再去费劲收回，使其基本成为呆账和死账。因在欠款收取上缺乏有效的措施，集体资金大量沉淀，最终成为呆账和死账，导致集体资产和集体利益严重受损。

（三）集体成员虚置

《村民委员会组织法》第八条规定："村民委员会依照法律规定，管理本村属于村农民集体所有的土地和其他财产，引导村民合理利用自然资源，保护和改善生态环境。"农村的土地和其他财产归集体所有，然而在天长市的农村基层，"集体"的主体地位十分模糊，广大农民作为"集体"的一员，却不能享有"资产"的一份。剖析成员虚置堵点的形成原因，主要有两个：首先，农民的主体地位未落实。由于农村集体资产产权关系不清，村民参与管理监督的深度和广度受限于各种因素，不会监督、不敢监督、不能监督的现象普遍存在。农民对集体资产的使用权得不到保障，想要参与管理一没依据，二没途径，大部分村民对集体资产管理由"力不从心"逐渐变为"漠不关心"。其次，农民的收益权利未实现。天长市以村委会管理为主体的管理模式难以适应资产管理的需要，管理手段相对落后，资产运营效率较低，农民的收益率不高。因此，天长市需要在落实成员权利的基础上，进一步加强村级集体资产的管理工作，引入一批有能力、会经营的能人作为村两委的"领头羊"，以此壮大集体经济，实化成员红利。

二　村民自治力弱

村集体经济的发展需要有责任、有能力、有态度的管理组织进行运作，才能发挥其最大效用。然而，天长市各村委会作为集体经济的"火车头"，存在管理体制不健全、管理人员不专业、管理主体不主动的问题，导致集体经济难以壮大，群众参与意识普遍不高，最终阻碍了农村各项事业的发展。

（一）组织体系待健全

天长市农村集体经济管理由村委会承担，其同时承担村庄公共管理事务，实行经济和行政事务"一肩挑"。首先，农村管理结构单一。集体经济管理体制不健全，部分村委会无法行使对集体资产的经营管理权，镇政府或者村委会成为集体的所有者，行政和经济事务一套人马，高度统一的管理体制，致使行政运行和经济发展双重低效率。其次，缺乏监管部门。由于缺乏专门的经济运营组织，村委会全权承包了集体经济经营事务，再加上村民缺乏参与村庄经济事务的途径，导致集体经济经营缺乏有效监督，侵占农村集体资产的现象不能得到有效遏制，村民即使发现贪污、挪用等行为，大多也是不了了之。最后，发展动力不足。由于权责不明确，加之缺乏有效监督，村委会经营集体经济抱着"干多干少一个样"的心理，发展集体经济的自觉性不足，个别干部甚至出现以公谋私现象，只发展对村干部有利的项目，损害了农民的权益。据了解，天长市近两年查处的党员干部违纪违法案件中，村组干部腐败问题占有较大比重。2013年该市查处党员干部违纪违法案件107件，村组干部占29件；2014年，查处127件，村组干部占37件。村组干部违纪违法行为类型主要有套取资金、合伙私分、见钱眼开、小官大贪，设立"小金库"、违规支出，知法犯法、非法用地，结伴腐败、有利共沾，雁过拔毛、经手就捞，优亲厚友、徇私舞弊，尸位素餐、失职渎职等方面。

（二）干部队伍待精进

村干部处在农村工作的第一线，担负着贯彻落实党的路线、方针、政策，密切党和政府同人民群众的联系，带领群众致富奔小康的重任，是党在农村实施核心领导的关键群体，这种特殊的重要作用是无可替代的。然而在天长市农村基层，干部队伍的建设却始终没有跟上经济发展的脚步，处于较为颓靡的状态。首先，干部管理热情不高。由于缺乏必要的激励机制，村集体资产的实际管理人员对提高集体资产的收益没有热情，调研期间受访的村干部普遍认为："村集体经济发展好了，对自己收入没有多大影响，发展不好了，还要受到村民的埋怨，甚至（有村民）怀疑村干部贪污。"因此，以往天长市的各个村委会对集体经济的管理目标仅仅停留在维持现状上。其次，干部管理素质不高。村集体经济组织管理人员普遍文化素养不高，对经济形势认识不深入，不能跟上市场经济发展的步伐，管理手段落后，但村集体经济组织又没有人才引进的机制，缺少拥有现代化经营理念的管理者。如天长市部分基层乡镇有各村需定期对村资产进行账面清查的规定，但是有些干部连电脑操作都不太熟练，很难运用信息化手段开展村庄管理服务工作。天长市铜城镇余庄村某位不愿透露姓名的村民表示："很多村干部缺乏真才实学，凭着在村里有钱有人脉当上了村干部，要是论发展经济，他们不一定懂得，很多村干部都没有真正为我们谋利益的意识。"最后，管理持续性不足。在天长，村干部在任的3年往往是第一年参加县、乡培训，第二年才把主要精力放在工作上，第三年又要开始考虑下一届选举，较为普遍地存在"一年看，二年干，三年等着换"的问题。村干部由于任期短，无法在任期内把一套思路或一个工程完整实施下来，怕未受益的群众在下次选举时不投其票，往往不干或绕开走。这无疑使干部的工作成效大打折扣，严重制约了村庄的发展。

（三）自治意识待加强

在引入利益联结机制以前，天长市的农民对于村务管理、村集体资产管理等的积极性普遍不高。根据相关制度规定，凡是涉及村集体成员切身利益的重要事项，应该由村民大会或者村民代表大会讨论通过，依照相关程序进行最终决策。但以往天长市却长期存在自治"空转"的现象，村民的参与权利在很多村名存实亡。天长市万寿镇百子村黄书记表示："以前村里干事，是'会难开，人难找'。"而不少村民则表示"开会只是走个过场，去不去都无所谓"。可见，以往天长市的村级民主决策和民主管理几乎流于形式，作为自治主体的村民对参与治理的意愿不高。出现这种现象的原因可能有以下两个方面：一方面是对村干部的信任度低。比如不少村民一开始就认为，"集体资产分不到自己手中，会被村干部贪污、挥霍掉"。天长市秦栏镇陆姓村民表示："之前这些资产有多少、用多少、挣多少我们都不知道，你一个人去问村委，也是互相推脱，说不明白。再说了，就算挣了钱，这么多人一分也就没多少了，很少有人去关心这些事情。"另一方面是对于村集体资产的管理热情不高。正因为天长市始终没有将集体资产管理与农民的财产权利挂钩，农民的自治原动力一直未被撬活，自治积极性相对较弱，一定程度上削弱了村庄与农民的发展潜力。

三　服务自足力差

受到集体经济孱弱等诸多因素的影响，天长市农村的公共资源或服务供给长期依赖上级的拨款，呈现出总量不足、结构不优的局面。另外，村两委在公共事务方面的组织动员能力低下，未能充分发动社会力量，村民参与无法有效实现，最终造成天长市农村陷入"基础建设迟缓、公共服务滞后、公益事业冷却"等现实困境之中。

（一）基础建设迟缓

农村基础设施建设水平与村民的生产生活息息相关，然而，农村基础设施建设的步伐一直落后于城市。在天长市的农村，基础设施建设同样缓慢，并且低水平的基础设施建设已经严重制约了村民生产生活水平的提升。首先，基础建设少财力支撑。天长市杨村镇光华村党总支书记任宝贵就曾表示，"以往村集体没有充足的资金，村里面修路、整地都需要向上级再三申请，路基坍塌了都得耽误半个多月，还有个别偏僻的村庄连个像样的大队办公楼都没有"。村集体无力开拓收入渠道，不得不在基础设施建设上采取"等靠要"的做法，这也造成天长市农村基础设施水平与村民的现实需求长期脱节。其次，基础建设缺全民管护。农村基础设施是村庄的公共财产，但因此也容易发生"公地悲剧"。在天长市，由于基础设施建设缺少村民的参与，村民想当然地认为基础设施的管护仅仅是村两委的事情。例如，中南集团在天长市便西村投资捐建了中南广场，但是仅仅依靠环卫工人的管护显然是不够的，一位管护工人就回忆，"广场刚建起来的时候，村民的保护意识不强，随手乱丢垃圾，甚至孩子随地大小便的情况都时有发生，我们的工作压力很大"。最后，基础建设欠有力监督。在村民对基础建设的监督渠道不畅、监督意识不强的情况下，村干部就可能出现滥用权力甚至中饱私囊的现象，最终损害村集体的共同权益。例如，前文所述的天长市大通镇元通社区党支部书记徐荣保就是严重损害了村民的共同利益，村民在投诉无果的情况下只能向滁州市市委巡查组举报，滥用职权问题才获得圆满解决。

（二）公共服务滞后

如果说基础设施是农村的硬件，那么公共服务就是农村的软件。农村公共服务水平的高低直接影响村民在农村经济社会发展当中的获得感。天长市在村集体经济力量弱小等劣势条件下，公共服务水平也难有可观的提升。具体来说：其一，公共服务供给不足。以天长市农村基层医疗服务为例，村卫生室提供药品不全的情况普遍存在，有的患者得的只是一般性感冒，却要跑到县里买药。天长卫计委的相关统计数据也显示，基层医院常见病、多发病药品种类只有县级医院的47%，村级卫生室则只有41%。天长市农村公共服务供给在数量上难以满足广大群众的需求。其二，公共服务内容单一。天长市农村公共服务除了在量上不足，在结构上也颇为单一。村民生活水平在不断提升，但公共服务内容的多元化显然没有跟上步伐。天长市现有的公共服务内容主要集中在基本的医疗卫生、社会治安、社会保障等方面，在文化教育、农技推广等服务上还很薄弱。一位天长市便西村村民便提到，"现在农村淘宝很活跃，但是村民们都不懂这些，村里面也没人教授"。其三，公共服务覆盖面狭窄。仍以天长市农村基层医疗服务为例，据天长市卫计委统计，2014 年镇中心医院的医师仅有 3 位，护理人员不超过 6 位，在村卫生室平均只有 1 位医师和 1 位护理人员。天长市便西村王医生就说："我们村卫生室人手不多，加上护士只有 3 人，到了换季的时候，病人多来几个，我们就忙不过来了。"看病的人员增多，有限数量的医生护士自然顾不过来，基层医疗服务水平难以得到保证，公共服务的覆盖面也大大受到限制。

（三）公益事业冷却

农民、农村想要获得长足的发展，公益事业的兴旺必不可少。天长市的广大农村在城乡二元经济结构的影响下，大量村民外出务工，留守者中老弱妇幼等弱势群体占了很大比重，再加上村集体经济力量弱小，天长市整体的公益事业亟待破冰前行。首先，农业设施建设乏力。长期以来，政府对基层水利设施的投资严重不足，天长市也不例外。天长市的种植大户不得不独自承担大部分的灌溉沟渠等公共设施的建设、管护任务。例如，2013~2014 年，天长市惠丰农业专业合作社分别扩挖 1 万立方米以上当家塘各 1 口，将原来闲置的碟子塘、浅塘进行深挖，并清淤整修输水渠道3.5 千米，累计完成土方超 4 万立方米，投入资金 20 万元，极大缓解了村中农田灌溉的用水压力，但合作社理事长也坦言，"若是能够得到政府更多的资金补贴，合作社的经营压力会更小，投资村庄农业设施的热情也会更高"。其次，弱势群体关爱缺位。毗邻江苏的天长市，地理位置得天独厚，也为大量的农村劳动力外出务工提供了便利，但大量青壮年离开农村，也带来了留守儿童、留守老人的增多。天长市便西村村主任就提到，"村委会没有多余的精力去专门照看这些留守的老人和小孩，我们只能偶尔去询问一下情况"。最后，村庄环境保护被忽视。为了提高农作物的产量，天长市部分村民不顾环境污染、土地土壤破坏等，过度使用烈性农药、化肥的情况屡见不鲜，最终结果是粮食产量提高有限，反而污染了村庄的公共环境。天长市冶山镇高巷村是美丽乡村建设示范村，"过去村里面的河道水质污染严重，村民不注意爱护，甚至农药瓶子直接丢进池塘里"，高巷村村书记如是回忆。

第四节　挖掘优势，帷幄破局

天长市在改革发展进程中遇到诸多难题，但是作为全国农村集体产权改革试点之一，天长市具有的独特的地区优势、坚实的经济基础、成熟的市场条件和优越的改革底色，为深化农村改革、推进农业升级、推动农民创收、促进农业农村现代化打下了基础，添足了动力，谋好了布局。天长市借势而动，顺势而为，深挖潜力，共聚合力，会真正将改革进行到底。

一　地理区位优越，为对接改革夯实基座

特殊的地理区位为天长市深化农村改革提供了优越的外部自然环境、浓郁文化环境和现实生态环境。首先，良好的地区自然条件是天长市改革发展的先天优势。天长市的特殊位置，有助于其为自身的改革攻坚、开拓创新夯基铺路。从全国占位来看，天长市位于南北自然区域的结合部，地处江淮丘陵向苏北平原过渡的地带，属于北亚热带季风气候区，条件优越，资源充足，物产丰富，是全国商品粮生产基地，具备深化农村改革的天然禀赋。从区域视角分析，天长市位于华东腹地，紧邻全国经济繁荣地带——长江三角洲，濒临上海、南京、苏州、扬州、杭州等发达城市，在沪宁杭经济辐射圈范围之内，具有顺接产业转移、商品输出、技术内引、人才交流、共享服务的便利条件，富有深化改革的先发优势。从省份分布来看，天长市位于安徽省最东部，素有"安徽东大门"和"滁州东大门"之称。其三面环苏，嵌入江苏腹地，是东部沿海地区与内陆中部地区的跳板，具有"口袋状"的开放的自然形态。综上所述，特殊的地理定位，为天长市的改革发展奠定了基础。其次，优越的地区生态环境是天长市改革发展必备的外部条件。天长市作为全国文明城市，是享誉苏皖的城市公园和乡村风景区，是"全国文化模范市"。另外，天长市打造经济绿化带，

为招商引资和资本还乡铺路搭桥，为实现生态、绿色、质量发展提供了强力外部保障。最后，优秀的地区风土文化成为天长市改革发展的持久源泉。据历史记载，天长市基于唐玄宗李隆基纪念生日而设，距今已有1200多年历史。另为纪念新四军罗炳辉将军，两次更名为"炳辉县"。同时，本地区还流传孝昌文化。天长市借力深耕厚植悠久地区文化，为改革发展增添了浓厚底色。

二　经济基础坚实，为承接改革蓄足动力

经济充分发展是改革创新的坚实后盾，天长市在经济总量、产业结构和人均生产总值上都达到了全国前列，为改革发展保证了后劲。首先，经济总量较为靠前，改革发展有底气。天长市多年来一直是安徽省县域经济发展的排头兵。数据显示，2010年，天长市实现地区生产总值147.1亿元，财政收入15.5亿元。到2016年，天长市完成地区生产总值318.3亿元，居全省县级行政区第五，财政收入达到41.3亿元。天长市7年间经济增长速度跃升，跨上了新台阶，达到了新高度。据统计，天长市是安徽省唯一一个连续10年位居全省县域经济十强的县市，连续5年位居全国中部百强县，也是全国中小城市综合实力100强之一和全国最具投资潜力中小城市50强之一。雄厚的"家底"，为天长市深化农村综合改革创造了良好的经济条件。其次，产业结构基本合理，改革发展有依托。天长市工农业发展齐驱，商业活力强劲，高新技术产业日益崛起，一二三产业融合趋势明显，可为深化农村改革领航。天长市作为农业大市，也是全国商品粮和优质油料基地，农业发展高质高效，集约化、规模化、产业化和区域化发展态势明显，不断成为农业改革发展的"高地"。2016年天长市政府工作报告中显示，该市2015年粮食总产达74.6万吨，实现"十二连丰"，两次荣获"全国粮食生产先进县"称号。截至2016年，天长市已建成现代农业示范区14家，省、市级农业产业化龙头企业34家，各类农民专业合作社693家，登记注册家庭农场509家。另外，天长市工业起步较早，民营经济发达，其发展被誉为"安徽的温州模式"。同时，该市工业体系较为成熟，工业结构较为健全，仪表、电缆、医药、电子元件等门类齐全，被称为"中国仪表电缆生产基地"、"中国电子元件生产基地"和"中国

玩具生产基地"等。天长市作为皖江城市带承接产业转移示范区的"桥头堡"，也是"长三角"先进制造业重要的配套加工基地，工业基础较好，配套能力较强。据统计，2016 年天长市工业总产值迈上千亿元台阶，接近1300 亿元。为促进工业转型升级，天长市在高精尖产业上发力。如 2017年 3 月 11 日，安徽省政府批复将天长经济开发区更名为安徽滁州高新技术产业开发区，全区目前有工商注册企业 1000 多家（天长市国家级经济技术开发区、国家级仪器仪表产业基地均已获得国务院和国家工信部批准）。2016 年 5 月，该开发区被国家发改委确认为长江经济带国家级转型升级示范开发区。2017 年开发区预计可实现工业总产值 600 亿元。最后，人均生产总值较高，改革发展有奔头。经济总量的增加，也相应提升了天长市城乡居民的收入水平和对改革的期望值。2010 年，农民人均纯收入为 7558元，到 2016 年，天长市人均生产总值达到 46271 元，农村居民人均可支配收入达到 15309 元，高于全国、全省的平均水平。经济高速稳健增长，使天长市农民尝到了发展甜头，但对深化改革期盼更多，因此他们更盼望进一步拓展改革。

三 市场发育成熟，为链接改革安装引擎

市场发育成熟对于深化农村改革意义重大，其开放性、包容性和竞争性可为改革发展助力。天长市在市场区位归属、市场意识塑造、市场机制导入等方面具有较大优势，这成为深化农村改革的重要基础。一是市场区位优势明显。正是天长市的特殊地理区位，为天长市市场区位优势的形成奠定了基础。天长市在经济区域划分上居于我国中部，而在地理位置上靠近东部沿海地区，处于江淮之间，东临高邮湖，西傍京沪铁路，陆路畅通，联通海港，便利的交通条件益于商品输入与输出，更益于内部与外部的互联互通。另外，天长市三面环苏，濒临"长三角"，紧靠上海、南京、苏州等地，在土地、人力、资源、人才、技术和资金等方面更易于与它们合作互利、互惠共赢。特殊地情为内地市场与沿海市场、国内市场和国际市场在此地的有效联结提供了优越条件。二是市场意识形成较早。20 世纪70 年代末、80 年代初，改革开放以后，天长市第一批经商户到浙江、上海、南京等地区"跑外勤"，与改革开放带来的市场经济接触较早，"外勤

户"在对外经商贸易中形成了思维碰撞,个体市场意识逐渐形塑,市场敏锐度较高,"第一批吃螃蟹的人"成为后续改革的潜在力量。据天长市农委副主任房华玄介绍,"天长市在改革开放后有一大批下海经商和'跑外勤'的农民,他们富起来后回乡办企业,现在还经营农场、合作社,成为天长市挖不完的改革'富矿'"。同时,天长市近年来紧抓"工业化、民营化"的发展战略,培育出一大批民营经济实体。民营经济体量的增加,其所具有的灵活性、外向性和竞争活力,为天长市开拓更广阔的外部市场打下了根基。市场意识较早塑成,为改革破除了固化思维。三是市场机制的培育和导入。天长市农工商业的竞相融合发展,促进了其经济总量不断增大、经济水平不断升级,需要更加持效长久的经济动能予以支撑。而市场机制的不断成熟健全,有利于经济竞争力的提升。天长市在稳定市场价格、规范市场秩序、引导公平竞争、打造市场品牌上下足功夫,做好文章,正确处理好政府引导和市场主导的关系,让"有形的手"和"无形的手"联结起来,合力"做加法"为改革发展带来了"乘数效应"。如天长市率先发力,在"三权分置"改革中,落实集体所有权,稳定农户承包权,放活土地经营权,巩固农村基本经营制度。通过引入工商资本,培育新型农业经营主体,发展适度规模经营。导入市场要素,培育农业社会化服务体系,拓展农户增收创收渠道,放开工商资本下乡通道,进一步壮大了农村的综合实力。

四　社会土壤丰厚,为深化改革筑牢保障

天长市在历史传承、现实实践和政策支撑等层面,具备深化改革创新的社会土壤。一是强烈的自我革新意识引领。天长市各级干部和群众具有勇于开拓、敢为人先、锐意进取的改革创新意识,摒除了固步自封和"躺在历史功绩簿上"的思维。正如安徽省委书记李锦斌同志所言,"这里的人们勤于创业、精于出新、善于服务、勇于争先"。天长市干群通过思维突破,实现制度创新,促进经济、社会、文化等全方位发展,取得了一个个创新亮点和响亮品牌,如在"三权分置"改革、农村集体资产股份权能改革和全国县级公立医院改革等领域,均处于全省、全国前列。再如2012年3月2日,天长市工商部门注册登记了全国首个家庭农场——天长市丰穗家庭农场。在此基础上,3月20日,天长市工商部门注册登记了首家农

民合作社联合社——天长市大地农业专业合作社联合社。另外，2015 年 5 月，天长市被农业部、中央农办、国家林业局确定为全国积极发展农民股份合作赋予农民对集体资产股份权能改革试点单位。二是优良的改革创新传统支撑。浓厚的改革传统是天长市进一步深化改革的重要依据和有益参考。天长市在既有改革发展基础上推进改革创新，有利于把准改革方向，降低改革成本，提升改革进度，放大改革成效。据档案资料记载，在土地农户承包经营制度改革方面，自 1979 年秋，秦栏公社 29 个生产队就开始实行包产到户、联系产量计酬责任制。1980 年底，全县有 837 个生产队实行了大包干。1981 年春，天长县全面推广包干到户责任制，到秋种前，全县 3877 个生产队全部实行了这一制度。从历史上看，天长市在全国全面推行"包产到户"制度方面领先一步。从农业合作经营制度来看，在 1982 年，天长县界牌公社水产研究会就经县科学技术协会批准成立，是安徽省第一个农民专业合作经济组织。这在安徽省乃至全国都是先进创举，为有效实现多种形式的规模经营率先进行了示范。另外，在 2009 年，天长市即发文规范农村土地流转经营，在地方实践上为全国"三权分置"制度改革提供了经验支持。三是适时的深化改革政策保证。一方面，行政区划规格较高，为改革创新清障。自 1993 年天长撤县设市以来，其作为安徽省省辖市，由滁州市代管。行政区划的调整变动，为天长市招商引资、人才吸纳、改革创新等各方面解缚减压、提速增质，为其改革扩容提效放开了空间。另一方面，政策规范连续性强，为深化改革兜底。在深化农村土地制度改革进程中，天长市政府积极破题，主动作为，在规范政府行为、整治权力腐败、扶持农业经营、壮大集体经济等方面，下发一系列意见、方案、通知、办法等，为深化农村改革提供支持。如在农村集体资产股份权能改革中，天长市政府下发《关于成立天长市积极发展农民股份合作赋予农民对集体资产股份权能改革试点工作领导小组的通知》《天长市积极发展农民股份合作赋予农民对集体资产股份权能改革试点实施方案》等 19 项主体文件，以及《天长市农村集体"三资"管理制度》和《天长市农村小微权力清单制度试行办法》等 12 份配套文件，搭建了全方位、立体化的政策制度体系，全力保证改革稳步有序推进，让深化改革真正纵向到底、横向到边。

第二章

以土地确权撬活产权制度改革

2017 年习近平总书记在安徽凤阳县小岗村主持召开农村改革座谈会时指出，"新形势下深化农村改革，主线仍然是处理好农民和土地的关系"。土地是农民最基础的生产资料，土地承包经营权和集体土地所有权是农民土地产权的两大形式。坚持和完善农村基本经营制度，着力推进土地确权到户和农村集体资产股份合作制改革，是深化农村综合改革的要旨。天长市作为传统的农业大县，随着工业化和城镇化的发展，其农民逐渐脱离农业生产，与集体的交集逐渐缩小，引发了农民土地权益丢失和受损的风险。同时，"两权分置"的农村土地制度限制了土地活力的充分发挥，土地经营遭遇"致富"瓶颈，给农民增收和城乡融合带来难题。因此，巩固农民土地权利、重塑农民与集体的关系成为农村改革的核心。

针对土地制度引发的农民致富和农村发展难题，天长市以农村土地承包经营权确权和农村集体资产股份权能改革为契机，建立主要领导挂帅体制，凝聚改革攻坚共识；推行试点不留空白机制，实现改革成果共享；实行全方位保障体系，确保改革持续有力。通过放活土地经营权，构建"三权分置"的土地产权结构，以政府引领产权改革推动农民职业化经营、农业社会化服务、农村现代化发展的乡村振兴格局正在形成。

第一节　确权先行：筑牢产权基础

党的十九大报告提出，农村土地制度改革的最终目标是保障农民财产权益，让农民通过改革富起来，真正让农民有获得感。农民承包地和农村集体土地作为农民最为基本的产权载体，在长时间内未得到严格保护和效益挖掘。随着经济社会的发展，农民因土地流转经营发生的土地权属纠纷问题愈加凸显，同时，农民对村集体土地的所有权仅停留在"共同共有"的纸面权利上，实际上没能享受到集体土地带来的收益。基于此，天长市委市政府从与农民关系最紧密、各方关注最迫切的土地问题着眼，充分考虑各镇村的历史状况和现实差异，全面推开了承包地确权和集体资产股份制改革。通过引导农民参与，调解土地纠纷，保障确权成果，明晰产权归属，以此巩固广大农民的产权基础。

一　因需而确，破解发展难题

天长市是传统商品粮基地，农业发展问题是其经济结构转型升级的重要问题。天长市拥有"居中靠东、三面环苏"的地理优势。进入 21 世纪以来，在周边城市经济快速发展的带动下，大量天长农民进入南京、扬州等市务工，导致承包地和农村集体土地处于被荒置或代耕的状态。由于农民土地权属观念不足和农村未建立明确的产权保护制度，村民之间、村民与集体之间的土地纠纷时有发生，影响了农村社会的稳定和发展。

（一）土地权属不清，给农村稳定添堵

清晰的土地权属关系是确立农村产权制度的基础。在农民外出务工的背景下，部分农户为了不让土地荒置，将其承包地通过转包、转让、出租的形式给他人耕种。随着国家农村政策的调整，农民土地的价值越发显现，农民对自家承包地价值的关注也日益提升，因而出现原承包人要求收回土地自行耕种，现耕种方不愿退还土地的现象。由于土地流转双方在流转约定上往往是口头约定，有的虽有书面协议但协议条款不全或不能匹配土地现值，双方在流转期限、出让形式及承包费等问题上产生了很多争议。正如天长市农委农经站站长范正磊所说，"2015 年开展土地确权前，

天长市下面的村，每年都要发生 3~5 起土地流转带来的纠纷，干部们在调解纠纷上忙得焦头烂额"。2009 年天长市出台鼓励土地流转政策，对流转面积 100 亩以上的流入户每亩一次性补贴 50 元，极大地刺激了当地的土地流转意愿。天长市农委调查数据显示，截至 2011 年底，天长市共有农民合作社 300 多家，土地流转面积超 8000 亩。但现行《农村土地承包经营权流转管理办法》规定流转期限不得超出二轮承包剩余年限，导致新型经营主体签订流转协议时存在顾虑。天长市大通镇刘跳村种植大户盛光源流入本村 400 多亩地用于种植有机蔬菜，他提到，"我们和农户签订的流转合同多是 3~5 年，这么短的流转期限，我都不敢投入太多资金去把土地搞肥，农户得不到多少租金，我也赚不了钱"。可见，土地权属不清，不仅增加农民的土地纠纷，加重基层干部的调解负担，还影响了农业稳定的规模化经营，农民流转土地的收益同样得不到保障。通过土地确权工作把农民的承包地经营权属用颁证的形式确立下来，形成清晰的土地权属关系，对于减少土地纠纷、维护土地承包人和经营人的合法权益、促进农民增收和农村社会稳定具有重要意义。

（二）集体管理乏力，为农村发展设障

2006 年取消农业税以来，农村基本经营制度中"统"的力量逐渐瓦解，农民从集体中解脱出来，集体管理能力也随之下降。加上村集体行政事务的增多，村集体对集体土地和个人承包地在日常管理上呈现出"乏力"的局面，无法有效管理集体资产。一是农业补贴主体与经营主体不匹配。国家取消农业税以来，我国的农业补贴政策对象都是土地的承包户，农业补贴直接发放给承包人。但在土地流转的背景下，部分土地的实际经营人并不是土地的承包人，因而产生土地经营人经营土地却不能获得相应农业补贴的"怪象"，影响了土地经营者的农业生产积极性。大通镇便西村 40 多岁村民周文琦，由于长期在外务工，家里的 11 亩承包地交给大哥耕种，农业补贴仍发放给周文琦，每年过年兄弟俩都会因为这个补贴"到底应该归谁"的问题吵架。二是集体土地收益受损。二轮土地承包后，村集体的大部分土地都分配给了村民，集体留有少量的机动地。在农业生产中，部分农民出于"占便宜"的目的，侵占了与个人承包地相邻的集体土地，加上集体土地的收益在村集体收入中占比不高和对集体土地管理不善

等原因，村集体通常默许这种情况的发生，这也间接导致了村集体收入的损失。"以前村里地也没人管，农民占了就占了"，大通镇刘跳村村支书项永富感叹道。改革前，天长市151个行政村中，村集体资金少于2万元的"空壳村"就占了24个，"空壳村"里面还存在不少"难点村"，如"戴坝村是远近闻名的难点村，村里无积累，开个会连固定场所都没有"。汊涧镇长山村集体经济股份合作社理事长杨成环也算过一笔账：2015年以前，村集体资产包括3座机站、600亩山场、31亩集体土地，由于产权关系不清晰，集体土地被部分群众侵占，年经营收入只有6万元。这样的例子不胜枚举，可见集体土地荒置和流失是这些村庄的普遍现象，如何有效保护和精准开发集体资产是关乎农民归属感和农村社会稳定的重要环节。天长市委书记金维加认为，"当务之急是发展村集体经济，可以将农村集体股份合作制改革比喻为一根撬动农村集体经济发展壮大的杠杆，而村民能不能分钱、能分多少钱取决于合作社对于集体经营性资产的利用情况"。基于此，天长市出台一系列扶持壮大集体经济的政策，为集体资产股份改革铺路。

二 依循规范，明确改革进程

习近平总书记曾指出："干部干部，干是当头的，既要想干愿干积极干，又要能干会干善于干，其中积极性又是首要的。"领导干部作为农村综合改革的"关键少数"，他们如何把握好改革节奏成为决定改革成败的关键。天长市委市政府在市委书记金维加、市长朱大纲的锐意带领下，经过细致的准备工作，于2015年3月成功申请成为安徽省第二批农村土地承包经营权确权颁证试点县（市、区），并于同年3月申请成为全国首批29个"积极发展农民股份合作赋予农民对集体资产股份权能改革"试点县（市、区）之一。在这两场几乎同步推进的农村产权改革中，市委书记金维加、市长朱大纲多次前往基层调研走访，组织制定确权改革方案，明确界定确权对象和标准，完善确权流程，推动了天长土地确权和集体资产确股的快速完成。

（一）推行双项确权，覆盖改革全域

"中国农村改革的核心，始终是土地问题。波澜壮阔的改革，发端于土地，收获于土地，也不断在土地上捕捉着深入推进制度变革的新契机。"

中央电视台纪录片《将改革进行到底》如是描述了天长市农村综合改革。天长市委市政府领导全程参加每一次的培训会、推进会，在确权工作中充当重要的"掌舵者"角色。天长市市委书记金维加在市集体资产股份改革试点工作汇报会上强调："市领导每人联系包保一个镇，各镇也成立领导小组，实行'一把手'负总责。"天长市按照中央文件精神，出台了覆盖承包地确权和集体资产确股全过程的工作方案，包括确权前的领导机构方案、试点推进方案和工作保障方案，确权过程中的争议调解方案、确权督察方案，确权完成后的成果利用方案等。这两项（确权确股）工作的推行，实现了农村确权领域的全覆盖，为顺利在全市范围内发展农民股份合作提供了基础条件。

（二）界定成员身份，明确权利主体

作为村集体经济组织成员是农民享有承包经营权和集体资产股权的前提，成员身份的确认对于村民享有相关权益意义重大。首先，市级确定基本原则。天长市在土地确权工作的基础上，于2015年11月3日制定并下发了《关于开展村级集体经济组织成员身份界定的通知》，确定了"尊重历史、照顾现实、程序规范、群众认可"四大指导性原则。其次，村庄细化界定标准。各村在政府制定的成员界定指导方案基础上，充分考虑本村的历史基础和发展特点，把成员界定权利交给村民，由村委会联合村集体经济组织组织召开村民代表大会、户主会等会议拟定具体界定标准。天长市形成了符合各村实际的7~14条不等的村集体经济组织成员界定标准。遇到成员身份界定难题，均提交给村民大会讨论决定，本着"宁宽勿缺，应确尽确"的原则，对符合认定标准的全部予以资格认定。最后，群众参与信息监督。天长市政府还建立了承包地确权数据管理平台和集体资产信息管理平台，除部分涉密信息外，其他信息一律向社会公开，接受群众监督。截至2016年6月，天长市已有138个村完成集体经济组织成员身份界定，占总村数的91.4%，共界定成员420517人。以万寿镇百子村为例，该村就外来媳妇是否具备成员资格问题开会商讨，经村民代表大会一致同意，坚持"两头不多占"原则，只要外来媳妇出示娘家村委会出具的相关证明，即可拥有本村的集体成员资格。

（三）规范推进机制，保证确权实效

确权工作是考验全市各个层级干部群众投身农村综合改革积极性的"试金石"。天长市为了保证确权工作的顺利推进，明确了市镇村的各项工作职责，规范了改革推进机制。首先，以"一把手"工程推进改革进程。天长市委成立了以市委书记金维加为第一组长、市长朱大纲为组长，市农委牵头协调，国土局、财政局、改革办等21个相关部门负责人和15个镇（街道）党委一把手参加的天长市积极发展农民股份合作赋予农民对集体资产股份权能改革试点工作领导小组，市政府成立了以市长朱大纲为组长，农委、国土局、财政局等16个相关部门和15个镇（街道）负责人参与的农村土地承包经营权确权登记颁证试点工作领导小组。领导小组制定了完善的改革方案和协调机制，在整个改革工作中起着统筹作用。各镇（街道、社区）也成立了以主要领导为组长的领导小组和工作小组，负责改革工作的具体落实。在村级层面，成立由村、组干部，老党员和村民小组代表组成的工作组，参与确权的基层落实工作。在全市形成了市级统一领导、市镇村层层推进的工作机制。其次，多形式宣传让改革理念"入脑入心"。天长市通过多种形式宣传（如举办培训班、印制宣传册、召开动员大会等）来强化干部对确权工作的理解，提高农民的参与热情。天长市为推进集体资产股改工作，由农委牵头在全市15个镇（街道）举办培训会议23次，邀请镇村干部和群众代表参会，参会人员1500多人次，在加深干部对股改工作认识的同时，也激发了群众参与改革的热情。再次，充分发挥"乡贤"余热。在村集体资产股份改革动员会上，除了村干部宣传相关政策，还可发挥乡贤在农村社会威信高、号召力强的作用，让老党员老干部向村民宣传集体资产股份改革的好处，以此获得村民的理解和认可。天长街道曙光社区通过召开居民小组长会议、居民代表会议、户主会议向社区居民宣传集体资产股份改革后，居民从一开始对集体资产股份改革能分红持"不相信"的态度转变为积极拥护。

三 登记颁证，共享改革红利

习近平总书记指出，农民利益不受损是农村土地制度改革的一条底线，绝不能以改革为借口损害农民的利益，改革即使不能让农民的利益最

大化，也不能把农民的利益改小了、改没了。农村土地承包地确权和集体资产股份改革在法律上确认了农民对承包地和集体资产的产权，端住了农民的"铁饭碗"；在通过"三权分置"放活了农民土地经营权的同时，把集体资产折股量化到人，通过多种方式壮大集体经济，释放集体资产增值带来的改革红利，打造了农民的"金饭碗"。

（一）稳定土地承包关系，完善"三权分置"土地制度

2016年10月中共中央办公厅、国务院办公厅印发的《关于完善农村土地所有权承包权经营权分置办法的意见》指出，要深化农村土地制度改革，完善承包地"三权分置"制度。天长市巧用试点带动了农村土地承包经营权确权颁证工作的全面推开。在完成2个村庄试点工作后，天长市及时总结经验，迅速在全市剩余的149个行政村铺开，实现改革"不留白"。土地确权将农民承包土地的地块、面积、空间位置和权属证书落实到户，依法赋予了农民更加充分且有保障的土地承包经营权。天长市作为安徽省第二批农村土地承包经营权确权颁证整县推进试点县市，虽然起步不是最早，却通过强有力的组织领导和有序推进，在不到一年的时间全面完成了农村土地承包经营权的确权颁证工作，在2015年10月与全省首批20个试点单位同步参加省级验收并获通过。天长市共测绘二轮承包地97.98万块，实测面积133.16万亩，共颁发证书11.98万户，都占到应确权面积和应确权户数的100%。天长市大通镇齐庙村村民徐长林感受到"三权分置"改革带来的诸多实惠时就曾感慨："三权分置改革是相当好的一个政策，使我们农民得到了三放心，承包放心，经营放心，所有权放心。"

农民获得承包地经营权证，是坚持土地集体所有权、稳定农户承包权、放活土地经营权的土地"三权分置"的重要体现。在农民与土地分离的情况下，农民可以在保持土地承包权的基础上，充分流转土地的经营权来获得收益。天长市土地流转数据显示，[①] 2016年4月土地流转（种植大户）面积4380亩，流转均价为486.68斤稻/亩，2015年4月土地流转面

---

① 此数据来源于滁州市政府信息公开网，http://www.chuzhou.gov.cn/public/column/2681503? type = 4&catId = 1440&action = list，流转面积、流转均价和增长率系根据数据计算所得。最后访问日期：2018年1月3日。

积（种植大户、家庭农场）面积 3807.72 亩，流转均价为 468.55 斤稻/亩，流转均价同比（2016 年比 2015 年）增长 3.87%。截至 2017 年 4 月，天长市农村土地流转面积达到 51.1 万亩，占家庭承包经营土地面积的 57.4%。天长市大通镇便西村村民陈有禄欣喜地指着农民土地承包经营权证说："有了这个小本本，俺们就可以把承包地流转出去，放心出去打工啦。"

（二）赋予农民财产权利，构建"股份合作"产权制度

过去，天长市的土地流转由于面积不准、权属不清产生了大量土地纠纷，究其根源在于没有建立完善的农村产权制度，导致流转双方对土地的权益占有关系不明。天长市通过农村土地承包经营权确权和集体资产股份权能改革，在法律层面赋予了农民完整的土地产权，对于农民实现产权收益、构建现代农村产权制度具有重要意义。一方面，农村土地承包经营权确权颁证放活了土地经营权。农民的承包地经确权颁证后，承包地的经营权从承包权中分离出来，农民可以将土地的承包经营权入股合作社，获得股份分红。天长市冶山镇晏公村西曹组村民王玉东把自己的 360.5 亩耕地流转给合作社，一年可以获得约 18 万斤稻谷的收益。另一方面，农村集体资产股权改革将农民变成了"股东"。集体资产股份改革把清产核资统计出来的集体资产以股份的形式分配给集体经济组织成员，农民可以享受集体经济壮大带来的分红收益，让农民对集体资产的占有状况从改革前的"共同共有"变为"按份共有"。天长市杨村镇光华村集体经济股份合作社理事长朱玉林就提到，"股改后，集体经济一年不分红可以，两年不分红自己脸就红哩，三年不分红村级事务就难办了。下次换届不一定选得上，村干部压力大了，也就更有了干劲"。可见，两项确权工作明晰了农村土地的产权归属，同时也促进了产权的流转，为现代农村产权制度的构建奠定了主体归属和收益归属基础。

（三）土地全面确权奠基，引领农村改革

2017 年中央工作会议指出，要以完善产权制度和要素市场化配置为重点，激活主体、激活要素、激活市场，着力增强改革的系统性、整体性、协同性。天长市推行的农村土地承包经营权确权颁证和农村集体资产股份权能改革，通过发动土地这个"三农"发展的核心要素引擎，积极放活和流转土地的承包经营权，达到适度规模经营；同时完善产权要素调整，激活市场资源要素投入农业生产；最终推动农村集体资产的股份化，实现了集体经济的壮大，进而创活了农村社会治理。

首先，放活土地承包经营权，发展适度规模农业。天长市以推进农村土地流转为突破口，不断创新农业生产组织形式，发展多层次、全方位、立体式的农业适度规模经营，新型农业经营主体得以快速发展。一方面政府规范土地流转程序。截至 2017 年 6 月，天长市已建成 1 个市级和 15 个镇（街道）的土地流转中心，保障了土地的有序流转。另一方面，财政补贴支持规模经营主体。天长市政府为引导培育新型经营主体，通过农资、农机、农贷补贴等方式扶持其发展，仅 2016 年，天长市政府就出资 1782 万元对 1201 个购买农机的经营主体进行了补贴。借助政府的积极引导和扶持，天长市新型农业经营主体如雨后春笋般发展壮大，经营主体的经营范围也从村组延伸到镇村。截至 2015 年底，天长市在工商部门登记注册的各类农民专业合作组织有 672 个，家庭农场有 338 个。

其次，优化产权配置，激活农业服务要素。天长市通过土地确权和股份改革，把土地经营权作为独立的产权形式投入市场，并通过土地市场化流转培育了不同层级的新型农业经营主体，还催生了服务不同层级的农业服务主体。农业服务在不同层级有不同的服务内容和服务半径。行政村一级形成了以植保、抗旱服务为主的农事服务专业队，镇一级形成了覆盖部分农事流程（如育秧、抗旱、播种）的农业服务合作社，而在市一级则形成了覆盖农业经营全过程的综合服务体，农业经营实现了市场化多主体服务。天长市大地农业专业合作社联合社是专门从事农业服务的新型服务主体，服务范围覆盖农业生产的全过程。2016 年大地联合社的农事服务覆盖全市 15 个镇（街道）和 149 个村（社区），服务大户 60 多户，小户 300 多户，年服务面积 15000 多亩，占天长市耕地总面积的 23.86%。

最后，以产权改革带动农村发展，激活农村有效治理的活力因子。天长市通过土地确权将"三权分置"推向高潮，搞活了土地经营权，形成了市场化的农业经营和社会化服务体系。在集体资产股份改革的过程中，不仅将农民对集体的产权通过股份化的形式固定下来，激发了农民和干部的改革热情，还通过设立集体经济（股份）合作社助推了"政经分离"村级组织结构的形成，带动了农村公益事业的腾飞，推动了村庄的有效治理。

华中师范大学中国农村研究院邓大才教授认为天长的产权改革形成了"以改革为牵引，以市场为基础，以资本为动力，政府、企业、社会和农民多方参与的'共享发展之路'"。

第二节 高位统筹：加强改革系统

习近平总书记在第三十七次中央全面深化改革领导小组会议上强调："地方抓改革要坚持提高站位，不论在哪个层级推进改革、开展工作，都要坚持在大局下谋划、在大势中推进、在大事上作为。地方党委主要负责同志要当好地方改革领头人。"尤其是当前阶段，农村改革行进至"深水区"，复杂局面对改革的执行者提出了更高的要求。因此，"培养造就一支懂农业、爱农村、爱农民的'三农'工作队伍"具有提纲挈领、纲举目张的意义。天长市在农村产权改革工作的前期阶段，市委市政府便给予高度重视，成立相应的领导组织，构筑起完整的顶层设计，通过培训、外出学习等方式形成干部共识，凝聚领导力量，强化干部认识，制定得力措施，为改革的顺利推进聚合了充足的力量。

一 强化组织领导，聚合多级力量

领导干部是国家政策的主要执行者，是政策推行的实施者，而主要领导对改革重要性的认识则决定了改革的决心和改革力度的大小。天长市将领导小组作为改革的"指挥中枢"，由市委书记、市长亲自坐镇抓改革，一改"九龙治水"和"群龙无首"的领导体制弊端。创设新标准，按人口规模来配备农经干部，使"事情有人干、责任有人负"。为推进改革的纵向深入，各村镇也成立了相应的改革领导小组，由"一把手"负总责。凝聚"四股力量"，即"党委领导、政府引导、农委指导、村委主导"，使之成为改革有效推进、持续运行的重要保障。

（一）决心下定：领导小组统领

农村集体资产股份权能改革作为国家级改革试点工作，在天长市受到市委市政府领导的高度重视。改革伊始，天长市积极争取成为改革试点单位，在获得批准后制定了《实施方案》。在天长市委市政府的指导下成立了领导小组，实行"双组长制"，由市委书记金维加任第一组长，市长朱大纲任组长。领导班子吸纳市纪委、市农委、市国土局、市财政局等20多个部门和铜城镇、汊涧镇等15个镇党委的"一把手"，作为组员参与其中，统一接受领导小组的调配，从领导班子上切实保障了改革试点工作的推行。在天长市农村集体资产股份权能改革试点工作汇报会上，金维加书记明确表示"对于这项工作我随时听，及时问，盯住不放"，真实地反映了领导层面对改革的关注度及重视度，对推动农村股份权能改革工作有壮士断腕般的决心。天长市铜城镇农经站长黄宗玉说："改革由一把手来抓，让我们看到了改革的决心，知道这不是阶段性的任务，而是长久发展的重要途径。"天长市凭借高规格的试点工作领导小组推进改革，为天长市股份权能改革搭建了一条"高速通道"。

（二）力量下沉：农经干部统配

农村产权改革的核心始终是土地问题，关系到广大农民发展的切身利益。而此项工作搞得好坏，全体农经人员会起到很大的决定性作用。就像天长市委书记金维加在改革试点工作汇报中讲的那样："农经力量强，则推进改革易；农经力量弱，则推进改革难。"为加快推进基层农经体系建设，天长市农委经过充分讨论研究，制定了基层农经队伍建设方案，为农经干部统配创造了一种规范标准。首先，市级在市农委下新设农村合作经济经营管理局，按每5万农业人口配备1名农经管理人员的标准配置，天长市农业人口有50多万人，核定编制11个，确保"事有人管"；其次，各镇设立农村合作经济经营管理站，按"万人一名"的标准来配备农经干部，最多为10名，最少为2名，平均每个乡镇核定编制为4~6人，保证"责有人负"。按照标准配备农经干部和农经人员，将干部"下派"，让干部"沉下去"，确保了改革事项有人抓、有人管。

（三）各级下力：三级书记统抓

全面深化改革，既是对领导干部个人能力素质的重大考验，也对领导班子及领导模式提出了更高的要求。在以往的改革实践中，存在大量"重工作布置、轻任务推进"的情况，导致改革"抓而不实，劳而无功"。因此，为了确保政策的顺利推进，建立各级衔接、高度紧凑的领导机制势在必行。天长市实行"一把手"总负责制度，即市、乡镇、村三级分别成立领导小组，市委书记、乡镇书记、村书记分别为各级领导小组的第一责任人，负责统筹全局，牢牢把握正确的改革方向，举全市之力全面推进改革。在此基础上形成了市委、市政府统一领导，乡镇组织落实，村组织具体实施的改革领导模式。汊涧镇长山村杨书记说到，改革"总书记管方向，镇书记管筹划，村书记管落实，一竿子插到底的制度，让我们这些村书记也能全面调动起来"。

二　凝聚干部共识，夯实思想根基

只有领导率先认识到改革的重要性和紧迫性，并对改革政策进行有效贯彻，改革才有可能顺利推进。若改革过程中，干部观念守旧、思路不明，担心改革管不好、管不了，则这些认识上的误区，势必会严重影响改革政策的推进和落实。天长市在提高领导干部认识方面，探索出"外学内化联合、理论实践融合"的办法，通过专家讲座、专题辅导、政策培训等方式提高干部的认识，借助外出取经学习将"他人之智"内化为"自己之力"，使他们更加明确改革任务，明晰改革目标，明白改革路径，促进了工作的扎实有序推行。

（一）针对性突破：专题辅导深化认识

为明确改革目的和任务，保证改革中的问题能得到顺利解决，在市委的指导下，天长市 2 次召开全市动员暨培训会议，邀请省和滁州市农委专家做专题辅导。会议不仅对改革试点工作进行了全面动员和部署，使参会干部对改革有了一个明晰的认识，同时对干部就改革相关政策进行了业务培训，充分回应了干部们对改革的疑问和困惑。为确保改革的信号不随着层级而递减，保证工作扎扎实实地落在农民身上，专题辅导会议一直开到村民小组长一级，形成一竿子插到底的制度，即在工作中市、镇、村、组四级联动，四位一体地协同推进改革进程，确保政策实施到户、进家。说到学习改革，铜城镇黄宗玉站长深有感触，他提到，"就像股改刚开始的时候，我们也都是一肚子疑惑，后来去天长市培训学习，全面了解之后，回来给村干部、农经干部培训，大家也都豁然开朗了"。

（二）外学兼内化：外出取经开阔视野

为进一步强化干部对政策和工作的认识，天长市委市政府多次组织镇、村负责人外出学习，向已经推行农村集体资产股份权能改革的市县区学习。考察多方改革，联系自身实际，在比较中找准自己的定位，制定符合自己实际的工作方法。2015 年 6 月，副市长吴振文带领市农委、铜城镇、新街镇、张铺镇等单位的负责人，赴江苏省苏州市和上海市闵行区学习考察；2015 年 10 月，市农委组织试点单位相关业务人员赴安庆市迎江区老峰镇考察学习。除此之外，天长市委书记金维加一行于 2017 年 3 月前往华中师范大学中国农村研究院，就改革中的问题向徐勇教授、邓大才教授请教；同期，市农委主任叶恒田带队到东莞学习了产权交易平台建设经验。通过外出学习考察广大基层党政干部进一步了解了改革进程，并引导一线工作人员明晰改革内容，开拓了基层工作人员的改革思路。

（三）学习树认知：政策培训厘清思路

领导干部在天长市委的指导下，通过举办专题讲座、政策讨论会、宣讲会、动员大会等方式，为基层干部理顺改革思路。天长市累计共举办县级培训班 12 次，培训镇村干部 1300 人次；举办镇级培训班 15 期，培训人员 1800 人次；各村组也多次举办培训班，培训"议事会"工作人员 8200 人次。① 各级培训让镇、村、组干部吃透上级文件精神，确保了规范操作。郑集镇向阳社区郑镇长面对改革，心里打了一个大大的问号："农村经济基础这么薄弱，股改究竟能带来什么变化呢？能不能真正给农民带来利益呢？"后来通过多次学习和培训，他明白了，"改革要看发展，不只是阶段性的任务，扎扎实实走好每一步，认认真真做好每一点，集体资产才能从保值到增值，农民的利益也能得到保障"。

三　激活改革热情，释放发展动力

基层工作人员是改革政策实施的"主力军"，其工作积极性将直接关系到改革的成效。天长市把村干部队伍建设作为农村基层组织建设工作的重中之重，用章程规范来强化目标管理，借助星级评定鼓励干部作为，积极完善薪资福利保障机制，让广大干部深刻认识改革的意义，进一步统一思想，充分调动干部群众改革的积极性和主动性，变"要我改"为"我要

---

① 《天长市农村土地承包经营权确权登记颁证工作汇报》，2017 年 4 月 27 日。

改"，激发出农村改革的内生动力。

（一）调薪保利，保障干部"乐作为"

天长市通过规范薪酬待遇和保障福利待遇，激发干部的改革热情和积极性。薪资方面，建立村干部报酬"两年一调"机制，按照不低于调整前一年度农民人均纯收入的 1.5~2 倍核定村"两委"正职年基本报酬，村"两委"其他成员年基本报酬不低于正职的 80%。福利保障方面，建立健全村干部基本养老保险制度，缴费金额不低于当地农民人均纯收入的30%，市镇两级和个人按 3:4:3 的比例承担。针对期满后担任村"两委"副职以上职务的大学生村官群体，天长市保留其工作生活补贴，同时使其享受同级村干部补贴和相应待遇。除此之外，天长市每年组织村"两委"主要负责人进行一次体检。以 2016 年天长市村干部的薪资待遇为例，调资幅度高达 47%，市财政给予村正职年报酬 3.6 万元，给予村副职 2.9万元，加上养老保险、绩效奖励等，正职年收入可达 5 万多元，副职可达到 4 万元左右，与 2014 年相比，翻了一番。"政府这样做，既满足我们干事创业的要求，又打消了我们养家糊口的后顾之忧"，郑集镇向阳社区郑镇长称赞道。

（二）目标管理，引导干部"善作为"

管理学中，目标管理是指以目标为导向、以人为中心、以成果为标准的现代管理方法。其目的是促使员工积极参与，在工作中实行自我控制，自下而上地保证目标的实现。[①] 天长市在改革中巧用目标管理法，规范干部行为，鼓励积极作为，确保目标实现。一是督促后进。出台《治理"不作为、慢作为"，鼓励"善作为"实施办法》，重点列出"不作为、慢作为"13 种负面清单和"善作为"11 种正面清单，对"不作为、慢作为"进行严惩。二是奖励先进。天长市创设改革发展成果"十优村""十快村""十强村"奖项，对获奖村进行隆重表彰，对村"两委"班子成员给予奖励。三是引导共进。发布《关于加强村干部队伍建设的实施意见》，针对干部队伍中的问题，提出一系列标准、机制。建立健全容错机制，鼓励担当，宽容失败，允许试错。从机制上促使干部作为，放手放胆地干改革。

---

① 彼得·德鲁克：《管理的实践》，齐若兰译，机械工业出版社，2006，第 114~116 页。

这样的管理引导办法深得基层干部的支持，充分调动了党员干部的积极性和主动性，激发干部争先进，营造了干部干事的良好氛围。正如郑集镇向阳社区的伍书记所说，"这样的管理，真正地能让实干者得到实惠，让基层干部越来越有上进心"。

（三）星级评定，鼓励干部"敢作为"

天长市对干部实行动态评星定级，每年开展一次村干部星级评定工作。首先，制定评定标准时坚持市镇两级联动。即先由市里制定，再由村书记、主任评定标准，分 0~5 个星级进行百分制评分。其次，遵照"干部自评、党员群众测评、党组织考评"的程序，对村"两委"正职及其他班子成员进行星级评定，并公示星级排名结果。最后，针对不同的排名情况，实施相应的奖惩措施。1 年星级排名最后的，需要接受批评教育；2 年排名最后的，按程序进行职务调整，直至给予免职处理。相反，镇（街道）对评为四星级、五星级的村干部分别给予一定奖励。对于连续星级评定结果良好的，进行梯次激励。连续 3 次或累计 5 次被评为五星级的村"两委"正职，可比照公务员科员职级计发报酬；连续 5 次或累计 8 次被评为五星级的村"两委"正职，可比照公务员副主任科员职级计发报酬。推行村干部积分制管理，每年年终评星定级，兑现奖惩。杨庄镇光华村的老干部刘生荣对此深有感触，他谈到，"这样的政策实施开来，干部都挺有压力的，但也更有动力了，就拿集体经济来说吧，壮大集体经济是又一大任务和压力，两委会只能前进、不能后退，这样才能不负百姓期待"。

第三节 由点及面：探索长效机制

习近平总书记在中央全面深化改革领导小组第三十五次会议上强调："抓好试点对改革全局意义重大。要认真谋划深入抓好各项改革试点，坚持解放思想、实事求是，鼓励探索、大胆实践，敢想敢干、敢闯敢试，多出可复制可推广的经验做法，带动面上改革。"天长市新街镇、张铺镇在 2014 年作为农村土地承包经营权确权登记颁证工作的试点，积极稳妥地完成了工作。铜城镇余庄村在 2015 年底完成股改先行探索之后，连同新街镇新街村、张铺镇平安社区于 2016 年一起作为农村集体资产股份权能改革的"侦察岗"，共同承担着为改革"探路"的使命。天长市在试点改革的实践基础上，深入总结经验、大胆实践、蹄疾步稳推进改革，防止试点沦为"孤岛式"的探索，有效地发挥了试点对全局性改革的示范、突破、带动作用。

一　"宣"打头，广泛发动，营造氛围无盲区

"知政失者在草野"，群众是否切实了解改革、能否积极参与其中，是衡量改革效果的一把重要标尺。天长市在股改的推行过程中，加强政策宣传、充分运用各种媒介，让群众真正了解产权改革的重要性和必要性；创新工作办法，通过"户主会议"解答群众疑问；利用"老乡贤"发挥余热，调动群众积极性，为改革的行进营造良好浓厚的氛围。

（一）平台多元化，保政策"入村"

原有的政策传递中，经常会出现"上紧下松""上传下不达"的情况，致使改革的信号随着层级的下沉而递减。为确保改革工作蹄疾步稳推进，必须调动全民参与，夯实改革根基。首先，天长市在宣传政策阶段重视网络平台作用的发挥，在利用报纸电视等传统媒体的同时，借助网络、微信等新兴媒体的优势，多角度、全方位进行无盲区宣传，广泛宣传改革工作的目的、意义、步骤和办法，充分实现宣传效果最大化。其次，重视"线下"活动，以村为单位组建议事会，大力开展宣传工作；采用宣传车、悬挂横幅等方式，制作横幅近550条、张贴标语4200多条，进一步提高群众知晓率。就像光华村股民代表张正祥所说，"之前觉得股改就是干部们完成上级任务的，走走形式而已，肯定跟我们群众没什么关系。后来经常组织开会、讲政策、宣传改革，才慢慢觉得，这次不是闹着玩儿，肯定会有实在效果的，心中也越来越期待"。

（二）方式多向化，促宣传"进组"

天长市在工作的前期宣传阶段，一方面充分利用标语和村务公开栏等单向传输方式，将政策进行详细公布。各村统一印发《材料汇编》，由村民小组长分发至各组，累计共编印《材料汇编》500余册，印发《致广大农民朋友的一封信》15万份，使广大群众充分理解政策，并积极支持改革工作。另一方面，天长市并没有止步于公开栏、标语等宣传方式，而是积极拓展新方式，将股改政策宣传单元缩小到村小组一级，以村小组为单位

召开"户主会议"，使信息从单向传递转变为双向互动，让宣传达到了更理想的效果。村干部提前通过短信或电话通知户主参会，采用面对面交流的方式解读政策，此类方式的"户主会议"参会率高达98%。杨庄镇光华村生产队长王玉中讲到股改的时候，特别满足地提到，"以前村里的公布栏和标语，我们一般不关注、不参与也不反对，现在经常召开'户主会议'，干部们认真地给大家讲政策，大家一起讨论村内事务，而且我们也有权发言、提建议、讲疑问，慢慢地也越来越积极"。

（三）主体多样化，助传达"到家"

在改革推行时，许多重要环节都需要群众的亲自参与，但由于大部分农户户主或家庭主要成员务工、务农事务繁多，所以集中组织群众难度较大。天长市创新思维，充分发挥村民小组长、老党员、老干部等乡贤人士的桥梁纽带作用，这些乡贤在村"两委"的统一领导下扮演着"政策宣传员"的角色，"不落下一户"地进行宣传。过去讲到政策宣传，郑集镇向阳社区伍书记就感到烦忧，他提到，"组织开会确实难，大家都在忙自己的事儿，经常不在家，我们也找不到人"。后来，村干部就把村中的老干部老党员组织起来，他们趁着村民中午休息、晚上吃饭的时候，见缝插针地进家入户，只要碰到就赶紧给村民讲政策。此外，在做好上情下传工作的同时还注意下情上达，将村民在股改过程中产生的各项正当利益诉求向上反映，并针对村民所反映的问题和难题，进行详细的解答和回复，确保每位村民真真切切地了解股改的内容，为股改的顺利推行打下坚实的群众基础。股改之所以能够取得广大群众的理解、支持与配合，村民小组长、老党员等乡贤人士功不可没。

二　"点"引路，总结经验，全面铺开无空白

改革中的试点，其价值在于指导全局，为政策全面铺开积累经验。试点成功，才会全面突破、顺利推进改革。针对不同改革或者政策的需要，天长市制定合理的试点选取标准，严格依照标准筛选试点村庄。在试点先行的基础上深入总结经验，提炼归纳普适性做法，推进天长市农村改革"全覆盖、不留白"。

（一）出台标准，筛选典型村庄

天长市在制定试点选取标准时，经过充分研究、反复论证。以股份权

能改革为例，天长市确定了"三有"标准，即：村集体拥有一定规模的经营性净资产、本村成员身份类型有一定代表性、村两委班子有一定能力。从 2015 年 7 月到 2016 年 3 月，根据此标准，选择铜城镇余庄村、张铺镇平安社区、新街镇新街村开展改革试点。三个村共量化资产 419.84 万元，发放股权证书 2641 份，颁发天长市人民政府《农村集体经济组织证明书》3 份，初步实现了"资源变资产、资金变股金、农民变股民"。而新街镇和张铺镇作为农村土地承包经营权确权登记颁证工作的试点，有序不紊地落实，使全市的确权工作可以在此基础上有序有力推进，为三权分置局面的形成奠定基础。中国农村研究院邓大才教授对试点余庄村点赞，他提到，"余庄村是安徽股改第一村，四十年前小岗分田到户，四十年后余庄分红到人"，充分肯定了试点村的重要意义。

（二）厘清程序，提炼工作办法

天长市通过深入总结试点经验，归纳出了一条"天长改革之路"，形成了独具特色的"天长名片"。天长市将农村土地承包经营权确权登记颁证工作划分为五个阶段，流程细分为十七步。而围绕着农村集体资产股份权能改革这条主线，天长市将改革划分为六大阶段，分别为成立组织制订方案、清产核资、成员确认、股权配置与量化、成立合作社和总结完善阶段（参见图 2-1）。并在此基础之上，总结提炼了"十八步工作法"，环环相扣、步步衔接、压茬推进。各个环节的落实都统合各方努力，这些力量如同涓涓细流，汇成江河，成为改革的不竭动力。"履不必同，期于适足；治不必同，期于利民"，世界上并不存在放之四海而皆准的标准改革之路。但天长市改革的特殊性又为我们提炼出了普遍性的做法，表明天长的成功模式也并非不可复制。从具有地方代表性的案例入手，总结出普适性的改革经验并在中部地区推广，才是天长改革最难能可贵之处。

（三）全域覆盖，改革进行到底

天长市通过试点总结先行经验，形成了可借鉴、可复制、可推广的"天长模式"，为全市提供了示范。一方面，在试点工作的基础上，在全市 151 个村（社区）全面开展村集体经济股份权能改革工作。目前，天长市全面完成了 151 个村的股份合作制改革，共确认集体经济组织成员 50.7 万

宣传发动
（市、镇、村三级领导，村、组、户三级到位）

清产核资
（设组分类、村实组虚）

集体成员身份界定
（按组集中，到户登记；户籍为定，群众认可）

可享

不可享

常住户口

尊重历史

照顾现实

组建合作社

理事会

股份合作社
（正资产）

股份合作社
（正资产）

理事会

监事会

监事会

股权配置
（只设个人股，不设集体股；一元一股，平均量化）

颁发股权证书
（赋予占有权、收益权、有偿退出权、抵押权、担保权、继承权）

召开股东代表大会

按股分红

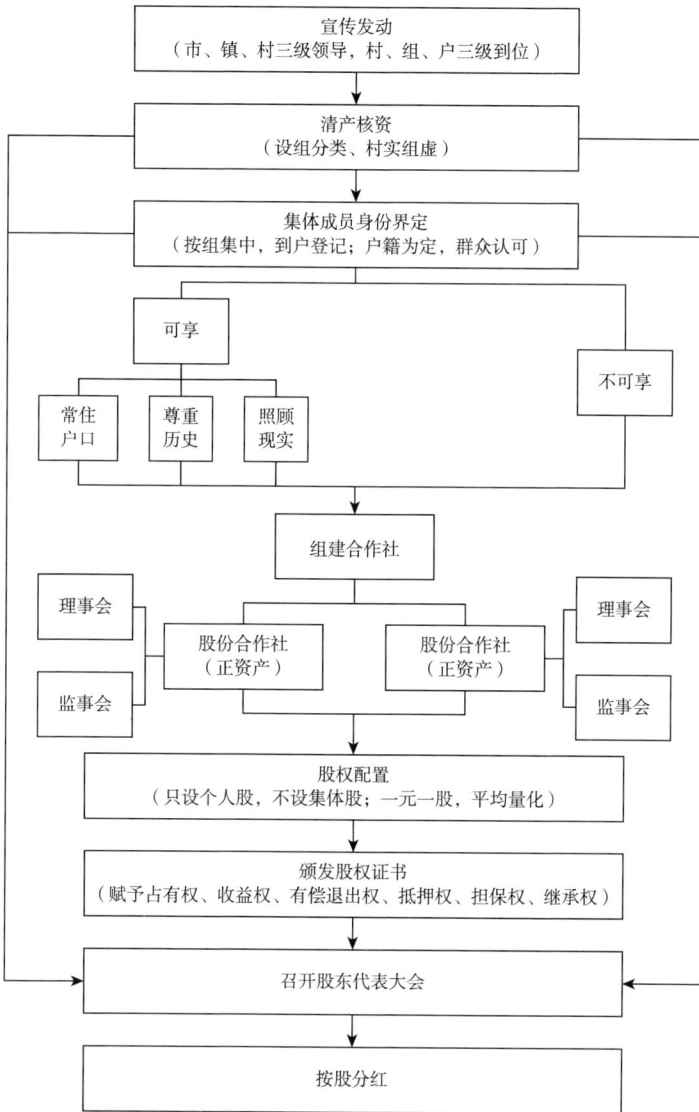

图 2-1 天长市农村集体资产股份权能改革流程

人，以户为单位发放股权证书 11.3 万份，42.6 万农民成为股东。[1] 另一方面，天长市围绕"向全省首批试点单位看齐，力争在全省率先完成任务"

---

[1] 《第三届中国地方改革创新成果在京发布与会专家点赞"天长模式"》，2017 年 9 月 26 日，http://news.cnr.cn/native/city/20170926/t20170926_523966459.shtml。最后访问日期：2018 年 1 月 3 日。

的目标，加快推进农村土地确权工作，并于 2017 年 5 月底，全面完成了确权登记颁证任务。在北京市召开"将改革进行到底"地方经验报告会暨第三届中国地方改革创新成果会上，华中师范大学中国农村研究院邓大才教授对天长改革表示了称赞，"天长市的农村综合改革可称为一条'攻坚之路'，其基本特点可以用四个'全'来概括，即天长市通过全面启动、全域覆盖、全程创新、全员增效的改革手段，迈入农业现代'经营之路'，实现了农村的全面发展新跨越"。

三　"制"配套，建章立制，长效运行无衰减

规划为改革构筑起顶层设计，也为政策落地提供了路线图和时间表。不可否认，改革"动工"、政策"落地"之前，科学合理的规划引领必不可少。但要想政策长久运行，改革效果长期惠泽于民，切实可行的配套机制更是不可或缺。完备的制度保障体系，以发展的眼光把握改革全局，在厘清改革过程中的难点重点的同时，可确保改革稳中求"远"。

（一）工作推进：构建层级联动机制

在农村综合改革工作中，为了防止上层信号随着层级而递减、下层压力堆积的情况出现，天长市在工作推进阶段积极创新，首先，实行"一把手"工作机制。由各层级的主要领导来抓工作，三级书记齐出力，借助"主力牵引"，保证改革动力充足。"让三级书记一起抓工作，纵向层级深入推进政策，党组对工作的重视使改革的压力成为各级干部的无形动力"，永丰镇赵成刚镇长谈及改革时如是说。

其次，纵向"一竿子"制度。即市、镇、村、组均分级成立领导小组和工作小组，具体负责动员组织、工作协调、纠纷调处等工作，保障工作或者政策"畅通无阻"地行进。2017 年 4 月，金维加书记在天长市农村集体资产股份权能改革现场交流暨理论研讨会上讲到，"改革以来，天长市逐步形成了'农民有动力、干部有压力、农村集体资产有活力、基层组织建设有合力'的农村工作新格局。村党支部、村委会、合作社各归其位，各司其职，完善了农村治理机制"。

最后，建立各级、各部门协调配合共同推进的联动机制。天长市在农村土地承包经营权确权登记颁证工作中，明确指出了工作涉及的部门及农

户职责，即市级部门负责规划统筹、乡镇组织协调、村级执行工作、农户配合工作，使政策推行实现"无缝"衔接，充分保证工作效果。汊涧镇长山村茅主任看到改革的效果，感触很深，他提到，"最大的变化就是农民参与，从最初的被动参与到主动积极参与，这也让工作好展开"。

（二）经费保障：创新财政支持机制

天长市在农村产权改革的工作实践中，创新思维、拓展思路，为各项改革工作的推进开辟新方向。一是首创"五七九"办公经费资助法，保障村级组织运转。在集体资产改革推行之时，政府以人口规模定资助金额，用财政资助村级办公经费，积极补贴村级组织。具体标准为 3000 人以下的小规模村庄资助 5 万元，3000~5000 人的中等规模村庄资助 7 万元，而5000 人以上的村庄归类为规模较大的村庄，给予 9 万元的办公经费资助。此举缓解了村庄办公经费紧张的尴尬，为改革注入新的动力源，破解了改革无力推行之困境。郑集镇向阳社区郑镇长谈到保障经费就提到，"原来没有资助的时候，我们的工作开展有难度，现在好了，政府这样资助，能够维持村两委日常运转，剩余的还可以做村公益事业"。

二是设立农村集体产权抵押贷款风险补偿基金，维护银行和农户双方的利益。政府出资 200 万元作为风险担保金，当集体成员进行抵押担保而又无法履行偿还责任时，无法收回的贷款本息由风险补偿基金、银行按各50% 的比例分别承担。这样一来，在减少银行放贷风险的同时又维护了农民的根本财产权利。截止到 2017 年 4 月，天长市累计发放"农权贷"163笔，共计 1588.5 万元，风险补偿基金起到了实实在在的作用。

三是针对农村集体经济，天长市设立了三种专项基金，分别为村级集体经济发展专项基金、集体经济项目奖补资金和发展现代农业专项资金。每年投入约 1 亿元，为壮大集体经济装上了"新引擎"。以村级集体经济发展专项基金为例，市财政连续三年每年拿出 3000 万元，投资到政府的平台公司。将取得的收益作为集体经济项目奖补资金，继续用于奖补集体经济项目。另外，借助"美丽乡村"和"一村一品"，打造村集体经济增长的新亮点，通过建设光伏电站，发展现代农业、乡村旅游等，为村集体经济发展壮大增加了新的推动力。2017 年，天长市重点支持 50 个左右收益好、前景广、易操作的增收项目，投入资金不少于 1300 万元，为村集体经济的发展注足了能量。

（三）责任落实：完善监督考核机制

"千里之堤，毁于蚁穴"，多少历史教训告诉我们，贪婪、腐败始于"微"，起于"小"。天长市在改革实践中，将规则上升到制度层面，形成完善的干部监督考核机制，坚决"扑灭"任何腐败"苗头"。一是开权力清单，规范干部行为。小微权力清单将村级权力细化为三资管理、工程项目、物资采购等6大类26项，对村干部的权力进行有效的约束，使干部工作有依据、群众办事有底气、村民监督有力气。杨庄镇光华村的村民代表王干说："以前村务公开，我们去质疑，结果被人说成'刺儿头'，现在好了，可以完全参与进来，心中也不会有什么疑虑。"

二是政经分离，促进权能对应。为使村级组织各司其职、充分发挥其功能，天长市在改革过程中实行"村财镇管"，镇政府设立"三资"管理中心，分村设立账户，并对账务实行三级审核。由村合作社监事会辨别票据和证明的真假，三资办的工作人员审核票据的程序性是否符合规定，财政所的工作人员审核票据是否合法。另外，各村实行"分灶吃饭"，即村委会办公经费和合作社资金分开管账，由村监会和理事会分别进行监督。账务分离促进了职能专业化，让合作社专心负责经营，以资产增值带动股民分红增加。永丰镇蒲东村党总支书记董克明对这样的做法十分赞同，他谈到，"以前干群之间有误解，比如干部抽好烟，那都能被村民议论几天，现在分开记账加上理事会监督，村民也能理解了，干群关系有很大的改善"。

三是建立考核机制，保证改革效果。天长市把改革工作作为镇（街道）党委的重点工作予以推进，和发展壮大村级集体经济结合起来纳入镇（街道）年度考核内容。将村干部的经济待遇与村级集体经济发展情况挂钩，以集体经济发展为标准评选出"十强村"、"十快村"和"十优村"，对获奖村庄的村两委进行奖励，而发展效果三年内不明显的，该村"两委"主要负责人将被调整或辞退。全面高效的考核机制，让干部在压力倍增的同时又动力十足。说到考核，铜城镇余庄村刘书记就提到，"现在考核不只是验收项目，还要考核干部，哪里的工作没做好，就会直接在我们的工作微信群中点名批评，这让我们一点儿、一刻也不能松懈"。

（四）权利共享：推行成果运用机制

习近平总书记曾提出："改革搞得成功不成功，最终的判断标准是人民是不是共同享受到了改革发展成果。"天长市在农村产权改革过程中，以农村资产权属认定为基础，赋予农民权利，盘活农村资源，最终建立起了可行有效、公平高效的改革成果运用机制。

一方面，天长市以产权改革为契机，用活农民财产权。长期以来，农民借贷的主要途径是通过农商银行申请小额信贷，额度低且利息高，并且需要担保人。"农权贷"的产生和发展有效地解决了以往农民贷款的问题，为农民借贷提供了新方式。具体而言，以土地承包经营权确权和集体资产股权配置为基础，农民可将农村集体资产股权和土地承包经营权捆绑抵押进行贷款，释放农民的股份权能，激活农民财产权利的金融价值。"有恒产者有恒心"，这样实实在在的举措，让农民群众有了更多看得见、摸得着的"获得感"。天长农民徐长林，将自家承包地流转给村中大户，仅一年就反悔收回土地，究其原因还是因为土地权属不清晰，承包户有顾虑，经营主体更有顾虑。而现在，三权分置的推行让这样的问题迎刃而解。

另一方面，天长市以交易平台为途径，放活集体收益权。设立农村产权流转交易市场，利用现有的交易场所、服务设施和机构人员，借助成熟的软硬件平台和信息化手段，经过信息公开、网上竞拍、结果公示三步，使集体资产增值，为集体增收，为村庄建设赋予了"新能量"。2017 年 5 月，杨村镇北荡村张行林场 52.05 亩林权转让，从 14.6 万的底价经过 31 次竞价，最终以 16.8 万的高价成交，实现溢价 2.2 万元。平台交易确保了农村产权流转公开公平有序。自 5 月 23 日交易上线，已进场项目 43 宗，成交项目 22 宗，成交金额 481 万元，与过去相比大幅增值。郑集镇向阳社区的伍书记就提到，"（只有）村集体资产增值，集体经济壮大，农民才能得到更多的分红，一起享受改革红利"。

第三章

在承包地改革中放活土地经营

2016 年 10 月中共中央办公厅、国务院办公厅印发的《关于完善农村土地所有权承包权经营权分置办法的意见》指出，"'三权分置'是农村基本经营制度的自我完善，符合生产关系适应生产力发展的客观规律，展示了农村基本经营制度的持久活力"。其中，赋予新型农业经营主体更完备的土地经营权能，因地制宜探索多种有效的经营方式，是完善农村基本经营制度的关键。长期以来，天长市土地流转经营面临着"扶持政策效度低、生产经营效益差、机制保障效能弱"等瓶颈，导致新型农业经营体系建设步履维艰，加快放活土地经营破题受阻。

鉴于此，天长市牢牢把握中央政府提出的"加快构建政策体系，引导新型农业经营主体提升规模经营水平"的改革契机，以更精准的政策扶持下好改革"先手棋"，形成土地流转经营的有力支撑，以更集约的要素耦合打造改革"台柱子"，形成土地流转经营的核心力量，以更切实的保障机制培植改革"常青树"，形成土地流转经营的持久动力。充分利用"三权分置"改革带来的制度红利，让新型农业经营主体成为基层发展和乡村振兴的生力军，为农业供给侧结构性改革注入了源源不断的新动能。

第一节　政策红利支撑，构建土地
流转经营体系

农业农村的发展始终离不开政策的引导和支持，然而政府支农惠农政策的短板长期存在，造成农业发展步伐整体滞后。天长市是农业大市，面临的形势更为紧迫，改革箭在弦上。天长市将充分放活土地经营权作为突破口，在严格保证农村土地集体所有权、保护农户承包权的基础上，整合支农惠农政策资源，推动农村土地高效流转，引育新型职业农民，三管齐下，扎实推进"三权分置"改革进程，筑起土地流转经营体系的"四梁八柱"。

一　层级合力夯实土地流转经营基础

土地流转既是形成适度规模经营的基本前提，也是构架土地流转经营体系的关键一环。天长市树立问题导向，整合优势力量，上下同欲，在顶层设计上补齐规则短板，在地方推进上搭建流转平台，在村组落实上形成流转组织，确保土地高效流转。

（一）以顶层设计为破题完善土地流转规则

"无规矩，不方圆"。土地流转制度规则的缺陷势必会影响土地流转的效率，带来经营少秩序、契约欠保障、效益难保证等一系列问题。"土地流转政策完善前，部分农户不顾实际，盲目扩张，有至少三分之一的农户面临亏损，甚至还出现了农场主'跑路'的情况"，天长市农经站站长范正磊回忆道。天长市积极响应国家关于"三权分置"改革的战略部署，在地方层面出台了一系列适应本地发展实际的土地流转指导意见，以期改革工作得到平稳推进。2013年底，中央农村工作会议首次提出了"三权分置"改革方略。在此基础上，2014年中共中央、国务院印发《关于全面深化农村改革加快推进农业现代化的若干意见》，首次在国家政策层面明确推进"三权分置"。事实上，早在2009年天长市就制定并出台了《关于推进农村土地流转的试行意见》，虽然此时国家政策尚未完全明确，但是地方上要求促进土地流转的呼声日益高涨。作为安徽省改革尖兵的天长市，大胆探索，有序推进土地流转经营，对农村土地流转有效形式、流转程序、保障流转当事人合法权益的具体措施等基本内容，做出了详细规定，从政策上为土地流转建章立制。2016 年 12 月，为适应新形势下发展农村经济和现代农业的要求，天长市发布规范农村土地承包经营权流转行动方案，详尽阐释了农村土地流转的准入、监管、退出以及保障机制，并且要求加强对农村土地流转的指导服务，从行动上为土地流转设规定则。从中央到地方的政策完备，让土地流转得以平稳提速运行。天长农民徐长林就是土地流转规则完善的受益者，他在 2013 年将自家的 15 亩地出租给了当地的种田大户，自己外出打工，虽然和对方签了 12 年的流转合同，但仅仅 1 年后徐长林就毁约了。"土地流转出去之后，我就总是睡不着觉，想来想去，地要是真没了我怎么办"，徐长林对土地流转政策充满了顾虑。随着土地流转配套政策的出台，徐长林总算吃下了"定心丸"，他再次将土地流转给了当初的种粮大户，自己不仅能够安心外出打工，每年还能得到土地租金收入 8250 斤稻谷。

（二）以地方推进为纽带搭建土地流转平台

地方性土地流转平台的建设，不仅能够整合盘活农村大片零散地或低产地，而且可提升信息透明度，降低交易成本，最终加速土地流转进程，为土地找到好"婆家"。天长市政府专门设立了土地流转服务中心，提供土地流转交易、土地收益评估、政策咨询、合同签订指导、登记备案及档案管理等一系列配套服务，其中最核心的功能就是为交易双方提供土地流转服务。首先，各村（社区）配备土地流转信息员，他们会定期将收集到的第一手土地流转信息带回平台。其次，平台审核确认后的信息由服务中心统一对外发布。最后，拥有流转土地资格的农业经营主体在网上公开竞价，保证交易公平公正，力求农民"地转心安"。2017年 8 月，天长家庭农场主戴士东就通过在土地流转平台公开竞价，成功流入了永丰镇二墩村的 226 亩土地，从事粮食种植，流转价格为每年 550 斤稻谷/亩。"现在政策好了，过去我们想多流入土地，没有亲戚朋友介绍说合，谁也不放心把土地流转出去。"现在戴士东不再需要一家一户跑关系，只要在网上动动手指，就能够获取全面的土地流转信息，流入合意的土地。此外，平台的建立不仅为土地流转交易提供了便利，还促使农村大片零散地得到有效整合，集中流转。天长仁和镇王桥村由于大量劳动力外出打工，土地抛荒严重，"早先村民流出土地的意见不统一，能够实现流转的土地呈现碎片化"。对此，兼任土地流转信息员的村干部给村民做了大量的思想工作，最终全村328户农户中239户实现连片土地流转，共流出土地2040亩。土地流转服务中心的建设，带来了天长市土地流转效率的显著提升。

（三）以村组落实为抓手供给土地流转组织

学者费孝通在研究中国乡村结构时提出了"差序格局"的概念，即"以己为中心，像石子一般投入水中，和别人形成的社会关系像水的波纹一样，一圈圈推出去，愈推愈远，也愈推愈薄"。① 天长市善用农村本土力量，将村组纳入整个土地流转体系当中，让村组凭借其天然的乡土优势推动土地流转，走好土地流转"最后一公里"。一方面，村组担当中间人，交易有"桥梁"。光华农业示范园负责人夏总就谈到，"村委会协助我们从村民那里流转来了1000多亩土地，我们每年的租金也是通过村委会下发到每个村民手中，村委的全力支持让我们节省了大量的成本"。另一方面，两级设置调解员，纠纷有"说客"。天长市在镇、村两级都设立了农村土地承包经营权纠纷调解组织，让纠纷得到及时处置，确保小的纠纷不出村、一般矛盾不出乡、特殊矛盾不出县。在2016年召开的滁州市农村土地承包经营权流转新闻发布会上，市农委总农艺师王金树就指出，随着农村土地承包经营权纠纷调解机制的建立和完善，全市土地流转纠纷总体下降了80%。依靠村组在土地流转过程中发挥的独特作用，天长市土地流转迎来了良好的发展态势。市长朱大纲在2017年政府工作报告中指出，2016年度天长市新增土地流转面积4万亩，总面积达51.05万亩，占耕地总面积的57.4%，高于全国30%左右的土地流转占比。

二　财税助力营造土地流转经营空间

人民有所呼，改革有所应。经营资金和经营风险问题始终是新型农业

---

① 费孝通：《乡土中国》（修订本），上海人民出版社，2005，第25页。

经营主体发展的基础性问题，天长市着眼于新型农业经营主体发展的实际困难，变过去"大水漫灌"的扶持办法为"精准滴灌"的奖助措施，优化了新型农业经营主体的发展环境。

（一）财政奖补，疏解经营资本短缺难题

在天长市全面开展"三权分置"改革前，政府财政补贴与土地流转面积直接挂钩，而新型农业经营主体在购置农机等大型设备时则没有相应的政策优惠，一位天长农场主就曾抱怨，"相比于土地流转租金，一套机器少则十来万，多则数十万的价格，更让农场的资金捉襟见肘"。面对新型农业经营主体的现实诉求，天长市政府创新做法，转变按面积直补为对购置农机的流转大户间接奖补。以 2016 年为例，天长市中央农机购置补贴资金达 2538 万元，共补贴购置了 1585 台（套）农业机械，化解了农业经营大户们的燃眉之急。天长市芦龙农事服务专业合作社正是在这样的政策激励下更新了合作社的农机设备，"原来没有农机补贴的时候，合作社不敢上大机器，担心资金周转不灵。现在政府出台了好政策，我们在设备的更新换代上也更有底气了"，合作社理事长刘明文如是说。此外，天长市从 2016 年开始全面推开"农业三项补贴"改革，即将原农资综合补贴的 80%、种粮直接补贴以及农作物良种补贴的全部合并为"农业支持保护补贴"。天长市农经站站长范正磊就曾苦恼，"以往的农业补贴分配失衡，得补贴的人不种地，想种地的人没钱种地"。现如今，一项"农业三项补贴"改革疏解顽疾，让农业种植户切实受益。仅 2017 年上半年，1.66 亿元"农业支持保护补贴"资金就全部发放到位，惠及天长市 12.32 万农户。

（二）资金整合，破解经营准入不畅僵局

天长市以资金整合力促经营成本"做减法"，助力新型农业经营主体发展"做加法"。借助政府资金这一"有形的手"，压缩农户经营成本，降低经营准入门槛，推动了新型农业经营主体开展适度规模经营。首先，借助政府税收资金整合，降低新型农业经营主体初创成本。天长市对新型农业经营主体前三年的用地税收予以优惠，通过前置性的举措为农户减负。"现在有了前三年的用地税收优惠，我也能多留一些钱改良自家的设备，扩大种植面积"，一位享受到税收优惠的天长农场主谈到。其次，借力土地整治资金整合，降低新型农业经营主体开发成本。一方面，政府加大土地平整资金投入。仅 2016 年天长市就投入了土地整治资金近 4000 万元，平整土地 2~3 万亩。另一方面，政府每月聘用 3~5 名农技人员，让他们手把手向新型农业经营主体传授土壤改良技艺。金穗农业专业合作社理事长陶金银就谈到，"过去大家都不懂土地改良的好处，农委专门派人下村交流，我们才知道了土地改良的重要性，我家农场得到改良的地块，收成至少增加了三成"。最后，依托银行信贷资金整合，降低新型农业经营主体融资成本。天长市将省级农民专业合作社示范县奖励资金切块 500 万元，建立新型农业经营主体担保基金专户，并与天长民生村镇银行合作，银行按照 1∶6 的额度向新型农业经营主体发放低息贷款，最高担保额度达到 3000 万元，单个农业经营主体最高可以获得 10 万元的贷款额度。截至 2016 年 4 月，天长市"兴农贷"已经为 114 名农户授信了 3341 万元，助推新型农业经营主体经营起步。

（三）保险跟进，化解经营风险叠加顽疾

农业保险是农业生产经营风险的"防护罩"，但在现实中，由于覆盖面窄、风险赔偿额度低、投保费用高等问题，农户投保的积极性差，实际投保农户的比重偏低，农业保险的实效不高。一方面，天长市优化农业保险产品，促使农业保险"提标扩面"。以 2016 年为例，天长市提高了主要粮食作物农业保险的保险金，小麦保险金额从 367 元/亩提高至 600 元/亩，水稻保险金额从 406 元/亩提高至 800 元/亩。此外，大棚蔬菜、生猪、山羊、苗木等 24 个特色农业产业险种也相继推出，并被纳入保费财政补贴范围。另一方面，天长市以保费减免政策提升农业保险投保比率。仅 2016 年，天长全市 130 户贫困户所种植的 1350 亩水稻就获得了近 55 万元的风险保障，保费中的 80% 由各级财政承担，另外 20% 由天长市扶贫办与国元保险天长支公司均摊，农民实现"免费"投保。天长市施行的农业保险改革举措取得了"立竿见影"的效果。以 2016 年为例，天长市午季小麦保险面积达 81.13 万亩，承包户数为 72099 户，参保率达 100%。另外，截至当年前三个季度，天长市财政共拨付水稻、小麦、油菜基本种植业保费补贴共计 1280 余万元，补贴面积 90 万亩，惠及农户 12.56 万户。农业保险的精准施治无疑为天长市新型农业经营主体装上了一道无形的"安全网"，助力新型农业主体经营"蹄疾步稳"。

三　培训添力培育土地流转经营主体

法国学者孟德拉斯曾指出："随着城市化和工业化进程的推进，传统的农民将不复存在，但这种终结并不意味着农村以及农民的消失，而是传统的'小农'逐渐演变为'农业生产者'。"①新型职业农民正是这种"农业生产者"的现代表征。天长市把新型职业农民培育作为目标，以平台建设为依托，以导师推荐为牵引，以内容精设为依据，全方位立体化打造新型职业农民。

（一）共建农民培训平台，主体经营有依托

天长市农委主动发掘民间组织优势，与本市大地农业专业合作社联合社联手，共建职业农民服务中心平台，让职业农民拥有自己的"娘家"。首先，平台提供培训交流场所。服务中心与政府、农广校、农业技术推广机构密切合作，组织开展职业农民教育培训，发布推广农业新政策，提示农业经营风险。同时，依据成员的农技类别，服务中心还组建了相应的QQ群、微信群等以促进线上交流。服务中心成员一旦在实际生产经营中遇到难题，便可以随时在线上求助，一位平台成员高兴地说到，"以前遇到问题也没处问，现在只需要打开手机，动动手指，大家都争着回答问题，很是便利"。其次，平台开展职业农民认定。服务中心承接了政府开展职业农民身份认定的部分工作，协助政府初步筛选人员。仅2017年，天长全市就有290人通过了专家评审委员会的考核，并被授予"天长市新型职业农民"荣誉证书，这无疑为"职业农民"这一称号打上了官方认证的"金字招牌"。最后，平台助力青年农民发展。服务中心针对青年农民组建了青年农场主协会，协会第一任会长张建昌介绍，"组建这个协会的初衷就是鼓励更多的年轻人知农、爱农并最终务农，让整个职业农民的队伍年轻化"。大长市通过搭建职业农民服务中心，让职业农民之间增强联系，共同成长，最终获得"家"的归属感。

---

① 孟德拉斯：《农民的终结》，社会科学文献出版社，2010，第175页。

（二）齐推农技培训导师，主体经营有牵引

配备称职的农业技术导师，对职业农民的培育至关重要。为了给新型农业经营主体配上好导师，天长市农委推出了三大指导人制度：其一是农业技术干部联户指导制度。2016年政府聘用了78名农业技术员挂点指导1180个农业科技示范户。技术员们不仅要到实地去开展指导工作，帮助评估庄稼长势，还需要随时随地为遇到技术、政策难题的农户出谋划策。另外，挂点农户的经营绩效还直接与农业技术员的薪酬奖励挂钩，有效激励了技术员动心思、下苦功对新型农业经营主体进行指导教育。其二是先进能人示范指导制度。天长市每年均公开推选出"十佳农场""十佳合作社"等，在予以奖励的同时，邀请农场或合作社的负责人成为全市新型农业经营主体的农技导师，组织农民实地学习观摩。嫁农家庭农场的负责人陈宏平就是当地一位颇具名气的"种田能手"，市农委定期组织全市农场主负责人向其现场取经。"百闻不如一见，跟着好手种地，收成有保障"，一位参观农民谈到。其三是外聘技术专家指导制度。天长市利用自身区位优势，积极与江苏省涉农机关、学校等开展合作，邀请南京农业大学等知名院校专家前来参与培训活动，向新型农业经营主体传播最前沿的农业经营技术或理念。此外，政府还组织新型农业经营主体外出考察，拜访相关专家，讨教技术经验。2017年8月底，天长市农机校就集中组织了全市50名新型职业农民，赶赴扬州市青年创业科技中心，参与了为期两天的学习培训活动。活动期间，农机校专门邀请扬州市农技推广研究员谢成林教授为学员讲授了一堂关于稻草"还田种麦"技术的课程，让农业经营主体受益匪浅。天长市将优质的师资力量作为牵引力，培养出思维先进、技能过硬的新型职业农民。

（三）同设农艺培训内容，主体经营有根据

传统的农业培训"重数量、轻质量"，培训内容单向灌输的成分大，农民学习热情低，农业技能无法得到有效提升。天长市分别在新型职业农民培训的理念、内容、形式上做足文章，提供农艺"菜单"，让农民"点单"。首先，培训理念前沿先进。除了满足新型农业经营主体的现实需求，培训内容重视引导农民接受最前沿的农业科学技术理念，包括了循环农业、高效农业、三产融合等内容，让新型职业农民培育始终跟上时代步伐。一位受聘为培训导师的教授在谈及新型职业农民培训理念时就指出，"我们在开展培训时，不是仅仅局限于农业技术，而是把培训的重点放在先进思维的植入上。不少农民在技术上过硬，可是一说到互联网、企业经营等等内容时就一窍不通，我们的目标就是让他们跟上时代"。其次，培训内容因需而设。天长市农委在组织农民培训前，会通过新型职业农民服务中心、青年农场主协会以及农技校等组织，广泛收集新型农业经营主体的培训需求和意见，力求培训内容精细精准。"现在农村电子商务很热门，很多农民都想在网络上销售自家的农产品，农委收到意见后就专门安排了电子商务培训，大家学起来有滋有味"，一位接受过培训的天长农民举例说。最后，培训形式灵活多样。政府在组织培训时，创新课堂教学方式，更多采取专题讲座与实践考察相结合、座谈讨论与专家点评相结合的培训形式，强化了学员们对农业技术知识的掌握。2017 年 7 月，天长市农委植保站精心组织和筹备的第一期"新型职业农民培训班"正式开班。学员们不仅接受了讲座式、专题式教学，还到现场观摩并实际操作了植保"无人机"等设备。天长市依靠创新新型职业农民培训的理念、内容以及形式，在提升培训实效上实现了精准发力。

第二节　多重要素耦合，开拓土地
流转经营方式

在传统的土地经营模式中，农业生产要素的利用呈现出零散化、粗放化等特点，难以适应现代化农业的发展要求。天长市锐意革新，在坚持农民主体地位的基础上，将农业生产要素的集约化作为提高农业经营效益的有力抓手，引导新型农业经营主体充分挖掘自身优势，提升专业化水平，强化外部组织合作。最终实现了三种主要农业经营模式（见图 3-1、图 3-2）的创新发展，助力土地流转经营提质增效。

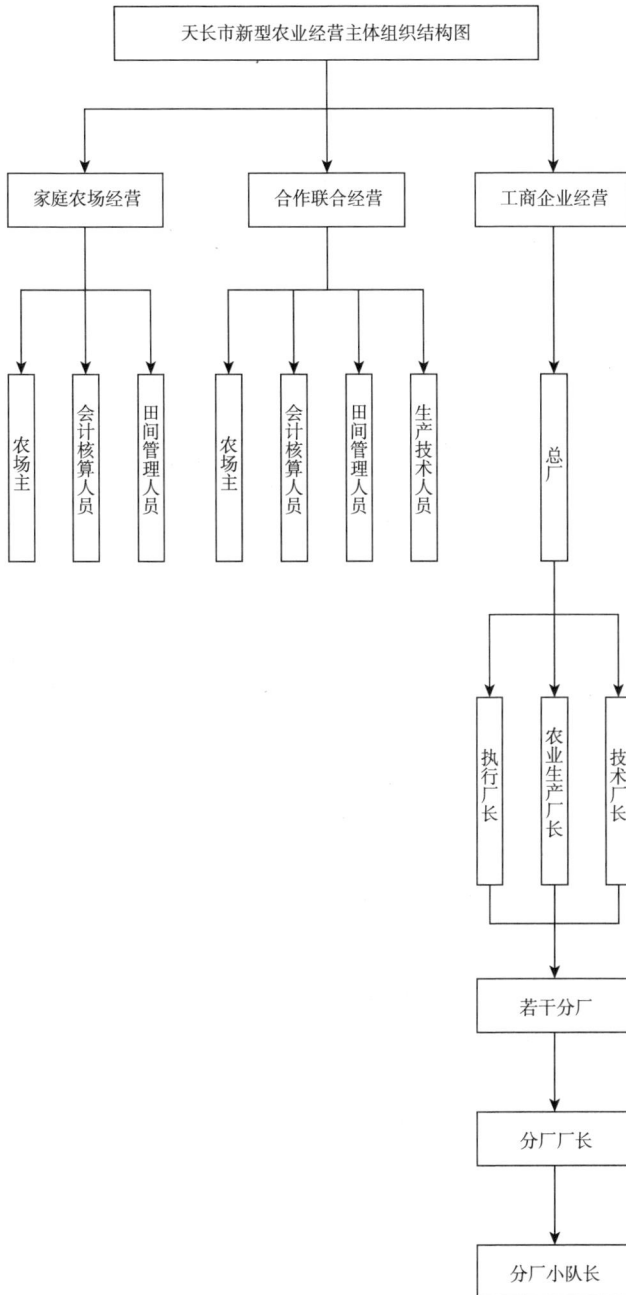

图 3-1 天长市新型农业经营主体组织结构

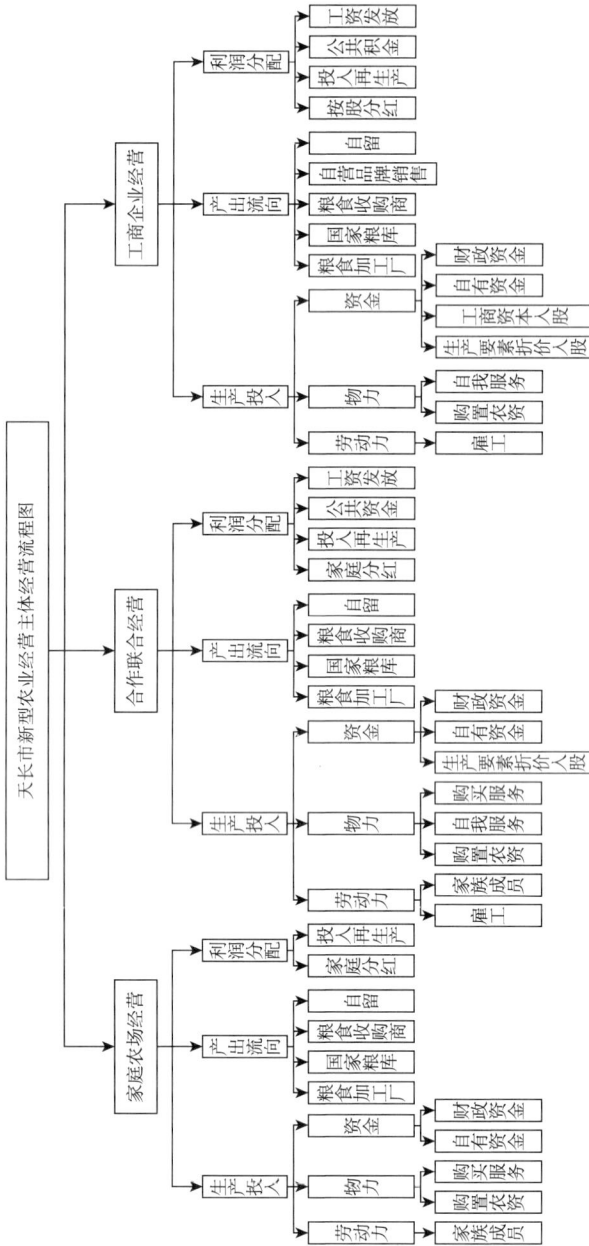

图3-2 天长市新型农业经营主体经营流程

一　家庭农场经营：依托乡邻血缘的农业生产模式

家户制是中国农村发展的基础性制度，属于能够不断再生和复制的本源性传统。[①] 天长市新型农业经营主体在充分发扬自身长处的基础上，积极借力地缘、业缘关系等外部资源，充分吸收市场要素等优势力量，最终实现农业经营方式的升级再造。

（一）家族能人带动，农场成员协作经营

家庭式农业经营方式之所以广泛存在于农业生产当中，仰仗于其内在的独特优势和活力：其一是家庭经营灵活机动。它能够根据现实变化及时调整生产投入与预期，降低自身的生产经营风险。其二是家庭内部分工与农业生产特质相契合。家庭内部人员在性别、教育水平、技能等方面的差异，能够通过合理分工与农业天然的季节性、周期性以及地域性相适应，从而保证较高水平的农业劳动生产率。其三是家庭经营管理成本更低。家庭成员之间具有天然的血缘纽带，容易形成共同的利益和目标，在保证家庭经营的监督、管理成本最小化的同时，激励形式也更丰富。天长市在着力培育新型农业经营主体的过程中，重视家庭经营的基础性地位，积极探索、巩固"家庭农场"种植模式，鼓励家族能人更多流转土地，发展适度规模经营。截至 2017 年 3 月，天长市已发展了 826 个家庭农场，涵盖农业种植、畜牧养殖、肉蛋加工、专业育苗等经济实体。天长农民陶金银就是一名家庭农场农场主，他从 2012 年开始，以 530 斤稻谷/亩的年租金价格，陆续流入本村闲置的 400 多亩土地，成立了全国首家在工商部门注册登记的家庭农场。陶金银还将家人、亲属聘为农场的员工，自己担任总负责人，妻子负责采购与销售，儿子和儿媳负责农业生产和植保服务，另外让3 名亲属担任农技人员和会计。"农场的员工都是我的家人，大家一条心干生产"，陶金银谈起家庭农场的生产经营时信心满满。仅 2016 年丰穗家庭农场产值就达 100 多万元，净利润超过 25 万元。

（二）乡土资源联动，农场生产联手经营

家庭式农业经营的活力不仅仅源于家庭内部，也源于乡土场域下家庭

---

①　徐勇：《中国家户制传统与农村发展道路》，《中国社会科学》2013 年第 8 期。

与家庭之间的互助合作。天长市新型农业经营主体正是借力于地缘、业缘关系等外部资源，让农业经营的效益得以保障。一方面，凭借地缘集聚，家庭经营提升整体市场占有率，形成了规模效应。以天长市金集镇马塘村村民何祥琴为例，她在2012年流转了70余亩山坡地，专门用于种植茶叶。为了提升整体的市场影响力，她邀请周边20多个种植大户共同开展茶叶种植，"过去单家独户种植茶叶，每年生产的茶叶数量有限，没有办法形成规模。现在20多家一起生产，产量上去了，我们茶叶的名气也打响了，第一年就提高了至少10%的经济效益"，何祥琴依据年度结算对比道出了近年的巨大变化。另一方面，依托业缘汇聚，家庭经营抬升整体专业化水平，保证了生产效率。天长市圣丰农业园就聘用了17位当地能人为"小班长"，由他们专门负责农场的各项生产，这些"小班长"大多曾经担任过村民小组长。他们不仅对农业园区内的沟渠位置、村民劳作能力较为熟悉，而且在村民中间享有声望，能够有效降低监督管理成本。通过有效吸收乡土资源，天长市家庭农场的经营效益获得稳步上升。

（三）区域市场撬动，农产销售多样经营

传统小农生产倾向于自给自足，与市场联结薄弱，既无力主动开拓市场，又难以抵御市场风险。天长市积极引导新型农业经营主体，开拓出多种农产品销售渠道，力求实现小农户和大市场的有机衔接。首先，对接国家粮库，销路有兜底。以瑞鹤家庭农场为例，作为天长市粮食种植规模较大的家庭农场，2016年承包土地面积达10614亩。正是如此大体量的粮食生产规模，曾经让农场主徐长鹤犯了难，"农场要是没有稳定的销路，光是粮食的储存费用也是一笔不小的开支"。针对这一难题，天长市国家粮库主动与徐长鹤联系，经过数次磋商，双方达成了粮食购销协议。农场每年将90%干湿度达标的粮食售给国家粮库，售价比商贩收购价高出2~3分钱/斤，农场粮食的销售难题迎刃而解。其次，发展订单农业，价格有保障。天长市稼农家庭农场过去计划发展优质水稻种植，但也担心生产出的优质农产品找不到合适的买家，难以卖出合意的价格。正值天长农业龙头企业牧马湖开拓高端农产品市场，二者一拍即合。每年稼农家庭农场与牧马湖预签订单，后者以高于市场价0.16元/公斤的价格，全部收购由稼农家庭农场按要求种植的优质水稻，优质农产品得以畅销。最后，依托农超对接，效益有提升。天长市大通镇天翔家庭农场农场主提到，"现在，我们的蔬菜从采摘到出售全程网络同步直播，产品采摘后直接运到镇里或者县里的超市，有的甚至还在南京、扬州等地的超市进行销售"。2016 年，天长市开始在全市范围内推广"农场+实体店（超市）+网店"的农产品销售模式，不仅让消费者品尝到物美价廉的农产品，而且为新型农业经营主体打开了广阔的市场空间，提升了经营效益。

二　合作联合经营：立足市场服务的农业生产样本

2007 年，《中华人民共和国农民专业合作社法》正式颁布，标志着中国的农民专业合作社发展正式进入了法制化轨道。过去，农民专业合作社在迎来蓬勃发展的同时，内部联结松散、合作渠道单一、创收能力低下等问题也愈发突出。天长市农民合作社以强化自我服务为开端，以拓展多元服务为依凭，以扩大外溢服务为保障，成功打通了自身发展的"任督二脉"。

（一）以自我服务为端，增强内部联结

农民专业合作社的成立目的，是通过联合起原本各自为营的家户，提升整体抵御市场风险、抬升谈判地位的能力。然而，由于缺乏多样化的内部联结手段，部分农民专业合作社内部"貌合神离"。天长市农民专业合作社为了解决这一问题，借助合作社内部的生产要素，整合调剂，互通有无，实现了整体经营成本的下降，有效提升了合作社的凝聚力。其一是合作社内部生产资料的整合调剂。天长市惠丰农业专业合作社理事长李顶勇就算了一笔账，"传统分散的水田育秧，一亩秧田只能插 7 至 10 亩大田。通过集中育秧与机插，每亩大棚能管 100 亩大田，明显节省了秧田。另外，集中购种、育秧、机插，每亩大田节约人工成本 80 元，产量提高 30 公斤左右，收入增加不少"。天长市农民专业合作社通过集中育秧让内部每一位农户都享受到实实在在的优惠。其二是合作社内部劳动力的整合调剂。以天长市芦龙农事服务专业合作社为例，其内部有多个家庭农场，分别从事粮食生产、瓜果蔬菜种植以及花卉种植等业务。为了降低整体的用工成本，合作社内部建立了 QQ 群，急需用工的农场主只要在 QQ 群中寻求帮

助，就可以轻松抽调闲置人员，按时记工付钱，抽调人员的小时工资略低于市场工资，有效节约了合作社内部各个成员的招工成本。其三是合作社内部经营资金的整合调剂。"我们合作社每年为下面的农户先行全额垫付土地流转费用，等到农产品出售卖了钱，农户们可将土地流转费用补上。他们有了这笔资金的周转，就是想要扩大经营规模也不是什么难事了"，天长市丰盈农事服务专业合作社理事长介绍。合作社通过这样的制度安排，大大缓解了内部种植大户经营的资金压力。

（二）以多元服务为依，增设合作渠道

以往农业专业合作社在开展合作经营时，合作内容十分有限，合作渠道过于单一。天长市农民专业合作社立足自身发展实际，打通产前、产中、产后全程合作渠道，互助互利，走出了农业合作经营新道路。在产前，合作社共享农资采购服务。通过合作社统一采购农资能够直接提升买方的议价能力，降低农资采购成本。天长市双骏家庭农场农场主缪广平就提到，"大地农业专业合作社联合社提供的农资质高价低，比如团购尿素的价格是 1620 元一吨，市场价为 1800 元，采购的苏麦 188 每斤 1.88 元，市场价为每斤 2.10 元。2014 年全年，我的农场从大地农业专业合作社联合社采购了肥料 93 吨，种子 300 多斤，至少节约了 5 万元的农资采购成本"。像缪广平这样通过大地农业专业合作社联合社实现农资采购成本下降的天长农户已超过 400 家。在产中，合作社共享农机服务。依托合作社，不仅能够有效解决农机数量与农地面积配置失衡的难题，减少农机闲置，而且推动了农业生产的机械化水平，增加了农户效益。以天长市铜城镇村民徐长柏为例，他在 2014 年购置了 1 台农业拖拉机，当年机耕服务面积 500 亩左右，拖拉机作业年毛收入近 6 万元。2015 年，徐长柏加入天长市松鹤农机专业合作社，机耕服务面积达 2000 亩，同 1 台拖拉机年毛收入 20 万元，增加了 14 万元的毛收入。在产后，合作社共享粮食烘干服务。天长市农民专业合作社通过提供统一的粮食烘干服务，直接减少了农粮损失，增加了农户的种粮效益。例如，天长市万寿镇种粮大户吴保才 2015 年流转了 500 多亩土地，年产稻谷 450 吨。这些粮食全部由大地农业专业合作社联合社提供烘干服务，共支付了烘干服务费 5.4 万元。如果由人工自然翻晒，按正常年份每公斤 0.20 元人工成本计算，吴保才需要支出 9 万

元，仅代烘干服务一项就为他节省 3.6 万元成本，相应地增加了 3.6 万元种粮效益。

（三）以外溢服务为凭，提升创收能力

天长市农民专业合作社在优化自我服务要素、丰富服务内容的基础上，注重发挥服务的外溢效应，带动了农村农业相关领域的发展，提升了农民专业合作社的辐射联动作用。一方面，天长市合作社以抗旱服务带动农村基础设施建设。天长市金穗农业专业合作社就下设有一支抗旱服务队。由于合作社所在的兴隆村属于高岗易旱地区，水源紧缺，合作社流转该村桃园组 750 亩土地之后，每年都拿出一定资金，投入本村的农田水利工程设施改造。2013 年和 2014 年分别扩挖万立方米以上当家塘各 1 口，将原来闲置的碟子塘、浅塘进行深挖，并清淤整修输水渠道 3.5 千米，累计完成土方超 4 万立方米，投入资金 20 万元，新增蓄水 3 万立方米，极大缓解了村中农田的灌溉用水压力。另一方面，天长市农民专业合作社以植保服务带动农村生态环境保护。天长市大地农业专业合作社联合社就采购了十多架植保无人机，为全市农户提供农药喷洒等植保服务。联合社理事长宣有林介绍，"使用植保无人机主要有两方面的好处：一方面是速度快，效率高，植保无人机喷洒农药的速度是人工作业的 40~60 倍，能够有效面对农田病虫来势凶猛的情况。另一方面是省水、省农药，减少污染，一般来说能够节省 50% 的农药，节省 90% 的用水"。正是合作社对植保无人机的推广，加强了农村生态环境保护，破解了农产品农药使用过度且残留严重的问题。大地农业专业合作社联合社在提供植保无人机服务中"分得一杯羹"，开拓了合作社的增收渠道。

三　工商企业经营：融合产业资本的农业生产典型

农业龙头企业是工商资本投资农村、进入农业的主要形式和重要载体，农业龙头企业普遍采用的现代企业形态具备独特的制度优势。天长市着力强化农业龙头企业对新型农业经营主体的引领示范效应，引入工商资本的经营模式，以生产包干理顺组织内部权责，以产业对接拓展农业生产链条，以品牌亮化抓取高端市场红利，最终形成了农业产业的核心竞争力。

（一）生产包干，确保农业生产权责明晰

现代企业制度的优势在于产权清晰、权责明确、管理科学，通过成文的管理构架，实现人力、物力、财力的合理分配，彼此分工协作，达到企业效益的最优化。以农业龙头企业为代表的天长市新型农业经营体系，率先引入现代企业制度，以管理要素的升级带动农场效益的增长。以天长瑞鹤家庭农场为例，这一农场粮食种植面积超过万亩，其在农业生产经营中，率先采取企业式管理制度，实现了农业生产效益的稳步提升。首先，包干运作，各司其职。家庭农场的高层为农业生产厂长、执行厂长和技术厂长，人员各一名，分别负责农场整体的生产经营、人员调配、技术指导等工作；中层为数名技术员和5名分厂厂长，每个分厂厂长对1800亩左右的农地生产经营全权负责，生产绩效与工资奖金直接挂钩；基层为8~9名分厂小组长，各个分厂小组长包干农地280亩左右。整个农场完全实现定权定责到人。其次，能力定职，人尽其用。家庭农场的员工大部分是本地的村民，瑞鹤家庭农场总负责人徐长鹤在谈及人员任用时提到，"我们在招聘厂长、分厂长、小组长时，会充分考虑他们的工作背景，除了种地的技术过硬之外，若是曾经在村中担任过村干部、村小组组长等职务，我们会优先考虑让他们直接担任分厂长甚至厂长，最大程度发挥他们的才能"。最后，层级晋升，形成激励。瑞鹤家庭农场除了按照人员能力、履历确定农场职务外，层级之间的职务晋升根据业绩进行动态调整。家庭农场对于生产经营业绩突出、工作年份较长的人员，优先安排晋升，地位和待遇也随之明显提升，以此手段激励员工为农场贡献力量。

（二）产业对接，促使农业生产链条延伸

习近平总书记在广西考察工作时曾强调，要延伸农业产业链，着力发展高附加值、高品质农产品，提高农业综合素质、效益以及竞争力。天长市充分发挥农业龙头企业的"领头雁"作用，推动产业之间有机衔接，带动农业产业链有效延伸。一方面，天长市农业龙头企业以强化加工业务，助力企业生产经营价值提升。天长市牧马湖农业开发集团有限公司党支部副书记谢学美就谈到，"为了打通农业全价值链，我们让产品向两头发展，一头抓生产，通过和种粮大户签订粮食生产合同，保证产品原料品质优良。一头抓加工，通过对农产品进行深加工、精加工，最大程度提升农产

品的附加值"。2017 年 5 月，牧马湖与中粮米业（仙桃）有限公司签订了白米代生产、加工的合同。合同中详细标明了品种、质量标准、包装名称、规格、包装物供应和回收、包装费用负担、交货、运输、加工、违约责任等各方面的内容。牧马湖将农业订单发放到合作的粮食生产大户手中，等到粮食收获，牧马湖按照要求对农产品进行加工，最终交付给中粮米业公司，经过加工的农产品卖出了好价钱，企业获得了可观的收益。另一方面，天长市农业龙头企业以促进产业融合，助推企业生产经营结构优化。天长市瑞鹤家庭农场的负责人徐长鹤不仅创办了家庭农场，从事粮食生产，还创办有四通仪表线缆厂，另外还有一个存栏量超过 1 万头的养猪场。徐长鹤回顾了自己的创业历程，"创办线缆厂让自己获得了人生第一桶金，但是由于经济下行，公司效益欠佳，就将目光投向了农地。2013 年到 2016 年，瑞鹤家庭农场陆续流转了超过 1 万亩的田地用于种植主粮，农场的生产可以给养猪场提供饲料，养猪场产生的粪便经过加工可以作为农场的肥料，这样一来，产业之间实现对接，整体的效益也有了很大的提升"。2017 年，徐长鹤有意涉足休闲农业，进一步实现农村全产业链的打通，为企业争取更高的利润。天长市农业龙头企业以延伸农业生产链为纲，让自身发展"更上一层楼"，也为现代化农业发展"添砖加瓦"。

（三）品牌亮化，保障农业产品价值增加

品牌是利器，增收是目标。随着城乡居民生活水平的提高，人们对日常消费的农副产品的要求提高，品牌带来的差异化成了产品在市场中制胜的法宝。但大量新型农业经营主体打造农产品品牌的意识依旧薄弱，出售的农产品同质化水平高。为了改善这一现状，天长市市场监督局会同市农业部门向市委、市政府提交了《涉农商标发展调研报告》，为发展涉农商标战略提供了决策支持。政府采取分片包干帮扶的方式，深入涉农企业、农民专业合作社、家庭农场和种植大户，宣传讲解发展注册涉农商标战略的现实意义、条件及程序，强化涉农企业以及种植大户的商标意识，激发新型农业经营主体注册商标的积极性和主动性。与此同时，天长市新型农业经营主体也主动作为，创立商标，以增加产品附加值，提升产品的市场影响力。在这场商标竞争战中，天长市多元农业经营主体牢牢抓住时机，凭借较高的产品质量，打造出了知名商标品牌。天长市牧马湖企业就是一个品牌塑造的"优等生"，主打的"牧马湖"米粮品牌享誉中外。企业还依据本地习俗着力打造文化品牌。例如，朱寿昌是天长市秦栏镇人，是我国古代二十四孝子之一，牧马湖发掘出这一地域文化，优先推出了孝子大米品牌"朱寿昌"，获得了市场的高度认可。另外，为了开发省外市场，牧马湖还量身定制了"天时地利人和"粮食品牌，逐步打开了江苏等毗邻地区市场。天长市新型农业经营主体连续创造金字招牌，使其逐步成为农业增效、农民增收、农村增利的助推器。

第三节　系统机制保障，强化土地流转经营效能

传统农业经营之所以存在链条不长、动能不足的缺陷，根本原因在于缺乏系统的机制保障。只有将行之有效的制度规则规范化、机制化，使其真正融入新型农业经营主体的日常生产经营当中，才能持续激发新型农业经营主体的活力。天长市着力形成土地流转经营的保障监督、奖惩竞争和共赢共享机制，有力扫除了经营制度体系不完善的重大障碍，巩固了新型农业经营主体在农业发展当中的引领作用，最终实现了土地流转经营的强能增效。

一　划定标准线，构筑多级监督机制

天长市政府、股东成员、合作伙伴共同"划标定线"，各司其职，构筑了三级监督机制，有力提升了政府、股东成员以及合作伙伴在农业经营当中的话语权，进而推动了新型农业经营主体获得长效发展。

（一）借力行政监管，农业生产精品化

农业生产的精品化一直是新型农业经营主体的发展目标，但仅凭新型农业经营主体自身的力量还远远不够。天长市积极作为，强化行政监管，推进农业精品化。一方面，天长市加速了农产品检测体系建设。政府在2015年镇（街道）监管站已购买的实验台柜、冰箱、恒温箱、振荡器、纯水机等基础上，查漏补缺，出台了《2016年天长市农产品安全民生工程项目实施方案》，提出了蔬菜农产品快速检测系统、畜牧瘦肉精快检系统以及水产品快检系统"三大工程"建设目标，提高新型农业经营主体生产农

产品的安全责任和质量意识。"政府强化监管，让我们不再单纯追求产量，而是在提升产品品质上'动脑筋'。合作社现在就在种植无公害的有机水稻"，天长市芦龙农事服务专业合作社理事长刘明文如是说。另一方面，天长市明确提出了实现"精品农业"的监管目标。2017年，政府发布《天长市国民经济和社会发展第十三个五年规划纲要》，为政府监管提出了明确的指向。要打造"专精特新"企业，以13家省级和30家滁州市级专精特新企业为基础，通过示范培育、监管引导和政策支持等方式，打造一批全国"单打冠军"和"行业小巨人"。天长市借助行政监管的升级，为农业"精品化"注入了"强心剂"。

（二）放权股东成员，财务管理透明化

在所有权人与经营权人的相互博弈中，为确保股东权益，股东质询权的作用举足轻重。落实股东质询权，股东就可以实时对新型农业经营主体财务等经营状况进行监督。然而，过去股东大会等会议往往流于形式。在天长市，这一情况被有效化解。一方面，政府通过开讲座、发传单等方式向农户普及股东相关权益的知识，新型农业经营主体内部也被要求制定完善的财务公开等制度。另一方面，政府要求新型农业经营主体提升股东大会的规范性，落实股东对经营业务的监督权和知情权。例如，芦龙农事专业合作社在每年的股东大会上公开明细账目，股东成员有任何疑问，都可以现场进行质询监督，会议全程录音录像存档。"过去，我们很多中小股东开股东大会的时候说不上话，现在开大会就是要让我们提意见，大家都踊跃提问"，一位参与过股东大会的农户如是说。天长市夯实股东成员监督权，倒逼新型农业经营主体财务透明化，让农业经营能够在阳光下运行。

（三）联合协商管理，经营发展长效化

天长市新型农业经营主体主动邀请合作伙伴，让对方参与到对自身的监督管理当中，实现民主协商治理，保障了经营发展可持续。例如，芦龙农事服务专业合作社在与龙头企业牧马湖签订的合作协议当中就明确规定，由牧马湖监督把关生产的各个流程。二者共同签订了400亩有机稻的生产协议，牧马湖可以随时随地监测粮食生产全过程，产品品质得到充分保证。"我们和牧马湖签了合同，'订单农业'对我们的产品质量、管理水

平提出了更高的要求，丝毫马虎不得"，一位正在进行田间管理的合作社成员如是说。该成员还提及"标准化管理"的重要性，"只有严格按照牧马湖的要求进行标准化管理，我们的粮食质量才能有保证，才能卖上个好价钱"。芦龙农事服务专业合作社借助牧马湖企业的力量，提升了合作社内部监管的力度。天长市新型农业经营主体借助合作伙伴的监督参与，倒逼自身生产经营水平的提升，保障了经营发展的长效化。

二 设置分红线，引入奖惩竞争机制

规范合理的奖惩竞争机制，既可以提高员工的积极性，又能够推动企业的革新发展。天长市新型农业经营主体在生产经营中融入竞争激励机制，不断探索和丰富利益驱动、以奖代补等激励手段，确保经营增益。

（一）以股份分红保证内部成员收益

2017年，中共中央办公厅、国务院办公厅印发的《关于加快构建政策体系培育新型农业经营主体的意见》提出，要引导和支持新型农业经营主体发展新产业、新业态，推广"保底收益+按股分红"等模式，让农民成为现代农业发展的参与者、受益者，防止被挤出、受损害。天长市新型农业经营主体以定期开展"股份分红"的方式，在生产经营中分好"蛋糕"，激发成员的生产经营热情。以天长市大地农业专业合作社联合社为例，2014年该联合社拿出5万元对普通入股社员开展股份分红，"过去联合社总以发展需要为由，不开展股份分红，员工们只看到联合社的规模在扩大，自己的待遇没有任何变化。现在我们每年都开展股份分红，不管分多分少，员工分到了钱，心里面自然美滋滋的"。大地农业专业合作社联合社理事长张建昌还谈到自己的薪酬结构，"我除了月基本工资2800元外，还有每年的股份分红，发展好的年份，平均月工资可以达到7000～8000元，这在农村来说是个很体面的收入"。天长市新型农业经营主体凭借股份分红，提升了内部凝聚力。

（二）以利润返还扩大合作经营效益

天长市积极引导新型农业经营主体发掘利润返还等利益分配机制，稳固合作伙伴关系，进而深化合作，扩大经营收益。2014～2016年，天长市大地农业专业合作社联合社就根据成员的交易情况，返还农资集中采购收益利润的 60%，即 50 万元，为交易额达 1000 元以上的 70 位合作方进行返利。与大地农业专业合作社联合社有合作关系的芦龙农事服务专业合作社理事长刘明文谈到，"我们从大地农业专业合作社联合社购买农资时享受了一次实惠，现在大地还通过利润返还让利，让我们又一次尝到了甜头。明年打算和大地加强合作，购买更多的农资"。大地农业专业合作社联合社采取利润返还的方式，强化了其与合作伙伴之间的利益联结，为联合社扩大合作经营效益奠定了坚实的基础，形成了多方共赢的局面。

（三）以量化奖补促进先进典型增益

2016 年，农业部印发了《农业部关于推进"三品一标"持续健康发展的意见》，提出要积极争取建立或扩大"三品一标"奖补政策与资金规模，不断提高生产经营主体和广大农产品生产者的积极性。天长市充分吸收意见精神，同年出台了《关于印发天长市鼓励现代农业做强做优奖补办法的通知》，提高了对先进新型农业经营主体的奖助力度。具体来说，对获得滁州市级以上农业龙头企业、示范合作社、示范家庭农场的各类农业经营主体，其当年贷款利息新增超过 50 万元的，天长市财政给予新增利息总额 5% 的补贴；当年贷款利息新增超过 100 万元的，市财政给予新增利息总额 10% 的补贴；而对新获批农业三品称号的农产品加工企业、合作社、家庭农场及农产品生产者个人，市政府给予 1 万元、3 万元、5 万元不等的奖励。曾获得天长市"十佳家庭农场"荣誉称号的丰穗家庭农场就是其中的受益者之一。2014 年，农场主陶金银急需大笔资金购置先进机器。其借助政策红利，顺利获得了银行的贷款和政府的资金补贴，实现了农场机械的提档升级。天长市政府依靠量化奖补，激励新型农业经营主体力争上游，带动了新型农业经营主体共同发展。

三 放宽参股线，构建共赢共享机制

天长市积极推动新型农业经营主体股本多元化，并以此为基点，构筑"农民-新型农业经营主体利益共同体"，即通过土地折股、社会资本入股、扶贫资金作股等形式，在充分深夯自身经营"资金池"的同时，也让农民收获多重收益，共享发展成果。

（一）农民土地折股，"荒地"变"金地"

为鼓励更多农民参与"土地入股"，天长市规定在农民自愿、不改变土地用途的基础上，可将土地承包经营权以多种形式入股，并组织建立健全风险防范机制。农民将拥有承包经营权的土地入股之后，各新型农业经营主体将其折算为资本，由新型农业经营主体将土地进行统一规划，实行规模经营，最后获得的收益由新型农业经营主体与农民按股分享。以天长市祥马春茗茶有限公司为例，它是全市首家实现农民以土地承包经营权入股的企业。入股的农民分别是金集镇马塘村村民胡立兆和胡立山，他们分别以8.23亩和4.85亩茶园土地经营权证入股。"这一片原来都是荒山，经济效益很低，我成立公司就是为了通过种植茶叶，把这边的山地好好经营起来，农民直接用土地承包经营权就能入股公司，公司有了更多的资金，农民也更有生产积极性，不像单纯的流转土地仅仅是'一锤子买卖'"，祥马春茗茶有限公司负责人胡立兆如是说。天长市让农民以土地承包经营权入股新型农业经营主体，帮助农民更深入地参与到新型农业经营主体的发展当中，使农业产业链上的更多收益留在农村、留给了农民。

（二）社会资本入股，"闲资"能"融资"

2016年底，国务院办公厅《关于完善支持政策，促进农民持续增收的若干意见》中提出要创新投融资模式，充分发挥财政资金的杠杆作用，撬动更多社会资本投向农业农村。为响应政策号召，天长市政府做好了角色转换工作，由农业领域资金的直接"提供者"，向社会资本"合作者"和项目"监管者"转变，以深化市场机制吸引社会资本合作。例如，天长市新型农业经营主体为社会资本专设了现金股，以此来筹集更多资金发展生产。芦龙农事服务专业合作社财务会计何美玲就谈到，"我看好合作社前景，在合作社投入4股共20000元。现在既有工资，又可分红"。合作社从2007年开始，陆续吸引16人参股，共38股，集资达19万。天长市让闲散的资本成为合作股金，为农业经营注入"动力源"，真正实现了新型农业经营主体助农、带农和富农的目标。

（三）扶贫资金作股，"散钱"化"整钱"

"如果单纯将扶贫资金分到各个贫困户手中，这笔钱只是杯水车薪，从长远来看，起到的作用很有限"，天长市农经站站长范正磊提到。天长市市政府创新思路，尝试将部分扶贫资金整合使用，以入股新型农业经营主体的方式实现扶贫资金的保值增值。即使出现风险，资金损失也全部由新型农业经营主体承担，贫困农户通过扶贫款入股，搭上了新型农业经营主体发展的"快车"。仁和集镇南尖回民村就投入90万元扶贫专项资金，用于"一村一品"脱贫工程项目和60千伏光伏发电站项目的建设。其中，40万元的专项扶贫资金以投资入股的方式，与南尖回民村正旺水产养殖专业合作社共建，采取固定收益的模式合作经营。按照南尖回民村扶贫专项资金投资及收益分配工作实施方案规定，所有投入的专项扶贫资金共量化成9万股，每股10元，村集体和贫困户各持有50%的股份，按总收益8万元来计算每股收益0.88元，贫困户人均分红488元。2016年6月，南尖回民村所有贫困户齐聚一堂，共享了4万元的合作社股份分红"红包"。天长市活用扶贫资金，以扶贫资金入股的方式将新型农业经营主体打造成了辐射型扶贫的"生力军"。

第四节　"三权分置"改革成为放活土地流转经营的重要举措

举一纲而万目张，解一卷而众篇明。2014年9月29日，在中央深改领导小组第五次会议上，习近平总书记用"三权分置"的思路，给农村土地制度改革定了调。回望历史长河，20世纪80年代之初推行的家庭联产承包责任制，极大调动了农民的生产积极性，让以安徽小岗村为代表的一大批村庄一夜之间脱贫。然而，随着传统农业进入现代农业发展阶段，"两权分离"已然难以适应新时期的现实需要，其制度缺陷开始显露。尤其是土地承包权与土地经营权尚未分置，不能顺应城镇化加快推进条件下，农民保留承包权、流转经营权的迫切需要。

改革势在必行，国家明确提出"三权分置"改革，指出坚持集体所有权，稳定农户承包权，放活土地经营权。"察势者智，驭势者赢"，天长市政府抓住历史机遇，立足实际，厉行改革，将"放活经营权"作为核心改革目标。一方面着眼于"分"的提升，实现土地流转的规范化、高效化和配置的最优化。另一方面着眼于"合"的升级，实现流转经营的规模化、集约化和标准化。一"分"一"合"，为新型农业经营主体的发育奠定基础，进而破除了固化的土地权利，让土地流转经营真正"活"了起来。

一　沉睡土地"活"起来了

安徽既是劳动力输出大省，又是农业大省，而天长市位于安徽省东部，三面皆被经济更为发达的江苏省高邮等五县市环抱。在城乡二元结构的大背景下，天长农民不再满足于经营田地带来的微薄收入，而更多选择外出务工，家中土地广种薄收甚至直接抛荒的情况十分普遍。土地作为农村最核心的生产资料，其经营效益的实现既是"三权分置"改革的出发点，也是土地经营权放活能够破题的基础。天长市将土地流转的规范化、高效化以及配置的最优化作为改革的先发目标，充分唤醒了农村土地的经营效益潜能。首先，以土地流转平台为依托，实现土地规范流转。天长市着力构建了土地流转服务中心，这一平台，一方面为土地流转全过程建标立规。中心确立了土地流转的准入、退出门槛，不仅保证了只有经营效益高、社会信誉好的农业经营主体才有资格流转土地，避免出现"垒大户"的情况，而且对土地流转双方的权利与义务做了规范，对违背土地流转合同的行为予以约束甚至惩处。另一方面为土地流转双方提供信息服务。基层设置的土地信息员将收集到的第一手土地流转供需信息提交中心，由中心统一审核并对外发布，有意流入土地的农业经营主体在网上公开竞价，让交易全程公开公正。其次，以社会力量整合为抓手，实现土地高效流转。天长市在推进土地流转过程中积极吸收社会力量的参与，而不是政府唱"独角戏"，聘任村组长担当土地流转信息员和协调员。村组长担任信息员后既可以收集到第一线的土地流转信息并及时上报平台，又可以引导更多农户将自家闲置的土地流出，实现土地整块流转甚至整村流转。而一旦农业经营主体和农户发生纠纷，村组长可以从中调解，成为两者之间日常沟通的"桥梁"，提升土地流转的稳定性。最后，以职业农民培育为支撑，实现土地最优配置。要让土地发挥最大效益，就是尽可能让低效利用的土地尽可能多地流转给新型经营主体实现规模经营。天长市在促进土地流转的同时，通过强化职业农民培训，培养出一批知农、爱农、务农的专职农民，实现了土地的优化配置。天长市以土地的规范流转、高效流转、最优配置为准绳，让土地能流转、流转快、流转好，实现了农村土地的全面盘活。

二 农业产业"活"起来了

如果说农村土地的有效流转是天长市"三权分置"改革打响的第一枪，那么新型农业经营主体的培育就是改革的接力棒。中共中央办公厅、国务院办公厅印发的《关于加快构建政策体系培育新型农业经营主体的意见》指出，在坚持家庭承包经营基础上，培育从事农业生产和服务的新型农业经营主体是关系我国农业现代化的重大战略。天长市将流转经营的规模化、集约化和标准化程度作为新型农业经营主体培育是否成功的"试金石"。在实现流转经营规模化方面，天长市把改革重心放在了家庭式农业经营方式的升级再造上。其一是将家户经营提升为"家庭农场"式经营，既保留了家族经营在监督管理成本方面的优势，又让家族能人带头经营更多土地，达到适度规模经营。其二是鼓励家族能人在开展经营活动时充分吸收地缘关系、业缘关系等乡土资源，强化农业经营主体外部的市场影响力和内部的专业化水平。其三是引导家族能人摆脱自给自足的小农思维，让农业经营主体积极开拓市场销售渠道，包括对接国家粮库、参与订单农业、开展"农超对接"等，深化自身与市场的联结。在实现流转经营集约化方面，天长市把改革支点放在农民专业合作社的服务升级与主体重塑上。其一是强调农民专业合作社的自我服务功能，通过在合作社内部开展劳动力、资金等生产要素的整合调剂活动，在实现合作社内部生产要素集约化的同时提升内部凝聚力。其二是开发农民专业合作社的多元服务功能，将产前的农资采购、产中的农机使用、产后的粮食烘干作为新的合作渠道，达成多元生产要素的集约化。其三是重视农民专业合作社的外溢服务功能，以抗旱服务和植保服务分别辐射农村基础设施建设和生态环境保护，为生产要素的集约化提供了保障。在实现流转经营标准化方面，天长市把改革抓手放在现代企业制度与新型农业经营主体的结合上。其一是内部管理标准化。通过包干运作、能力定职、晋升激励实现管理升级。其二是链条延伸标准化。农业龙头企业借由加工业务强化，跨界产业融合，先行先试，踏出了农业生产链延伸的可行路径。其三是品牌打造标准化。农业龙头企业着力打造特色文化品牌，获取品牌创收的"第一桶金"，发挥出品牌塑造的先锋带头作用。天长市以家庭农场经营、合作联合经营以及工商企业经营三大支柱性农业经营模式的创新发展，带动土地规模化经营，促进土地集约化经营，引领土地标准化经营。

三　经营主体"活"起来了

2017年中央一号文件指出："农业供给侧结构性改革成不成功，要看供给体系是否优化、效率是否提高，更要看农民是否增收、是否得实惠。"天长市将农业经营主体培育作为"三权分置"改革的落脚点，通过构建土地流转经营的保障监督、奖惩竞争和共赢共享机制，形成新型农业经营主体与农民之间稳固的利益纽带，携手走向农业发展新时代。首先，在保障监督机制方面，天长市要求新型农业经营主体落实农户作为股东的监督质询权，一方面加强宣传教育，提升农户在农业经营中的"主人翁"意识，另一方面提升股东大会的规范程度，让农户在会议当中提升"存在感"，确保农户的股东权益不受侵害。其次，在奖惩竞争机制方面，天长市一手抓"保底收益+按股分红"等模式的推广，为农业经营主体工作的农户不仅能够得到基本工资，还能够获得股份分红，一手抓利润返还等利益分配机制的落实，农户不仅能在与农业经营主体的合作当中获得实惠，还能借由农业经营主体利润返还的形式获得更大好处。最后，在共赢共享机制方面，政府鼓励新型农业经营主体通过土地折股、社会资本入股、扶贫资金作股等形式，形成与农户之间的利益联结。农户将自己的土地、闲置资金、扶贫资金等折股投入新型农业经营主体的总股本当中，让农民拥有了一个稳定持续的收入来源，真正实现了农民共享现代农业的发展果实。

如果说"三权分置"这一充满政治智慧的制度安排是农业乃至农村发展的新引擎，则天长市以"放活土地经营权"为改革目标的政策举措就是必不可少的助推器。天长市的"三权分置"改革落地，培植出了土地流转经营活力的根基，形成了更鲜活的经济新动能，谱写了农业、农民携手发展的"新篇章"。

第四章

在集体资产改革中盘活土地价值

2016 年中央 37 号文件明确指出,农村集体资产股份权能改革是维护农民合法权益、增加农民财产性收入的重大举措。2015 年,天长市被确定为"全国积极开展农民股份合作赋予农民对集体资产股份权能"改革试点单位之一,以此为契机,天长市积极引导和鼓励村庄在集体土地价值盘活上做文章。天长以改善农村集体土地管理为先手,开展清资确股,理顺了集体土地的产权归属,明晰了农民对集体土地的占有权益,实现了集体土地由乱到治、由散变合、由弱变强;以创新集体土地经营模式为重点,提升了集体土地的经营价值,保障了农民的集体土地收益权;以挖掘集体土地金融价值为保障,农民可将集体股权与承包地经营权捆绑抵押申请银行贷款,满足了农民扩大再生产的资金需求。天长市在农村集体资产改革中,实现了土地盘活,推动了集体和农民双赢共富。

第一节 清资确股,重塑集体土地权属关系

《宪法》规定了农村集体土地所有权归属集体,但"集体创收不力、村民参与不足"导致的农村集体土地产权归属不清晰、权责不明确、保护不严格等问题日益突显。基于此,天长市围绕明确集体经济组织成员身

份，保障集体经济组织成员合法权益，开展以清产核资、折股量化、创建组织等为主要内容的农村集体产权股份合作制改革，实现了集体土地权属关系的重塑。

一 清产核资，理顺集体土地归属

开展集体资产清产核资是顺利推进农村集体产权股份合作制改革的基础和前提。天长市坚持整体推进，全面铺开，对各村集体所有的资产分类进行清查核实并登记，不仅为折股量化提供了依据，也使集体土地的产权归属得以明晰。

（一）分类核资，集体资产全摸清

对集体资产进行清产核资，是保障集体成员充分享有物权的财产依据。天长市将 2015 年 7 月定为"清产核资月"，结合试点带动，在全市农村范围内开展了清产核资。各村（社区）分别建立了集体资产清查小组与核实小组，通过两轮清资确保核查"无盲点"。

首先，清查资产底数，为改革夯基。天长市各村由集体资产清查小组对集体"三资"进行逐笔逐项清理。在 2010 年"三资"清理和土地确权清查的基础上，对资金、资产的清理，以村会计账为依据，坚持账内账外相结合、实物盘点同核实账务相结合，以物对账，以账查物。对资源的清理，则采取实地勘测丈量的方式，查明实际数量及其权属。例如余庄村用一个月时间完成了资产清查工作，经过清理全村有自备装机容量为 280 千瓦的一级提水站一座，装机 55 千瓦的二级站一座，对外出租的老办公室、学校等集体经营性资产共 233 万元；280 亩小型水库一座，村集体土地140.25 亩。经清理核实，村集体经营性净资产达 269.04 万元。

其次，核实确保无误，为改革助力。对已清理登记的集体"三资"，由核实小组再逐项逐笔进行核实，重点对"三资"的数额、权属、台账与实物、处置与管理等情况进行核实。例如余庄村对集体资源性资产，主要是未承包到户的各种资源，如集体土地、山林、水面等按面积核实登记，已发包或出租的按面积和出租价格核实登记，被国家征用的按征地拆迁补偿价格登记；经营性资产则按租金或实际收益核实登记；公益性资产只登记面积、数量、位置、使用状态等。对于数据不准确或有争议的资产，村集体组织干部和村民实地测量拍照取证。

最后，登记以便管理，为改革铺路。清产核资的结果经集体经济组织成员会议或成员代表会议确认后，在村内张榜公示让全体村民清楚集体资产存量，并报县乡农业、林业、财政管理部门备案。天长市建立了集体资产登记、保管、使用、处置等制度，实行台账管理，以防资产流失。经清产核资，截至 2016 年 6 月 30 日，全市村级集体共有资金 2721 万元；对外投资 1028 万元；固定资产净值 2.95 亿元，全部村级集体经营性资产 4300 万元，未承包到户的资源性资产面积 3.1 万亩，债权总额 5883 万元，债务总额 7591 万元。

（二）民主评估，村民参与无争议

为正确反映农村集体资产的价值量，保护农村集体资产所有者、经营者和使用者的合法权益，促进农村集体资产合理流动和运营效益不断提高，需对农村集体资产价值进行合理评估。天长市集体资产总量少、增量小，且大多集中在行政村一级。鉴于村集体经济整体薄弱，村庄无力负担第三方资产评估所产生的高额费用，天长以村为单位，由村干部、老党员、老干部以及村民代表牵头组成资产评估小组，负责对清理出的资产，以资产账面价值为基础，参照同类资产流转或交易价格进行估价。例如，天长街道曙光社区在进行资产评估时，社区书记李宗柱就请来自己的好友义务帮忙，对老村部、闲置的旧厂房等资产的价值进行了专业评估，为村集体节省了大量的成本。另外，各村对集体所有的无原始凭证的非经营性资产酌情进行了估价；对经营性资产中账面价值与实际价值背离较大的主要固定资产进行了价值重估。评估结果按照权属关系，由集体经济组织成员（股东）大会（代表大会）确认并公开，经过三榜公示并由村民代表审核确认，做到民主公开，使群众清楚，干部清白，确保集体资产评估"无争议"。

二　量化折股，明晰土地占有权益

集体资产折股量化是开展农村集体产权股份合作制改革工作的关键。天长市将集体资产以股份或份额形式量化到人，明确了每位股东持有的集体资产股份价值，明晰了其资产占有权益，让农民能真正获益。

（一）人资尽确，保障成员财产权利

1. 组织成员身份界定

确定集体成员身份，是保障集体成员财产权利的依据。2016 年 4 月，天长市出台《农村集体经济组织成员身份界定指导意见》，在全市 151 个村和农村社区全面开展集体经济组织成员身份界定工作。为全面清理集体边界，各村按照"尊重历史、照顾现实、程序规范、群众认可"的原则，将成员身份界定工作分为：可直接确认、不能确认、按相关政策确认、无政策依据需经民主议决确认四种情形，分类指导和规范确认工作，确保改革红利惠及每个村民。

首先，五级会议定方案，确保界定有依据。本着"不偏、不漏、不错"的原则，村级通过"村两委会议—村民代表会议—村民大会—小组会议—户代表会议"这五级会议多次开会讨论，依据户籍关系、承包地关系、权利义务关系制定出成员资格界定办法，各村列出了 5～14 种适用本村的成员资格明细规定。针对界定中的难点人群，采用成员大会或成员代表大会按程序民主表决的方式予以解决。如仁和集镇南尖回民村在界定成员身份时，为防止"多数人侵占少数人利益"，通过召开村民小组内的户代表会议，将在小城镇综合改革中，户籍关系从本村迁入小城镇的原本村社员及其子女也界定为集体成员。此外，郑集镇向阳社区将因"知青下乡"计划来到本村未转回城市户口的人也定为集体成员，正如该社区的一位下乡知青所说，"这项改革中国家没有忘记我们，把我们也界定为集体成员是真正接纳了我们，让我们也享受拥有集体的权益"。天长市在界定成员身份时，做到了充分"尊重历史"的原则。

其次，依法协调身份争议，保障特殊人群权益。省、市领导多次到挂点村庄进行现场指导，对界定过程中的疑难杂症进行重点突破。如在成员身份界定的过程中，天长市委书记金维加到余庄村现场指导 10 余次，就外嫁女、外挂户等特殊群体展开讨论，依据法律法规的指导精神，提出"应确尽确"，总结出"不多头占有，不两头落空"的解决办法。例如，永丰镇蒲东村以 2015 年 4 月 30 日为基准日，对于户籍关系未迁出的本村外嫁女要求其提供其嫁入地出具的未享受股权证明，对户籍关系未迁入该村的新嫁媳要求其提供户籍所在地出具的未享受股权证明，否则不予登记，以此保证"两头只占一头"。

最后，户登记村备案，全市信息化归档。集体经济组织成员身份一经认定，即以户为单位填写集体经济组织成员登记表，并以村为单位整理成员名册进行登记备案，同时纳入信息化监管平台归档管理。截至目前，天长市151个村已100%完成集体经济组织成员名册编制及登记备案工作，集体经济组织成员人数达到50.71万人。

2. 集体资产折股量化

量化确权，村民真正成股东。天长市在资产量化环节采用分类指导的办法，对集体经济组织没有经营性资产的，只登记不量化；对集体经济组织有经营性资产的，则将集体经营性资产按照经过资格界定的成员数量，全部折成等额股份量化到人、确权到户。各村通过民主协商的方式将经营性资产进行折股量化，实现了集体资产"按份所有"。其中127个有经营性净资产的村成立了集体经济股份合作社，量化资产8332.4万元。以余庄村为例，"我们村的集体资产量化，主要针对经营性净资产。经过清产核资后，269万元的总股本全部分配给全体村民，不留集体股，只设单一人口股"，余庄村村主任于怀同介绍道。截至2016年底，全村共有集体经济组织成员2997人，量化集体资产269.04万元，人均持股898股，去年村集体资产增值为18.3万多元，每位股东分到40元。虽未将资源性资产折股量化到人，但把通过发包等形式获得的收益和经营性资产的收益同样量化分配给成员，实现了资源性资产的"量化不固化"。集体资产折股量化到人，改革了农民与集体资产的所有制关系，真正让农村集体资产告别了事实上的"大锅饭"。正如天长市委书记金维加所说，"改革就是要解决农村集体资产权属模糊、产权虚置的问题，同时激活农村生产要素潜能，为实现农村集体资产保值增值开辟一条新路"。

（二）灵活配股，规范成员股权管理

1. 一人一股，配股无差别

股权设置是股份合作制制度设计的核心，其目的是将过去模糊的"集体所有"，变为产权清晰的"个人占有"。在股权设置上，天长市只设置"个人股"，不设"集体股"。据悉，在全国29个试点地区，分别有不同的配股方式：如以湖北省京山县为代表的配"农龄股"，以山东省东平县为代表的配"年龄股"，以北京、上海为代表的配"荣誉股"，而天长只设"人头股"。天长的配股方式是村民自主选择的结果，是经村民民主协商讨论确定的配股方案。

天长只设"个人股"，基于以下几点原因：其一，以人头配股，一人一股起点公平，无人提出异议。其二，设置"劳龄股"需要充分的历史资料，而天长大多数村庄并未保留这些历史资料，溯源缺乏操作基础，且群众表示"不愿花时间计较过往得失"，故不设"劳龄股"，避免复杂化带来更多矛盾纠纷。汊涧镇长山村村支书杨成环说："越是复杂的东西越容易产生矛盾，计算劳龄股太复杂，村民也认为不必要设置，简单易行即可。"其三，对于"荣誉股"，天长的村干部和其他经济能人认为自己所做贡献是出于公益心，且村干部都有工资保障，多数还是致富带头人，更自认无须再从集体股权上获得回报，故不设"荣誉股"。其四，不设"年龄股"，是考虑到每个家庭都有老人和小孩，且已赋予成员股份继承权，设置"年龄股"在以后的继承中会凸显不公，造成农民不满，阻碍改革的推动。其五，天长市不设"集体股"是因为：第一，股权固化才有权能的完整实现，保证农民利益最大化；第二，不设集体股并不代表村级运转无钱可用，集体公益事业无钱可办，而是采取政府兜底和财政奖补的方式提供部分资金，集体经成员同意也可以提取公益金。可见，天长的"无差别配股"方案是照顾到各方利益的结果。

2. 定人定股，全静态管理

探索农村集体资产股权的科学管理，是保障农村集体组织成员权利的有效实现形式。调查发现，关于股权管理，实践中主要有三种模式：一是随人口变动而进行调整的动态管理模式。如湖南省资兴市各村在民主表决后，均采取在一定期间内"增人增股，减人减股"的股权管理方式，这种股权调整做法有利于延续原来的传统习惯，让村民感觉"公平合理"好接受。二是沿袭承包地调整惯例采取相对静态管理模式，即对股权进行周期性调整。如江西省余江县、河南省济源市、山东省东平县和西藏曲水县等各试点村组为了操作简便，适应群众需求，减少矛盾纠纷，遵照村组存在定期调整承包地的传统，股权管理采取"三年一小调，五年一大调"或"一年一小调，三年一大调"的相对静态管理方式。三是不随人口变动调整的全静态管理模式。天长市就实行"生不增、死不减、进不增、出不减"的全静态管理模式。即以户为单位参与股份分红和行使表决权,并倡导户内股权份额均等化,今后新增人口只能通过户内继承、赠予等方式获得股权,在法律规定的期限内集体经济组织总股权数不随人员增减而变动。在股权管理方面,20 世纪 90 年代东南沿海地区率先探索,只有少部分地区实行股权动态管理。动态管理股权虽然能够照顾到当地土地调整的习惯以及群众对改革的适应性,但是不利于后续改革的推进。天长实行股权静态管理,既体现了其改革的彻底性,也有利于稳定农民对其所持股权的预期,避免因人口的经常变动而频繁调整集体经济组织股权设置,为推进继承权、有偿退出权及抵押、担保权改革奠定了稳定的基础。

（三）颁证定权,落实成员股份权能

股权证书是股东身份的证明。向股东颁发股权证书,实现了"资产变股权、农民当股东",让集体成员吃下了"定心丸"。天长市出台《农村集体经济组织股权证书管理暂行办法》,对股权证书的内容和使用等进行了明确规定。股权证书由农村集体经济组织以户为单位免费向持股成员颁发。截至目前,天长共发放股权证书 11.31 万份,42.6 万农民成为股东。发放股权证书,充分保障了农民对集体资产股份的实际占有权;并明确成员凭股权证书参加集体收益分配,把成员对集体资产股份的收益权落到了实处。按照章程约定,成员所持股份可在户内继承、社内流转,保障了农民对集体资产的继承权和有偿退出权。2016 年 4 月 19 日是铜城镇余庄村给集体成员统一颁发股权证书的日子,54 岁的华宏林拿到了天长市铜城镇余庄村农村集体资产股份权能改革试点发放的首份股权证,也是全省股权发放"第一证"。华宏林说到,"有了这个证书,我拥有了集体资产的股份,就可以参与管理决策,参与收入分配,享受收益分红了"。村民变股东,曾经的糊涂账如今竟成为分红利器。

三 创建组织,优化土地管理主体

集体土地长期以来由村委会管理,但村委会只重视数量管理,却忽视了价值管理。天长为唤醒"沉睡"的集体资产,在各村建立了农村集体经济运营组织,对土地资源等进行专业管理,保证资源增值。

（一）分类指导，建两种合作社

为激活农村各类生产要素的潜能，天长市各村建立了符合市场经济要求的农村集体经济运营新机制，建立了村集体经济组织。天长市根据各村集体资产的不同数量和类型，分类指导，成立了两种村级合作社。一是指导127个有经营性净资产的村成立集体经济股份合作社，建立了集体资产与成员之间"按股享有、民主管理、风险共担、利益共享"的利益联结机制，实现了农村集体资产由共同共有到按份共有的历史性转变；二是指导其余24个经营性净资产为负值的村成立了集体经济合作社，待集体经济发展壮大有经营性净资产后再实行股份合作，经济合作社内部同样设立理事会和监事会，完善了农村集体经济组织治理机制。截至目前，全市151个村（社区）全部成立合作社，并由市政府统一颁发组织证明书，赋予其市场主体地位，确保其能够作为独立法人进行经济活动。例如，秦栏镇联合村为改变"集体穷，人心慌，村委会三间破公房"的尴尬局面，在全镇率先成立了股份制合作社，对全村集体资产统一进行管理和经营，累计为村集体增收20多万元。

（二）职责分离，促运营独立化

改革后，村党支部、村委会和合作社"三驾马车"各司其职、各负其责。村党支部从经营事务中解脱出来，通过夯实党务、创新服务，巩固党的执政基础。村委会回归社区管理和服务，集中精力搞好社区自治、社区管理和公共服务。合作社则专门负责集体资产的运营和管理，致力于发展集体经济，增加成员的财产性收益。余庄村村主任于怀同说："通过农村集体资产股份权能改革，村里成立了集体经济股份合作社，把原来由村委会代管的各类资产交给合作社统一经营管理，老百姓放心，我们也省心。"

对合作社来说，如何盘活利用集体资产是最大的考验。光华村村支书任宝贵说道："股份合作社成立后给我们村干部无形中加了很多压力，我们2016年分红每人分100元，2017年每人分了110元，到2018年怎么办呢？肯定不能越分越少，如果越分越少，工作肯定有问题，村民对村干部的看法肯定也不一样。"能不能分钱？能分多少钱？这往往取决于合作社对于集体经营性资产的利用。截至2017年初，天长市集体经营性资产为正

数的 127 个村中，实现分红的有 12 个村，人均分红最多达 150 元，改革红
利让群众触手可及。天长市委书记金维加在天长市农村集体资产股份权能
改革现场交流暨理论研讨会上说："改革以来，天长市逐步形成了'农民
有动力、干部有压力、农村集体资产有活力、基层组织建设有合力'的农
村工作新格局。"

第二节　股份合作，提升集体土地经营价值

随着工业化、城镇化进程加快，土地细碎化、农业兼业化、集体经济
空壳化的问题日益突出。天长通过发展股份合作，将固化的土地"股份
化"，试图以土地入股实现规模化经营。激活农村这一最大的存量资源，
不仅使农民能够有效获得土地经营带来的增量收益，也能让村集体资产实
现由"空壳"到"富矿"的华丽转变。

一　多方力量优化集体土地经营环境

天长市以充分发挥政府引导、能人带动、市场辐射三方力量为抓手，
优化土地经营环境，为基层党组织引领发展、服务群众、改善民生提供了
有力的经济支撑。

（一）政府扶持，解除发展瓶颈

政府引导是农村集体经济权益得以有效实现的外部条件。[①] 在天长市
推行土地股份合作、发展集体经济的过程中，政府发挥着重要的扶持和引
导作用。因各村村情不同，条件各异，天长市在优化集体土地经营环境方
面，按照人口规模采取"五七九"财政资助办法以解决集体经济发展的资
金瓶颈。为帮助村集体经济健康发展，政府搭建了多种形式的服务平台，
如建立市级流转平台致力于开展农村土地承包经营权、集体土地流转，集
体资产资源转让租赁等；各镇设立镇三资委托代理服务中心，进一步加强
村集体资源的合理开发利用、资产的合理配置和资金的规范使用；村级成

---

① 郝亚光：《政府引导：农村集体经济有效实现形式的外部条件》，《东岳论丛》2015 年第
36 （3）期，第 43~48 页。

立合作社专门负责抓经济、谋发展。政府通过建立规范的集体资产管理交易体系和健全的经济发展机制，为集体经济发展壮大创造了条件。另外，为突破土地经营零散化局面，天长市鼓励各村成立专业合作社，整合土地资源发展现代农业，对提升农业产业化经营水平、优化农村土地资源配置、实现农村集体土地规模化经营意义非凡。

（二）能人引育，搭建智力平台

能人带动是集体经济权益得以有效实现的重要条件。[①] 十九大报告提出，要培养造就一支懂农业、爱农村、爱农民的"三农"工作队伍。而"新乡贤"正是"一懂两爱"工作队伍的主力。为充分发挥"新乡贤"的作用，天长市加强基础设施建设、项目资金回笼，完善农村公共服务，吸引能人回村；并借助开展村企共建，实现能人治村。政府通过摸排各个村庄在外兴办企业的能人，以遴选选派到社区兼任第一书记（党员）或村集体经济发展指导员（非党员）的方式，让他们参与村级事务管理，发挥其见多识广、信息灵通、人脉广阔的优势为村集体发展出谋划策，提供人才、资金、资源等方面的支持和帮助，增强村庄自身造血功能，促进集体经济发展。村集体也在企业用工、用地以及矛盾调处等方面提供帮助，实现村企双赢。如铜城镇余庄村村集体经济发展指导员王兆军说："我作为家乡的经济发展指导员，除了为家乡提供资金帮扶、招商引资之外，最主要的是为经济发展出谋划策，提供市场信息，利用市场经验带动村级经济发展。"除此之外，政府还安排驻村干部为村集体理思路、找门路、破难题、制定和完善发展规划，促集体增收。

（三）市场对接，发掘要素潜力

市场相接是集体经济权益得以有效实现的生发机制。[②] 天长市素有"安徽东大门"之称，优越的地理位置为天长发展集体经济、对接市场提供了便利条件。基于此，天长市各村集体借助市场力量，在良性的竞争机制驱动下，努力实现农民"小生产"联结公司"大市场"。

---

① 黄振华：《能人带动：集体经济有效实现形式的重要条件》，《华中师范大学学报》（人文社会科学版）2015 年第 54（1）期，第 15~20 页。

② 徐勇、沈乾飞：《市场相接：集体经济有效实现形式的生发机制》，《东岳论丛》2015 年第 36（3）期，第 30~36 页。

一方面，以农业产业园促同频共振。村集体以股份合作社为纽带，以农业产业园、田园综合体为支撑，鼓励农户入社形成规模经营，构建新型农业经营体系对接市场，让资产"生根发芽"。以杨村镇光华村为例，早在 2015 年，光华村 7 个村民组的 130 户农民就将流转给农业园的 1125 亩土地改为入股方式，从而实现了土地变股份，农民变股东。2016 年，光华村还将村集体资产进行折股量化，通过协议方式投入各类市场经营主体，利用土地入股和资金入股，借助外力拉动集体经济发展。对此，光华村理事会理事长朱玉林表示："我们光华村经过清产核资共量化资产 117.49 万元，合作社将资金投入光华现代农业园、集体林场。2016 年，我村实现效益 43.6 万元，当年分红 32.5 万元。"

另一方面，以公司化经营扩增收效益。村集体在政府的鼓励下大力招商引资，积极引导村企"联姻"，以土地入股的方式与公司合作经营，既扩大业务，又深化专业分工机制，合理组织农民。村集体通过与市场联网，挖掘市场中的资本、技术等生产要素，因地制宜地选择市场前景广阔的特色产业，增进产业经营效益。如铜城镇龙岗社区自古以来就有生产加工芡实的传统，以前一直是一家一户单独加工，分散经营，不但经济效益不高，抗风险能力也很弱。随着芡实产业规模的扩大，从业人数的增多，在市镇两级政府的大力支持下，龙岗社区因势利导成功征地 30 多亩，投入上千万元建成了芡实大市场，同时组建芡实专业合作社，辐射带动全村1000 多家芡实经营加工户加入，变"单打独斗"为"抱团经营"，实现了村集体与市场的紧密结合，提高了经济效益。

二　多条路径探索集体土地经营模式

天长市以增强村级造血功能为着力点，通过"政府精准化培育、资产市场化运作、村庄结对化成长"，促成政府、村集体和市场三方联动发展，创新土地经营模式，助推村庄撬活沉睡资源，重蓄发展动力源，探索农村集体经济发展路径和有效实现形式（见图 4-1）。

（一）依托项目，政府兜底保发展

天长市分类别加强财政引导、多元化投入，共同扶持，为村集体经济发展保驾护航。各村依托政策倾斜、项目扶持、资金激励等，形成了"借

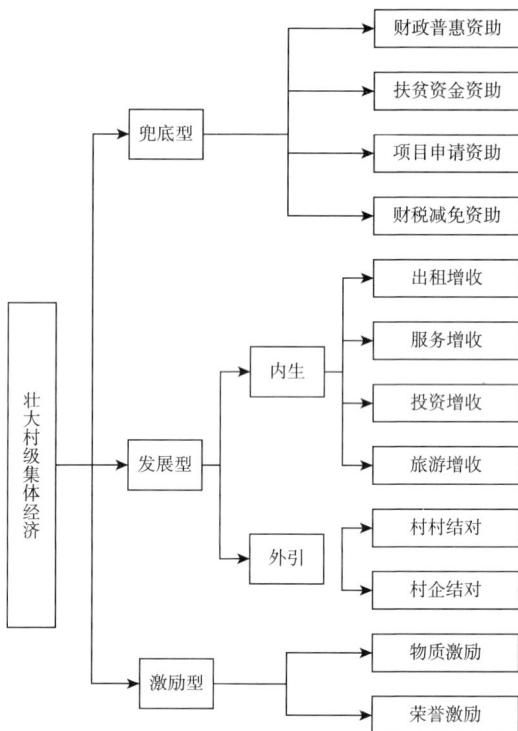

图 4-1 天长市发展壮大村级集体经济结构图

势发展型"模式。

一是分类别确扶持，为发展兜底。天长首创"五七九"财政资助办法，根据人口规模确定扶持规模，即3000人以下的村资助五万元、3000~5000人的村资助七万元、5000人以上的村资助九万元，为村级组织运转提供经费保障。在政府的大力帮扶之下，2016年天长已全部消灭空壳村。

二是分层级明提留，为发展增力。天长市利用财税反哺的方式，加大政策扶持力度，即对村辖区内新增招商引资项目，以及各类经营主体承租村集体所有的厂房、商铺产生税收的地方留成部分，市镇财政分别按10%、20%的比例提取用于支持村庄经济发展。同时，采取从税收奖励数额超出的乡村中按比例提取金额划入村集体经济发展扶持基金，统筹安排到经济发展后劲不足的行政村的方式，解决其发展资金缺乏问题。

三是分区位定项目，为发展活源。2017年天长按照"因地兴业"的原则，安排不少于 1300 万元的项目扶持资金重点支持 50 个左右可操作性强、发展前景好、收益稳定的增收项目。例如，部分村集体依托国家扶持光伏产业发展的政策，利用集体荒地、水面以及屋顶等，建设小型分布式光伏电站增加集体收入。政府支持临近高速、省道等的交通区位优势明显的村，建设高炮广告位对外发包为集体增收等。自改革启动以来，天长市财政投入了 3000 万元设立村级集体经济发展专项基金，其收益用于奖补村级集体经济项目；出资 6000 万元鼓励申报发展村级集体经济项目；出资 3000 万元专项资金支持现代农业发展。天长市在发展壮大集体经济方面的投入累计约 1 亿元。

（二）撬活内源，资源唤醒促增收

天长借助集体之力集聚资源要素，以吸收的股份化资源为基础，采取多种经营形式盘活存量、做优增量、提升质量，唤醒农村"沉睡的土地"，使其发挥最大价值。

1. 深挖优势，形成"资源开发型"模式

村集体通过盘活"三资"，使"死资源"变成"活资产"，增强了集体经济发展的活力和实力。其一，唤醒特殊闲置资源，做活"地产"。村集体将并村后产生的旧校舍、旧村部、旧厂房等长期闲置资产，采取发包租赁、入股经营等方式盘活，使物尽其用，变存量为增量，变"包袱"为财富。例如龙岗社区将龙西旧村部闲置房屋和宅基地对外公开竞拍，社区提请由镇纪委审核、镇"三资办"直接运作拍卖活动，最终以 22 万元高价竞拍成功，实现了集体资产的保值增值。其二，发掘特有自然资源，壮大"特产"。对于"四荒"地和水面等自然资源较多的村，集体采用独资或联合农户参股、开发特色农业种植基地的方式，实现特色产业规模增收。例如 2016 年秦栏镇依托"一村一品"政策，因村制宜发挥优势：庆祝村依靠习泰园林，采取"支部+企业+农户"的形式，建成了万亩景观苗木基地，通过收取管理费的方式增加集体收入 3 万多元；林山村利用矿山资源优势，开发矿产资源，使集体经济收入一举达到了 16.5 万元。其三，凭依特色文化资源，发展"旅产"。天长市结合美丽乡村建设和旅游攻坚行动，围绕"三湖两山一岗"（高邮湖、金牛湖、红草湖，长山、草庙山，龙岗）和美丽乡村建设中心村做文章，打造农村集体经济增长新亮点。如龙岗社区依托抗大八分校旧址，在开发红色旅游产业的同时，努力挖掘"状元府"和龙岗古民居等当地文化"富矿"，大力发展旅游产业，为集体创效益。

2. 用活资金，形成"资本运作型"模式

在确保资金安全、符合财经纪律的前提下，村集体将存量资金进行资本运作，实现了多元增收。一是投资非公企业获利。为实现集体资金增值，村集体将累积资金投资到企业，实现保息分红。如杨村镇龙集社区选取经济效益好的企业进行合作投资，将125万元集体资金投放到4家经营状况较好的企业，每年获得利息13.76万元。二是投资国有融资公司得利。天长市成立了综投、城投、天振等零风险的融资公司，村集体将积累资金投放到政府融资平台公司，收益用于奖补村级集体经济项目，集体或农民按股份比例分享收益。如石梁镇十八集社区将天长经济开发区补偿给该社区的集体土地拆迁款220万元全部投放在综投公司，综投公司每年定期向社区支付16万元收益作为回报。三是注资村级实体创利。一些村集体用村级部分集体资金，由村集体以牵头组建或直接兴办等方式，成立各种农民专业合作社、协会等合作经济组织或者经营性企业，发展农业产业化项目。如长亭村投资80.5万元，由村干部领头创办了农事服务专业合作社，2015年为集体增收15.2万元。

3. 借力使力，形成"外引内育型"模式

村集体借助社会力量逐步壮大了集体经济实力，促使集体脱贫致富。一方面，引入"返乡资本"，共铺致富路。近年来，为吸引能人返乡创业，天长市每年拿出不低于1亿元设立创业基金用于实施"千秋英才"计划，奖励扶持全民创业，同时出台了支持创业小额担保贷款、税费减免等一系列优惠政策。截至目前，全市已有上千名返乡乡贤创办领办各类经济实体500多家，每年上缴税金1亿多元，为税收反哺村庄发展提供持续财源。同时为本地农村剩余劳动力提供2万多个就业岗位，增加了农民的收入。另一方面，投放"公益资金"，同除贫困名。村集体通过股改搭建的股权平台，把贫困群众与合作社、企业等经营主体有机连接起来，将精准扶贫到户的财政补助资金作为贫困户的股金，投放到合作社或其他经济组织形成股权，贫困农户按股份比例分享收益，将以往的纯粹"输血"变成"造血"，既为贫困农户找到了持续增收的新方式，也增加了集体收入。例如扶贫资金往往是"分散使用、平均到户",使资金只能起到一时之效。为破解这一困局,光华村探索扶持资金股份化,将资金折股量化到扶持对象后,集中形成股份合作制经营项目,收益按股为贫困户分红。

(三) 合作联建,内外联通添效益

天长市立足实际,既注重整合内部资源,又注重沟通外部要素,与宏观市场经济体制相对接,通过集中联建,形成"多元合作型"模式,促进集体经济持续发展。

其一,村村联建,协同发展动力。村与村之间打破地域限制,实现共同发展,主要有两种模式:一是并村建园,追求集聚效应。在土地确权流转改革的背景下,村集体通过适当合并规模较小的自然村,建立产业园区,利用基础设施使用中的聚集效应,大大节省了发展所需资金。同时为村庄进行招商引资、争取项目等奠定了基础。例如,余庄村由余庄和四里两个自然村合并之后建立了工业园区,截至目前,在镇政府的帮助下共引进16家企业。二是异地置业,谋求集体共赢。天长市部分村实行村村联建联购,在城镇、工业功能区等处发展标准厂房、商业用房等物业项目,为村庄经济开辟了新的发展空间。如大通镇便宜社区就通过在异地置业的方法,在交通便利的地方建厂房收租金,每年为集体增收10万元左右。

其二,村企联营,汇聚发展合力。天长通过建立村集体和企业之间的利益联结,实现以企带村,村企互哺,共促共建,双向受益。第一,龙头企业带领,促"合作型"发展。天翔集团是金集镇谕兴社区辖区内的龙头企业,社区以土地入股的方式与其合作,三年内累计增收达5万元。在合作中,村集体在土地流转、协调服务、项目争取等方面为企业提供保障;而企业为村提供资金、技术、设备等支持。此外,政府还安排市"三十强"企业与30个集体净资产薄弱村结对,实施精准帮扶提升。天长市委副书记、市长朱大纲表示:"天长将通过开展'百企帮百村'行动、建厂房发包、参股入股经营等多种形式发展壮大集体经济,赋予农民更多财产权益,让改革成果更好地惠及广大人民群众。"第二,经济组织引领,助"服务型"发展。一些村集体开展了服务创收,培育经济新增长点。以谕兴社区为例,村集体有计划地创办了各类服务实体,为辖区内的20多家企业提供便民服务、劳务服务以及水电、通信代理服务等,收取适当服务费用，增加集体收入。第三，基层党员统领，保"连带型"发展。为建立村庄与企业党组织共建工作机制，实现企业与村庄结对联姻，天长实行村党支部出力、党员引领带动、企业出资、农民得实惠的连带模式发展集体经济。如龙岗社区党支部帮芡实合作社建芡实大市场，辐射带动了全村1000多家芡实经营加工户加入，社区通过收取服务管理费增收。

天长市唤活土地资源的成效显著，据统计，2016年全市97%的村集体经济收入达到5万元以上，其中37%的村达到10万元以上。另外，2016年天长市村级经营性收益达1411万元，较上年增长61%，且有10个村向成员分红，最高人均分红150元，农民财产性收益得以实现。

三 多种分配分享集体土地经营成果

天长市通过改革，实现了"产权变股权、村民变股东"，使集体资产由抽象的"共同共有"转化为量化的"按股共有"。通过壮大村级集体经济，不断释放改革红利，村民共享改革蛋糕逐步演变成现实。

（一）定比提取发展公益事业

发展村庄公益事业是壮大集体经济的目的之一。天长市不设集体股，但是集体发展资金并不缺乏，一方面因为天长市从集体资产收益中提留不低于30%作为公积金、公益金等发展公益事业。集体经济组织公共服务能力增强，让农民享受到更好的公共服务，对其来说也是一种权利享受。2016年汊涧镇长山村一次性拿出14万元向股民兑现分红，投入5万多元整修村组道路，平整山地、荒坡等，村里的低保户、困难户、大病返贫户均得到了救助。另一方面天长市以"五七九"资助为村委日常开支提供专用经费，以此保证村委运行不占用村级公益事业建设资金，保障集体成员权益不受损。过去，集体经营性资产收益往往被用作村两委的办公经费等支出，要把这笔钱分出去，基本办公如何进行？对此长山村村支书杨成环说："为了填补这笔经费，市级财政根据我们村现有人口2936人，拨款5万元用作办公经费，解决后顾之忧。现在通过股改集体经营得到的这些钱要给老百姓分红。"

（二）股份分红落实农民权益

股份分红是农村集体经济组织成员实现集体资产股份收益的重要表现

形式。天长市通过发放股权证书，建立收益分配制度，落实了农民对集体资产的占有权和收益权。除每年从收益中除提取 30% 作为公积金公益金之外，结余的按照成员股份份额进行分红，增加农民财产性收入，确保集体土地不变成"空壳子"，农民不拿个"空本子"，让农民有更多的"获得感"。光华村姚塘村民组村民王干说："我家 4 口人，共有 1457 股，这次分红分到 400 块钱，虽然不多，却是头一次领到村集体资产的红利，这可是件大喜事啊!"

为使集体成员获得实实在在的股份收益，2016 年，天长已有 10 个村探索了股份分红，其中杨村镇光华村是天长市 151 个村（社区）中股民分红最早的村，为天长的农村股改打响了第一枪。光华村本身集体经济运营状况较好，村支书记任宝贵说："由于集体资产经营状况较好，去年净收入 43 万元，2016 年每个股民分红 100 元。"铜城镇余庄村在 2017 年 1 月 14 日也召开了集体经济股份合作社 2016 年分红大会，村支书刘春云说："通过合作社运行，去年实现可分配收益 183399.58 元，按照章程规定，提取 30% 作为公积公益金，剩余 128379.58 元进行分红，村集体经济合作社成员人均 40 元，经过合作社理事会通过，红利全部发到股民手中。"湾塘组成员代表马永华也说："全家 8 口人，按照股权分红每人获得 40 元，全家得到 320 元，虽然资金不多，但看到了希望，享受到了集体资产改革带来的红利。""等了 40 年，分了 40 元。"尽管集体资产分红量不大，但使农民真正品尝到了集体资产这一大块蛋糕，农民的财产性收益得到落实，意义深远。

（三）灵活分红保障长效发展

发展农村集体经济，除了提留公积金、公益金发展公益事业和给股民分红之外，还有一个重要目的是留足资金用于扩大再生产，实现集体经济持续发展，保证农民收益不断。天长市规定了集体经济收益分红三项原则：一是效益决定分配原则；二是发展优先原则；三是民主决策原则。各村在分红时严格按照原则进行，集体经济效益不好时，坚决不举债分红，而是通过开会讨论理性灵活分红。余庄村监事会成员王信儒将这种分红方式称为"保鸡生蛋"。"去年我们社区的经济也得到了迅速发展，但由于集体底子薄，取得的收益在提取公积金、公益金之后，剩下的划分到每个股民身上的比较少，每人只有十几块钱，我们就开股东大会商量，决定去年暂时不分红，将这一部分钱继续用于投资，争取在今年能实现更大的收益，到时再给群众分红。村集体有了这笔资金能为村民办更多的事，最终受益的还是农民。经过开会，不管是干部还是群众都同意这样做。"郑集镇向阳社区伍凤春书记如是说。该社区村民陶凤林也说道："尽管去年没有分红，但是不着急，蛋糕越做越大，到时老百姓的收益会更多。"截至2017年初，天长127个经营性净资产为正值的村中，实现股份分红的有12个，剩余115个村都采取了理性灵活的分红模式。

第三节　股权抵押，开拓集体土地金融价值

随着土地经营模式的丰富，农村各类主体的金融服务需求日益增长。由于农民缺少贷款抵押物，融资需求无法得到满足，需要赋予农民更多的财产权，让农民手中拥有可抵押、可流转的资产。然而，农民手中的集体土地由于权能缺失，价值难以实现，农村金融出现有资产没证明、有需求无抵押、有市场缺信用的尴尬局面。为了疏通农民贷款的堵点，天长市开展集体资产改革，在盘活集体土地经营价值的基础上，延伸思路，赋予了土地经营权和集体土地股权金融功能，并创立了"农权贷"金融产品，农民可将这"两权"作为抵押物换取银行贷款。天长市的创举，丰富了农民的土地收入方式，将土地变成金融资本，优化了农村融资环境，极具参考价值。

一　制度不畅，土地抵押难落地

党的十八届三中全会明确提出要开展农村"两权"抵押贷款试点，但现有的"两权"贷款制度在天长"水土不服"。作为农业大市，天长有着面积广阔的土地，部分农村也有着可观的集体资产存量。然而，由于资产权能不能充分发挥，土地无法转化为资本，农民虽然守着绿水青山，却无法将其变成金山银山。同时，农民融资难，主要在于农民可以直接用于担保的财产或抵押物十分有限，规模农户的正常农业生产活动常因为资金不足而受到阻碍，这将制约农村规模化经营的进程。此外，我国农村缺乏完整的信用体系，也是制约农村金融发展的瓶颈，只有降低金融机构的集体

土地融资风险，农村金融才能得到长足发展。

（一）政策法规无依，融资无据

我国担保法规定，可作担保物的财产包括抵押人依法有权处分的国有的土地使用权、房屋和其他地上定着物。[①] 但对于农民来说，耕地、宅基地、自留地、自留山等集体所有的土地使用权属于法律规定的不可抵押的财产，因此，农民虽然有土地却无法用其融资。

2015 年 8 月 24 日，国务院发布《关于开展农村承包土地的经营权和农民住房财产权抵押贷款试点的指导意见》，指出引导农村土地经营权有序流转，全面推进农民住房抵押贷款、担保、转让试点，其目的在于深入改革并创新农村的金融格局，为农民财产权抵押贷款提供了思路。随后在2015 年底，试点工作开启，全国 232 个地区被确立为农村承包土地经营权抵押贷款试点，59 个地区被确立为农民住房财产权抵押贷款试点。但天长市却无法从改革中受益。首先，天长市未被列入此次试点名单，无法开展"两权"抵押贷款。其次，土地权能不完整。完整的土地产权应该包括占有、使用、收益和处分权等，但天长市农民土地的使用权、收益权受到限制，土地的权能是不完整的，残缺的土地权能会导致天长农民土地的经济价值无法正常、完全地实现。最后，土地流转制度不完整。合理的土地流转可以使有限的土地资源发挥最大的价值。天长拥有耕地面积 100 多万亩，如果能使存量巨大的土地为农民融通资金，将极大促进天长市农村经济的发展，让农民的财产权利更好地实现。安徽省农村综合产权交易所天长分所于 2017 年成立，此前农村土地流转市场和平台没有真正建立起来，这造成了农民土地抵押融资困难的加深，一定程度上导致了其土地金融制度的落后。

（二）资产权能虚置，抵押无凭

随着天长市农村经济体制改革的深入，农村集体资产经营方式呈现多元化，集体资产迅速发展壮大，农民的生产发展资金需求也逐渐扩大。但由于缺少有价值的贷款抵押物，贷款一直是困扰农民的难题。

首先，农村集体资产产权虚置，权能不能充分发挥作用。天长市村级

---

① 引自 1995 年《中华人民共和国担保法》第三十四条。

集体资金最多的村庄有 800 余万元，另有 24 个村庄为负资产。虽然天长市农村集体资产存量总体较少，但它们有着广阔的集体土地。然而，各村（社区）集体所有的耕地、林地、水塘、荒地等资源性资产，房屋、建筑物、机械设备等经营性资产产权关系不清。由于集体资产没有量化到成员个人，作为集体成员的农民没有使用权、收益权，集体资产名义上归集体所有，农民却说不出也不敢说哪一份是自己的。农村土地资源难以转化为生产资金，农业农村的发展动能难以释放，农民的财产权利也难以得到保护，金融和社会资金进入农业农村阻碍重重。

其次，二元土地市场的存在，使农村集体土地难以直接入市。根据我国土地管理法的规定，土地的所有权分为国家所有和农民集体所有两种形式。[①] 其中农村集体所有的土地，依据其用途的不同，又可分为农用地、农建地和宅基地 3 种形式。然而农村集体土地在土地市场交易中不能享有与国有土地同样的待遇，而必须要通过征用才能进入城市土地市场，尽管部分地区的集体建设用地可以入市，但一方面，集体建设用地流转无法可依，权利义务不清，在流转中土地产权不能够得到有效的保障；另一方面，法律对集体建设用地的流转条件、用途、收益等缺少明确规定，难以进行土地登记。种种原因导致农村集体土地难以直接进入土地市场，无法转化为农民扩大再生产的资金。

（三）风控模式不灵，贷款无信

农村市场有着巨大的资金需求，然而金融机构却不敢轻易触碰这块"蛋糕"，根源在于缺乏有效担保，开展农村贷款需要承担很大的风险，导致农村金融资金出现巨大缺口。天长市农村贷款同样面临尖锐的供需矛盾，造成这种矛盾有共性的原因，也有天长自身原因。

第一，政府风险控制不足。天长市还未建立专项风险补偿机制。土地承包经营权是农民最根本的财产权利，是农民安身立命的基础，因此是一种特殊的贷款抵押物。农业生产的不稳定性以及农民自身经济实力不强等问题，加上农民缺乏有效的担保，缺少具有担保能力的担保机构，使农村贷款业务开展过程中，银行和农民双方都要承担巨大的风险。如果政府不

---

① 引自《中华人民共和国土地管理法（2004 年修正版）》。

能主动自觉地按照一定比例承担损失，出于规避风险的考虑，银行开展农民贷款业务的积极性会降低，农民的贷款意愿也不会高，出现"银行不敢放，农民不敢贷"的局面。

第二，农村信用基础较差。天长市缺乏完备的农村征信体系，农村征信环境基础较差。主要表现在以下几个方面：观念老化的农民不愿意进行信贷，传统的消费观念占据主导地位，使众多的农村居民对征信体系的建设漠不关心；农民信用观念较差，主动归还贷款意识欠缺，大部分农户贷款到期都要信用社催收；在授信过程中，很多农民缺乏诚信意识，提供虚假信息，造成农村信用社有相当数量的摸底数据失真。[①] 此外，由于法制保障不到位，我国针对信用方面的立法仍然滞后，构建社会信用体系的法律基础还很薄弱。

第三，银行评估难度较大。首先，天长市针对专业农户、农村经济组织等没有统一的信用评级，也没有专业性信用评估机构，农村金融机构自身的信用评估体系又尚未完全建立，因此，银行在评估贷款申请人的信用时难度较大。其次，天长市的农村集体资产评估工作还存在体制未理顺、管理不健全、评估不规范等问题。并且随着农村经济的加快发展和农村改革的不断深化，特别是集体产权制度改革的快速推进，一方面农村集体资产迅速增长，总体规模不断扩大，另一方面农业经营主体越来越多元化，经营方式越来越多样化，农村集体资产价值评估越来越复杂。

天长市缺乏开展相关改革的基础，推动金融改革难度较大，土地抵押难落实。因此，天长市需要借鉴改革试点经验，发掘自身优势资源，打好改革基础，创新运行规则，突破制度枷锁，才能推进农村金融改革，为农民发展谋福利。

二 地权尽确变股权，夯实土地抵押基础

天长市没有受制于现有的"两权"贷款制度缺陷，而是借鉴国家试点思路，另辟蹊径，借助农村集体产权股份权能改革，通过激活产权的金融

---

① 王惠凌：《农村征信体系的现状和发展建议》，《全国商情》（经济理论研究）2009年第3期，第90~91页。

功能解决了农民贷款抵押难的问题。天长市推动集体产权改革，保障农民土地权益，让土地有了"身份证"。过去农民抵押物"量少而价低"，贷款供求矛盾无法系统解决。江西省余江县稳步推进土地确权工作，发挥自治效用，借力土地确权成果，激励农商银行参与，落实授信、用信流程，开展了土地承包经营权抵押贷款试点。天长市借鉴试点经验，发挥村庄自治约束的作用，同时创新政府兜底的做法，发挥政府的担保作用，试行土地经营权与集体资产股权捆绑抵押贷款，建立起符合天长实际的"两权"贷款制度（见图4-2），提升了抵押物的价值，使农民获得了更多的贷款。突破"试点"阻碍，开拓"亮点"做法，走出了农权贷款的"天长之路"。

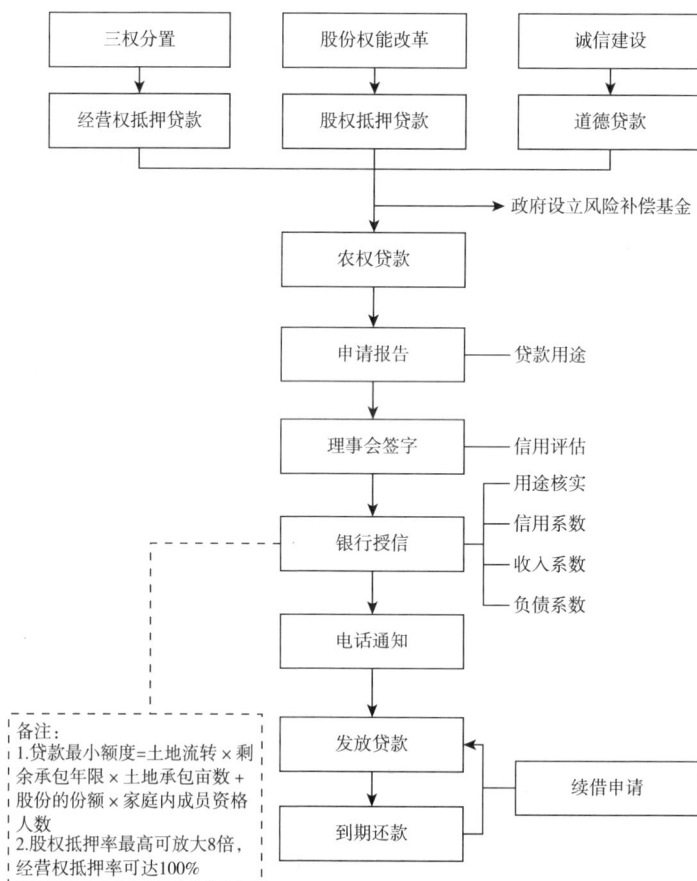

图4-2　天长市"农权贷"申请流程图

（一）股改铺路，让股权落户

唤醒农村沉睡资产，赋予农民更多财产权利，有利于丰富农民贷款抵押物，便于农民获得更多的贷款。天长市借鉴现阶段国家推行的"两权"贷款试点经验，落实农民土地的权益。此外，以集体产权改革为契机，创新集体资产股权抵押贷款，树立起农民贷款"天长标杆"。

首先，确权作先手，土地物权有保障。天长市于2016年4月开展土地确权和登记发证工作，强化了农民集体土地的物权保障，作为农民"命根子"的土地，从此有了"身份证"，为开展下一步工作奠定了基础。其次，股改来铺路，土地权能全落实。天长市全面开展农村集体资产股份权能改革，将集体资产折股量化后，以股份的形式分配到集体成员，给成员发放股权证书，落实农民对集体资产的占有权和收益权，并赋予了股权金融功能。天长市铜城镇余庄村村民华宏林兴奋地说："真是没想到，有了这个证书，我拥有了集体资产的股份，不仅可以参与管理决策，参与收入分配，享受收益分红，我还能拿着它当抵押，去银行贷款。"最后，抵押有章法，土地融资扩生产。天长市农业委员会叶恒田主任表示："在农民拥有了集体资产股权后，农委督促民生村镇银行抓紧建章立制，与银行研究制定了集体资产股份抵押担保贷款办法，赋予农民集体资产股权金融价值，农民可将分到的集体资产股权向银行抵押申请贷款，将农村沉睡的大量资产变为扩大再生产的资金。"天长市通过此举，让农民手中有了价值可观的资产，解决了农民缺少贷款抵押物的问题。余庄村村主任于怀同说："相较于城市居民而言，农户由于没有东西可以抵押，想要贷款难度很大。以往到了播种时节，一些大户在购买农资时会出现资金周转困难，现在有了集体资产股份作为抵押，可以随时贷款，再遇手头缺钱心里就有底了！"

（二）三方评估，为股权定价

合理确定抵押价值是将财产权利转化为贷款资金的重要一环，而抵押价值通常由独立第三方来进行评估。天长市突破原有评估制度瓶颈，在农权价值的评估中，发挥村民、银行和乡镇三者的作用，通过村民自主估算、银行授信评估、乡镇监督登记，保证合理评估和全面监督，确保农权价值的实现，凸显农权评估的天长特色。天长市农委叶主任说："我们联动政府部门合力创造良好条件，对目前的'两权'抵押登记办法、价值评估机制等进一步进行协商，为农民贷款打下良好的基础。"

一是由村民民主估算资产价值。天长市在价值评估中，摸底、量化、估算、配股环节全程让集体成员参与，保障成员的参与知情权。以村为单位自主开展产权价值评估工作，并参照市场流转价格，不仅节省了评估费用，增加了村民参与，还能确保评估价格合情、合理。农民手中的股权有了价值，贷款时心里也有了底数。天长市铜城镇余庄村村民于怀同说："我家土地有13亩多，家庭股份是3600股，我的股份银行按照每股1元的价格，我的土地则按照面积、剩余承包年限、粮食时价等因素评估，最后给我的授信额是15万元。"

二是由银行自主核算农权价值。资产价值受到多方面因素的影响，银行运用自身的科学评估方法，以期让集体资产价格更为精准。银行评估资产价格有三方面的参考，首先，参考村集体自主评估价格，但考虑到粮食产量具有不稳定性，银行将村民评估作价作为农权价值的参照之一，不作为独立核算标准。其次，参照同类资产的市场流转时价，不仅可以保护银行和农民双方的利益，还可以引入市场因素，增加评估的合理性。天长市民生村镇银行虞宸对此做了说明："市场流转时价是一定区域内广泛认可的价值，有其合理性，是农民和银行双方容易接受的一种方式。"最后，针对农村集体资产的特殊性，银行会采用系统的评估方式、专业的评估人员和评估方法，为农村集体资产科学定价。虞行长表示："更多时候是我们自己组织专业的团队去评估，减少了主观随意性。"

三是政府验算把好最后一关。农村集体资产是特殊的抵押物，关系到农民切身利益。政府作为第三方，不直接参与资产评估，但为了规范农权评估和流转，需要政府参与监督评估，保护农民和银行的利益。首先，天长市建立健全"两权"台账管理制度，以确权登记成果为基础，健全农村土地承包管理档案，建立农民土地承包权属电子管理系统，实现农村承包土地经营权权属管理信息化。同时，将集体资产股份的登记、变更、交易以及成员名册纳入农村集体资产信息化管理平台归档管理，并在市农委备案。其次，天长市试点银行与市农委确立简易评估机制，加快完成专业评估机构引进。申请农村承包土地经营权抵押贷款可由具有评估资质的评估机构和人员对拟作为抵押物的农村承包土地经营权进行评估，也可自行协商，确定抵押物价值；抵押农村集体资产股权评估可由抵押人与抵押权人在对评估价值无争议的情况下，由贷款人、借款人、抵押人所签订的最高额抵押担保借款合同确定。"两权"贷款的抵押率由贷款人根据相关的管理规定确定。最后，天长市农委建立抵押备案登记和注销登记制度，市农委根据授权办理农村承包土地经营权抵押登记，对用于抵押的承包土地经营权权属进行审核、公示；农村集体资产股权抵押须由申请人所在集体经济组织在相应的《农村集体经济组织股权证书》上签章登记，并由抵押权人取得《农村集体经济组织股权证书》后，统一到市农委进行抵押备案登记，市农委出具备案登记证明文件。债务履行完毕后，须办理抵押注销登记手续。

（三）捆绑抵押，使股权变现

天长市改进和创新贷款制度，开放集体资产抵押贷款，将土地经营权和集体资产股权捆绑抵押贷款，提高了农权贷款的额度，将"试点弱势"做成了"亮点模式"。

一方面，两权互利，股权价值有保障。天长市在土地经营权贷款基础上，实行股权与土地经营权组合贷款，两权组合贷款不仅可以提高农民贷款额度，也降低了银行放贷的风险。郑集镇光华村农民郑传明说："我家土地证和 2160 股股权贷到了 8 万元，光是承包地哪能贷到这么多。"

另一方面，制度创新，农民贷款更便捷。天长市民生村镇银行还结合农民贷款的特点，制定出符合农民贷款实情的制度，在农民申请贷款过程中实现集中办理、批量授信、灵活还款，简化了贷款手续，缩短了放款时间。此外，天长市民生村镇银行以支持农村发展为根本，立足农村、农民、农业，创新授信方式，切实为农民利益着想。据虞行长介绍："相较于普通贷款而言，集体资产股权抵押率最高可达 8 倍，额度大，利息低，1年期的贷款年利率约为 6.5%，较小额信用贷款利率下降约 3 个百分点，让农民朋友享受到真正的实惠。"

天长市迎难而上，解决了农民贷款缺少抵押的问题，而市场风险却是无法消除的，只有通过制度上的合理设计，将可预期的风险降到最低，才能让银行和农民都放开胆子，迈开步子，走出农村金融服务的新路子。

三 多级合力降风险，筑牢土地抵押保障

天长市规范"农权贷"金融产品，让风险有了"压舱石"。为防止不良贷款的产生，天长市建立起有效的制约机制，通过政府兜底资金、利用农村道德约束，减少了信贷违规隐患，降低了农村信贷的道德风险，提升了农村社会的整体信用水平。只有政府当好指导规划的"交警"，村委做好审核工作的"红绿灯"，农民守好信用责任的"斑马线"，才能在银行铺好的金融"大道"上走得更远。

（一）政府出资强化担保

天长市政府制定担保规则，分担农权贷款风险，站好降低风险的"交警"岗。首先，兜底资金稳贷款之心。天长市农经站站长范正磊介绍说："降低农民融资风险，政府要唱'主角'，强化主导意识。"政府在拿出200万元担保资金的条件下，通过金融机构介入赋予成员抵押与担保权，与民生银行合作创设"农权贷"融资产品，允许农民用集体资产股权作抵押，最高可获得股权价值8倍的贷款。目前已发放170多笔，总金额1650万元。风险补偿金的设立，一方面减少了银行放贷的风险，让银行敢于放贷；另一方面，维护了农民的根本财产权利，防止了集体土地从农民手中流失。

其次，投资运作强保障之本。为了增加风险补偿金的抗风险能力，政府对资金进行管理运作，实现风险补偿金的不断增值。一方面适应了不断扩大的农村融资需求，另一方面有利于更好地实现风险补偿金的功能，确保出现风险时可以兜得住。光华村农民郑传明感慨说："这在以前用土地根本贷不到款，农民也不敢贷啊，万一土地抵押出去了我们生活就没有保障了，现在政府设置了风险补偿金，政府给兜底，我们心里才有底。"

（二）村民互助提升授信

村民培养规则意识，不闯信用"斑马线"。在防范贷款风险的措施中，天长市政府充分运用了农村熟人社会的特点，农民间的信用互相影响，信用评级不再孤立，有利于提升村庄整体信用。铜城镇余庄村村民郁宗和表示："大家信用都好，才能有好的信用环境，村庄信用好了，我们自己也受益啊！"

首先，跟踪考察，建档立卡。天长市民生村镇银行考察每位村民的日常信用行为，搜集村民的资产信息和信用记录，以村为单位为村民建立起信用档案，将分散的村民信息组合起来，有利于合理为农民授信，也有利于引导支农金融产品的整村推进。其次，诚信联结，信用捆绑。天长市将个人和集体的信用绑定，发挥了成员和村集体之间的双向互利作用，一旦出现村民贷款违约现象，则会对村集体的信用造成影响。郁宗和表示："我一个人不还款，银行会认为我耍赖的行为能影响其他村民，这个村子的人可能就都不讲诚信了。所以其他人贷款也就难了。"最后，互帮升值，信誉共升。天长市还将村民个体间的信用相勾连，一个人良好的信用会帮助其他人提升信用，同样他人的违约行为也会影响到自己的信用评级，使信用不再是个人的事情。有村民表示："银行授信时不只是考察我个人的信用，我的亲戚、朋友的信用也会影响到我，如果有赌博等不良嗜好，或者有银行违约记录，就会影响我的信用评级，甚至无法申请贷款。"

（三）村委把关严守诚信

村委严把推荐关，充当申请贷款的"红绿灯"。农村金融环境的优化，不仅有利于农民生活水平的提高，也能为村集体的发展带来极大的好处。对于维护和提升村庄信用评级，村集体承担着不可推卸的责任。首先，发挥村规民约的规范作用。村委会将农民申请贷款的流程写入村规民约，规定农民贷款申请人首先要具备集体成员身份，有贷款需求的成员需提交贷款申请报告，并经理事会审核通过。其次，激活民间道德的规范力量。对于提交贷款申请的村集体成员，理事会从履约能力、收入来源、亲属信用等多个方面综合审核申请人信用评级，为确定农民的信用评级提供充实依据。最后，充分发挥村集体的作用。赋予理事会推荐职责，银行在受理村民贷款申请时，需要农民出具理事会推荐证明才能办理贷款手续，否则不予受理。目前已办理发放的"农权贷"业务，没有一笔不良贷款。余庄村村主任于怀同说："村委会严格把关，别人守信用能贷款，你信用不好就不贷给你，这让村民开始重视个人信用，改善农民的信用状况。"

（四）银行查验审核信用

银行是审核贷款申请人信用最关键的一方，虞行长表示："贷款是银行自己发放的，所以评估风险主要还是依靠银行自己，我们自己要把风险降到最低。"其一，跟踪观察，制定奖惩规则。天长市民生村镇银行跟踪记录农民的信用行为，对信用行为良好的农户，适度提高授信额度，对出现不良信用行为的农户停止提供贷款。其二，审核信用，评定级差系数。依据跟踪观察结果，评定农民的信用级别，对不同信用级别的农民提供有差异的、更为合理的贷款服务。其三，公示结果，建立黑白名单。银行定期公布评级结果，设立信用黑白名单，增加村民对信用评级的重视；在不同层次评出信用户、信用村、信用镇，对农村整体信用的提升起到督促作用。其四，定制还款，简化续贷要求。银行充分考虑农民贷款的特点，优化了申请和还款程序。对出现还款困难的村民，若银行判定其还款意愿良好，可允许其延期还款，同时，对于信用良好村民的续贷申请，可免去再次授信的流程，直接放款。

上述措施解决了农民贷款的"入门"问题，为农民贷款营造了良好的信用环境。但如何让农民获得更多资金，迈上贷款更高的"台阶"，天长市还需要盘活农民更多的财产权利，并优化制度设计，提高农民贷款的延展性。

四　创新授信活用权，提升土地抵押价值

天长市民生村镇银行创新农权贷款工作方法，让银行成了"孵化器"。其结合天长市农民实际，不断完善工作机制和贷款管理，发掘农民财产权利的价值，有效降低贷款利率，扩大贷款发放规模，让更多农业经营主体分享深化农村产权制度改革和金融发展的"红利"。

（一）盘活农民财产权

天长市主动适应经济发展新常态，激活农村要素资源，释放农业农村发展新功能，带动金融和社会资金更多投入农业农村。民生村镇银行在"两权"贷款的基础上，放宽贷款抵押物的范围，不断发掘农民潜在用益权，引入集体资产股权和农民个人财产权组合贷款的方式，极大地丰富了农民抵押物范围，逐步由"两权"组合向"多权"融合转变。虞行长表示："在今后的农权抵押中，将尝试林权、水权、宅基地等抵押贷款，还将放开农权与农民个人财产权利组合贷款，今后农民的车、农机等个人财产也可和农权组合贷款。"

（二）创新贷款授信法

天长市民生村镇银行创新授信方式，实现"两升一降"。提升股权价值抵押率，最高可达 8 倍，提升经营权价值抵押率，最高可达 100%，降贷款利率为 5%～6%，以低于小额信贷 8%～9% 的利率为农民提供贷款。同时，在授信额度内，允许农民的贷款根据需要一次或多次提取，还为贷款行为良好的农户简化续贷手续，提升了服务质量。目前，天长市首批以集体资产股份和土地承包经营权抵押获得贷款授信的农户共 8 户，授信金额达到 73.3 万元。贷款的期限根据借款人需求可以灵活设置，最长可达 5 年，这将有效地让农户手里的资产变成资本。如余庄村一农户，家有 5 口人，10 亩地，需要发展养殖业，通过两权抵押可以贷款的最小额度为：$700×9×10+898×5×8=98920$，外加信用额度增幅，此农户最高可以贷款 15 万元（其中，700 代表当年的土地流转价格；9 指 2016 年到 2025 年的承包年限；10 指现有承包土地亩数；898 代表余庄每人占有集体经济股份的份额；5 代表家庭内成员资格人数；8 是股权现年收益可放大的倍数）。"贷款手续 3～7 天可办结。"光华村村民张连富说，"天长民生村镇银行的人可以上门服务，为村民授信，今后，我凭村集体资产股权证书和土地承包经营权证书作抵押，就能获得 5 万元贷款。"张连富利用这笔贷款，完成了春节后的春耕生产。目前，光华村已有 12 户农民获得该项贷款授信，每户均在 5 万元以上。

天长市赋予农民更多财产权利，创新授信方式，提升了农民贷款抵押物的价值，拓宽了农民的融资渠道，有助于金融资金进入农村，对于扩大农业生产、提高农民收入有着深刻意义。

第四节　增值创收，土地盘活实现双赢共富

天长市以农村集体资产股份权能改革为突破口，盘活了农村资产存量，理顺了集体土地归属，明晰了农民对土地的占有权益，有利于明确集体土地的权属关系。首先，盘活了土地。放活土地经营权，释放出农村沉睡资产的巨大发展潜力，发挥多方力量为土地经营打牢基础，探索出多种灵活的集体土地经营模式。其次，盘活了"三资"。开展集体资产改革，

发掘"三资"经营价值，使农村"三资"产生出巨大的效益，让每个村民享受到集体经济发展带来的好处。最后，"解放"了农民。土地流转起来，让更少农民种更多地，让更多的农民从土地上解放出来，投身其他产业，以获得更大的收益，过上更好的生活。

一　土地经营渠道得以拓宽

改革开放后，我国全面推行以家庭承包为基础、统分结合的双层经营体制，但是在实际操作过程中出现了"重分轻统"的现象，造成集体经济统一经营层次的虚置，阻碍集体经济发展壮大。天长通过改革，创新土地经营模式，充分挖掘土地资源潜力，以市场化的手段经营集体土地资源，促进了集体土地增值。

一是物业租赁经营。天长依托区位、资源优势，开发土地资源，引导村集体发展物业经济，变资源为资金。通过委托经营的方式将集体资产与外来生产要素和优势资源紧密联合，增加集体收入。以汉涧镇汉涧社区为例，该社区利用镇区所在地这一独特的资源优势，在镇区较好的地段购置门面房进行对外租赁，壮大集体资产，实现长期受益。目前，汉涧社区仅通过门面出租就可取得年收益 30000 多元。此外，该社区为切实加强对集镇建设的管理和服务工作，积极与开发商对接，主动承担物业服务，通过对外公开招标的方式大力发展物业经济，每年可取得 20000 多元的年收益金。

二是盘存扩增经营。村集体充分用足、用好、用活集体资产，促集体增收。如秦栏镇牧马湖村的 20 亩沼泽地发包栽藕每年租金只有 2000 元，2015 年在政府帮助下，该村与光伏企业磋商架设太阳能板发电，增加集体收益 1 万元。联合村集体用地老塘田以前租金每年仅为 2000 元，2015 年重发包增加收益 1 万元。用好集体资产，主要是进一步通过改造设施、优化管理、扩大服务范围等方式提升集体收益。如铜城镇余庄村原有电站一座，由于年久失修，设备不能正常运转，沟渠水路淤塞严重。2012 年，村两委集体商议，投入 10 多万元对电站设备进行了彻底改造和更新。改造后的村自备电站不仅解决了本村村民用水难问题，也为村集体增加了 40000 余元的额外收入。

三是股份合作经营。随着农业产业化、现代化的发展，传统农村土地经营模式已不适应，农村土地适度规模经营成为农业发展的必然趋势。基于此，天长市引导农民以承包土地的经营权入股合作社，由合作社统一管理和经营，创新了土地经营模式，实现了集约化与规模化发展；实行风险共担、利益共享的机制，充分保障了成员的合法权益。同时，农民将土地出资入股，以股份形式加入合作社，按照合作社要求统一生产，合作社以规模化的方式进入市场进行交易，降低了农民生产经营的盲目性，提高了农民在市场中的主体地位和抵御自然风险及市场风险的能力。

二　农民财产性收入得以增加

实践证明，种地如果不是规模种植，只能糊口不能富民，要想富民除了种地之外，必须要有其他的收入来源。天长市通过改革，盘活了土地和"三资"，让农民不用面朝黄土背朝天了，从繁重的劳动中解脱出来，在其他岗位上创造出更多财富。

首先，农民更活跃，增收方式得以丰富。第一，股金收入。天长市通过推进农村集体资产股份权能改革，创新了集体经济运行机制，丰富了集体土地经营方式，通过给农民群众发放集体资产股权证，让农民享受到了集体经济收益分红，增加了农民财产性收入，让老百姓在土地流转收益、务工收入、养老保险和农业补贴之外，又多了一个收入渠道。光华村姚塘村民组村民王干说："我家4口人，共有1457股，这次分红分到400块钱，虽然不多，却是头一次领到村集体资产的红利，这可是件大喜事啊！"第二，薪金收入。农民可以将土地流转给大户经营，自己不直接经营土地而是通过收取土地租金的方式获得收入，在增收的同时解放了劳动力，农民还可到工业岗位上工作。农民表示，自己不种田，也有事情干，田给大户种，每年保底有600~800元/亩的土地流转收入，还有人均2万~5万元的打工收入，一个工业岗位能创造出20亩地的效益。第三，扩大再生产。经营主体构成独特风景线，农民专业合作社、家庭农场、土地股份合作社及农业龙头企业基地建设结合了起来。通过"农权贷"，农民可以更为便捷地获得贷款支持，发展规模农业、农产品加工业和乡村旅游业，促进一、二、三产业融合，增加了收入。"没想到村集体资产折算成股份给咱们农民，让咱变成股东参与分红，还能贷到款，利率低、手续简单，随用随取随还，解决了咱农民用钱的大问题。"于怀同说，有了这笔钱，他打算扩大生产经营投入，在养殖业上大展拳脚。

其次，村民更积极，集体权益得以拓展。第一，强化了农民集体财产权利保障。天长市集体经济改革坚持集体所有制不变，以合作制为基石并引入股份制，将集体资产折股确权到人，使集体成员由原先的依户籍关系的成员转变为依据股份占有关系的股东，赋予了农民清晰而有保障的集体财产权利。第二，农民财产权利得到延伸。天长市在赋予农民股份的同时，实现了集体土地的金融价值，农民可以用集体土地申请贷款。第三，搭建组织，确立土地管理主体，农民以股东身份参与到集体资产的管理中，保障了农民的参与权和监督权，使农村真正成为村民自我管理、自我服务的组织。

三 农村集体经济得以壮大

天长市通过集体资产改革，盘活了"三资"，激活了农民增收动能，农村集体经济得以长足发展。

首先，开放经营增加集体经济发展动力。天长市通过集体资产改革，创新了农村集体经济实现形式，打破了原先封闭的集体经济经营，以开放的方式经营农村集体经济。在坚持农村集体经济性质不变的基础上，集体产权制度引入股份制管理模式，不仅落实了农民的集体成员权利，强化了农民的主人翁意识和地位，也增强了集体经济发展动力，拓宽了发展路子。

其次，利益联结增强集体经济内生动力。天长市通过改革，改变了传统集体产权治理结构下，成员"占有多少份""能得多少益"模糊不清，无法参与和监督集体资产运营管理的情况，改变了集体经济经营主要依靠上级行政监管和推动的现状，使农民与集体之间形成了按股分配的利益联结机制，对成员收益分配的意识强化、对村干部带领发展集体经济形成倒逼压力，进而增强了管理发展集体经济的干群合力与内生动力。以往集体经济由村干部说了算，村民普遍认为与自己没关系。在合作社专营经济后，集体经济发展的好坏由股民与集体共同承担。股民由此关注集体收入，共同商议经营之道。"锅里有，碗里就有了"，张巷村股民代表王洲元如是说。长亭村投资80.5万元，由村干部领头创办农事服务专业合作社，2015年为集体增收15.2万元。

最后，多种经营拓宽集体经济增收路径。天长市通过改革，改变了以往局限于集体内部的资金、资产、资源的配置，采取灵活的方式经营集体经济。得益于股份制管理下产权的清晰化，天长市创新集体经济经营模式，实现了集体经济由封闭向开放的跃升。一方面，采用项目股份制的方式由股东管理，并且在用活集体资产存量的基础上，向政府、社会及其他经济组织等多主体筹措项目建设资金，提升了集体"三资"开发利用的广度和深度。另一方面，开始走出社区寻找开发项目。利用政府投入的资金和搭建的平台，用集体经济的"散资金"，沟通外部要素，与宏观市场经济体制对接，借助社会力量逐步壮大村集体经济实力，进而促进集体经济更好发展，促进集体脱贫致富。例如长亭村由街道办事处领导、村两委领导和村民代表组成招标监督组，通过公开招标将50亩林场承包给陈茂春，年租金17000元。长山村合作社通过招商的办法将废弃的村部大楼出租兴办玩具厂，年租金8600元。

第五章

优化产权配置功能激活服务要素

　　2017 年中共中央《关于深入推进农业供给侧结构性改革加快培育农业农村发展新动能的若干意见》强调，要总结推广农业生产全程社会化服务试点经验，扶持培育农机作业、农田灌排、统防统治、烘干仓储等经营性服务组织。随着土地流转政策的不断推进，规模经营成为农业生产发展的主要趋势，社会化服务应时而生，以经营主体兼具服务功能为主。2017 年 8 月 23 日，农业部、国家发改委、财政部《关于加快发展农业生产性服务业的指导意见》进一步提出了农业生产性服务业的概念，并指明加快发展农业生产性服务业，对于培育农业农村经济新业态，构建现代农业产业体系、生产体系、经营体系具有重要意义。然而大多数地区农业生产性服务业发展滞后，仍然以政府为主导，市场引入不足，导致资源配置不均衡，无法满足广大农业经营主体的服务需要，严重影响现代化农业的发展。

　　作为农村改革的先行试验区，天长市通过引入市场要素积极开展土地流转工作，截至 2017 年 6 月已有六成多的土地通过流转实现了适度规模经营。然而，能够满足适度规模经营和农户分散经营需求的农业生产性服务却供给不足，农业经营效益不佳，农民增收较难。由此，天长市通过出台一系列政策，引导市场推动资源要素向生产性服务业优化配置，培育新型农业服务组织，促进了服务供给与需求的有效对接。具体而言，充分发挥政府引导、市场主导的作用，为各级农事服务合作社铺路搭桥，开创了以综合型服务联合社、专业性服务合作社、专项性农事服务队为主的层级式社会化服务模式，满足了各类农业经营主体的需要，实现了服务全覆盖，使农业经营主体和服务主体共享农业发展的成果，巩固农民收益权。同时，社会化服务补足政府公共服务不足的短板，夯实了基层治理根基，社会效益显著。

第一节　配置不均：传统农业服务模式发展遇阻

天长市积极规范引导适度规模经营，培育壮大散户经营。然而长期以来，农业服务一直以政府为主导，市场投入不足，市场配置资源的关键作用难以得到有效发挥，加之政府资源整合乏力，无法满足各类经营主体的服务需求，导致农业规模经济效益无法实现。同时，村组基础性服务不到位、跟不上，使农业生产要素配置失调，资源闲置浪费现象严重，基层社会矛盾纠纷积聚，不利于农业经营的开展，最终导致传统农业服务模式发展遇阻。

一　政府公益性服务整合乏力

天长市作为农业大市，农业适度规模经营的发展，带来了对农业服务的需求增加、要求提高。然而，以政府为主导的传统农业服务模式，面对农业经营主体的服务要求常常"捉襟见肘"，缺乏整合力度，具体表现为服务资金投入有限、服务队伍配置不齐、服务项目供给不足。

（一）服务资金投入有限

改革开放以来，在国家层面农业公共服务投入总量偏低，与我国的财政收入增长速度不相匹配。在我国的财政预算体系中，对于农业公共服务的支出属于农业林业水利方面，只占很小的一部分，涉及金额占比较低，直接造成了农业公共服务难以提速增效。从财政体制来看，农业公共服务的支出主要由县乡两级承担，县级以上的政府则以专项资金的形式进行专门性支出。由此，天长作为县级单位，是农业公共服务最主要的政府供给主体，对农业公共服务的投入受到财政基础和经济水平的制约。2011年天长市的一般公共支出中"三农"支出约为 4.16 亿元，占全市财政总支出的 18.91%，其中农业专项资金为 1.35 亿元，涉及农业基础设施建设等公共服务。2012 年涉农专项资金增加到 2.78 亿元。2013～2015 年，农林水事务支出水平稳定在 7 亿元以上，占全市财政总支出的比重亦皆在 16% 左右。尽管天长市的农业投入占财政收入的比例不低，投入力度不小，但这些投入资金依然无法满足农业生产服务的资金需求，使农业服务基础设施建设缓慢，农业服务主体发展受限。为农业经营主体提供订单服务的倮倮米业赵主任说："国家政策支持少，目前农业龙头企业用地还是工业用地，流转费用过高，农业企业资金压力过大、发展困难。"由此，只依靠政府提供农业公共服务，不仅不能满足农业经营主体的需要，还给政府造成了较大的财政压力。

（二）服务队伍配备不齐

由于农业公共服务资金投入有限，服务队伍的数量和质量均跟不上农业生产发展的需要。长期以来，天长市农业服务人员总量分布不均，大部分农业服务人员都集中在县里的职能部门，乡镇农业服务部门人员数量过少，导致农村基层一线服务人员缺乏，农业服务的覆盖面无法拓展。天长市每个乡镇都配有一个农经站，每个农经站的人员数量不超过 5 名，提供服务的能力十分有限。就服务人员的专业性来看，高职称、高学历的专业服务人员主要集中于县级部门，且下乡直接面对农户提供服务的时间很少，而乡镇农经站没有专门配备从事农业生产服务工作的人员，服务水平亟待提高。正如大地农业专业合作社联合社发展顾问、原天长市农业委员会副主任姜金富所述，"政府很难配备足够的农业服务工作人员，单靠政府配合那将带来更大的财政压力，且服务效果也不一定理想，所以还需要引入第三方来解决政府服务人员短缺的问题"。

（三）服务项目供给不足

过去，天长市有限的服务资金投入和不均衡的服务队伍配置，直接导致了服务项目供给的单一和短缺，只涉及农业基础设施建设、动物防疫、邮政供销系统等领域，这些服务远远不能满足农业产业链的需求。同时，农业生产过程需要的农技服务、农机服务、农资服务、信息服务，政府只能满足一部分。据农业产业化办公室副主任胡峰介绍，"政府提供的农业公共服务十分有限，农机服务尚不涉及；农资服务虽有涉及，但服务效果不够理想；农技服务和信息服务应当是政府提供公共服务的重点，但实际却是农技服务短缺现象最为严重"。长期以来，政府提供的农技服务局限很大，人员不足、资金不畅导致农技服务下行无力，缺乏对农户的直接农技培训，技术服务跟不上农业生产的需求。此外，农业信息服务平台的建设也需进一步加强。农业服务的短板，使农业经营主体对社会化服务的呼声越来越高。

二　企业经营性服务失灵低效

农业服务企业作为重要的农业服务主体，应为农业经营主体提供市场化服务，满足农户特色化、个性化的服务需求。天长市农业服务性企业众多，但在改制以前，企业在提供服务的过程中存在诸多问题，因与农业经营主体之间缺少利益联结纽带，以致服务成本过高，削弱了农户购买服务的能力，服务效益难以提升。

（一）农户厂商购销产品链条长

农业经营主体的收益与两个最主要的因素紧密相关，一是农资购买成本，二是农产品销售价格。过去，天长市的大多数农业经营主体获得的市场服务并不直接由厂商提供，而是经过了多重中间商环节，最后送到农户手里的服务是层层加价之后的结果，给农业生产增加了较高成本，大大削弱了服务的效益。大地农业专业合作社联合社副理事长张建昌说："农户往往选择就近地方的个体小商户购买农资产品，种类五花八门，价格虽高，质量却难以保证，影响农业生产效益。"原粮收成之后，农户需要将农产品销售到市场中，这一环节直接关系到农户是否能在增产的基础上实现增收。然而长期以来，受到粮食运输成本的制约，农产品的销售对象皆为收购粮食的小商贩。一方面，一些小商贩会通过压低收购原粮价格降低成本，农户利益无法保障；另一方面，对于收粮企业，小商贩则通过抬高原粮价格保证收益，使企业利益空间受到压缩。"我们通过小商贩收购的原粮质量没法儿保证，农民也卖不了好价钱"，天长市龙头企业牧马湖米业谢经理说。因此，厂商与农业经营主体购销产品链条过长、联系不够紧密导致经营性服务效益低下，既保证不了农业经营主体的收益，也损害了农业企业的利益。

（二）农业企业提供服务价格高

在天长市构建新型农业服务体系以前，农户向农业企业购买服务的价格较高。农业企业提供的经营性服务主要包括农资服务、机械耕种服务、植保服务、收割烘干服务等有直接收益的服务项目。天长市的农资批发商在每个乡镇均只有几个网点，一个品种的种子、农药在一个店里卖，具有垄断性，价格较高。机械耕种服务属于农机服务中一个很重要的部分，是种植大户进行农业生产必须购买的服务，因为农机的购买、维修、人工费用较高，直接导致机耕服务价格居高不下。丰穗家庭农场的经营规模在天长市属中等偏上，为提高生产效率，几年来，仅购置农机就投入了280多万元。植保服务属于产中维护，涉及农药等农资产品和植保作业的人工费用，二者加起来服务费用居高不下。收割烘干服务属于产后环节的服务项目，为保证粮食的质量，受时间限制，服务需求很高，价格也高。"因为烘干机价格昂贵，农民只能跑到距离较远的乡镇或者县城，运费成本、烘干费用都很高"，稼农农场主陈宏平说。由此，将产前、产中、产后各个环节的服务费用加起来，就是一个不小的数字，虽然服务供给项目对应服务需求，但是高价格增加了农民创收的压力，服务效益不明显。

（三）农户个体经营议价能力弱

天长市域面积1770平方公里，东南西北各地农户对农资产品的选择需求不尽相同，且多为农户个体采购，单一品牌的购买数量不大，难以形成团购价格优势。丰穗家庭农场主陶金银反映："农资价格太高也是头疼事，就拿我们家的农场来说，每亩田的种子、化肥、农药，一季投入高达550~620元，每亩一季产出只有1200~1500元，到了忙时，价格还得上涨。"农业经营主体获得的农资供应价格居高不下，农业生产效益难以实现。正如天长市大地农业专业合作社联合社副理事长张建昌所述，"单个的农民抵御市场风险的能力弱，农民不应该单打独斗，而应该抱团发展，形成规模，降低风险"。因此，为解决农户个体议价能力弱的问题，天长市将农户组织联结了起来，统一农资采购品牌，通过数量优势获得价格优势。

三　村组生产性服务基础薄弱

农业生产所需要的基本生产资料和资源都离不开村组的支持、管理和服务。在天长市，多数村组在提供农业生产性服务的过程中，难以有效地将农民组织起来，协调生产要素配置不利，使农业生产资料无法得到充分利用，浪费现象严重；农业基础设施管护不利，使用秩序失调，农业生产过程矛盾频仍；村组引导创收无效，农村劳动力大量流失，农业生产缺少劳动力支撑。

（一）农户组织管理缺方法

虽然天长市土地流转率已达六成多，但还有将近四成的土地是分散经营的，这就要求村组将农户与各类新型农业经营主体组织起来，进行统筹管理，实现规模化服务。随着大批新型农业经营主体的出现，一方面，通过置换土地的方式促进土地连片经营的现象增加；另一方面，农业生产中的用水等矛盾也日益凸显，皆需要村组干部等领导作为中间人进行协调。然而，多数村组对农户的组织管理却处于"失能"状态，土地、用水纠纷不断，农户对村组干部的不信任现象严重，致使村组干部将大部分精力用于解决矛盾纠纷，而非日常的组织管理。芦龙农事专业合作社理事长刘明文说："农户为了抢用水渠的水，（会）私自将水渠打开引流到自己的田地，造成水资源严重浪费，农户矛盾日渐凸显，村组无法协调。"此外，村组在促进联耕联营等生产过程中也是困难重重，调节不利，没有找到有效的办法实现土地统筹管理，村组组织协调农户的水平有待提高。

（二）农业基础设施少管护

天长市的主要农作物是水稻和小麦，"一稻一麦"的生产模式对水利设施要求较高。然而，一方面，大部分村组农业基础设施管护不善，甚至有些农业基础设施因常年失修，处于废弃状态，这直接影响了农业的正常生产，大大损害了农业经营主体的利益。张铺镇兴隆村的家庭农场主陶金银说："农田水利设施不配套，年久失修，农村电力配套设施也较差，导致我们的农业生产用水用电都不方便。"另一方面，农业基础设施的管护还要防止人为损坏的情况。以冶山镇高巷村为例，稼农农场主陈宏平介绍，由于村组调节用水不利，农户用水无序，上游农户为抢水，破坏水渠，人为随意挖口，将水引入自己的农田，造成水利设施毁坏，严重影响了农业生产经营用水。在村组，农业水利设施的人为破坏现象远远多于自然损坏，根本原因在于村组对用水的协调失能，导致没有保护好农田水利设施。在造成资源浪费的同时，又影响了农业生产资源分配的均衡，农村治理也面临困难。

（三）劳力资源配置常失调

20世纪60年代，我国农村实行政社合一的人民公社体制，"一大二公、一平二调"，政治、经济和社会高度统一，导致家庭的生产功能和消费功能剥离，家庭成员服从集体调配，生产劳动力集中使用。进入20世纪80年代，自农村实行家庭联产承包责任制以来，农户拥有土地的承包经营权，农业劳动力从公社体制中解放出来，家庭生产功能恢复，农民有权利自主生产经营。天长市是安徽省的东大门，是长三角经济区的重要生产基地，第二、第三产业的迅速发展使劳动力需求增加，农业人口大量涌入城市，剩下从事农业生产的主体逐渐演变为两类，一类是传统的中老年农户；另一类是通过土地流转进行规模经营的新型农业经营主体。不论是何种生产经营方式，都面临着劳动力短缺的问题。"劳动力成本一路上涨，雇工也是一笔不小的开支"，家庭农场主陶金银无奈地说，"以前一天50元钱可以请到一个农民工，现在一天至少要100元，到了午秋①大忙，没有150元是雇不来人的。"农业生产的季节性劳动力失调和结构性失业是长期存在的，也是隐形存在的。解决农村劳动力问题，关键在于村组是否合理引导、规范组织、有效培育，在适应工农业用工结构变化的基础上，村组可以发挥自身的组织优势，组织劳动力组团输出，为新型农业经营主体服务，最大程度调动劳动力资源，提高劳动力的积极性。

四 小结：资源配置不均致使农业服务难以适应规模经营需要

天长市传统的农业服务以政府为主导，在现代农业的发展进程中发挥了一定的作用，为新型农业服务主体的形成和发展总结了经验，提供了条件。随着适度规模经营的发展，新型农业经营主体需要规模化、集约化、

---

① 午秋：农业上指夏季和秋季农忙的时候。

专业化的优质服务，以提升农业生产效益，更好地适应市场竞争，这就对农业服务提出了新的要求。但是相对于新型农业经营主体的规模经营而言，长期的服务资源配置不均导致传统服务主体的服务供给乏力。主要表现为：政府对服务要素整合乏力，以致为农业生产提供服务的能力不足；企业经营性服务效益难以进一步提升，市场资源投入少，无法充分发挥市场配置资源的功能；村组生产性基础服务失能，无法满足农业生产的最基本需求。综上所述，为满足适度规模经营的服务需要，政府需转变服务思维，变主导为引导，在坚持市场导向的同时，积极培育新型农业服务主体，明确各农业服务主体的服务范畴，构建新型农业服务体系。

第二节 权责明晰：新型农业服务体系创新探索

天长市长期以政府为主导提供农业服务，很少引导市场资源向农业服务倾斜，农业经营主体和农业服务主体的效益难以实现。对此，天长市进一步明确了政府、市场的服务职能，政府通过出台政策重塑服务环境，市场主导拓宽服务路径，促进农业经营节本增效。此外，天长市探索通过建立层级式服务体系，供给链条式的农业服务，实现农业社会化服务的全覆盖。

一 政策支持，重塑服务环境

新型农业服务主体需要政府的支持才能更好地发挥作用，农业社会化服务的发展亦离不开政策保障。由此，天长市政府积极探索并出台了支持新型农业服务主体的政策，涉及农业服务资金投入、基础设施建设以及农业服务规范三个方面。

（一）强化服务资金投入力度

政府加大服务资金的投入是支持农事服务组织的重要方式，服务资金的投入主要包括对服务主体的政策补贴和对具体服务项目的财政支出两个方面。2014年和2015年中央一号文件连续发文指出，要通过政府购买服务等方式，支持具有资质的经营性服务组织从事农业公益性服务。天长市为了补充资金投入来源，在《关于申请市财政2017年农经体系改革和农事综合服务中心建设专项预算资金的请示》中，向市财政申请了农业服务人员培训费、对各镇（街道）农经工作考核考评先进单位和个人的奖励经费、镇（街道）农事综合服务中心场所建设费用等专项预算资金共200万元。在此基础上天长市推进了融资担保，市财政设立了600万元的专项资金，由天振担保公司做融资担保，扶持各类农业经营主体的发展。特别地，针对天长市主要粮食作物——水稻生产的技术服务，天长市在《2017年专用水稻绿色生产技术推广与服务项目申报指南》中聚焦专用水稻绿色生产核心技术和关键环节，开展了优质专用品种推广补助、新型肥料推广补助、绿色农药推广补助、新型机械购置服务补助以及机械化代育代插社会化服务补助等五项补助措施。通过一系列的资金投入，天长市鼓励新型农业服务组织提升服务质量，以期解决新型农业经营主体和服务主体发展资金短缺的问题。

（二）细化基础设施建设准度

农业基础设施建设需结合不同农业项目的生产特点，配套特色的服务设施，提供精准服务，提升服务的适用性。天长市的农业发展类型多样，包括水稻种植、经果林、养殖业、茶厂、花木种植、蔬菜种植等，每一种农业所需要的服务不同，也需要配套个性化的基础设施。天长市对于基础设施的建设主要以资金投入为主，在政府有关部门的规范指导下，由经营主体根据自身种植需要自主完善基础设施建设。对于传统种植业和养殖业，天长市进一步加强了农产品质量安全检验检测体系建设，市财政投入60万元，专项用于检测费用，其中每镇（街道）分配2万元；对于蔬菜种植业，天长市则加强"菜篮子"工程建设，对300亩以上，且已经生产3年以上的设施菜地，每亩补贴200元，用于基础设施建设；对于基层农技服务体系，天长市鼓励支持各镇（街道）建标准化农技站、兽医站、水产站，对通过省级验收的，市财政补助每站20万元。通过细化农业基础设施的准度，天长市提升了农业服务的水平。

（三）优化农业服务规范程度

过去，政府对农业服务组织的扶持力度不断加大，使各类经营主体积极参与社会化服务，涌现出大量专业合作社。而真正能为农业生产提供社会化服务的组织占比很小，能提供专业化优质服务的组织相对欠缺。为了保证服务组织的质量，更好地为农业经营主体提供社会化服务，政府出台了相关的农业服务规范文件。由于专业合作社的注册登记没有上级部门的政策规范，天长市2016年1月通过并出台《天长市鼓励现代农业做强做优奖补办法》，从现有的专业合作社中培育示范专业合作社，通过示范引领作用，规范农业服务体系。办法提出评选"十佳为农服务优质服务单位"、"十佳专业农事服务组织"和"十佳农产品销售的'淘掌柜'"，授予荣誉证书和奖牌，建立完整的考核体系，应用以奖代补的方式支持其进一步发展壮大。一方面，鼓励农产品加工企业、农产品批发市场、农民专业合作社等建立农产品检测室，凡通过农业行政主管部门验收合格的，采用以奖代补的方式，一次性奖补农业经营主体1万元。另一方面，对于乡镇组织建设的农技站、水产站、兽医站等基层服务站点，经过上级验收合格的，同样采取以奖代补的方式进行鼓励支持。由此，天长市对农业服务的规范有着本土的特点，即通过正激励促使农业服务组织做强做优。

二　市场连接，拓宽服务路径

农业服务组织只有与市场连接，才能进一步实现服务的专业化、集约化和规模化，为新型农业经营主体提供综合、优质、高效的服务。为提高农业服务组织的服务质量，天长市以市场为导向，引入市场要素，由企业为其提供培训服务、平台创建服务、科学技术服务等，进一步促进农业服务组织的发展壮大。

（一）培训主体提升服务水平

为了顺利导入市场要素，天长市重点培育了以农业产业化龙头企业为核心，以专业合作社为纽带，以家庭农场为基础的现代农业产业化联合体，利用龙头企业的优势带动其他经营主体发展和壮大。具体而言，龙头企业负责对专业合作社进行技术培训，专业合作社发挥纽带作用，将龙头企业和家庭农场联结起来，一方面受龙头企业委托为家庭农场提供农资、农机、农技服务，另一方面监督家庭农场开展标准化生产。专业合作社服务水平的提升离不开龙头企业的支持。天长市的周氏羊业与安徽省农业大学合作，成立了安徽省院士工作站，由农业专家进行遗传育种、疾病防疫等研究，并对专业合作社进行技术培训，在每年的3月、6月、9月、12月定期组织专家及技术人员为养殖单位做好阶段性技术培训，培训期间的专家费及其他各项费用由周氏羊业承担。通过技术培训，天长市提升了专业合作社的技术服务水平，可为家庭农场提供更加专业化的服务。

（二）建设平台扩大服务范围

农业服务组织提供服务的对象并不是稳定的，大多数是散户，影响服务的规模化效益，这就需要搭建平台，使农业服务组织与农户建立联系，扩大服务范围。平台包括线下组织平台和线上交流平台两种。其中，天长市的现代农业产业化联合体作为一个组织平台，对家庭农场有着足够的吸引力，加入联合体之后，专业合作社的发展对象是稳定的。在龙头企业的支持下，联合体的扩大直接决定了合作社服务范围的扩大，服务范围由本村、本镇扩大到本县市，甚至是邻县，进而实现了规模化服务。天长市丰盈农事服务专业合作社通过成立稻麦种植协会作为平台，吸收了87家家庭农场，并为其提供技术指导服务。另外，随着"互联网+"的不断发展和普及，通过网络进行宣传已经成为一种常见的、效果明显的服务手段。农业社会化服务组织适应了市场的发展规律，加入市场竞争，通过建立互联网平台进行宣传，扩大了服务对象的范围。如大地农业专业合作社联合社通过建立微信群，吸收了170多个种植大户和家庭农场，为他们提供线上咨询服务和线下农技指导服务。

（三）引进科技提高服务效益

市场化的特点是通过激烈的同行业竞争促使科学技术的应用进一步普及，不断提高服务效益。农业企业通过自主研发或者与科技研发机构合作，将科学技术引入农业服务中，实现了农业服务的高效集约化。天长市已有几个农业服务组织与科技研发机构建立了合作关系。如天长市倮倮米业委托海南育苗中心进行统一育秧，应用生物科技，研发出高端粳糯米，再分配给家庭农场，提升种苗的成活率，增加家庭农场的收益。再如大地农业专业合作社联合社，应用"无人机"导航飞控进行农药喷洒作业，为农业经营主体提供高效快捷的植保服务，既减少了人力资源的投入，又能高效地完成喷洒作业。据统计，大地农业专业合作社联合社应用植保"无人机"，一架每日的作业量达到400亩，收入约3000元。因此，将科学技术引入农业社会化服务是提高服务效益的重要途径。

三　社队联结，理顺服务层级

通过政府的政策支持和企业的市场连接，新型农业服务主体在服务质量、服务水平、服务效益方面都有了显著提升。在此基础上，新型农业服务主体通过建立利益联结机制，细化类别，确定不同规模农业服务主体的服务范畴，提升了服务效率。天长市的社会化服务呈现层级式特点，分为县级、乡镇级和村组级三级。通过三级服务机构的设立，延伸了纵向的农业服务链条；通过丰富服务内容，实现了横向的农业服务全覆盖。

（一）建立综合型服务联合社

天长市的综合型服务联合社通过优化资源配置，整合各个专业合作社的服务优势，促进了农业社会服务的综合化和集成化。截至 2016 年 10 月 31 日，天长市的综合性服务联合社共有 3 个。大地农业专业合作社联合社成立于 2012 年，是专门为服务而设的新型农业服务组织，致力于将种植大户转变为"种植能手"，其服务范围已经囊括天长市的 7 个乡镇，服务对象涉及多元经营主体，服务面广、点多。联合社在成立之初，会员只有 32 户，截至 2017 年 6 月已经发展到 200 多个团体、个体会员，服务面积近 10 万亩，带动非成员 3000 多户。联合社理事长宣有林说："为缩短服务半径，带动更多的农户，需要在各乡镇成立服务网点。"该社目前在 7 个乡镇设有服务中心，将服务送到了农户家门口。联合社对各服务中心实行"五统一分制"，即统一店号（门牌、门脸）、统一服务内容（植保、农机、育秧、劳务等）、统一合同文本、统一采购、统一制度，独立核算。此外，联合社还集中了一大批农业技术人才，通过培育优质秧苗，开发高效插秧技术，研制应用"零农残"的农药，应用植保"无人机"等服务科技，为会员提供高效服务。因此，成立联合社的目的在于追求规模效益，通过整合各合作社成员的资源，大范围地提供农业综合型服务。

（二）成立专业性服务合作社

农事服务专业合作社的服务范围主要是针对合作社成员，即优先优价为合作社内部的家庭农场提供服务，然后再将服务范围辐射扩大。截至 2016 年 10 月 31 日，天长市从事农事服务的专业性合作社有 287 家，其中芦龙农事服务专业合作社成立于 2007 年 8 月 22 日，是第一家在工商部门注册登记的农民专业合作社，也是大地农业专业合作社联合社的成员之一。合作社成立初期以服务农民为主，后来因为本地民营企业发达，农民打工者居多，且土地耕种田块小，灌溉难，农民主动请求把土地流转给声望很高的合作社理事长兼村支书刘明文。在土地流转政策及相关法律尚未出台的情况下，完成了口头协定的土地流转，共涉及 237 户农户，流转 2310 亩地，现已将流转面扩大到 23 个村民小组 8000 余亩土地。除了统一经营的一部分土地外，其余土地被返包给 10 个家庭农场。合作社通过购买农机，培养农技人员，为家庭农场和农户提供一条龙农事服务，服务面积达 10000 亩左右。专业性服务合作社应用自身的技术优势，促使社会化服务更加专业高效，有利于实现农业经营和农业服务的规模经济。

（三）设立专项型农事服务队

天长市的农事服务队通过调动周边农户成立农事服务队，在满足自身服务需求的同时，将业务拓展到村组，为周边农户提供社会化服务。其中，丰穗家庭农场创立于 2012 年，是全国首家在工商部门注册的家庭农场。后来因为建设农事服务队的需要，农场主陶金银又申请注册了金穗农业专业合作社，包括植保服务队和抗旱服务队两个农事服务队。该农场的服务队有插秧机 6 台、四轮拖拉机 5 台、自动撒肥机 10 台、谷神收割机 2 台等农业机械，为周边农户提供农机服务；于 2014 年修建砖混灌溉渠 1000 多米，完善了农田水利设施的建设，为周边散户提供抗旱服务；有病虫害防治喷雾器 6 台，为周边三个村民小组提供植保服务。为增加农技服务水平，农场主陶金银参加了农业科技知识培训班，学会了农作物病虫害防治、机插秧栽培技术等多方面农业知识，并于 2014 年参加了全国成人高考，同年 12 月 25 日被安徽科技学院录取，在作物生产技术专业学习。他说："我学到了技术，不仅可以自己应用，还可以为其他农户提供技术培训服务。"农事服务队的成立，真正将社会化服务落实到了村组，辐射到了农户，使社会化服务扎根于田野。

四 小结：主体权责利协同确保农业社会化服务高效运行

新型农业服务体系的构造是社会化服务运行顺畅的组织保障，行业内各主体分工协作、发挥所长，使农业社会化服务更加专业集约，促进了现代化农业的发展，保障了农民的收益权。天长市的社会化服务主体主要是不同规模的专业合作社，在政府的政策补贴下发展，在企业的市场引领下壮大，为农业经营主体提供流程化和高效化的服务（见图5-1）。社会化服务的发展补足了政府公共服务的缺陷，同时相较于传统服务，其专业性和价格优势都是自身得以发展的重要原因。同时，社会化服务主体的出现，让企业找到了自身定位，协助农业专业合作社提供社会化服务创造的效益更加可观。综上，在市场主导和政府引领下，多元服务主体共同助力社会化服务水平的提升，使服务贯穿产前、产中、产后整个农业生产链，实现了服务内容的标准化和专业化。

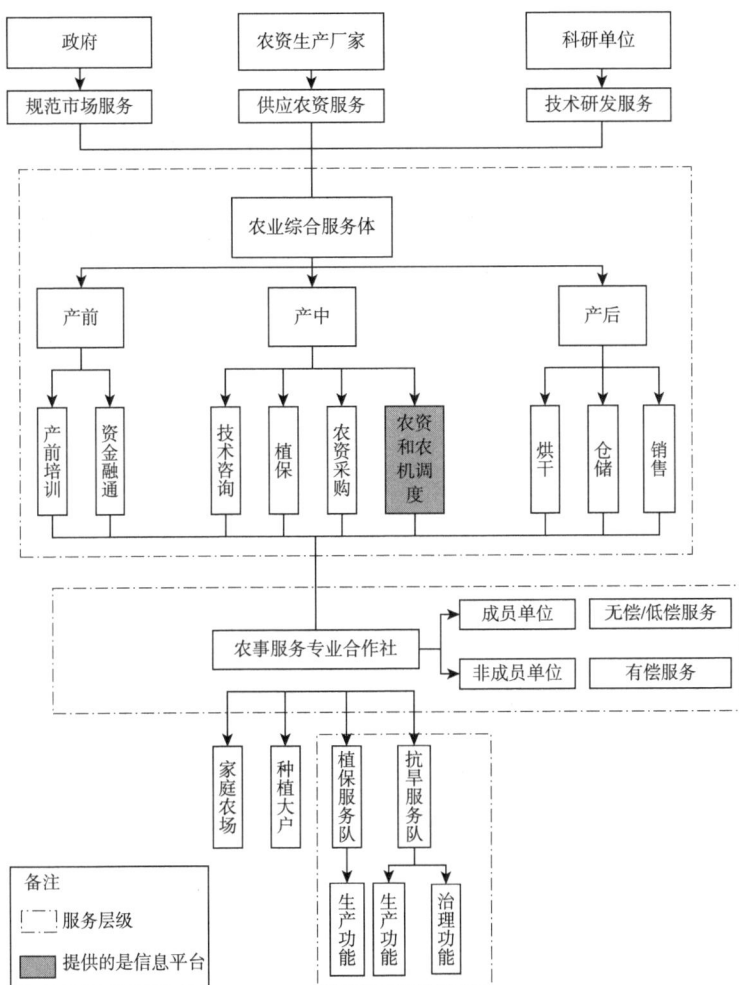

图5-1 天长市新型农业服务体系结构

第三节　流程跟踪：最优农业生产服务的实施运转

天长市以政策为基，充分发挥市场优化资源配置的作用，培育了一批新型农业服务主体，构建出一个多方协同的新型农业服务体系。新型农业服务体系解决了传统农业服务模式的弊端，为农业经营主体提供贯穿产前、产中、产后全流程的社会化服务，满足了各类农业经营主体的服务需求，一定程度上实现了服务效益的最大化。

一　服务先行，保证生产有力

农业生产产前的准备工作是否充分，直接关系到农业生产过程能否顺利开展，进而影响农业生产的效益。天长市的新型农业服务主体根据不同农业经营主体的情况，从技能培训、金融保障、农资团购等方面为农业生产提供保障性服务。

（一）打造技能培训服务

传统农业经营主体的农业生产一般为几十亩的分散经营，通过"三权分置"改革，农户以土地流转方式将经营权转让出去，形成了种植大户、合作社、家庭农场等新型农业经营主体，实现了三百到五百亩的适度规模经营。适度规模经营对新型农业经营主体的生产经营提出了新的要求，若因技术问题经营不善，农业生产收益有可能还不及传统农户。天长市的农业服务主体基于此种情况，每年都适时举办培训班，对种植大户、农场主进行培训。以天长市大地农业专业合作社联合社为例，其现拥有一个达800多平方米的培训中心，可供300人在此同时进行培训，每年为其成员单位举办培训班达5次左右，就稻麦的田间管理进行技术辅导。例如2016年4月6日，大地农业专业合作社联合社请了世界粮农组织专家来讲农作物绿色防控技术。除了技术培训外，联合社还组织家庭农场主进行田间交流，现身说法，以提高管理水平和生产效益；组织外出考察，让农场主开眼界，长见识；通过示范农场创建，组织观摩粮王大赛，提振农场主生产经营信心；打造文明、礼貌、公共道德课程，提高农场主的品位。通过相关的系统培训，成员种植技术明显提高，实现了大户向老板的转变，传统农民向现代农民的转型。

（二）　推出金融担保服务

资金投入是农业生产的开始，而对于刚刚通过土地流转获得大量土地的新型农业经营主体来说，资金短缺是最为突出的问题之一。虽然政府对新型农业经营主体有一定数量的资金扶持，但是缺口较大。金融企业推出相应的金融贷款融资渠道，但是担保程序复杂、借贷门槛高。为缓解新型农业经营主体在生产过程中的资金短缺问题，天长市的农业服务主体推出了信用担保融资服务。以天长市芦龙农事服务专业合作社为例，该合作社参照企业先服务后付款的"赊账"模式，创制了"定期半年制"的金融服务项目。芦龙农事服务专业合作社的成员，可以先免费获得租赁的土地和农业生产的农资、农业生产过程中的一条龙农事服务，每年的 7 月 1 日和 12 月 31 日再分别缴纳上半年和下半年的全部服务管理费用，如果逾期不交，则按每月 1% 的利率追缴利息。该项服务使合作社的成员缺少资金也能先行种地，等资金到位时再行结账。受此项优惠项目的吸引，淮安赶山工贸有限公司股东吴赶山与芦龙农事服务专业合作社合作，向该合作社租赁 1000 亩土地种植药菊，并于 2015 年 9 月成立天菊家庭农场，成为该合作社的一员。天长市大地农业专业合作社联合社依托自身的信誉，为其成员做信用担保以便获得资金扶持。例如大地农业专业合作社联合社在 2017 年以自己的名义做担保，为其成员中的贫困种植户向上海宋庆龄基金会争取了加入"农民创业接力棒计划"①的机会。通过此项目，每个贫困种植户可获得 3 万元的无息无抵押贷款，以解决贫困种植户缺乏资金的燃眉之急，改善了农村家庭的贫困状况。

（三）　创制农资团购服务

在农资购销领域，由于农资产品种类繁多，各经营主体选择的农资产

---

① 　农民创业接力棒计划：由上海宋庆龄基金会于 2013 年设立。该项目通过与各地有资质、有能力且有爱心的农村合作社合作，共同开发可持续发展的优秀种植项目。该计划通过"授人以渔"的资助形式和公益理念，运用可持续发展的运营模式，通过无息无抵押、本金返本的资助形式，直接资助到个体农户。在本金返本后，再资助下一批农户，以此流动扶持，接力创业，来改变受助家庭状况，帮助他们回归原生家庭，并最终走上勤劳致富的良性循环道路。其核心目标是要改善农村家庭的贫困状况和留守儿童问题，同时鼓励外出打工农民回归原生家庭，进一步促进家庭和谐和社会稳定。

品无法统一，加之单个农业经营主体议价能力弱，极大地增加了农业经营主体的生产成本。为助推农业经营节本提质，天长市的农业服务主体创制了"集体团购"的模式，将农业经营主体联合起来与农资供应商进行谈判，以寻求合理的农资价格。部分农业服务主体还以此发展出中介代理模式，集中采购成员认可的农资产品。天长市大地农业专业合作社联合社便是其中的典型代表。大地农业专业合作社联合社组织成员代表到合肥、南京、扬州、宿迁、常州、上海等厂家考察，选择成员信得过的肥料、农药厂家，并征求农业技术部门的意见，相对集中地采购几个主推品种，实行"招标采购，价低中标"的方式团购农资。联合社为避开独家代理的矛盾，将团购所得的农资由小包装改为大包装，并加印了"天长大地农业专业合作社联合社专供"的标记。例如，2012年8月10日，大地农业专业合作社联合社组织成员代表到南京某厂现场考察，团购复合肥，每吨比市场零售价低500元，为农户每亩施肥节约成本25元。大地农业专业合作社联合社的农资团购引发了全市农资市场的价格地震，全市农民每年可节约成本2000万元以上。

二　技术跟进，保障生产能力

随着现代化农业的发展，技术要素在农业生产要素中所占的分量越来越重。天长市的农业服务主体通过落实质量监管指导、开展农机联营业务，确保农业生产安全、高效，更在植保服务中运用科学技术手段，全方位保障农业生产经营。

（一）落实质量监管指导

服务以质量为保证。在市场竞争中，一旦农产品的质量出现问题，损害的不仅是农业经营主体的声誉，还会损害农业服务主体的声誉。为了给农业经营主体提供良好的服务品质，同时赢得市场口碑，防止农作物生产品质下降给农业服务主体带来损失，天长市的农业服务主体进行了不定期的质量监管指导。天长市大地农业专业合作社联合社采取随机巡视的方案，定期派工作人员前往联合社成员的田间巡视其农作物的长势，以便及时对有问题的农场提供指导。大地农业专业合作社联合社副理事长张建昌说："我们下到田间地头查看农户秧苗生长态势，予以技术指导，防患于未然，""没有成员不同意我们随机巡视田产，如果真有不愿意让我们看的，那便是有问题的农场，我们更需要去巡视，以便我们及时给予他们指导，减少农户的损失。"

（二）开展农机联营业务

由于小规模的家庭农场使用农机的频次有限，农机空置的周期长，且农机设备购置的成本大，折旧率高，普通的家庭农场没必要购置大型农机设备。此外，普通家庭农场家中无场地建机库棚，机具常年露天停放，会加快其锈蚀程度，加大维护管理难度。天长市的农业服务主体为摆脱家庭农场发展农业生产需要农机，却无力承担购置成本和管护成本的困境，一是通过购置农机，兴建农机大院向家庭农场提供农机直供服务。天长市的农业服务主体通过农机大院向农业经营主体提供存放、维修、培训一站式服务，杨村镇光华村农机化大院负责人郑传明说道："维修车间和机库棚建在了一起，技术人员有充分的时间为存放机具的农民讲解故障原因和注意事项，这种形式在农民间反响很好。"天长市的镇（街道）政府还通过建设农机大院，并转包给农机专业合作社向农业经营主体提供专业的农机服务。二是由农业服务主体牵头，与农机专业合作社合作提供农机调度服务。大地农业专业合作社联合社与老港机插秧合作社开展合作，在农忙时联合社根据成员机插秧的需求，与老港机插秧合作社协调调度插秧机，为联合社的成员提供机插秧服务。

（三）推行专业植保项目

传统的植物保护服务一般为乡镇一级政府下属的植保站、农技站提供，但由事业单位难以全面、及时地向辖区内全体农业经营主体提供全方位的植保服务，造成了农作物植保误时等情况。天长市将植保服务项目交给新型农业服务主体，创设附属于农业服务主体的植保专业服务队，为覆盖范围内的农业经营主体提供有偿的农业植保服务。一般农业植保服务可分为高端的植保技术服务和低端的提供农药、农膜等农资产品服务。天长市植保专业服务队两者兼顾，更突出植保技术服务。小型农业服务主体提供技术含量较低的机械植保服务，服务范围仅为农业服务主体周边20公里左右范围内的农业经营主体成员单位；大型农业服务主体提供技术含量较高的飞防植保服务，服务范围为整个天长市。大地农业专业合作社联合社便在天长市农业委员会植保站的支持下，与中国空间技术研究院及所属的苏州绿农航空植保科技有限公司合作，投入 50 台植保飞机，引进专业防治技术人员 30 人，为粮食绿色生产做出表率典范。同时，大地农业专业合作社联合社引进使用了"激健"农药增效剂，来减少农药的使用，使植保服务更加省钱、安全，每亩植保成本可节约 40 元。此举大幅度提高了农药的药效，增加了农作物的病虫害防治效果。

三　订单拓展，保护产品效力

传统小农式农业生产一般为自给自足，烘干条件和储藏条件均达不到标准，影响原粮的质量。天长市的农业服务主体通过向农业经营主体出售烘干、储藏服务，对农产品进行初加工。同时，通过构建以订单为纽带，龙头企业—农业服务主体—农业经营主体三者协调合作的农业产业化联合体，带动农业产业化发展。

（一）原粮获享买单烘干服务

用地减少，导致一些家庭农场没有晒粮场地，又因缺乏资金，无法购置粮食烘干机。一旦遇到不好的天气，粮食收获惨淡，只能低价卖给大型收粮企业，亏损严重。工业园区的晒场面积小，一次仅能晒 300~400 亩农作物，晒谷效率低下，同时存在一定的安全隐患，家庭农场主需要担责。为此，天长市的中大型农业服务主体自费购置了烘干机，为其周边农业经营主体服务，解决农业经营主体无地晒粮的困难。大地农业专业合作社联合社购置了 16 台烘干机，服务天长市的农业经营主体。2016 年的午收和秋收季节均遇上连续的阴雨天气，家庭农场收割的小麦很容易腐烂变质，因大地农业专业合作社联合社购置了 16 台烘干机，家庭农场主将收割的小麦交予大地农业专业合作社联合社烘干储藏，减少了家庭农场主至少 300 万斤小麦的损失。据统计，2016 年全年大地农业专业合作社联合社所购置的烘干机设备为 230 户成员烘干小麦 1100 万斤，为 179 户成员烘干稻谷 1450 万斤。

（二）粮食获得仓单储藏服务

获得烘干服务后，小型家庭农场因规模小依然面临着粮食储藏的难题，因粮食没办法得到很好的储藏，只能选择尽快将粮食卖给加工企业，使小型家庭农场只能季节性卖粮，无法根据市场需求自行调节卖粮时间，减少了小型家庭农场的市场性收入。为使小型家庭农场能自己仓储粮食，不至于使粮食发霉变质，增加小型家庭农场应对市场供需变化的能力，天长市的农业服务主体通过自建粮库，购置烘干设备，专门为其成员单位储藏粮食，发展出烘干—储藏的一条龙服务。大地农业专业合作社联合社于2016年投入1600多万元，在永丰镇购买37.4亩场地，自建了一座1.2万吨的粮库，供其成员单位贮藏粮食。另外，农业经营主体通过购买仓储服务的方式使粮食得以贮藏。天长市金集镇芦柴新型农业专业合作社理事长刘炳朝花费300万元建立了国家化标准粮仓，并成为中国储备粮管理总公司认定的国家储备粮仓库。该合作社建造的粮仓除了出租给中国储备粮管理总公司，收储国家政策性粮食外，还出租给农业经营主体，专门提供粮食储藏服务。

（三）产品获益订单联销服务

天长市的粮食加工企业有30多家，企业们均普遍感到粮源不足；与此同时，农业经营主体由于晒场不足，均希望作物收获后可以直接送达加工企业。由于企业与农业经营主体间均有需求，天长市的农业服务主体便以此为契机，促成经营主体与粮食加工企业间的订单合作，实现粮食加工企业与农业经营主体的双赢。

在合作初期，农业服务主体仅充当中介，为农业经营主体与粮食加工企业牵线搭桥，达成简单的购销合作关系。如2012年的午季，小麦赤霉病较重，特别是白皮小麦赤霉病菌含量超标，大地农业专业合作社联合社推动旗下20多个成员单位与收粮户进行联系，其中某饲料公司老总联系上门查看，促成小麦收购1000多万斤。

在后期推进深度合作过程中，天长市形成了以龙头企业为主导、农业服务主体为纽带、农业经营主体为基础的农业产业化联合体。其中农业龙头企业利用自己的品牌优势，对接市场供需制定当年的粮食生产计划，农业服务主体为农业经营主体提供农资、农机、植保等服务，并承担组织者、担保人的角色，农业经营主体则只负责落实完成粮食加工企业所需要的生产计划（见图5-2）。如牧马湖米业有限公司委托芦龙农事服务专业合作社生产当年所需粮食，大地农业专业合作社联合社则为芦龙农事服务专业合作社提供产前和产中的农事服务。

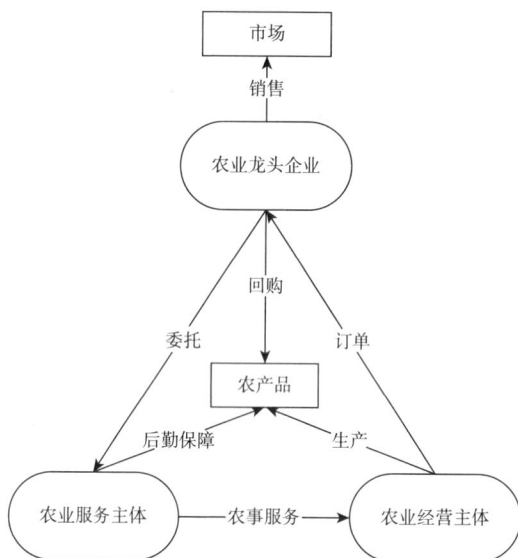

图 5-2　天长市农业产业化联合体结构模型

四　小结：各主体协同调配供给流程化为农服务

天长市以市场化为导向，构建了一个全流程、菜单型的新型农业服务体系，从产前、产中、产后全流程保障农业的生产。在这一服务体系内，各农业服务主体既有内生性的压力，即同行竞争；又有外生性的协调，即互补合作。同行竞争意味着农业服务主体必须为农业经营主体提供优质的服务，避免被市场淘汰；互补合作意味着农业服务主体并非一家独大，各农业服务主体在差异化发展中积极发挥独特优势，与其他主体形成互补。天长市的新型农业服务体系便是在内生性压力与外生性协调的推拉力中产生，为农业的生产发展保驾护航。

第四节　溢出效益：新型农业服务体系的功能拓展

天长市的农业服务主体通过补接政府公共服务，创新服务模式，供给公益性服务；协同企业联动发展，助力政府减负，促进农民脱贫致富；助力村组基层治理，转接村组经济管理职能，以制度性规则形塑契约精神，补齐村组治理的短板。

一　补接政府公共服务

过去的全能型政府常将农业生产性服务独揽于一身，却因财力短缺、人力不足无法保证服务的有效供给。天长市的农业服务主体通过建造生产资源平台、搭造技能交流平台、筑造水利设施平台等方式，成功补接了政府在农业生产服务中的角色。

（一）建造优配化生产资源平台

天长市虽只有 1770 平方公里，但西南与东北季节相差将近半个月。由于此季节性的时间差，种子、秧苗、劳动力、农机等生产资源可在市域范围内实现相互调剂。天长市只需搭建起一个市域范围内的信息交互平台，便可实现农业生产资源的合理调配，以补给农业生产资料的短缺。例如，大地农业专业合作社联合社借助微信平台，在其微信会员群上实时更新发布农业生产资源的信息动态，一旦有成员单位出现生产资料的余缺，联合社便可充当中介媒介，在成员单位之间进行对接。俗话说"有钱买种无钱买苗"，部分种植大户出现秧苗短缺时，便通过大地农业专业合作社联合社的微信会员群所发布的信息，向有剩余秧苗的种植大户购买。此外，大地农业专业合作社联合社还在农忙的时候帮助种植大户解决用工难问题，向缺乏劳动力的种植大户调剂盈余劳动力。仅 2012 年夏种，大地农业专业合作社联合社就通过其微信平台向成员单位调配秧苗余缺 2000 多亩、机械 500 余台次、劳动力 1500 多人次。天长市通过建造信息交互平台，合理、高效地优化配置农业生产资料，避免资源浪费，提高了农业生产的效益。

（二）搭造常态化技能交流平台

在过去，农户的农业技能培训主要由政府部门承担，但政府组织培训后却缺少相应的农业技能交流平台，农业经营主体无法与技术专家交流。天长市的农业服务主体为弥补此缺憾，通过互联网搭建起了一个常态化的农业技术交流平台。大地农业专业合作社联合社在安徽省农业委员会的支持下，创办了大地职业农民网站，立足天长，面向全省、全国，共同探讨家庭农场、职业农民的发展之路。除此之外，大地农业专业合作社联合社还设立微信群平台，截至 2017 年 5 月，该平台已经有 177 个成员。在这个微信群平台上，成员与成员之间、成员与专家之间均可以用文字、语音、图像、视频讨论、交流共性问题、个性问题。全体成员均可以将在农业生产过程中遇到的任何大小问题，通过图片、视频的形式发上该微信群，由农业生产能手、农技专家给予指导，以便问题及时获得解决。当线上微信群没法解决问题时，农户们可通过联合社邀请相关农技专家、农业生产能手到田间现场诊断，提供专业的解决方案。通过天长市农业服务主体所搭建的常态化农业技能交流平台，农业经营主体与农业专家可以实时进行技术交流，以便及时解决农业生产过程中遇到的技术难题。

（三）筑造精准化水利设施平台

天长市地处半岗半圩的丘陵地区，地势由西南向东北逐步降低。以天长市冶山镇、铜城镇为例，这两个镇地处高岗区，农田水利基础条件差，农业生产常因供水问题而受限。同时，小型农田水利设施的权责利不明确，造成小型农田水利设施建管护脱节，不少水利设施有人使用，没人维修，致使一些水利设施老化、失修、淤积，甚至报废。而且，农户缺乏"水是商品"的意识，收取水费存在一定困难。天长市为解决小型农业水利设施"权责利"模糊的问题，根据《天长市农田水利工程管理改革创新试点工作方案》的要求，开启了水利设施社会化服务的道路。天长市的农业服务主体将抗旱服务下设至其抗旱服务队，将政府机构中的抗旱服务移植到农业服务主体中，并通过市场化运作，筑造精准化的水利设施平台。首先，为降低农户的灌溉成本，降低河流管理方收取水费的难度，抗旱服务队集中与河流管理方预订一年的用水量，商议水价，取得水价的优惠后再向农户出售抗旱服务。芦龙抗旱服务队每年帮助农户节约浇水费用 40 元/亩。其次，抗旱服务队通过扩挖当家塘、开挖灌溉渠道的方式帮助家庭农场及时蓄水。2016 年秋旱来临之前，稼农抗旱专业服务队就开始不分昼夜地用抗旱设备往高岗村的 16 面当家塘里补水，共计蓄水 35 万立方米，可在全村干旱无雨的情况下，满足水稻后期生长两遍用水。最后，为确保农户安全生产，抗旱服务队统一安装抗旱设备，改变过去一家一户为抗旱私架水泵而存在触电隐患的情况，让农户远离"电老虎"。天长市通过市场化的运作模式，明晰小型农田水利设施的权责利，精准解决农业用水矛盾，转接政府抗旱排涝的技术职能，将政府由抗旱排涝的执行者转变为指导者。

二　协同企业联动发展

企业具有较为雄厚的资本基础，但追求资本利益的最大化；基层农业服务主体具有公益性服务的特性，却缺乏雄厚的资本为其铺路。天长市的农业服务主体与企业合作联动，形成优势互补，创造出良好的社会价值。

（一）助村集体实现产业致富

天长市向来有"鱼米之乡"的美誉，是国家首批商品粮、商品油基地县，在种植业方面有芡实等特色产业，但在养殖业方面一直处于一家一户散养阶段，很难形成产业化。为带动天长市养殖业的发展，天长女婿周建军在天长市政府的招商引资下入驻天长，同时带动大通镇大通村实现了产业致富。周氏羊业有限公司入驻天长后，以天长市通旺养殖服务专业合作社为纽带，联合天长市鑫鱻家庭农场、天长市三力山羊养殖家庭农场、天长市明慧家庭农场、天长市玉山湖羊养殖家庭农场、天长市川桥云兴家庭农场、天长市业素牧草种植家庭农场、天长市金武家庭农场、天长市柏洋家庭农场、天长市邬岳琳家庭农场、天长市仙润家庭农场等 10 个家庭农场，成立安徽省周氏羊业农业产业化联合体，形成"企业+合作组织+基地（农户）"的产业化联合体经营模式，实现了联合体内土地、资金、技术、人才和信息等要素的优化配置，加快一二三产业的融合，推动了整个天长肉羊产业的高速发展。据天长市农经站站长范正磊介绍："天长市本地人原本不常吃羊肉，但自从周氏羊业入驻天长市后，天长市的饮食习惯开始发生改变，各繁华地段均可见周氏羊肉馆。"周氏羊业通过羊业产业化间接带动农户 700 余户，带动就业人数 2100 余人，户均增收 6300 元，人均增收 2100 元。周氏羊业有限公司在逐渐壮大之后，为了回馈村集体，投资 30 万元帮大通镇大通村修了一条出行主干道，全长约 2 公里。另外，外县来安县政府与周氏羊业洽谈合作，带动了适合发展养殖业的乡镇因地兴业，实现了产业致富。

（二）帮困难户输送脱贫办法

土地经营权的流转虽盘活了土地资源，但那些家庭贫困却无其他一技之长的农民，在将土地流转出去后，却没办法找到更适合他们脱贫致富的途径。天长市选取了186家有一定实力和影响力的合作社或家庭农场，对贫困户实施"1+X"精准扶贫。并根据不同合作社的特点，编制了不同的合作清单，让合作社成为"扶贫社"，承接政府精准扶贫的相关职能。如对有一定劳动能力的贫困农民，当其土地流转给出去后，只要该农民有意愿，农业服务主体均可帮助其安排工作，到农业服务主体内做力所能及之事，得到一定的报酬，增加收入；对有创业发展思想的农民，农业服务主体则可尽力帮助他解决启动资金问题，同时提供技术方案等，帮助其开展创业之路；对于体弱病残、无基本劳动能力的贫困居民，农业服务主体将竭力帮助协调提高补助标准；对生活中有其他不便的贫困农民，农业服务主体会尽力帮助他们改善生活条件，如贫困农民房屋破损或家门口的道路破损，造成其出行不便，农业服务主体会出钱出力帮助他修补房屋或者道路。天长市政府将精准扶贫到户的财政补助资金作为贫困农户的股金，投入农业服务主体形成股权，贫困农户按股份比例分享收益，将过去纯粹"输血扶贫"变成"造血扶贫"，为贫困群众找到了持续增加收入的新方式。[①] 同时，天长市政府为规避财政扶贫资金入股农业服务主体后出现的风险，建立了贫困户入股风险防范机制，对贫困户入股农业服务主体享受固定收益的项目，由保险公司提供政策性保险。2017年芦龙农事服务专业合作社共吸纳116户23.2万元扶贫股金，推动了困难群众脱贫致富。截至2017年合作社共帮助20户贫困户实现脱贫。

（三）为大学生提供双创基地

2015年6月，国务院出台《国务院关于大力推进大众创业万众创新若干政策措施的意见》，鼓励"大众创业，万众创新"，各级政府也纷纷鼓励大学生返乡创业。各级政府及各种经济组织均纷纷设立创业孵化器，为"万众创业"提供政策优惠及资金扶助。天长市的农业服务主体为响应国家的"大众创新、万众创业"政策，鼓励其所属乡村的大学生返乡在农业领域创业，开辟了一片大学生农业创业孵化园，作为大学生返乡创业的基

---

① 吕小瑞：《安徽省天长市农村集体资产股份权能改革实践与启示》，http://www.chuzhou.cn/2017/0414/310492.shtml，最后访问日期：2018年1月3日。

地，并通过减免土地租金、提供水电等基础资源的优惠措施，为大学生发展"插翅膀"。芦龙农事服务专业合作社开辟瓜棚园地，并使之成为大学生农业创业的"试验田"。在这片"试验田"上，返乡创业的大学生不仅运作瓜棚，还与相关机构合作试验改良瓜果品种，创新创业相结合。天长市圣丰农业科技有限公司聘请国内蓝莓首席专家吉林农业大学园艺学院李亚东教授，在圣丰生态农业园内带领一支学生创业团队开展了高端蓝莓种植。

三　助力村组基层治理

天长市的基层农业服务主体借用农村"新乡贤"的威望，引入市场化的契约精神，创造性地承接了村组的治理功能，促进农村社会稳定和谐发展。

（一）返包式服务助推土地流转

天长市以往的土地承包均由村民委员会进行发包，村民委员会统一管理土地承包、流转事务。天长市在推广土地流转后，部分农业服务主体承接了村集体的经济管理职能，创制出一种由农业服务组织主导的返包式服务，助推天长市土地有序流转。例如，天长市仁和集镇芦龙社区 23 个村民小组的村民自愿将 8000 余亩土地流转给芦龙农事服务专业合作社。除合作社统一生产、核心经营的 3000 余亩农地外，其余 4800 亩土地被返包给 10 家家庭农场，由这些家庭农场自主经营。这些家庭农场并不全来自芦龙社区，例如江苏淮安人吴赶山便专门从淮安前来租地 1000 余亩经营药菊。芦龙农事服务专业合作社则扮演着类似中间媒介的角色，即家庭农场主无须直接跟村民打交道，通过合作社协助即可租种农地。

（二）制度化服务形塑契约精神

中国的传统农村是按约定成俗的不成文规矩运行的。在市场经济的冲击下，一些农户会因为逐利而冲破旧有的惯行、规矩，引发农户间的矛盾与冲突。新型农业服务主体尝试与种植户、家庭农场协商定制，预交服务资金，规范服务事项，协调服务次序，重塑服务规则，将矛盾纠纷息在田间地头。以抗旱服务为例，一是抗旱服务队通过制定农户认可的服务规则，按照"先来后到、先高后低和由近到远"的规定依次向农业经营主体提供灌溉服务，解决村民们抢水闹事的难题。二是抗旱服务队采取"与大户签订协议、与散户口头协议"的方式，与农业经营主体订立服务协定，明确了服务双方的权责，使农户用水有章可循。在农业生产中形塑村民法治意识，实现了自治和法治的有机结合。

（三）能人型服务优化纠纷调处

天长市的小型农业水利设施存在设施老化、大中型灌区末级渠系配套差、渠系水利用率低、设施管理粗放和权责利不明晰等问题。村民在日常用水时，常因供水不畅、水路太长而耽误农时，引发争水抢水等矛盾。天长市的农业服务主体为提高用水效率，化解由农业供水引发的社会矛盾，将村组精英能人加入抗旱服务队，使农户用水更加方便，排除了用水农户间的历史纠纷，补齐了村组治理短板。天长市的抗旱服务队引入能人加入的方式有两种，一种是由原本在村里有威望的村干部牵头组织抗旱服务队。如在芦龙社区，一些农户为了抢用水渠的水，私自将水渠打开引流到自己的田地，造成水资源严重浪费，水渠被破坏，农户矛盾日渐凸显。芦龙社区村支书刘明文为解决农田的用水问题，牵头成立抗旱协会，通过筹钱修理水渠、开会讨论解决用水问题的办法等方式，彻底解决了村庄内农户由用水引发的矛盾。刘明文说："水路畅通了，人心也畅通了。"自抗旱协会成立以来，芦龙社区3年来从未发生过争执。第二种模式则是让村中熟悉水网地情的能人加入抗旱服务队。如稼农抗旱服务队中便有3个熟悉村中土地水网分布状况的村小组组长。小组长加入抗旱服务队，一方面便于抗旱服务队布设农田水利设施，开展抗旱服务。另一方面便于利用熟人关系调解村组矛盾，实现弹性治理和源头治理。

四　小结：新型农业服务体系的功能拓展创造综合效益

天长市在实践中构筑出一个全方位、多层级的新型农业服务体系，该农业服务体系不仅为农业经营主体服务，保障农业生产，更溢出了综合效益，带动了社会的协同发展。一是创造经济效益，为农业经营主体节本增效，带动农业持续发展；二是创造社会效益，以产业带动精准扶贫，促进社会均衡发展；三是创造政治效益，维护村组的政治秩序，推动基层稳定发展。

第六章

强化产权改革联动效应创活基层治理

　　基层治理的成效和水平直接关系到国家治理与社会治理的整体水平，也直接影响到深化改革总目标的实现。十八大以来，中央相继出台如加强和改善基层党的领导、村民自治单元下移、乡镇服务能力建设、完善城乡社区治理等对基层治理体系和能力进行改革创新的系列政策。但这些政策对基层治理面临的问题依旧针对性不强、精准性不够、有效性不大，原因在于基层治理具有主体多元、内容繁杂、方式多样、直接面对民众、直接关系民众切身利益等特点，决定了农村改革应该系统化推进。集体产权制度改革正是具备这种联动性和综合性的改革。因此，破解的出路应是找到利益实现与治理有效的结合点。为此，中央深化农村产权制度改革，出台了《关于稳步推进农村集体产权制度改革的意见》，开启了农村集体所有制有效实现形式、保护农民权益的新探索。

　　基于此，天长市稳步开展农村集体产权制度改革，系统推进各项基础性改革，综合发力，不断发现问题、解决问题，实施一系列配套改革措施，助推农村改革向纵深推进。具体而言，天长市紧抓中国农村基层治理的"牛鼻子"即产权，积极探索产权制度改革的有效路径，通过健全组织体系、创新基层自治平台建设、建立多项保障机制，使农民权利得以实现，基层服务能力建设得以提升，集体经济实现形式得以再造，基层治理有效实现方式得以创新。天长市以产权改革为主线进行的一系列体制机制创新，实现了农村综合改革"一改百活"。

第一节 职能定位，健全基层组织体系

农村集体产权改革的重点之一是实行"政经分离"，明确集体经济组织和村委会之间的职能关系，促进村两委与集体经济组织之间的职能分离，使村两委不再直接干涉村集体资产的运营和管理，集中精力管理村庄事务、发展村庄公益事业。改革之前，天长市在农村"政经合一"的治理体制下，产权归属不清、责权不明导致基层治理缺乏合理有效的支撑体系，主要表现为村民和集体成员、村两委与集体经济组织、村庄利益分配和集体经济主体缺位之间的矛盾。天长市在集体产权制度改革背景下，加强基层党组织的领导核心作用；实施政经分离，促使村委会回归服务和管理职能；建立健全集体经济组织运行体系，强化农村集体经济组织监督机制，规范集体经济运行。天长市通过对村级组织职能精准定位，建立起完善的基层治理结构，促进了基层组织在农村集体产权制度改革中充分发挥各自作用。

一 党务发动，拓展党组织统领功能

习近平总书记强调，"党管农村工作是我们的传统，这个传统不能丢"。要坚持农村基层党组织的领导核心地位不动摇，围绕巩固党在农村的执政基础来谋划和实施农村集体产权制度改革，以党建工作助推产权制度改革。天长市通过市、乡、村三级书记抓改革，实行"一把手"负总责，实现了基层党组织的有效引领。

（一）以党组培育统领建设方向

天长市由各级党组织牵头实施农村集体产权制度改革工作，梳理细化各项改革任务，制定配套的分工实施方案，以坚持改革工作的正确方向。通过加强基层党组织建设，发挥了其在农村产权改革工作中的领导核心作用。以往农村的党政工作多混合在一起，村两委的职责权限没有清晰的界限，实际工作中各取所需，各自为政。天长市开展的"政经分离"改革，明确了基层党、政、经三大组织的职责权限，强化了基层党组织队伍建设，充分发挥了党组织在农村集体产权制度改革过程中的统领作用。如汊涧镇立足基层党建工作实际，一方面，开展"双百双千"行动强化后备力量。冶山镇针对村干部年龄结构老化、带富能力不强等问题，建立了村级后备干部人才库，通过集中培训、跟班学习、挂职锻炼等方式，重点培养正、副职后备人选，注重选配村民组长、有较强带动能力的党员致富能手，做好人才储备，为农村基层党组织领导班子队伍补充新鲜血液，使其带领村级合作社等进行集体产权制度改革。另一方面，使思想教育贯穿全程。天长市通过对农村各党组织包括合作社和企业等支部进行严格的日常教育和思想管理，做好不合格党员的处置工作，以保持党员队伍的先进性和纯洁性。如仁和集镇南尖回民村党总支书记胡中海，公款购买价值0.25万元的螃蟹送礼，并对村集体违规套取粮食综合补贴资金10万元负有领导责任，受到党内警告处分。通过党组培育工作的开展，天长市的基层党组织更加深入地融入了农村建设和发展过程中，充分发挥了其统领总方向的作用。

（二）以党组调整协同产业发展

农村基层党组织全覆盖，是其发挥引领作用的前提和基础。天长市根据正式党员数量，采取单独组建、联合组建、合作共建等方式，设立党组织。首先，建立产业链党支部。即按照"组织围绕项目转、支部依托产业建"的思路，打破"一村一个党支部"的传统党组织设置模式，因社制宜抓党建，将相同产业范围内的党员组织到一起，使农村合作组织党员"有家"。天长市芦龙农事服务专业合作社成立了滁州市首家合作社党支部，现有7名党员和一名发展对象。合作社依托支部建立成员代表大会，定期开展党组织活动，共同研究内部事务管理，在2015年被中共天长市委评为"天长市先进基层党组织"。其次，根据"社企共建"调整党组织设置。天长市坚持"行业相近、地域相连、产业相关"的原则，在133个设立党总支的村（社区）下面分设合作社支部、工业或企业支部，将村域范围内的合作社纳入其中进行管理。如张铺镇采取"企业与合作社携手共建"的办法，将平安稻业合作社与康盈米业公司联合起来成立党支部。最后，非公企业和市直单位覆盖村党组织。天长市115个市直单位、128家非公企业和村结对成立联合党组织，打造城乡党建服务联盟，通过绘制村组民情地图，以 30 户或 100 人为标准，设置 4200 多个服务网格，确保户户有人联系，事事有人过问。基层党组织通过对农村经济实体进行政策扶持和引导，助力了农村产业发展的转型升级，不断形成完整的产业链。

（三）以党员牵引带动群众参与

"党员当好领头雁，带出群众精气神"，农村综合改革离不开坚强有力的"指挥部"。为促进党员充分发挥先锋模范作用，天长市采取多项举措激发党员的积极性。首先，全体党员签订"承诺书"。按照"年初有承诺、年中有践诺、年底有评诺"的原则，确定承诺内容；承诺事项确定后填写承诺书，并召开大会公开承诺，通过公开栏等形式向群众公开；年底由党组织召开大会进行测评，群众满意率较低的村党组织和党员要认真整改。其次，实施农村党员干部"素质提升"工程。三年来，天长市每年举办 6 期左右镇村党员干部主题班，安排 600 余名镇村党员干部赴延安、井冈山、江阴、绍兴等地培训，选派 33 名村党组织书记到六合、仪征、高邮跨省挂职。通过提升农村党员干部文化层次、创业技能、服务本领，推动党员干部在村内办实事，带领群众发展。如永丰镇蒲东村合作社的监事会由股民代表、村干部和党员代表组成，通过将有能力的无职党员吸纳进入村集体经济组织中，发挥带头监督的作用。再次，让无职党员有为。据统计，天长市共有 9600 余名农村无职党员。2017 年初，天长市对其进行了设岗定责。按照"一岗一职、一岗多职、多岗一职"等自愿申报原则，各村根据申报者的年龄、特长等进行岗位匹配，将政治素质强、身体状况好、热心公益事业且未担任村、组干部的无职党员，选入村（社区）级事务管理队伍，采取帮扶学、结对学、网上学等形式，对其进行岗位培训。截至目前，已有 9360 名农村无职党员认领岗位，共帮助群众解决实际难题 4797件，化解各类矛盾纠纷 1583 件。万寿镇百子村无职党员张其朝由衷地说："党支部为咱设置了岗位，咱就更应该尽责履职。"此举激励了全体党员将服务群众的宗旨落实于行动，带动群众参与到村庄的改革和建设过程中，让农村党员这一群体在农村系列改革等工作中聚力促共建。

二 村务联动，提升自治组织服务能力

农村集体产权制度改革要求对原来政治、经济和社会三合一的综合性

基层组织进行调整。因此，在基层党组织领导下，天长市明确了农村集体经济组织与村民委员会的职能关系，将村委会从发展集体经济的职能中剥离出来，以满足群众多样化的服务需求。

（一）谋民利，回归公务管理职能

农村的公共事务管理是村委会的主要职能，由于公共事务种类繁多，因此村委会干部承担任务较重。所谓"上面千条线，下面一根针"，村委会作为这"一根针"，该如何应对"千条线"成为关键。过去，村委会不仅承担村内公共事务的管理，还要负责发展集体经济，往往产生"重发展、轻管理"的现象，村委会的本职工作被弱化，村民权益得不到保障。天长市通过明晰村级组织职能，使村委会切实履行起其社会管理职能，并通过"小微权力清单"明确规定了村委会的日常工作范围，使其能切实维护村民合法权益。以冶山镇为例，村委会办公楼一楼进门处便张贴着《小微权力运行规范》，计划生育、新型农村合作医疗、养老保险、纠纷调解、社会治安、房屋改造等各项具体管理事项均包括在内。如对于危房改造，界定范围为"低保户、五保户、残疾户、计划生育特困户、贫困军烈属家庭和一般特困户"；操作准则为"经村审核，公示无异议，村监会进行监督"；操作流程为"村民向村委会提出申请，村委会对申请户进行审核，村民代表会议民主评议，公示，报镇办理相关手续"。通过使村干部和群众了解村委会所负责管理的各类公共事务，群众的合法权益有渠道申请、有专人办理。村民普遍反映"有了这个规范，我们来村委会申请一些救助或办理证明就很有底气了"。天长市将《小微权力清单运行规范》在全市范围内进行推广，并且收集反馈信息，对村委会履行公共事务管理职能是否落地进行跟踪监管，不仅保障了农民的各项民主权利，而且提高了基层自治组织的服务能力。

（二）便民事，优化公共服务职能

村委会的公共服务职能在"政经合一"体制下常被弱化，村民办事效率低，相关权益无法实现。为此，天长市有针对性地对村委会服务职能进行了优化。首先，强化服务阵地建设。天长市按照"村委办公面积最小化，为民服务空间最大化"的要求，对居村活动场所各功能单位进行了规范化设置。居村活动场所一楼建立"一站式"服务大厅，内设治安调解、社会事务、公共服务、党群组织等服务窗口，配齐为民服务窗口。以金集镇鲍岗村为例，为了进一步改进工作作风、提高办事效率、方便群众办事，鲍岗村积极响应上级"下楼办公"号召，对村委会办公楼层的结构进行了改造，将农家书屋等活动场所由二楼移至三楼，再将一楼的党员活动室移至二楼，从而将一楼改造成便民服务大厅，全面实现了"两委"下楼办公。其次，优化便民服务流程。天长市通过设立为民服务查询系统，规范服务流程和工作台账，实行为民办事全程代理，将办理事项、办理流程、时限要求等印成便民服务手册并公开上墙，凡与群众生产生活密切相关的业务，均实行"菜单"式受理、一次性办结、动态跟踪、全程监控。最后，创新为民服务机制。天长市创新基层工作载体，推行预约服务，通过电话、网络、联络员等形式，随时随地接受居民预约；推行错时服务，在节假日等居民休息时间，安排工作人员值班，方便居民办事；推行上门服务，主动服务高龄老人、行动不便人员、残疾人、家中有婴幼儿人员等特殊群体；推行马上服务，对各类服务事项做到"当场有答复、一天出社区、三天报进展""件件有着落"。天长市各村委会用实际行动表明了其对干部作风建设的重视和服务好群众的决心，使村委会的服务职能真正落地，方便了群众办事的需求。

（三）安民居，重建公益事业职能

村级公益事业对改善村民生活条件、促进农村社会管理创新和基层民主建设等具有重要意义。天长市通过财政投入设立村级集体经济发展专项基金，收益用于奖补村级集体经济项目，以"美丽乡村"和"一村一品"为载体，发展农村公益事业。首先，政府规划，指明方向。天长市在借鉴外地经验的基础上，及时制定了《天长市推进城乡统筹建设"美好乡村"五年规划纲要》，明确提出走整体打造、跨越发展之路，力争到2020年，把全市所有镇村都建设成为经济繁荣、环境优美、服务均等、设施完善、社会和谐的美好镇村，将天长打造成全省城乡一体化建设的样板区、示范区。其次，镇村联动，抓住机遇。天长市围绕"城镇建设有特色、村居建设有亮点、示范线建设出形象"的目标，结合各村特色，打造休闲旅游村、产业发展特色村、乡风文明村、生态绿化村四个类型。石梁镇为突出"田园风味"，将村内主、次干道及农户门前房后进行全面绿化，菜园统一实行竹栏围挡；以村原风貌为依托，打造园林式休闲广场一处，景观塘一面；村内土地全部流转，大力发展苗圃、经果林种植，不仅改善了村民居住环境，而且提高了村民收益。最后，村民合力，参与建设。天长市围绕"生态宜居村庄美"，对环境进行综合整治，包括街道改造、外立面改造、弱电下地、改水改厕，实现环境效益；围绕"文明和谐乡风美"，开展各类创建活动，在潜移默化中提高自身素质，实现社会效益。汊涧镇长山村村民积极参与旧房屋、厕所改造，对墙体进行粉刷出新，村民居住环境得到改善。村民张老汉说："现在生活环境好多了，既有城里人生活的方便，也没丢乡里人的自在，天天就像生活在画中一样，我没想到，在我有生之年还能过上这样的好日子，这辈子知足了！"村委会通过承接国家政策，带动村民参与村庄公益事业建设，提高了村委会在公益事业建设方面的服务水平和质量。

三　经济牵动，改进经济组织管理功能

天长市属于村级集体经济欠发达地区，作为开展政经分开改革的试验区，开辟出了一条"分灶不分家"的道路。所谓"分灶"，即农村集体资产由过去的村委会代理负责改为现在设立合作社来经营管理。所谓不分家，一是农村集体经济组织成员与其他组织成员存在交叉，但又互相制衡，二是经济发展反哺村庄公益，并通过利益联结进行监管，是为"不分家"。此举不仅理顺了村级集体经济组织的关系，而且通过村集体经济发展的牵引，为改进村级经济组织的管理功能奠定了经济基础。

（一）以资产存量定义集体类型

以村委会为"统"、个体农户为"分"的"统分结合、双层经营"体制，虽然分出了活力，但是统的方面出现弱化趋势，表现为农村集体经济发展效率低、村委会的管理和服务功能未能充分履行等。伴随着家庭农场、农民合作社和农业企业等的出现，对这些庞大的农业生产经营主体，该如何赋予他们产权治理主体的地位成为农村改革过程中的关键。为破解这个难题，天长市重构集体经济运行载体，使"统"的主体由村委会转变为集体经济组织。对全市 151 个行政村（农村社区）全面开展了清产核资工作，以 2 万元的集体资产额度为界，127 个经营性净资产大于 2 万元

（含 2 万元）的村，成立集体经济股份合作社；24 个经营性净资产不足 2 万元甚至为负值的所谓"空壳村"或负债村成立集体经济合作社，做到了全覆盖、不留白。如余庄村经核实村集体经营性净资产为 269.04 万元，成立了滁州市第一家村集体经济股份合作社；冶山镇高巷村在清产核资时村内集体资产价值不超过 2 万元，成立了集体经济合作社。

成立合作社以后，不同的村庄依据自身现有的资源和资产制定了不同的发展路径。成立股份经济合作社的村庄以现有的集体资产为基础，为集体成员分配股份，赋予农民股份权能，由股民共同决定是否分红，冶山镇张巷村股民便决定不分红，而是将盈利作为资本继续扩大发展集体经济，将"蛋糕"做大；成立经济合作社的村庄则依托上级政府的扶持和社会资本投入发展特色产业，集体资产达到 2 万元以上便成立股份合作社。农村集体经济体制改革后，建立了集体资产与成员之间利益共享的联结机制，村集体经济得到发展。

（二）以分权制衡重建组织结构

天长市出台《天长市农村集体经济组织管理办法》，对经济组织内部的结构设置和人员管理进行规定，完善了经济组织内部运行机制。与广东佛山南海区、浙江温州等村集体经济发达地区开展的较为彻底的"政经分离"不同，天长市村集体经济发展水平较低，则通过"分灶不分家"的道路实现了政经分开（见图 6-1）。

一方面，健全集体经济组织内部架构。集体经济组织设立成员大会、理事会和监事会，分别掌握组织内部的最高决策权、执行权和监督权。由成员大会选举和罢免理事、监事并审批理事会和监事会的工作报告；理事会负责管理和运营集体资产；监事会则负责监督理事会的日常运转和财务状况，以实现监事会对理事会的全面制衡。"我就是个刺头。"铜城镇余庄村监事会成员王兴儒如是说，意为对理事会监督的严格性，保证了监事会对理事会的有效监督。另一方面，合作社与村委会干部交叉任职。一般情况下，理事会和监事会成员在 5 人左右，如郑集镇向阳社区理事会成员皆由村干部兼任，监事长由村监会主任兼任，其余为村内老党员、老干部。由于改革初期村内集体资产较少，财力较弱，难以支撑起完全独立的两套班子，无法引入职业经理人，因此村干部兼任集体经济组织干部。他们对

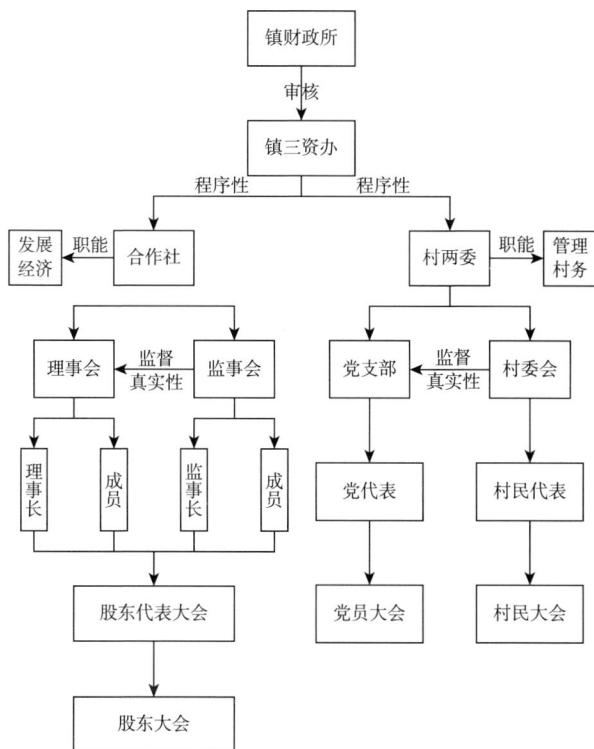

注：①村财镇管：一镇一户，分村记账，分灶吃饭。
　　②人员可交叉，职能要分工，财务要分离。

图 6-1　天长市村级组织政经分离结构

村内情况较为了解，村民的信任度也比较高，便于协调集体资产的运营模
式。铜城镇龙岗社区理事会成员全部由村干部兼任，"村内监督体系对村
干部的约束效力还是比较大的，村里已实现了'零招待'，也看到了股民
们拿到分红时高兴的样子"，村会计钱明德说。

（三）以分类共营提升管理绩效

为促进集体经济发展，合作社经营集体资产以效益为中心，以促进资
产保值增值为目标，对经营性资产、资源性资产和非经营性资产分别以不
同的方式进行专项经营。一是村企联手，用活经营性资产。村集体以资产
入股或出租的方式与企业合作经营，如原蔡营村窑厂被出租给私人兴办企
业，年租金 10000 元，老工厂由"废弃"到"活用"实现了价值转型。二

是合作社与政府协作，用足资源性资产。在镇政府三资办的引导下，合作社通过竞价招标，充分实现资源性资产的价值。例如长亭村由街道办事处领导、村两委领导和村民代表组成招标监督组，通过公开招标将50亩林场承包给陈茂春，年租金17000元。三是由村民代表大会共商用好公益性资产。即村委会办公设施的建设和管护需征求村民意见，除使用中的办公楼，闲置的老村部、老学校等都不再闲置。如长山村合作社通过招商的办法将废弃的村部大楼出租兴办玩具厂，年租金8600元。有针对性地运营不同类型的集体资产，使村集体经济发展模式不断创新，村集体经济组织的运营机制也不断得到完善。

第二节　载体创设，强化服务平台支撑

创新基层服务方式、强化服务功能、健全服务机制是推进基层治理体系和治理能力现代化的重要举措。然而长期以来，作为基层治理源头和承接政府服务末梢的农村由于缺乏完善的服务平台支撑，基层综合服务能力不强、服务机制不全、服务手段落后、服务效能不高。为激发群众在产权改革中的参与热情，天长市因地制宜，积极推动了基层平台创设工作，以服务平台和信息化平台双轨齐驱，助力基层有效治理。天长市力促综合服务平台、产权交易平台和"三资"管理平台的标准化、规范化建设，共同致力于整合和优化农村共享资源。实践证明，随着三大平台的建立，农村基层服务能力不断增强；农村集体资产在规范化的管理和时效化、电子化的交易中，不断实现保值增值，成为对农民增收、管理有效的有力支撑。

一　搭建综合服务平台，农村治理有效力

基层社会治理问题的根源在于基层公共服务，在于基层公共服务是不完善的或者是缺失的。[①] 基层公共服务的完善程度、均等化程度，政府部门将服务落实到"基层"的程度，满足"公共"的程度，都影响政府社会

---

①　孙增余：《社会治理与基层公共服务》，《中国社会科学》2016年第12期。

治理的效力。天长市结合本市实际，在创新农村综合服务方面以"小微权力"清单为导向，以服务平台为载体，在规范干部权力行使的同时，实现了基层服务有章可循，有序运作。

（一）明确权力边界，促政务公开合理

实践过程中，由于村干部权责不明、监督不够，"小官大贪"现象频发，直接影响了党在基层的形象。为防范、解决基层干部有权"任性"问题，加强对农村居民民主权利的保护，天长市从"小"处着眼，从"微"处着手，探索农村"小微权力"管理新措。一方面，标准配权。天长市以相关法律法规和群众自治为原则，结合农村具体实际，对干部权力进行梳理、归纳、审核。涉及重大决策、重大活动、重大项目以及资金、资产、资源管理，工程建设，宅基地安排，土地征收登记和保障救助等村民普遍关心的事项，列入权力清单目录，具体共形成6大类26项；此外，对于没有政策法规依据，没有经过村民会议或村民代表大会通过的事项，权力清单予以取消，切实做到"清单之外再无权力"，为任性干部"套上锁""还清白、涨信心"，干群关系明显改善，一定程度上减少了村级组织和村干部权力运行的随意性和失范性。另一方面，合理限权。天长市致力于把村（社区）服务中心建设成村务公开和为民办事的集聚平台，把村级权力公开透明运行与村务公开工作有机结合。村委会借助服务平台一周举行一次"村情发布会"，将村民关注的重点、热点、难点、疑点、问题向群众公开，引导更多群众参与党务、村务的监督。以党务公开为例，有长期、定期和即时三种公开方式；以村务公开为例，涉及国家、集体和群众切身利益的事务主要采取定期和即时公开两种方式。在建设服务平台之前，"你们开，我们就在旁边看，觉得没意义，也没效果"。这是杨庄镇光华村村民代表王玉中的心声。经过产权改革，村民参与监督干部权力的意识随之增强。"收入是我们的收入，所以我们要参与监督村干部用权。"长山村徐队长激动地说道。

（二）简明办事章程，使服务均等有序

"十三五"规划明确指出要使全体公民都能公平可及地获得大致均等的公共服务。天长市紧跟中央简化优化公共服务流程的指示，以农村综合服务平台为依托，致力于为群众提供优质、高效、便捷的公共服务。一方面，简化操作流程，强化操作指引。天长市各镇（街道）充分考虑农村实际，力图为村民提供更便利的服务。以新街镇为例，便民服务中心将该镇宅基地审批、困难补助申请、计划生育等为民服务事项，以及需要具备什么条件、提供哪些资料、具体找谁办、有哪些步骤等以具体流程图的形式呈现，方便广大群众随时查询。另一方面，明确干部职责，规范办事规矩。天长市各镇（街道）运用"小微权力"清单制度，规定干部对于能办的事，要"马上就办""办就办好"，群众无须再找亲戚朋友熟人打招呼，可以少跑"冤枉路"；对不能办的事，村干部要做到"谁都不能办""一件也不办"。由于"一把尺子量到底"，即使有办不了的事，当事人也能给予理解，不会像过去一样始终心存疑虑，窝着"一团火"。"以往总有人想方设法找我'行个方便'，工作起来左右为难，现在全都按规矩来，工作反而轻松多了。"向阳社区一名在职村干部感慨道。

（三）明晰运行过程，助财务阳光透明

村民享有对村内财务运行情况的知情权。村级财务运行不透明、不规范势必影响集体资产的有效运营，带来资源浪费、村民疑心等一系列问题。"群众的实惠能不能得到有效保障，我们心里打了个问号"，杨庄镇光华村股民代表王干感叹道。天长市试图缓解村民疑虑，突破传统简易化的基层财务管理模式，优化每项权力的运行流程，力求"小微权力"程序化。一方面，有据可依，合理编制运行规范。以新街镇为例，该镇通过完善制度和管理办法，出台《新街镇村（社区）干部廉洁履职八条纪律》，把权力依据、范围界定、运行方式、纪律规定等具体要求，以规章制度的形式予以明确；此外，镇三资委托代理服务中心为主要监督主体，村级相关财务事项需要逐笔逐项一季度一公开，向村民交出一笔清楚账、明白账。另一方面，有图可索，简明设计运行流程。权力清单按照简便管用原则和标准化理念进行设计，使每项财务工作的事项名称、资金范围、责任主体、权力事项等以流程图形式呈现，让村干部行使"小微权力"都有固定路线图。以三资管理制度设计中1万元以下资产的处置流程为例，首先由村两委研究决定，并报告村干部，然后在村监委会全程参与监督下进行处置，并将结果予以公示；之后签订合同、村务公开、建立项目档案，最后由镇招标中心督管。郑集镇向阳社区村民代表陶凤林谈道："之前在外

打工，村里公示了财务，太复杂看不懂，也没空看，现在村里财务运行的所有流程都很清晰，我们都能了解得很清楚。"

二　首创产权交易平台，资源管理添活力

农村产权交易市场是实现城乡要素自由流动的重要载体，发展农村产权交易市场是整合农村资源、推动农村综合配套改革的有效措施。长期以来，农村集体资产的经营管理水平较低，有的集体资产还处于闲置或半开发状态，农民未获得充分的财产性收入。基于此，为盘活农村资源，天长市积极与省农交所合作，率先在全省建起农村综合产权交易天长分所，并制定《整合建立统一的公共资源交易平台工作方案》，使大量农村生产要素的活力得以快速释放。实践证明，对集体资产在交易前进行产权价值评估，防止了产权被"贱卖"，同时也有效解决了农村产权项目因地域分散而产生的信息共享不及时的问题。天长市建立农村产权交易平台，实现了资源要素的自由流动，增强了农村发展活力。

（一）创建土地流转服务载体

天长市作为皖东粮仓，市委、市政府高度重视土地流转工作，把这项工作作为农业增效、农民增收的重要抓手，大胆创新，将集体土地进行归档信息化处理。一方面，成立农村土地流转交易服务中心。天长市在各镇行政服务大厅增设服务窗口，在各村（社区）配备土地流转信息员，建立了一整套完善的农村土地流转管理服务网络体系。另一方面，规范土地流转并组织业务培训。天长市规范了从市、镇到土地流转服务中心和管理办公室的职能及工作制度，对村土地流转信息员职责、土地流转程序和办理土地流转的工作流程都进行了明确规定。此外，天长市还对各镇相关工作人员、村信息员、种养大户、农民专业合作社负责人进行了土地流转政策和业务培训。从 2013 年起，天长市农广校在 15 个镇（街道）聘用了 15 名农经站负责人担任农民培训兼职"班主任"，分片协助开展各项培训工作，为推动土地流转提供人员保障。原天长市委副书记、土地流转领导小组组长刘荣祥说："土地流转实行规模经营，解决了土地怎么增效益、农民怎么增收入的问题，培育了一批新的经济主体和种粮大户。以农民专业合作社和有实力的种粮大户为主的经营主体，他们参与土地流转的积极性高

涨，土地股份合作、农事服务等合作社数量不断增加，成为推动土地流转的重要力量。"

（二）理顺产权交易工作机制

为促进农村资源资本化和生产要素流动，天长市在安徽省农村综合产权交易所的基础上投入 50 万元，于 2017 年 5 月 23 日成立安徽省首个农村综合产权交易分所，并以"三级平台+"模式创新产权交易工作机制，为各类农村产权交易主体提供交易服务硬件及软件设施。首先，建立三级平台体系，规范产权交易行为。在省级产权交易平台的基础上，天长市形成了市、县、乡三级"统一交易平台、统一交易规则、统一信息发布、统一培训机制、统一交易鉴证"的农村产权交易平台体系，实现了集体资产的市场化流通、阳光化运作。其次，按村情设立服务站，提高指导服务水平。各镇街依托为民服务中心、农经站等部门建立农村产权交易服务站，服务站人员主要负责收集、汇总、核实交易信息，并为村集体提供相关政策咨询，他们熟练掌握相关政策和各种操作规程，在交易环节中起着关键作用。最后，纳入绩效考核，鼓励开展交易活动。市委农经站将各街镇在产权交易平台上的公告发布数、成交数以及履约情况纳入各镇街工作绩效考核范围，以督促各街镇致力于开展集体资产交易行为。随着三级交易平台系统的建立和工作机制的不断完善，现代产权交易行为逐渐规范化，同时也推动了农村资源优化整合。天长市农委党组成员、农村股改领导小组办公室副主任房华玄说道："所有集体资产交易全部进场公平公开有序进行，改变过去由村干部协商交易的做法，集体资产大幅增值。"截至 2017 年 8 月 20 日，全市 15 个镇（街道）通过农村综合产权交易系统共申报各类农村产权交易项目 41 个，成交项目 14 个，成交总金额 444.89 万元，增值额 35.44 万元，项目平均增值率达 8.66%，[①] 实现了农村资源、资产增值增效，农民增收。

（三）明确集体产权交易品种

产权交易的平稳运行，不仅取决于交易平台工作机制的完善，还取决

---

① 本数据由天长市农村产权交易中心赴合肥参加 2017 年度省农村综合产权交易所上半年总结会时公布。

于纳入平台交易客体的规范性。因此，明确集体资产中纳入产权交易平台的内容显得尤为必要。天长市产权交易分所延续省级经验，将承包土地经营权、小型农田水利实施使用权、林地使用权和林木所有权、集体"四荒地"使用权、集体经营性资产、农业类知识产权以及其他法律允许交易的农村产权等7大类农村集体产权交易品种纳入产权交易中心公开交易。被纳入产权交易中心的交易品种，由交易中心统一为其提供场所设施、信息发布、产权鉴证、政策咨询、组织交易等服务。随后在纪检部门全程监管下，按照市场原则，农村资产产权实现公平而有序的流转。对集体资产的交易品种予以明确，目的是实现农村集体资产的市场化流通，进而实现其保值增值。对政府部门的配套监督手段予以规范，农村产权交易行为向纵深发展，增强了农村发展活力。"我们集体的每一笔资产，都必须经过产权交易平台进行交易，让它发挥最大的效益。另外，我们对每一笔集体资产都会跟踪监督，让它能够健康安全地运行。"杨村镇光华村任宝贵语重心长地说。

（四）监管产权交易市场活动

近年来，地方各级政府积极推进公共资源交易市场建设，但总体上仍处于发展初期。从各地经验来看，公共资源交易市场存在分散、重复建设，职能定位不准，运行不规范，交易的服务、管理职责不清，监管缺位、越位和错位等现象，导致市场资源不共享，严重制约公共资源交易市场的健康有序发展。为克服这些问题，天长市创新监管模式，从点到线，再到面，对产权交易市场进行全面监管。一是明文规范交易范围。市政府出台《农村产权交易管理办法》和《农村产权流转交易市场建设工作实施方案》，明确规定农村集体资产七大类必须进入产权交易中心，尤其是省农交所强调的农村土地经营权流转不进平台一律不予鉴证。二是电子化公开交易流程。天长市通过整合公共资源交易信息、专家和场所等资源，推进交易全过程电子化，实现交易流程公开透明和资源共享。三是多元主体监管交易行为。各镇（街道）按照管办分离、依法监管的要求，减少政府对交易活动的行政干预；同时创新电子化监管手段，健全行政监督和社会监督相结合的监督机制。天长市引入多元主体和一系列技术化手段创新，防止了公共资源交易碎片化现象，实现了交易行为在阳光下操作，为预防和惩治腐败现象提供了有效支撑。以杨村镇南桥村为例，205省道两侧总共有12亩的林权亟待转让，村干部本私自打算以14.2万元的价格出手，结果被村集体经济股份合作社监事会拦了下来，转而委托天长市农村产权交易中心进行挂牌交易，最终交易价格达到22.6万元，增值率达59%。

三　完善"三资"管理平台，基层治理增动力

农村集体产权制度改革要求切实维护集体经济组织及其成员的合法权益，增加农民财产性收入，并调动农民发展现代农业和建设社会主义新农村的积极性。以往，农村集体资产极易流失或因被随意处置而出现资源、资产浪费等问题。基于此，根据农业部、安徽省的指导意见及规定，天长市转变单一的资金管理模式，将集体资产管理内容扩大到资金、资产、土地资源。天长市151个村（社区）被纳入"三资"管理平台，实行制度化、规范化和信息化管理。至此，农村集体资产管理初步形成组织网络化、产权明晰化、管理信息化的态势，有力地保护了农村集体产权，也促进了农村的和谐稳定。

（一）严格把关资金管理

在原有集体财务管理的基础上，天长市创新财务管理制度，实行"村财镇管"制度（见图6-1）。农村集体资金由镇农村集体"三资"委托代理服务中心代为管理，坚持资金所有权、使用权、审批权和收益分配权不变的原则。首先，设专户专员管理。天长市在全市范围内取消村级在各金融部门的银行账户，由镇代理服务中心统一在金融部门开设"村级资金核算专户"，同时取消村级会计岗位，然后设一名报账员，负责本村报账工作。其次，使用专用票据管理。村集体向农民收取的"一事一议"筹资和筹劳，使用《安徽省农民负担专用收据》；村（社区）收取的往来款项、承包上交款、资产变卖款、财政转移支付或补助款、捐款等，使用统一印制的《村级专用收款收据》；支出票据原则上要求使用税务发票，在无法取得税务发票的情况下，使用统一印制的《村级财务往来、支出凭证》。再次，严管非生产性开支。村级非生产性支出限额标准由所在镇人民政府根据当地实际制定，镇代理服务中心对于村级的各项支出应对照村财务收支预算方案和支出标准，实行先审核后入账，对不符合规定或不规范的支

出凭证，不得入账。最后，实行备用金管理制度。镇代理服务中心根据村经济发展状况核定备用金数额，原则上村集体经济组织的日常开支如果不超过 3000 元，实行前款不报，后款不领。各级组织和人员分工执行，各司其职；各项制度严格把关，在一定程度上约束了干部随意处置财务、铺张浪费和贪污腐败等行为。"现在 3 个月公开一次账目，大家对每件事都熟悉，不再是望而不问了"，光华村股民代表王玉中谈到。

（二）精准把控资产运营

十八届三中全会就如何健康发展农村经济所提出的"三资"管理是农村集体经济发展和农民致富的物质保障和基础，切实关系到广大农民的实际利益。"改革必须要走出去"，永丰镇赵镇长坚决说道。"三资"管理在发达地区已有较为成熟的做法，天长市应借鉴相关经验，对"三资"监管系统进行升级改造。在原有财务监管基础上，天长市更加注重对集体资产整个流程的管理。首先，资产公示于民。天长市对全市范围内的村集体经济组织进行年度资产清查，全市共界定并确认农村集体经济组织成员50.71 万人，量化资产 8332.42 万元，发放股权证书 11.31 万份，42.63 万农民成为合作社股东；成立集体经济股份合作社 127 个、集体经济合作社24 个，所有清产结果交由"三资"委托代理服务中心备案并向村民进行公布和解释。其次，资产变动随时跟进。村集体经济组织对村集体资产进行清晰分类，并建立固定资产台账，及时记录、更新资产变动情况，并上报镇"三资"委托代理服务中心进行备案。再次，实行严格的评估和监督手段。村级集体资产以招标、合作等形式进行经营时，必须先由农村经营管理部门或具有资质的单位进行资产评估，然后在村监督委员会的监督下实行，以保证资产情况的真实有效。最后，以合同规范资产运营。村级经济组织采取承包、租赁、出让的方式盘活集体资产，需要按照程序和要求制定相应方案，由村监委会监督实施，并严格签订经济合同，保障资产的保值增值。以新街镇 1 万元以上资产的发包运行为例，资产运行要经历由村两委研究决定，到监督管理共 12 步严密的工作流程，通过整个过程的缜密审核，实现对村集体资产的精准把控。

（三）明令把守资源利用

习近平总书记在十八届中央纪委五次会议上指出，现阶段基层干部违纪违法、侵犯群众权益等现象频发。针对村级财务面临的涉农专项资金管理使用不精准，征地拆迁和工程建设领域易出现违纪、违规、违法导致的农村资源浪费等问题，天长市以法律明文规定，对集体资源性资产进行清查、登记和管理，以减少集体资产的流失和浪费。首先，进行资源清查。对于各村属于村集体所有的土地、林地、荒地、滩涂、水面等集体资源性资产，由村（社区）集体经济组织建立登记簿进行逐项登记，涉及农村集体建设用地以及发生农村集体建设用地使用权出让等的事项需要重点登记，建立电子文档，并报镇"三资"委托代理服务中心备案。其次，进行资源登记。对于集体资源性资产进行承包、租赁时，承包、租赁单位（个人）的名称、地址、费用、期限等都要进行详细登记，资源的发包、出让同样要参照承包和租赁的程序办理。最后，进行资源管理。天长市以确权登记成果为基础，健全农村土地承包管理档案，建立农民土地承包权属电子管理系统，实现农村承包土地经营权权属管理信息化；将集体资产股份的登记、变更、交易以及成员名册纳入农村集体资产信息化管理平台归档管理，并在市农委备案。以冶山镇高巷村为例，该村经清产核资发现村集体有闲置的 180 亩高巷水库、400 多平方米老村部以及占地 3 亩多地的村预制厂。通过产权交易中心对闲置资源进行公开招标、对外发包，并对高巷水库提水站进行改造和更新，高巷村每年增收 7.5 万元。

第三节　权利再造，完善治理保障机制

农村集体经济组织制度与村民自治组织制度相交织，构成我国农村治理的基本框架，为农村现代化提供了基本的制度保障。农村集体经济组织作为产权制度改革的主体，健全的运行机制能够促进基层有效治理的实现，完善的治理保障措施则可为集体产权制度改革提供长效的保障机制。要推动现代乡村治理的发展，就必须尊重农民的意愿，并且突出其主体地位，充分发挥组织优势和集体力量，充分发挥基层社会的治理活力。天长市所建立的激励机制、提供的参与渠道及其健全的监督机制，为基层治理的创新和发展提供了保障机制。

一　健全激励机制，创新组织治理优势

完善的激励机制能够激发基层组织和干部的活力，也是基层治理有效的必然要求。在天长市改革启动阶段，部分村庄表示村集体经济基础薄弱，村委会没有能够满足正常运转的经费基础，并且一部分村干部思想有顾虑，突出表现为"五怕"，即怕难、怕烦、怕乱、怕丢权、怕失手。为了破解这些难题，加快集体产权改革进程，天长市提供专项经费以保障村委会的运转，并且针对村干部和党员干部分别制定了专门的激励政策，使其由被动受命到主动担责，有利于充分发挥组织优势，实现治理效力的最大化。

（一）转移支付兜底村委会运转

以往，村委会与村集体经济组织合二为一，对财产收支没有单独的管理措施。因此，村委会的办公经费一般情况下来源于集体经济收入，即村干部要自己想办法发展村集体经济，否则由于缺乏经费来源，村庄的社会管理和公共服务职能便有名无实。说到改革，村干部对此表示担忧："过去，村里的集体经营性资产的收益往往用作村两委的办公经费等基本支出，现在要把这笔钱分出去，基本办公如何进行？"天长市通过开展"政经分离"改革，独立设置了村集体经济组织，一方面，政府资助办公经费。天长市出台《"五七九"财政资助办法》，即市级财政为填补这笔经费给予了相应的补贴，推行"五七九"政策，村庄人数在3000人以下的拨款5万元，在3000~5000人的补7万元，5000人以上的补9万元，给村里各方面办公用，通过财政补贴的形式为村委会办公提供经费支持。另一方面，财政补贴公益事业。本着"政府主导、农民主体、多元投入"的原则，天长市级财政预算每年安排一定的运行维护资金，连同上级财政补助资金，专门用于对农村公共服务运行维护工作进行奖补；乡镇财政每年按照居住人口人均不低于12元的标准配套拨款，列入年初预算；各村在遵循群众意愿的前提下，按照居住人口的一定标准向农户筹集运维资金。根据财政部提供的数据，2015年各级财政共安排一事一议财政奖补资金约500亿元，其中中央财政218亿元。天长市村级公益事业建设落实一事一议财政奖补政策，截至2015年9月底，共完成137个"一事一议"财政奖补项

目。在"一事一议"财政奖补政策的引导下，打通了农村公益事业建设"最后一公里"，改善了农民生产生活条件，同时充分尊重农民意愿，让农民享有知情权、参与权、决策权和监督权，健全了村级公益事业建设民办公助机制。

（二）晋升制度鞭策村干部履职

天长市铜城镇余庄村村监会主任说："火车跑得快，全靠车头带，村干部对于村庄的发展起着至关重要的作用。"因此，天长市创新对村干部的激励机制，以稳定农村基层干部队伍，减少村干部的流动性和变动性为目的，提出了一系列针对村干部的激励和保障措施。一方面，考核结果定奖励。天长市建立考核机制，将集体资产股份权能改革工作作为市直部门和镇街年度岗位目标考核的重要内容；把村干部经济待遇与村级集体经济发展情况挂钩，每两年调整一次村干部报酬，对村级集体经济增速突出的村"两委"班子适当提高绩效奖励。另一方面，评选先进促实效。市委、市政府每年评选集体经济发展"先进村"，并给予奖励。对三年内村集体经济发展效果不明显的村"两委"主要负责人给予组织调整或辞退，并且领导小组办公室要对各地发展壮大村级集体经济的情况进行跟踪督查通报，确保取得实效。天长市石梁镇村干部表示："以前村里的干部招不到人，小青年都不愿意干，嫌工作麻烦还得罪人。"为此，石梁镇通过建立村（社区）干部工资＋绩效工资机制，按时按月打卡发放，让村干部"有甜头"。从村庄的整体发展来看，村干部的领导和带头作用是不容忽视的，天长市所制定的晋升制度就保障了村干部队伍建设，激发了村干部的工作活力，不仅提高了村干部的办事能力，而且使村干部有了实现自身价值的晋升途径，能够更好地履职，促进了村委会发挥自治组织的优势。

（三）积分制度激励党员做实事

针对部分农村党员活动难组织、发挥作用不明显、考核评价无抓手等问题，安徽省天长市结合"两学一做"学习教育，推行党员积分制管理，对全市近2万名农村党员的日常表现进行了量化评分、排位评星。首先，对党员分类定细则。以基层党支部为单位，将党员划分为村"两委"干部、无职党员、流动党员、老弱病残党员等四个类别，分类制订考核细则，目的在于实现党员的自我管理，鼓励每一个党员立足实际发挥作用。

其次，为党员分项定积分。党员积分由基础积分、日常积分和民主评议积分构成。基础积分按照"党员干部做表率，普通党员争优秀"的原则，根据党员年龄、类别、岗位特点设定，村干部基础积分为 55 分，无职党员基础积分为 60 分，流动党员基础积分为 65 分，老弱病残党员只要求根据自身情况、履行基本义务，不参加评分排名。日常积分包括履行党员基本义务分和发挥先锋模范作用分，根据党员日常表现进行加分或扣分。民主评议积分根据每名党员在本年度党员民主评议中的得票情况换算积分。最后，党员积分挂钩评优。党员积分在 96 分及以上的被授予"五星级党员"称号，90~95 分的被评为"四星级党员"。被镇（街道）评为四星级、五星级的党员村干部方可参加天长市五星级村干部评选；被评为天长市四星级、五星级的村干部年底增发一定的绩效报酬。据天长市杨村镇光华村党总支书记任宝贵反映："以前党总支开会，有些党员找各种理由缺席。推行积分制后，大家参加组织生活的自觉性、积极性显著提高，到会率在 95% 以上，即使有事缺席也都办理请假手续。"

二　优化参与机制，增强治理主体作用

农村基层改革与农村发展离不开村民的参与和支持，矛盾处理、资金投入和资源改造等都需要农民的参与。畅通参与村庄事务的渠道，让农民能够表达自身合法权益，是实现村民自治的基础。天长市通过集体产权制度改革，建立起集体资产与集体成员之间"按股享有、民主管理、风险共担、利益共享"的利益联结机制，发挥了集体成员治理主体的作用。

（一）明确主体地位，参与经济组织选举

农村基层治理能否有效，关键在于治理主体是否具有主体意识。随着市场经济的发展，天长市农村基层治理主体逐渐向多元化方向发展，村民除作为村民自治的主体参与村委会的管理和服务之外，还通过成立集体经济组织，设置股东（代表）大会、理事会和监事会，参与村集体经济的发展。理事会由股东（代表）大会选举产生的 3~7 名理事组成；监事会由股东（代表）大会选举产生 3~7 名监事组成，构成村集体经济组织的监督机构。"村民变股东"，参与村集体经济组织的选举以及管理等。

"股东代表证"成为村民身份发生转变的标志，意味着他们享有对村

集体资产进行分红的权利。2016 年底到 2017 年初，天长市 12 个村实现分红，虽然有的村分红只有几十元，最高的只有 150 元，但是拿到分红的农民说："一元钱是钱，一分钱也是爱""今年分小钱，以后分大钱""我们拿的是原始股"，表示村民的积极性已被调动起来。农村集体经济组织成员除享有财产权利外，还享有对经营活动的知情权、决策权、管理权和监督权等民主权利，如村集体经济进行分红时，要向股东代表大会做工作报告并制订下一年度村集体资产的运营计划和分红计划。落实村民各项民主权利，激发了其作为集体经济组织成员的主体意识，发挥了其治理主体的作用，使基层治理能力焕发出了新的生命力。

（二）转变认知态度，参与集体资产管理

村级集体资产的治理是村民自治的核心和根本，对集体资产治理的好坏直接决定着村民自治的成败。[1] 以往在村集体资产产权不明晰的情况下，村民认为村集体资产和集体经济的发展与自己没有关系，不会关心集体资产的管理和集体经济的发展。天长市光华村老干部刘生荣谈到，"在进行产权改革之前，村内集体资产没人管，浪费比较大"。天长市通过集体资产确权到户和股份合作制改革，确定了集体成员身份以及股权分配方式，创新了集体资产管理方式，改变了村民的认知和态度。一方面，由"漠不关心"到"主动关注"。作为集体经济组织的股东，村民意识到村集体资产有自己的一份。原天长市市委书记金维加认为，"过去群众对集体资产看得见、摸得着，但管不住；现在群众既能看得见、摸得着，也能管得住，而且能受益"。如杨村镇光华村理事会以集体经济组织的名义，花了13500 元为村民健身广场铺设了地胶。但地胶质量不过关，一场雨后便出了问题，这时股东代表王进就向监事会提出了质疑，监事会接到反馈后要求理事会立即整改，避免了这 13000 多元打水漂。另一方面，由"不置可否"到"建言献策"。村民手握"小红本"，认识到村内集体经济发展的效益会为自己带来好处，因此会对村内集体经济的发展提出更好的途径。如金集镇草西村的 240 亩林下经济要对外发包，原本已谈好承包金每亩500 元，村股份制合作社监事会的代表们得知后一致建议合作社理事会采

---

① 李勇华：《农村集体产权制度改革对村民自治的价值》，《中州学刊》2016 年第 5 期。

用公开招标形式进行。合作社及时采纳大家意见，进行了严格规范的公开招投标，最终浙江人以每亩 680 元价格中标，为合作社增加经济收入近 5 万元，有效维护了股东的利益。"通过改革，农村集体资产成为全体村民的'聚宝盆'。改革形成的利益机制、动力机制、参与机制、程序机制、支持机制，对村干部形成倒逼压力，增强了他们干事创业的热情，村民也有了参与集体管理的积极性"，华中师范大学中国农村研究院名誉院长徐勇教授如是好评。

（三）　形成集体观念，参与经营方式决策

不同群体利益诉求不同，因此群体间博弈可能导致部分集体利益受损。在村集体中形成集体观念，有助于培养村民的政治效能感，引导村民积极参与集体经济的运营和发展。参与村庄经济事务的管理，其中最重要的就是参与村庄集体资产经营方式的决策。天长市创新农村集体资产经营方式的管理办法，村级组织层级把关、共同商定，保证集体资产有效运营。一方面，经营性资产运营由集体成员共议。村级集体资产在选择对外租赁、承包等经营方式时，程序规定需要由村集体经济组织提出议案，并由成员或成员代表会议讨论通过。"经营搞得好，我们分得就多，搞不好，分得也就少了"，张巷村股民代表王洲元谈到。另一方面，非经营性资产由村民代表共商。在涉及使用非经营性资产进行投资、入股和联营等运作时，需要由村委提出方案，并由村监委会进行监督，最终交由村民代表会议讨论。村民通过会议形式，参与到本村事关公共事业和公益事业的集体资产运行的决策之中，充分表达了自身的利益诉求。

三　巩固监督机制，提升基层服务效能

近年来，随着村级民生实事工程的推进和经济社会的发展，村级组织管理的事务、掌握的资金越来越多，如何确保村干部尽职尽责，防止小权力衍生为大腐败成为现代乡村文明建设的一个新课题。天长市明晰、细化小微权力，并予以多元主体的监督保障以及考核机制的奖励与惩处，将村干部的权力锁进牢笼，画上红线，防止集体产权在操作过程中因村干部的"上下其手"而产生权力腐败。

（一）建公示制度对权力实时监督

建立权力运行制约和监督体系，让人民监督权力，让权力在阳光下运行，确保基层组织按照法定权限和程序行使权力。天长市通过建立"小微权力"公示制度，主动公开权力清单内容、规章制度、运行程序、运行过程和运行结果；逐项逐笔公开村级所有收支、债权债务、合同履约等明细，同时公开反映权力运行过程的原始单据。小微权力清单以公开、公平、公正为原则，压扁了村干部的暗箱操作和牟取私利的空间。一方面，天长市依托资产交易平台，以信息化公开的方式对集体资产实行"网上竞价"。例如，杨村镇北荡村股份合作社林权项目挂上平台公开交易，以超出保留价2.2万元成功交易，使产权增值率达15.07%。另一方面，天长市通过权力清单制度将权力运行过程公示。清单让村民知道自身有哪些权利，怎样行使权利，给村民吃下了"定心丸"。"还有比我更困难的家庭，虽然今年没申请上，但整个过程我都清楚，服气！"新街村村民谢燕平时很关注村里低保申请，尽管今年没申请上，但也没抱怨。权力清单制度的落实能让干部手中的权力暴露在阳光之下，各种监督也就更容易"到位"。

（二）依多元主体对财务全面监督

健全约束权力的监督机制，使隶属一个村集体的多元监督主体能够互相配合、协调一致，形成合力，并且在充分发挥对上级领导监督作用的基础上，能够发挥监督机制的整体功能，取得良好的监督效果。天长市实施督查和多方监督，让"小微权力"公开透明。通过构建群众监督、村监会监督、职能部门监督的监督体制，真正将村级组织的权力装进"制度的笼子"里。一是发起群众监督。通过村务公开栏、广播、宣传资料等形式，公布小微权力的运行清单，积极引导村民对重大事项权力进行全程实时监控。二是组织村监会监督。明确村监会是监督小微权力的主体，要对村级事务办理过程进行全程监督，发现问题，及时上报，并督促整改。三是加强部门监督。镇纪委、三资办等镇直部门经常性开展督查，及时通报存在问题，确保村干部将"小微权力"清单装在包里、拿在手上、记在心里，按清单办事。杨庄镇光华村作为分红第一村，其股民代表王干说出了自己对集体资产的监督和对分红增收的期望，"今年分100元，群众给竖大拇指，明年分80元，村干部自己也说不过去，最大化地利用好、经营好村集体资产，村委和集体经济组织要绞尽脑汁"。

（三）定考评问责对绩效兜底监督

为落实十八届中央纪委五次会议精神，安徽省纪委从 2015 年 7 月开始在全省范围内开展查处发生在群众身边的"四风"和腐败问题专项工作，加强对违纪违法行为的责任追究。一是星级评定激励村干部作为。天长市出台了《关于加强村干部队伍建设的实施意见》《治理"不作为、慢作为"，鼓励"善作为"实施办法》等一系列文件，对村干部实行目标管理，进行星级评定，营造干事创业良好氛围。每两年调整一次村干部报酬，为村干部办理城镇职工养老保险，解决他们的后顾之忧，让他们热心推进改革。二是权力清单约束村干部行为。天长市要求各镇（街道）及市直相关部门督促村一级严格按照村级小微权力运行流程规范处置相关事务，加强检查指导。以新街镇为例，该镇制定了《新街镇（社区）干部任期岗位目标考核办法（试行）》，对严格按照"小微权力清单"办事、工作业绩突出的村，给予相应的特别奖励，反之则取消一切评优资格；对未按照小微权力清单制度处理村级事务，给集体、个人造成损失的村干部，严格问责。2014 年新街镇将清单涉及的工作内容分为基础性工作和阶段性工作进行推进，全年开展 4 次集中督查，对 8 个村（社区）进行了过程考核，对工作失职的 2 名村主要负责同志取消了村级目标绩效考评年终评先评优资格。

第四节　"一改百活"：产权改革助推
基层治理再升级

基层是社会治理的基础，国家治理现代化离不开基层治理现代化。天长市以产权改革为主线进行的一系列基层治理体制机制创新，形成了"农民有动力，干部有压力，农村集体资产有活力"的农村工作新格局，实现了治理得民心、暖民心，最终内化于民心的新态势，从而实现了农村综合改革"一改百活"的新局面。天长市通过政经分离、建立村级集体资产监管机制、引入小微权力清单及创设服务平台等手段，重塑了基层组织体系，强化了基层平台服务功能，健全了基层治理保障机制。天长市的改革实践证明，产权改革的一系列程序机制成为村民权利实现的训练场，使基层群众权利得以落实，基层服务能力建设得以优化。利益相连带来的基层群众自治活力迸发，使基层治理得以长效运行，使天长市探索出了农村治理有效实现的新形式（见图 6-2）。

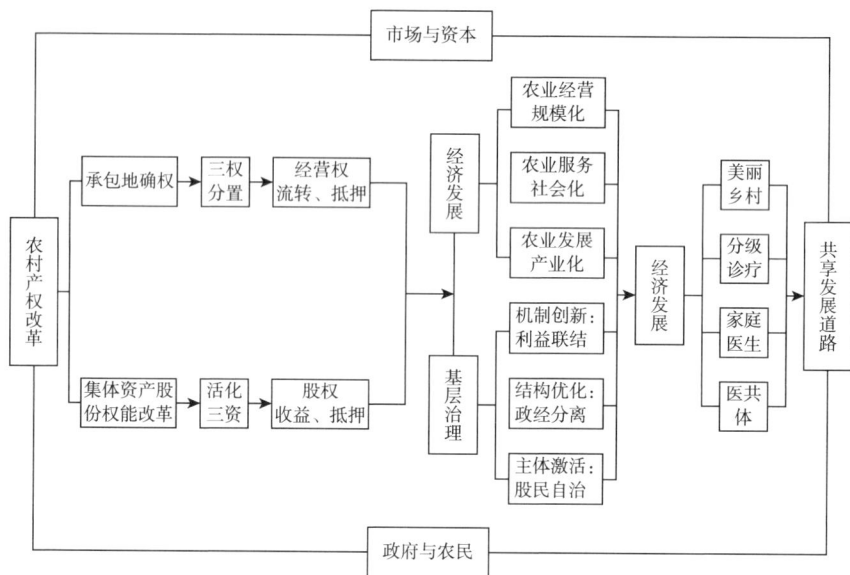

图 6-2　天长市农村综合改革流程

一　保障了基层群众权利充分实现

2017 年中央"一号文件"明确提出要增加农民财产性收入。要让更多群众拥有财产性收入，首先应该让群众拥有财产。杨村镇光华村是第一个让天长人民享受分红的村，村民王玉中回忆道："2016 年全村共发放了 30 万元左右，每个股民领了 100 元，不在于钱多少，关键是大家看到了权益。"冶山镇高巷村袁主任对增加农民财产有自己独到的见解，"产权改革搞不好，就意味着无能；农民增收了，对村干部来说也是一种保护"。因此，产权改革在保障村民财产权利的同时，也维护了干部在村民心中的形象，极大地激发了村民的自治活力，为改革找到了动力之源。

一是落实了村民财产权利。为适应新形势下农村土地权利配置进行新一轮改革的要求，天长市利用产权改革契机，敢作敢为。首先，以"三资"管理促财产保值。天长市通过建设农村集体"三资"信息化监管平台，对集体资金、资源、资产进行制度化、规范化、信息化管理，通过技术化手段和民主化程序实现了保护农民财产权利的目标。其次，以"土地改革"促资产增值。在"三权分置"改革过程中，天长市坚持农村集体所有制，农民可以自由地将承包地流转给种植大户、专业合作社等经营主体，充分发挥土地的保值增值作用。最后，以股权分红促收益落实。天长市依托集体股份权能改革，进行清产核资，使股民知晓村级集体资产情况，并参与村集体资产管理，使村民对集体资产的享有从虚到实，增加了农民的实际资产性收益。股改后，"分红"成为天长农民茶余饭后的热点话题。60 岁的光华村村民王玉虎每天都要去村部转转，研究公告栏，琢磨着合作社有哪些项目能让村民们分红，能分多少。以杨庄镇光华村为例，在 2017 年，光华村 3225 位股民共同分享村集体资产 354750元，每人分红可达 110 元。

二是培育了群众民主能力。乡村治理的目标在于保障农民财产权利，实现农民参与公共事务的权利。长山村杨书记表示："改革初期村民对清产核资到集体成员身份界定，再到集体资产的量化都不是特别清楚，也不是很关心。"在深入推进产权改革工作后，张巷村村民代表经国江感叹道："现在都愿意参加股民代表会议了，因为讨论的事关系到大家的利益了。"天长市股份权能改革以全方位的村民参与为突破口，走出了一条从浅层次无动力参与到深层次有动力参与的道路。首先，村民代表会议讨论。在村民小组长带动下，村民代表会议积极讨论，让村民了解股改。其次，股民代表会议商议集体经济组织关于集体经济运转的相关事项，合作社每季度召开一次股民代表会议，使股民全方位了解集体资产收支情况，为资产管理"把脉出方"。最后，家户代表会议确保每户村民的知情权。村庄以村小组为单元召开户主会议，户主对事关村民切身利益的事务进行最后表决，使民意表达更加充分。谈起股改后的转变，光华村党总支书记任宝贵告诉记者，过去村里开群众会有时要花钱请，现在不用请，一通知就来了。

三是提升了集体致富能力。天长市在产权改革过程中，积极发展壮大集体经济。一方面，各村（社区）分类注资，不断拓宽增收致富"门道"，如通过将资金投放到政府金融平台、融资零风险国有公司以及注资兴办村级实体企业等方式获利。以杨村镇龙集社区为例，村集体将 125 万元集体资金投放到 4 家经营状况良好的企业进行合作经营，每年为集体增收达13.76 万元。另一方面，利用产权交易平台，使农村集体资产、资源要素自由流动，以发展壮大集体经济。以杨村镇北荡村为例，52.05 亩林权通过产权交易平台转让，成交价为 16.8 万元，高出底价 2.6 万元。张铺镇平安社区村民陈继文在评价农村集体资产股份权能改革时激动地说："从前都认为集体资产不关我们平头百姓的事。现在不一样了，我们有了股权证，还当了股东。我家除了土地流转、打工收入、养老保险和农业补贴之外，又多了一项收入。我们的日子是越来越有盼头了。"

二　推动了基层服务能力有效提升

乡镇政府是基本公共服务的重要提供者，是基层治理的重要组织者。2017 年 2 月 20 日中共中央印发《关于加强乡镇政府服务能力建设的意见》，明确提出要加强乡镇政府服务能力建设。天长市因地制宜，因需施策，在部署集体资产股份权能改革工作时，做到服务制度化、服务信息化、服务流程化，实现了基层政府服务水平的有效提升。

一是完善了公共服务多元供给机制。永丰镇赵镇长在谈到社会公共服务供给时感慨道："以往基层公共服务都是依赖上级'靠要'，现在我们应该转变到'要造'的态度上。"天长市坚持目的导向，首先，实现村级便民服务大厅的集中服务功能。各村结合村情，编辑整理本村权利清单，致力于规范干部履行服务职能，并对现有设施资源进行综合利用。其次，将市场要素纳入农村服务体系。天长市对农村集体资源进行整合，并将其投入市场，进行交易，以此放活"沉睡"的集体资产。最后，强化镇（街道）的服务能力。各镇（街道）成立农村"三资"委托代理服务中心对农村集体资产、资源、资金进行组织化、阳光化、信息化管理。至此，群众对公共服务的需求表达和反馈逐渐规范化、常态化，同时群众对公共服务供给决策及运营的知情权、参与权和监督权也不断强化。实践证明，天长市在构建公共服务多元化供给体系的同时，其公共服务信息化水平也得以有效提升。

二是优化了基层公共服务资源配置机制。以往的公共服务由不同的政府主管部门负责，这种分散化管理方式导致职能重叠和信息封闭，不利于集体资产的统一管理与监督。基于此，天长市坚持公共服务均等化、高效化的发展方向，改进公共服务投入机制，实现了公共服务的有效配置。首先，健全农村综合服务平台，实现服务由乱到治。天长市以"小微权力"清单制度规范干部用权，使权力内容标准化、清晰化，使公共服务提供得到流程化、精确化操作，从权力行使主体方面实现了对公共资源的规范合理配置。其次，创设天长交易分所，实现服务由松散到集中。天长市通过层级式产权交易体系，将七大农村集体产权交易品种纳入产权交易中心进行集中、公开交易，盘活农村集体产权，破解以往信息不对称导致的交易不畅，实现了农村资源的效益最大化。最后，完善"三资"管理平台，实现服务由无序到有序。"三资"管理平台掌握集体所有的"三资"的存量、结构、分布及运营效益；"三资"委托代理服务中心严格核查村级有关经济往来账目，定期与开户银行核对，定期盘点库存现金。在严格的"三资"管理制度的监督约束下，农村"三资"得到了有效管理和运营。

三　重塑集体经济实现形式

集体经济是集体成员在集体共有资源基础上，通过集体生产与共享劳动成果，实现共同发展的经济形态。[1] 市场经济环境下，集体经济的分户经营模式解决了计划经济条件下的农民温饱问题，但很难解决共同致富、集体壮大发展的困局。天长市在产权改革中，通过联合农业经营主体、激活多元市场要素及盘活农村集体"三资"，使集体和农民重新联合起来，实现了集体经济的规模经营、高效经营、分类经营。

一是联合农业经营主体，实现集体经济规模经营。天长市着眼于农民增收致富和农业产业化发展，大力培育各类新型农业经营主体。截至目前，全市注册登记的家庭农场数已达 946 家，各类农民专业合作社709 个，省级龙头企业 10 家。在家庭承包经营的基础上，村集体扮演着

---

① 徐勇、沈乾飞：《市场相接：集体经济有效实现形式的生发机制》，《东岳论丛》2013 年第 3 期。

农民与专业大户、家庭农场、农业专业合作社、农业企业等新型经营主体的"中间人"的角色。一方面，规范土地流转，确保集体与农户增收。村委会发挥监督协调职能，村民小组逐一确认农户流转意愿，实现农村土地不断向新型经营主体集中，使土地增收效益显著。新型农业经营主体之间能够优势互补、联合共营，探索出灵活多样的规模经营和社会服务形式，给农村带来经济和社会双重效益。另一方面，农户入股经营，实现农户与集体双赢。农业经营主体鼓励农户以土地、资金、技术入股，参与经营决策，既能壮大股本，又能助力集体农业经营。大量离开土地的农民，"放开手脚"进入二、三产业，收入大幅度增加，实现了经营主体与农民的共赢。早在 2016 年，天长市农村居民人均可支配收入就达 15309 元，高于全国及全省平均水平。

二是激活多元市场要素，实现集体经济高效经营。一方面，首创产权交易平台，提升集体内部资源要素的交易价值。天长市在省产权交易平台基础上，设立市、县、乡三级产权交易系统，将承包土地经营权、集体经营性资产等 7 大农村集体产权纳入产权交易中心公开交易，充分发挥市场在资源配置中的决定性作用。以兴隆社区官田水库为例，官田水库通过产权交易平台严格的竞标程序对外发包，使发包价从原来每年的 5000 元提高到 42000 元，实现了村集体收入的大幅度增加。另一方面，多方联合互动，扩展集体经济外部发展资源。其一，村企联手，共建双赢。村企联合党组织充分研究企业资金、市场优势和村土地、自然资源等优势，共同寻找发展结合点，精心谋划产业发展计划，在为企业培育了新的增长点的同时，也增强了村集体经济的"造血"功能。早在 2014 年，天龙服饰等 25 家共建企业就在结对村新增了 25 个加工点，使村集体每年新增收入达 6200 多万元。其二，政府搭桥，引导牵动。天长市不断优化村庄创业环境，通过设立创业基金、提供税费减免等优惠政策，吸引能人返乡创业投资，带动村民就业致富。永丰镇宏大村的戴时春，在外打工时精学食用菌种植技术，于 2015 年返乡创业，为附近村民提供就业岗位 80 多个，已解决 15 户 38 人的脱贫问题。其三，"新乡贤"领头，模范带动。天长市积极开展乡贤文化工作，发挥乡贤邻里威望高、口碑好的典型带动作用。天长市 14 个镇成立了乡贤理事会，截至 2017 年 11 月，全市乡贤通过产业带动了 324 户农户致富。

三是盘活农村集体"三资",实现集体经济分类经营。一方面,放活资源性资产,集体经济发展有活力。天长市充分发掘各村特有自然资源和特色文化资源,发展特色农业以及休闲、旅游等新型农业产业经营形态,使农村集体"死资源"变为集体经济发展新亮点。长山村利用美好镇村示范村建设的有利时机,积极对 190 亩荒山进行整治,发展园林经济。通过招商引资,引进园林项目一个,大力发展果树等经济作物种植和花卉苗圃种植,年收益达 3 万元,真正以"绿水青山"变"金山银山"的生态经济方式用活了自然资源,使村集体带领村民致富的信心更足了。另一方面,用活经营性资产,集体经济发展有动力。天长市通过集体资产股份制改革,让村干部更加明确了集体经营的方向和重点,不仅更加重视原有资产的盘活,而且千方百计创造出新的经营性资产。尤其是在"美丽乡村"和"一村一品"创建工作中,村庄积极申报村级集体经济发展项目,通过建设光伏电站、发展乡村旅游、发展现代农业等途径,打造村集体经济增长新亮点。2016 年全市村级经营性收益达 1411 万元,较上年增长了 61%,农民获得分红收益更有希望。

四 创新了村民自治的有效实现形式

国务院办公厅于 2016 年 10 月颁布《关于以村民小组或自然村为基本单位的村民自治试点方案》。各地立足自身实际,开展了探索村民自治有效实现形式的实验,实践较好的有秭归的村落自治、清远的自然村自治、都江堰的院落自治等。利益相关是这些地区基层实现有效自治的共同基础之一。

天长市巧借产权改革契机,找到农民参与改革与关心村庄公共事务的利益联结点,探索出一条财产权与自治权相称的村民自治有效实现的新路径。首先,财产权与选举权相连,优化自治组织功能。集体经济组织由理事会和监事会组成,以壮大集体经济为目标。为获得更多的收益权,集体成员倾向于选择负责任、不怕事且有能力的人担任监事会成员;选择有公信力和影响力的老党员、老干部担任理事会成员。其次,财产权与决策权对称,增强自治主体的作用。村庄经济事务的管理,最重要的就是对村庄集体资产的经营方式的决策。天长市由市、镇（街道）、村层级把关集体资产运营，将集体成员纳入决策体系，共商共议，从而保证了集体资产的有效运营。最后，财产权与监督权相称，促自治组织长效运转。天长市在创设经济组织的同时，跟进成立了监事组织，并配套以系列平台的建立、制度的优化以及监管体系的完善，专设监督成员，实行"专款"、专项监督。通过完善系列标准化、制度化的财务监管手段，天长市在预防村级财务腐败的同时，助力了民主监督的有效落实，并为村民自治的长效运行提供了强有力的支撑。

结　论

习近平总书记于 2016 年在安徽凤阳小岗村农村改革座谈会上指出，新形势下深化农村改革需要多要素联动，主线仍然是处理好农民和土地的关系。这表明土地产权制度是我国现阶段农村改革的突破口和关键点，如何下好集体产权改革"先手棋"，盘活农村改革全局，考验着各地政府的改革勇气和改革智慧。天长市作为安徽省县域经济发展的"排头兵"，在深化农村改革过程中也面临着城乡融合发展不足的"短板"、农业现代化水平不高的"瓶颈"以及农村社会治理不活的"弱项"。这些突出影响农民增收、农业增效和农村稳定的弊端亟待破除。对此，素有改革传统的天长市，立足实际，创新求变，以农村集体产权制度改革为契机，充分发挥产权的激励作用与协调配置功能，将产权改革融入政府支农体制改革、农村经营制度创新和农村基层治理变革过程中来，使农村改革"一改百活"，促进了"三农"发展的现代化。以改革的先行优势和独特的区位条件为前提，天长市通过充分发挥政府担当意识和用活市场机制，在稳定集体所有权的基础上，以放活经营权为基本方式，以激活要素为根本途径，以农民参与为内生动力，以拓展股份权能为主攻方向，以乡村振兴为主要目标，把发展农业适度规模经营同建立新型农业经营体系结合起来，并与发展农业社会化服务相适应，实现了小农户和现代农业的有机衔接，探索了新时代的农村基本经营制度有效实现形式和乡村有效治理路径。我们称为"天长突破"的这条农村改革道路具有根本性、系统性与前瞻性，不仅突破了当前农村改革的体制机制弊端，更为实现城乡融合发展奠定了制度基础，这一改革范本具有普遍性的价值和意义。

一　天长突破的内涵

天长的农村集体产权改革牢牢扭住土地这个基础和核心要素，运用"三权分置"改革策略突破一家一户的小农经营，建立起多主体合作、多层级共赢的现代农业经营体系。同时以集体资产股份合作制为引擎，在激活农村资源价值中找到乡村治理的内生动力，突破农民"权利贫困"的堵点，形成了"一改百活"的生动局面。从更深层更广泛的意义看，天长改革在如何实现农村优先发展和乡村振兴的问题上，为全国广大地区创造了新经验，探索了新路径。

（一）天长突破是围绕农民权利发展的系统性改革

把实现好、维护好、发展好广大农民群众的根本利益作为做好"三农"工作的出发点和落脚点，是贯彻好党的根本宗旨的重要体现。当前农民问题的本质是权利问题，尊重与保障好农民各项权利成为新时期深化农村改革的重要任务。然而，目前农村公共服务供给"短板"明显，农村集体经济属于发展"弱项"，导致农民的基本人权和财产权利相对于民主权利而言处于"短腿"状态，这些绕不开的难题也给改革明确了方向。

天长突破正是紧密围绕产权、人权、治权这三个关键性的农民权利加强制度供给，不断深化改革。首先，天长在农村集体产权改革中，以经营权流转和按股分红真正落实了农民对土地、对集体资产的占有权和收益权，同时保证了权能的完整性，让农民带着权利进城，增强了农民的"获得感"；其次，以产权改革带动经济发展，为实现均等化的城乡公共服务奠定了经济基础，通过"医共体"建设，让广大农民平等便利享受优质医疗资源，赢得了农民对改革的"认同感"；最后，在产权改革和公共服务改革过程中，政府不代替不包办，而是将农民组织起来，为其提供平台和机制保障，注重培育农民的民主能力，帮助农民找回了"存在感"和"参与感"。总之，天长市的农村产权改革不是简单的农经工作，也不是单一的机制创新，而是以产权共享为主线，围绕农民权利发展目标进行的深层次系统性改革。

（二）天长突破的实质是农村土地产权的制度创新

农民问题的核心是土地问题。土地是农民的命根子，也是农民的最大财产。我国农村改革是从处理好农民和土地的关系开启的，新形势下也必须把处理好农民和土地的关系作为主线。但是要使土地从潜在的财产变为现实的财富，必须实现土地的流动和土地收益的合理分配，这就要求政府在土地产权制度上下巧功夫、做新文章。

所有权、承包权和经营权"三权分置"是现阶段农村改革的重点，又是国家发展和农村改革环环相扣的必然逻辑。新中国成立初期，农村集体所有权的确立，着眼于社会起点公平，开天辟地解决了让每个人都有饭吃的问题；小岗村探索时期，从所有权中分离出家庭承包权，目标是提高效率，石破天惊地解决了让每个人吃饱饭的问题，由20世纪80年代的农村改革唱响了"希望在田野上"的时代最强音。如今，天长市再前进一步，从所有权、承包权中分离出经营权，方向是要素优化，解决了让每个农民增收的问题，由此希望重新回到田野上。首先以土地确权赋予农民完整的土地承包经营权，同时保护经营主体依流转合同取得的土地经营权；其次以"外引市场，内育组织，上接政策，下连服务"的方式引入和激活了优质生产要素，使土地资源得到合理有效利用；最后运用股份化的合作和分配机制，使农民和大户形成稳定的经营预期，实现小农户与现代农业的有机衔接。与之同步的集体资产股份权能改革，则让农民燃起了新的希望。可以说，天长的集体产权改革是中国农村改革进入一个新时代的标杆，是小岗改革的升级版。

（三）天长突破是实现农民共同富裕的关键之举

"小康不小康，关键看老乡"，习近平总书记的这句话生动且深刻地揭示了"中国要富，农民必须富"这个道理。近年来，我国农民收入不断增加，增长速度持续高于城镇居民，城乡居民收入差距不断缩小。但应看到，随着农业经营收入和农民外出务工收入增长的潜力趋于耗尽，农民增收渠道不多的问题凸显。在这种形势下，通过深化改革增加农民财产性收入，成为促进农民稳定增收的有效举措。

天长市借力农村集体产权改革，健全农村产权交易平台，以此促进土地经营权流转更加规范有序，集体股份合作方式更加灵活多样，从而给农民财产性收入扩展了较大的增长空间。天长的改革者们深知"距市场愈近，距贫穷愈远；距市场愈远，距贫穷愈近"的市场规律，因此把充分发挥市场在资源配置中的决定性作用作为增加农民财产性收入的基本方向；而把进一步创新土地流转制度作为释放农民财产性收入、增加红利的有效途径。通过放活土地经营权，支持新型农业经营主体提升地力、改善农业生产条件、依法依规开展土地经营权抵押融资，促进了农村土地的保值增值，同时促进了包括农村土地在内的各类产权与金融资本的有效对接，对农民的财富积累产生了乘数效应。政府又注重风险先担，打消农户参与顾虑，从而稳中有快地增加了农民的财产性收入，帮助农民朝着共同富裕的道路大步前进。

（四）天长突破是实施乡村振兴战略的路径探索

党的十九大指出："农业农村农民问题是关系国计民生的根本性问题，必须始终把解决好'三农'问题作为全党工作重中之重。"为此明确提出了"实施乡村振兴战略"的重大部署，但乡村振兴还需寻求有效的实现路径。目前各地的农村改革都在对标乡村振兴的五大要求，但不同程度地陷入了"单兵突进的选择性改革"或"单向度的运动式治理"的改革误区，不仅无益于推进乡村振兴，还降低了农民对改革的期望值。

鉴于此，天长市采取了"重点突破、链式推进"的改革策略，即把集体产权改革作为实施乡村振兴战略的重要抓手，以"三权分置"作为产业兴旺的制度基础，以发展现代农业作为产业兴旺的重要内容，以共建共享机制串联起乡村振兴的五大要求，牵动农村改革全局。天长的改革者们秉持"改革只有必答题，没有选答题"的决心，从财政、金融、社会资本等多个渠道筹集乡村振兴所需资金；通过吸引、支持和培育新乡贤作为农村发展的新动能，清除阻碍要素下乡的各种障碍，激发了农村各类要素的潜能和各类主体的活力；同时改善乡村治理结构和机制，发挥"一懂两爱"大军的"头雁效应"，带动广大村民自主寻求致富道路、自发参与村庄管理，不断为乡村振兴注入内生动力。天长改革就是对"产业兴旺、生态宜居、乡风文明、治理有效、生活富裕"具体要求的对标突破，既找到了乡村振兴的突破口和"路线图",又让乡村振兴的五个方面相辅相成并统一于实现"三农"现代化的宏伟目标。

二 天长突破的成效

自 2015 年初作为试点开始,天长的农村产权改革截至目前已运行了近三年。三年以来,天长市按照"边试点、边总结,先入轨、后提升"的思路,以集体产权改革贯穿农村综合改革的始终,将雷厉风行和久久为功有机结合。不仅壮大了集体经济,促进了农民增收致富,还优化了现代农业和美丽乡村的发展环境。同时巩固了党的执政根基,改善了政府服务体制,提升了乡村治理能力,为新时代的"三农"发展赢得了主动、赢得了优势、赢得了未来。

(一)培育了经营主体,创新了农业服务

当前,农村社会生产力快速发展,农村经济社会结构发生深刻变化,深化农业经营制度改革势在必行。天长市在农村集体产权改革中,注重培育各类新型农业经营主体,构建出以农户家庭经营为基础、合作与联合为纽带、社会化服务为支撑的立体式、复合型现代农业经营体系。一方面,培育新型经营主体,形成了适度规模经营格局。全市农村土地总流转面积达 79.46 万亩,土地流转率达 59.76%。形成 50 亩以上的流转大户 1416个,农民专业合作社 851 个,其中国家级示范社 7 个;家庭农场 1025 家,其中省级示范家庭农场 16 家;省级农业产业化龙头企业 10 家,市级龙头企业 25 家。这些新型经营主体主要从事优质粮食、畜牧水产、蔬菜、经果及绿化林等生产。另一方面,健全社会化服务体系,引领普通农户参与农业现代化建设。天长市整合农技、农机、畜牧、水产等涉农部门,统一设立农事服务中心;整合全市农资市场资源,以政府招标统一农资品牌、价格,由农事服务中心统一以招标价对外销售,政府财政予以补贴。同时,在各村设立代理农事服务点,形成市镇村三级网络,实行一条龙服务,既规范了管理,又做优了服务,还降低了农户生产成本。经过考核培训和财政奖补,目前形成了以农事服务为主的农民专业合作社 287 家。其中大地农业专业合作社联合社业务涉及 7 个乡镇 200 多个团体和个人,会员 32 户带动非会员 3000 多户,服务面积近 10 万亩。

（二）增加了财产性收入，拓宽了农民致富渠道

实现农民增收致富是天长农村改革的出发点和落脚点。天长以集体产权改革为切入点，通过放活经营权，赋予集体股权，找到了农民财产性收入的持续增长点，也把农民合作经营带上了增收致富的"快车道"。一是变扶贫补助为股金分红。天长市创造性地把贫困群众与合作社、企业等经营主体有机连接起来，将精准扶贫到户的财政补助资金作为贫困农户的股金，投入合作社或其他经济组织形成股权，贫困农户按股份比例分享收益，变以往纯粹"输血"扶贫为"造血"脱贫，提升了贫困群众的增收能力。二是变集体收益为股金分红。在集体资产股份改革的第一年就实现了12个村人均分红30元到150元不等，农民财产性收入有了新的增长点。三是形成了"租金+股金+薪金"的"三金"收入结构。天长市农村土地流转总体呈现出规模逐步适度、主体日益多元、效益明显提升的良好态势，形成人人有事干、户户能挣钱的局面，仅2016年丰穗家庭农场年产值就达100多万元，净利润超过25万元。普通农户每年保底也有每亩土地600~800元的流转收入，还有人均2万~5万元打工收入，加上逐年增长的股金分红，2016年天长农村居民人均可支配收入达15309元，高于全国全省水平。四是股权"变现"，满足农民融资需求。通过创设"农权贷"融资产品，释放股权的金融价值，农民最高可获得8倍于股权价值的贷款，最长贷款期限为5年。现已累计发放218笔2362万元，有效解决了农民生产生活中的融资难题。

（三）壮大了集体经济，提升了乡村治理

天长市的产权改革在启动之初就注意把壮大集体经济作为重点任务。与沿海发达地区集体经济体量庞大不同，天长市农村集体资产整体上还处于"存量少、增量小"的初级阶段，其发展重点是探索集体经济有效实现形式，避免改革出现搭个"空架子"、装个"空壳子"、发个"空本子"、干部"空忙活"、群众"空欢喜"的局面。因此，天长政府指导鼓励基层采取盘活资产、开发资源、资本运作、服务创收四类增收模式，以资产租赁、农业开发、生产服务、乡村旅游、联合经营等20余种增收路径大力发展集体经济。同时探索政府项目援建、美丽乡村建设、特色产业培育等形成的资产归集体经济组织所有，并量化为集体成员股份的办法，带动一二

三产业融合发展,力争每村都有一个特色主导产业,每村都有一个稳定增收渠道。仅 2016 年全市村级经营性收益就达 1411 万元,较上年增长了61%,是 2014 年改革前的 2.5 倍;2017 年村集体经济收入超过 1800 万元,较 2016 年增长 25% 以上,全市 27 个"空壳村"全部除名,闯出了一条从"空壳"到"富矿"的集体经济内生发展之路。集体经济发展的显著成效还得益于构建了有效的治理机制和体系。在"政经分离"改革中,以"分灶不分家"的组织结构,实现了党务、村务、经济事务既各负其责又协调配合还相互监督,有效降低了治理成本,提升了治理绩效,从制度上杜绝了"小官大贪"现象。

(四)健全了支农体制,改善了政府服务

政府的政策支持不仅为产权改革营造了良好的外部条件,更为改革的持续推进注入了强大动力。天长市政府在改革中主责先担,以多种灵活政策全力支持产权改革。一是以人口规模为标准,兜底资助全覆盖。建立"五七九"村级组织运转经费保障机制,让村干部打消"无钱办公"的顾虑。二是健全农经队伍,壮大改革力量。全市按"每五万人一名"的标准配备 11 名农经管理人员;各乡镇按"万人一名"的标准配备 4~6 名农经干部,确保"事有人管、责有人负"。三是设立基金,专项扶持集体经济。市财政连续三年每年拿出 3000 万元,设立发展壮大村集体经济专项基金,基金收益与涉农项目资金整合,用于扶持村集体经济项目,三年共整合各类资金 3000 多万元投入集体经济项目。四是风险先担,创新金融支农机制。市财政安排 600 万元设立新型农业经营主体担保专项基金,银行按1∶5 进行配套,为新型农业经营主体提供担保贷款,已累计发放 312 户4946 万。并先后推出"兴农贷""惠农贷""农权贷""劝耕贷"等系列产品,以设立担保基金、风险补偿基金和政策性保险金等方式有效防范金融风险。目前累计发放涉农贷款超亿元,有效化解了"三农"融资难题。五是建立产权交易平台,规范资源要素流动。天长市形成了市、县、乡三级农村产权交易平台体系,实现了集体资产的市场化流通、阳光化运作。运行半年以来共申报各类农村产权交易项目 41 个,成交项目 14 个,成交总金额 444.89 万元,增值额 35.44 万元,项目平均增值率达 8.66%。

三　天长突破的价值

天长市以集体产权为核心的农村综合改革，不仅让承包地"三权分置"政策落地生效，充分尊重农民意愿，维护农民利益，而且以集体资产股份合作制改革激活农村要素，促进集体和农民双赢共富，实现了乡村的有效治理。其改革创举对于解决新时代的"三农"问题、实现乡村振兴具有标杆意义和启发价值。

（一）探索了集体经济发展的有效实现形式

党的十九大报告提出，要"深化农村集体产权制度改革，保障农民财产权益，壮大集体经济"。然而，关于农村集体经济可持续性的争论和质疑从未间断过，集体经济"过时论""无用论"等不绝于耳。究其原因，在于现有集体经济发展缺乏有效实现形式，导致实践中"分"的层面进展充分，"统"的层面却相对滞后，统分结合的制度潜能没有充分释放。

对此，天长市在集体产权改革中创新集体经济发展思路，将集体所有权派生和延伸出的经营权合作形成的经济形态，以及资金、劳动等要素集中实行集体经营的合作经济，作为新型集体经济的重要形式。通过政府引导、能人带动、市场衔接等方式优化集体经济发展的外部环境；探索出"资源开发型""资本运作型""外引内育型"等不同经营模式；以增强村级经济组织"造血"功能为目标，通过"政府精准化培育、资产市场化运作、村庄结对化成长"，促成政府、村集体和市场三方联动发展，创新集体资产经营模式，助推村庄撬活沉睡资源，重蓄发展动力源，探索出农村集体经济发展的有效实现形式。天长此举补齐了农村集体经济的"短腿"，是深化农业供给侧结构性改革、完善农村基本经营制度的题中之义，也是落实乡村振兴战略的根本要求。

（二）建立了农民增收致富的长效机制

习近平总书记指出，检验农村工作成效的一个重要尺度，就是看农民的钱袋子鼓起来没有。保持农民收入持续较快增长则是对农村工作提出了更高要求。近年来，天长市把农村集体产权改革作为促进农民增收的强大动力，探索建立农民持续增收的长效机制，全市农民收入呈现出

"速度持续加快、结构持续优化、质量持续提升、后劲持续增强"的良好态势。其中一条重要经验就是搞活经营权，通过与市场对接实现农民增收。

一方面通过创新农村基本经营机制，保持了农民经营性收入稳步增长。尤其是把家庭农场打造为农户家庭承包经营的升级版，使其"上接农业公司，下连普通农户"，成为引领适度规模经营、发展现代农业的有生力量。同时鼓励农民专业合作社之间进行多种形式的联合与合作，增强了农民的市场议价能力。另一方面通过创新资源要素配置机制，挖掘了农民财产性收入的增长潜力。天长市通过建立农村产权交易平台，促进各类资源、资产的经营权流转，并借此大力发展股份合作经济，提高了农民的保底收入与分红收入。天长农村干部群众将股份分红形象地称为"保鸡生蛋"，也体现了农民群众的理性致富观。即合作社从集体收益中提留不低于30%作为公积金发展公益事业，保障农民享受更好的公共服务。同时集体经济效益不好时，坚决不举债分红，而是把收益继续投入扩大再生产。

（三）创新了基层治理改革的方式方法

党的十九大报告提出乡村振兴的基本要求之一是治理有效。其实十八大以来，中央就相继出台了一系列创新乡村治理的政策文件，在一定程度上破解了阻碍乡村治理有效实现的难题，但在扭转乡村衰败颓势，调动干部群众参与改革积极性，激活农村发展活力等亟待解决的关键问题上，依旧针对性不强、精准性不够、有效性不大。根源在于基层治理具有主体多元、内容繁杂、方式多样、直接面对民众、直接关系民众切身利益等特点，这也决定了农村改革应该系统化推进，破解的出路应是找到基层各方利益实现与乡村治理有效的结合点。

天长农村改革的突出特点就是将产权改革贯穿农村综合改革的始终，提高改革的联动性和综合性。为推动集体产权改革落地，政府创设利益机制、动力机制、成员机制、程序机制和支持机制等五大机制，充分调动起干部群众参与改革的积极性，保障改革成果由农民共享。虽然各地产权改革千差万别，但天长创造的改革机制能够有效解决共性问题，因此具有推广价值。同时，产权理念革新带来经营方式创新，促进了村集体和农民再次合作共赢、共同致富。在产权改革中，村级组织因政经分离而有效运转，村庄经济因股份合作而焕发生机，村民参与因股份连心而有效实现。政策、市场、能人、资本、技术等要素都在产权改革中得以有效激活。可以说，天长的农村改革不是单一的产权改革，而是具有"一改百活"效应的基层治理改革。其在改革中创造和完善的体制机制，对于推动改革落地和乡村有效治理价值巨大。

四 天长突破的进一步思考

改革只有进行时，没有完成时。改革转型的任务异常艰巨，发展仍将面临不少困难和挑战。天长市闯出来的改革道路并非一帆风顺，目前虽然取得了显著成效，也形成了体制机制的创新经验可供中西部地区乃至全国借鉴参考，但从对标中央精神和天长群众期待来看，改革仍有部分不足之处，需在后续发展中进一步深化与完善。

（一）经营风险防范能力有待进一步提高

天长市全面铺开集体资产股份合作制改革，已经在群众中形成了科学的经营理念和理性的分红观念，势必要借势深化"三变"改革。此时，村集体和农民的有关资产权利权益已入股进入了相关生产经营实体，这些经营实体是自负盈亏的经济实体，生产经营过程中受不可抗拒的自然因素和不可预见的市场因素双重影响，出现经营性亏损风险的概率较高。而且经营主体与入股村集体、农民按照市场经济规则明确责任，经营主体按照市场规律进行生产经营活动，市场风险更加不确定，经营性亏损的风险将加大。天长在改革起步阶段，充分发挥了政府的主导作用，主动设立基金，"风险先担"，对参与合作的企业和经营项目"优中选优"，促使村庄股份经营普遍呈现"保本增利"的良好效果，此时出现经营性风险的概率相对较小。但自2017年起全面推开"三变"改革后，各村情况千差万别，政府支持力度及惠及面可能也会减小，经营主体出现亏损的概率势必上升。如何在农村、农民风险承受能力偏低的背景下，建立有针对性的生产经营风险防控机制，化解经营风险或者将经营风险进行有效分担、降到最低，守住农村、农民生产生活的底线，是当下天长市推进"三变"改革所要继续突破的难点。

（二） 农民资产权能有待进一步完善

赋予农民充分而有保障的资产权益是农村集体产权制度改革的重要目标。但在改革试点中，部分地区为快速完成改革任务，简单化地采取了股权动态管理方式，只关注产权的名义占有和分红的短期效果，而不注重赋权的完整性，导致农民的获得感不强，改革的彻底性不足。天长市志在将改革进行到底，首先以确权颁证为基础，以股权静态管理为动力，调动农民参与股份合作经营的积极性，落实农民对集体资产长期有效的占有权和收益权。其次加强改革成果运用，试行农村集体资产股权与农村土地承包经营权捆绑抵押贷款的做法，赋予股权以金融价值，落实了抵押权与担保权。同时出台文件明确了股权的继承权和有偿退出权，从而在制度形式上实现了集体股份权能的完整实现。与沿海发达地区相比，天长市农村集体经济整体上还处于初级阶段，股份分红尚未完全覆盖，农民对集体股权的继承和退出问题尚不敏感。因此，关于退出和继承的制度设计并无可参考的本地案例，一些规定还比较浅显粗糙，针对未来可能遇到的问题并没有做出前瞻性、细致性的指导。鉴于此，一是应坚持集体股权有偿退出不得突破本集体经济组织的范围，可在本集体内部转让或者由本集体赎回；二是股份继承权的实施细则应考虑与《继承法》的具体规定相衔接；三是应继续探索农民土地承包权、宅基地使用权的有偿退出或转让机制，对其条件、原则、形式、程序、评估标准、补偿办法等问题应进行深入研究。对于探索中可能出现的突破法律法规的情况，应积极争取使之成为上述权能改革的国家级试点。探索过程中应注意发挥村民自治组织的民主管理作用和政府政策的激励作用，如建立上述两权退出的审批制度。

（三） 村民自治活力有待进一步激发

农村集体资产的治理是村民自治的核心和基础，治理好坏直接决定着村民自治的成败。近30年来，村民自治制度的实施效果并不理想，原因在于其对村级集体资产的治理并不成功，根源在于农村集体产权的模糊和虚置，导致了村民自治的疲软失效。天长市的改革正是治理集体产权、扣准村民自治的"命门"，通过一系列的"确权""分权""赋权""活权"，使财产权利与自治权利相对称，找到了村民参与的利益联结点。由此动员了大批返乡能人回村参与村庄经济建设，重塑了不在村村民对集体成员身份的认同感，吸引了在村村民热情参与产权改革，热心参与村庄公共事务，村民自治重新焕发了生机。同时我们也应该看到，随着村民的身份变为"股民"，利益牵引下的村民参与更多集中在村庄经济事务领域，村民更关心自己的分红增长，而对村庄公益事业和文化活动的参与热情并未出现太大的改观。对于村级事务的管理和监督，则主要依靠村干部、村庄"五老"人员、创业能人等新乡贤群体，普通村民更多持"你们干，我们看"的旁观者心态。村民参与的范围和程度制约了村民自治制度活力的迸发，也不利于调动乡村振兴的主体力量。如何让村民由单纯的"共享"转为"共谋、共建、共管、共享、共评"的深度参与，进一步激发村民创造活力，还有赖于天长市农村社区治理机制改革的深化。下一步应对标十九大提出的"健全自治、法治、德治相结合的乡村治理体系"的要求，依法保障村民在集体经济组织和村民自治组织中选举、协商、决策、管理、监督等各个环节的民主权利；同时借助产权改革和美丽乡村建设成果，发扬文明乡风，重建乡土信任，为自治和法治赢得情感支持、社会认同，使乡村治理事半功倍。

（四）改革红利有待进一步释放

"改革发展成果由人民共享"是党和政府对人民的庄严承诺。农村产权改革的成果共享应是不落下一个村子，不落下一户农民。当前天长市的产权改革已经找到了集体经济有效发展的新路子，确立了利益联结机制，实现了股份分红到人。随着集体经济的不断壮大，村庄集体收入与公共服务支出将同步增长，农民获得的红利和福利也会逐步增多。但对于经济基础较差、发展起步较晚的村庄来说，首要任务还是摆脱"空壳"，减少负债，分红还只是规划中的事情，只能开会向股民解释原因。如果这种状态持续一年两年，村民尚能接受，但是长此以往就会严重影响村民对改革的期待和继续参与的可能性。因此，天长市应做好长远考虑，首先对于已分红的村，应参照城镇职工个人所得税起征办法，合理设定分红的个税起征点，以此来提高和保障改革带来的红利，调动农民参与改革的积极性。同时研究制定支持农村集体产权制度改革的税收政策，如免征权利人名称变更登记、资产产权变更登记涉及的契税，免征签订产权转移书据涉及的印花税，免收确权变更中土地、房屋等不动产的登记费等；其次对于尚未分红的村，应进一步完善财政引导、多元化投入共同扶持集体经济发展的机制。政府拨款、减免税费等形成的资产归农村集体经济组织所有，可以量化为集体成员持有的股份。同时应逐步增加政府对农村的公共服务支出，减少农村集体经济组织的相应负担；对于进一步探索股份合作的灵活多样形式，可以考虑将农民住房、承包地等折股量化发展股份合作，或将集体荒山、滩涂、农户承包地等的使用权评估折价变为资产，通过合同或者协议方式，以资本的形式投资入股企业、合作社、家庭农场等经营主体，以此促进股份分红加速实现。

个案篇

服务联合：创新农业社会化服务的有益探索[*]

——基于天长市大地农业专业合作社联合社的调查

天长市位于安徽省最东部，耕地面积 88 万亩，总人口 63 万人，其中农业人口 56 万人。天长市农业生产地位突出，是全国首批大型商品粮、商品油生产基地县（市）之一，多次被评为全国粮食生产先进县、百强县。良好的经济环境和农业生产条件，为天长市新型农业经营主体发展适度规模经营提供了适宜的土壤。随着新型农业经营主体的发展，服务主体多元化、服务内容多层次、服务机制多样化的格局基本形成，对于现代农业发展起到了重要推动作用。但为了进一步完善农业社会化服务体系，在顶层设计和个体诉求方面，都需要依托一个新型农业服务主体的出现。安徽省天长市大地农业专业合作社联合社正是在这种背景下应运而生的。该联合社由政府牵头，大户发起，联合天长市诸多新型农业经营主体抱团发展，将农业公益性服务与农业经营性服务有效结合，为成员提供产前、产中、产后的全要素服务，成为联合服务的利益共同体，成功探索出"政引民办、服务联合"的社会化服务新模式，实现了成员共同发展致富。

---

* 作者：华中师范大学中国农村研究院、政治科学高等研究院肖超、王柳青。

一　服务缘起：政策规引下的现实需求

农业结构调整不断向纵深推进，迫切需要深化改革与创新服务，构建新型农业社会化服务体系。从《农民专业合作社法》推行，到 2017 年做出最新修订，支持合作社联合社的法律依据在不断健全，中央在顶层设计上对此持续关注，并不断给予制度支持。而地方发展中还存在小农户与大市场易产生矛盾、农事服务资源供需结构不合理等问题。新型农业经营主体也需要突破自身困境，以联合发展来增加收益，实现农业现代化经营。

（一）合作社联合社的建设具备制度支撑

《农民专业合作社法》自 2007 年开始推行，并于 2017 年修订，确认了合作社联合社的法律地位。同时，国家出台相关政策，从资金、技术、人力等方面对合作社联合社予以扶持。地方政府不断创新服务模式，提供了可循的典型经验，为建设一个更加成熟的新型农业服务主体奠定了坚实基础。

1. 合作社联合社建设的法律依据

《农民专业合作社法》自 2007 年 7 月 1 日实施以来，为农民专业合作社提供了坚强的法律保障，农民专业合作社已经成为重要的新型农业经营主体和构建新型农业经营体系、推进农业现代化的骨干力量。截至 2012 年，全国工商注册登记的农民专业合作社有 52.17 万家，实有入社农户 4100 万户。然而不能忽视的是，大多数合作社自身建设不足，加之合作社法中的一些规定已经不适应实践发展的需要，专业合作社亟须通过联合发展突破瓶颈，实现由单一生产经营向多种经营、服务的综合化方向转变。鉴于此，现实发展需要对农民专业合作社的基本内涵予以重新界定，并做出相应规范。

2009~2010 年，北京、海南、辽宁、湖南、江苏、四川等省市在出台的农民专业合作社实施办法中，对农民专业合作社联合社的设立与运行做出了基础性规定。如《北京市〈农民专业合作社法〉实施办法》第十一条：合作社自愿联合组成新的互助性经济组织，向工商部门提出登记申请，依法取得专业合作社法人营业执照。这些相关条款为联合性农业专业合作社成功实现工商注册提供了依据。2013 年，工商局、农业部在《关于进一步做好农民专业合作社登记与相关管理工作的意见》中提出了"积极发展、逐步规范、强化扶持、提升素质"的要求，积极探索开展农民专业合作社联合社的相关登记管理工作，这为合作社联合社的持续发展创造了更优越的制度环境。

然而，中央层面并未出台相应的联合社登记管理办法，一些根本性、实质性的问题并未统一，这造成了农民专业合作社联合社登记难、监管不到位、发展不规范等问题在地方上的普遍存在。直至2017年，十二届全国人大常委会第三十一次会议表决通过了新修订的《农民专业合作社法》，专门增加了一章"农民专业合作社联合社"，对联合社的成员资格、注册登记、组织机构、治理结构等做了规定，规定三个以上的农民专业合作社在自愿的基础上，可以出资设立农民专业合作社联合社，依法登记后取得法人资格，登记类型为农民专业合作社联合社；联合社理事长、理事应当由成员选派的人员担任；明确农民专业合作社联合社的成员大会选举和表决，实行一社一票。自此，农民专业合作社联合社获得了国家法律的明文认可，这为其后续发展提供了法律保障。

2. 合作社联合社建设的政策支持

鉴于农民专业合作社内部发展不足，2013年，中央一号文件提出引导农民合作社以产品和产业为纽带开展合作与联合。2015年，财政部下发《关于支持多种形式适度规模经营促进转变农业发展方式的意见》（财农〔2015〕98号），要求进一步创新农民专业合作社发展模式，引导发展农民合作社联合社，同时通过金融、资本、人才、技术等政策，进一步加大对合作社联合社的扶持力度。

首先，中央高度重视农民合作社的融资问题。党的十七届三中全会提出，"允许有条件的农民专业合作社开展信用合作"。随后，历年的中央一号文件都对合作社开展信用合作提出了明确要求。要求农民合作社联合社在内部自发开展资金互助业务时严格把好两道关：一是风险防控关，严格遵循"对内不对外、吸股不吸储、分红不分息"的原则；二是监督监管关，必须明确业务指导主体和监督主体及其责任。

其次，中央高度重视培养人才队伍。农业部和有关部门坚持走出去与引进来相结合，2014年实施新型职业农民培育工程，重点培训农民合作社骨干、农业社会化服务人员。2015 年中央财政安排职业农民培训经费 11 亿元，在全国 4 个整省、21 个整市、500 个示范县以及 1500 个农业县开展新型职业农民培育工作。两年来，中央财政累计投入资金 22 亿元，带动地方投入 10 亿多元，培育了包括合作社骨干人才在内的超过 200 万名新型职业农民。2016 年农业部实施新型农业经营主体带头人轮训计划，鼓励农民创新合作社发展形式，为合作社联合社发展提供智力支持。

再次，中央高度重视基层公共服务建设。2008 年的《中共中央关于推进农村改革发展若干重大问题的决定》强调，要重视加强农业公共服务能力建设，创新管理体制，提高人员素质，力争三年内在全国普遍健全乡镇或区域性农业技术推广、动植物疫病防控、农产品质量监管等公共服务机构，逐步建立村级服务站点。2009 年《中共中央国务院关于加大统筹城乡发展力度进一步落实农业农村发展基础的若干意见》再次提出，要健全农业气象服务体系和农村气象灾害防御体系，充分发挥气象服务"三农"的重要作用。抓紧建设乡镇或区域性农技推广等公共服务机构，扩大基层农技推广体系改革与建设示范县范围。积极发展多元化、社会化农技推广服务组织。正是相关中央政策的持续跟进，为合作社联合社的发展提供了政策保障。

3. 合作社联合社建设的经验参考

随着合作社联合社的发展，全国各地出现了特色鲜明的经营模式，有专注于产前产后单一环节的服务，也有多环节服务，其经营服务模式值得借鉴与思考。一是单一环节服务，如安徽省霍邱县鹏飞农机服务专业合作社联合社，主要提供产前农机供应服务。"麻雀虽小，五脏俱全"，其聚焦于各类农机设备，实行股份制，内部自主经营，民主管理。再如广西恭城莲花水果专业合作联社，采取"联社＋自然村合作社＋农户＋基地"的区域管理模式，最大特色是政府主导，由政府前期垫资，村干部组织领导，入社农户达 5858 户，占全镇农户数的 45.4%，有效拉动了全镇水果销售，主要售往北京、上海等大城市，甚至借助网络平台发布销售信息。二是多环节服务，如辽宁锦州北镇葡萄产销联社，主要做生产与销售两个环节，还以"常兴青岩"牌商标实施了品牌战略。该联社的最大特色在于其产生不同于一般从一到多的"横向"联合，而是多个新的合作社建立后，又从

"纵向"上向基层延伸,实现了从一到多再到一的过程。

可以看出,目前我国农民专业合作社联合社的发展呈现多元化特征。成立主体包括政府、合作社、销售商、大户等;组成动力上既有多个合作社因合而成立型,又有单个合作社因分而成立型;组成结构既有同质型,又有异质型;业务范围上既有单一型,又有综合型。分析发现,中央倡导的全要素新型农业服务模式在地方推行中还不够成熟。对此,联合社不仅需要延长产业链,还需要引导企业和农户、合作社进行合作,最大程度地整合资源。通过借鉴全国各地的经验与教训,合作社联合社需要思考的是怎样实现中央提倡的全程社会化服务,怎样把经营性服务与综合性服务有效结合,怎样在扩大服务规模中拓展多层次服务格局,从而实现有效发展。

(二)合作社联合社的建设基于地方诉求

在天长市,随着农业市场分工日益专业化,小农户与大市场的矛盾日渐凸显。同质性农业经营主体之间存在恶性竞争,异质性农业经营主体在市场中处于不平等的谈判地位。这些亟须政府规范市场秩序,整合服务资源,使资源得到优化配置。

1. 地方政府亟须规范服务市场

随着地方政策的扶持,新型农业经营主体井喷式发展,包括专业大户、家庭农场、农民合作社、龙头企业等。以合作社为例,据数据统计,2011年安徽省天长市有300多家农民合作社。经过市场调查发现,除少数几家有资金合作外,其他合作社几乎只是"陪跑"。他们的经营状况形成了三个"三分之一",即三分之一盈利、三分之一保本、三分之一亏损。这种情况让地方政府面临挑战,也引发了政府有关部门的思考:随着农业化进程的加快,为了实现小农户与大市场的有效对接,必须发挥政府规范市场的作用。

当前,新型农业经营主体的第一个问题是其市场主体地位需要正名。如有的农业经营主体没有走正规程序,在市场中并未获得正名,却借助政府的利益直通车谋取"扶持暴利",这种缺失诚信的行为,既不符合市场运行的规则,也间接损害了其他市场主体的地位,使本该接受扶持的主体,没有享受到更多利益。第二个问题是不同的市场主体处于不平等的市场地位。不同的新型农业经营主体产权属性、运行机制和分配关系不同，内在的运行机制和比较优势也不同，各类主体在农业生产的全过程和产业的全链条上有不同的分工优势。这种术业专攻的经营模式，在日益开放且复杂的大市场背景下，需要承担更多的风险。一是要在生产链条中吃亏，厂商中间环节多，增加了生产成本、流通成本等，造成了农户"高投入，低收益"的局面。二是在微薄的利益与风险驱动下，容易引发恶意竞争。一位叫张六明的成员说："大家为了些钱挤破头脑，薄利多销，甚至是假冒伪劣，结果客户也不满意，连信任都没了。"同行之间假冒伪劣、互相压价，低水平的恶性竞争，不仅不能维持自身长期发展，反倒降低了与其他市场主体的谈判能力，增加了不必要的内耗损失，也限制了地区产业优势的发挥，不利于农业增效、农民增收。

这种"两败俱伤"的局面亟须改变，需要政府加强宏观调控，稳定市场秩序，规范经营主体运行，协调市场利益分配。在此要求下，建立一个服务于农事的合作社联合社很有必要。

2. 地方政府谋划调配服务供需

天长市准确把握现代农业发展走向，自 2009 年开始出台了一系列政策，鼓励农业发展。一方面是推进农村土地流转，市财政在 2009~2011 年三年累计安排 800 万元直接奖励农村土地流转。国家、省、滁州市的扶持资金累计达到 1600 万元以上。种植大户陈金玉说："以前家里就是那几十亩地，从来没想过能有上百上千亩地呢！"2012 年 6 月底，全市共流转耕地 19 万亩，占耕地总面积的 21%，其中百亩以上的种植大户已达 273 户，经营耕地面积 13.6 万亩。这些客观的数字背后却隐藏着盲目跟风的风险。据调查，某合作社一次性就流转土地 6000 亩以上，结果大面积减产后，亏损严重。这惹得一部分农民很担心："这样下去，迟早还要回到 1960 年！"政府扶持大户土地流转原本是一件好事情，满足了农户扩大服务规模、提高服务格局的需求。但一些种植大户不能正确评估自身经营能力，盲目扩张种植规模，让大土地反而成为农民的负担。这样病态的趋势引起了天长市政府的高度重视，"土地规模上来了，农民却受不住了，这还是服务跟不上啊！"天长市农委党组成员房华玄对此表示了忧虑。

为此，在农委等政府部门领导下，天长市开始实行农村土地流转与合作社发展有机结合的战略，在鼓励与扶持土地流转经营的同时，及时关注新型农业经营主体的发展态势，对其给予奖补。如2007~2011年，市财政五年累计直接奖补合作社518万元，以此鼓励农机、植保等农事服务类合作社大力发展。此举在一定程度上促使全市农村土地流转与种植业合作社呈现快速、规范的发展态势，但这也不是长远之策。

随着农业经营的商品化、市场化进程不断深入，新型农业经营主体由单纯的农业生产环节，逐渐向农资购买、技术指导、产品销售、金融保险等综合性领域拓展，提出了多样化的农业服务需求，促成了包括农资供应、生产、技术、贮藏、加工、运销、金融、保险、信息等服务在内的新型农业社会化服务体系的建立。这为农委等政府部门提供了契机，在政府牵头下，组建一个合作社联合社，为大户提供全方位服务被提上了议事日程。

3. 地方政府有待整合服务资源

传统农业社会化服务体系的服务内容主要集中在农业的产中环节，2007年中央首次提出将农业服务内容涵盖到农业产前、产中、产后三个环节。"农业是一种弱质产业，具有很大的自然风险，我们政府应该促进资源的合理配置。"农委党组的房华玄这样说，"国家政策倡导要对新型农业经营主体提供公益性服务，但是这类服务需要大手笔人力、资本的投入，还要广泛的外部力量的支持，这都是离不开政府主导的。"对此，天长市政府在各个镇逐步推进村级服务站点建设试点，力争将服务资源无缝隙、无差异地对接到农村。除此之外，乡镇或区域性农业技术推广、动植物疫病防控、农产品质量监管等公共服务机构也在跟进建设。

以天长市农业气象局为例，他们组织农业气象技术人员到仁和集镇芦龙农事服务专业合作社调查了解了农业种植结构和生产情况，并与社员面对面交流，听取了种养殖大户对直通式农业气象服务的需求和建议。芦龙农事服务专业合作社的负责人刘明文说："现在我们的社员只要打开手机短信，就可以及时收到农业气象监测、气象灾害预报预警以及农用天气预报的信息了，这真是为我们提供了极大的方便。"

政府以公益性服务为主导，适时调控经营性服务等资源，但随着新型农业经营主体的快速发展，他们对农业服务的需求日趋差异化。例如，种养大户对农业信息、农产品流通、农业技术等方面需求较大，需要信息化的服务，如远程视频等实时技术培训指导，以及农产品电子商务平台的营销服务等；龙头企业对服务的需求贯穿农业全产业链，既需要良种、农机、农药、化肥等农资的产前生产供应服务，产中的技术和信息咨询等服务，也需要产后的农产品供求信息、质量安全检测、存储、加工、包装、销售等服务。"这些多样化的需求，需要更加灵活、多样的服务方式。"如何满足多样的服务需求，提供更优质的全方位服务，房华玄对此有自己的看法："这就需要一个更大服务体的出现，需要新型农业社会化服务体系进一步完善！"

（三）合作社联合社建设根植个体需求

传统农民无论是在生产技能上还是在种植理念上，均跟不上市场所需。同时，粮食的销售路径仍旧单一。为了降低成本，提升技能，新型农业经营主体亟须抱团发展突破瓶颈。

1. 经营主体对低价农资的要求

农资是农业生产的物质资料，买好农资十分重要，然而这样普通的买卖对于农户来说并不容易，成员郑宏亮说："说起农资那就太多了，运输机械、加工机械、农药、种子、化肥、农膜等等。单单说个种子吧，水稻就有200多个品种，有时出门逛了一天，眼睛花了都看不过来。"天长市的市域面积有1700多平方公里，农资品种多样且分散，农民都是自己买，需要货比三家，费时费力。"住在市里的、镇里的倒好，像我们村子里的，有一家店的就在那一家子买，没有店的还要大老远跑出去哩。"一位叫李力的村民说："这还不算啥，有时候花了钱买到假的，那就算是倒了大霉了。"尤其一些大规模经营的农户，如果买到了假农资，往往难以承担巨大的亏损成本。即便农机农资是真的，也不容易购买到价格低廉的农资。

纵观整个天长市，农资的批发、零售、代理遍布，价格却常被垄断，尤其是机械产品，投入大、耗资大且只是在农忙季节使用，其余时间多是闲置。再加上现在的各种农资包装都是统一大小，统一数量，也很容易造成浪费。例如，一些农户谈道："有时候明明只需要5斤或10斤化肥，可又不得不买上百斤一袋的整袋包装化肥。而且化肥易挥发，用不完的化肥时间长了也就只好一扔了之，这造成了很大的经济损失。"因而，农户都希望能够买到小包装或散装散卖的各类农资。如此，看似一个农资小买卖，背后却存在不少风险与成本。

对此，一些种植大户、合作社想出了好办法——团购，几家商量好后找到合适的农户一起购买，这样数量上去了，价格也就低了，一旦发现农资有质量问题，还可以"抱团"维权，不至于像一些农户遇到困难吃"哑巴亏"。尽管如此，在天长市大大小小的新型农业经营主体中，仍然还有较多农户是单独购买农资，而那些抱团的也出了不少问题。"我们经营了3000亩地，抱团在一定程度上是减少了价格，但是优惠力度还是不太大，有时候挑选的东西也不尽人意。"部分种植户反映。可见，单从农资购买上说，新型农业经营主体需要更优惠的价格与更放心的品种，来获取更大的利润空间，以往的小规模联合抱团再也不能满足农户的需求。

2. 经营主体对农业技能的渴求

随着工业化、城镇化进程的推进，许多受过新式教育的农民都涌向了二、三产业，留下的多是年龄大、文化低、劳动力差的农民，农村农业经营面临"空心化、妇女化"等特点。恰逢天长市鼓励土地流转的契机，许多老农民成为土地流转大户，但是他们也有说不出的苦恼。一位农户反映："现在土地是多了，亩产量反而比以前还低，真是心有余而力不足啊。"诚然，这些大户经历了从传统农民到新型农业经营主体的身份转变，但是技能、理念还要适时更新。不过，他们的确是单体难支。

中央政府对此给予了及时关注并出台了相关政策。2008年中央"一号文件"提出："加强农业科技和服务体系建设是加快发展现代农业的客观需要。必须推动农业科技创新取得新突破，农业社会化服务迈出新步伐，农业素质、效益和竞争力实现新提高。"在中央政策强力引导与个体农户的诉求下，天长市委高度重视人才工作，成立了全市人才工作领导小组，将农村实用人才队伍建设与其他人才工作同规划、同部署、同检查、同考核，进一步健全市、镇、村三级管理网络。针对新型农民科技培训工作，制定和下发了《关于认真做好天长市新型农民科技培训工作的意见》，不断加大经费投入，先后投入500多万元开展新型农民科技培训。

天长市政府对新型农民的培训取得了预期成效，但是农业技术培训是一个长期性、系统性工程，单单依靠政府发力远远不够。面对一个庞大的经营主体体系，要满足不同主体的差异化需求非常困难。如何满足农户不定期与定期、统一与分类的培训需求？如何引入高校建立产学研的长期合作关系？甚至如何实现知名专家在田间地头为农户现场指导？这些都需要一个合作社联合社"接盘"，为农户解忧，为政府减负。

3. 经营主体对产销盈利的追求

传统的农业经营遵循自产自销的模式，相应地为农户增加了困难，带来了麻烦。产前需要自行购买农资，这便增加了人力成本与价格成本。生产过程中，小农户往往因为市场信息失灵而盲目生产，种植大户张六明说："加入联合社前，农业从生产到销售都是自己一手包干，那时候也不知道消费者需求，看着大家种什么，市场在卖什么，咱也跟着一起，不能保证赚了，但也不怕卖不出去。结果倒好，有一年收割季下了好久的雨，粮食落潮了，我心疼自家的稻子啊，亏大了啊。"农户因为信息闭塞，缺乏应对市场风险的能力，只能自吞苦果。张六明继续说："卖也是个问题，之前是和一个粮食收购商有合作的，结果第三年，那家收购商要压低价格，本来当年收成也不好，粮贱伤农！"

以往，农户的销售渠道比较单一，大的种植户如此，更不用说家庭经营的小农户。要么是卖给国家，这样只能得到吃饭钱。要么就卖给粮食收购商，但因为势单力薄，会面临恶意压价的可能，而与龙头企业签订单的概率更是渺小。小农户的生产从品种选择到生产过程都很难保证质量，此外规模不大，缺乏特色，也缺乏中介去衔接大市场。而农业经营只有严格按照市场标准生产，精准对接消费需求，才能打造出品牌影响力，真正提升盈利空间。在此背景下，亟须一个为农户提供信息、技术、产销渠道的服务体，帮助农户解决难题。

二 服务运转：资源优配中的路径选择

天长市大地农业专业合作社联合社应时而生，由政府牵头，大户联合发起。其对内完善组织结构，细化管理制度，对外构建与政府、市场的合作网络，以优质高效的服务水准为成员提供全要素服务，从而实现服务资源的优化配置，促进农户生产效益最大化。

（一）合作社联合社的内部建设健全

天长市的新兴农业经营主体如雨后春笋般不断涌现，但同时新的发展瓶颈也开始突显。此时，一个更加系统化、规模化的农业服务主体有待建立，通过强强联合与抱团取暖，为新型农业经营主体提供社会化服务，进一步提升其市场竞争力和经济效益。为适应这一要求和变化，2012 年 3 月，在农委牵头下，大地农业专业合作社联合社在宣有林的负责发起下成立。

1. 农委牵头，"一拍即合将农户联结起来了"

天长市农业发展走在改革的前列。为了积极响应国家农业社会化服务的号召，农委欲将现存的土地流转大户组织起来，成立一个合作社联合社服务体，为种植大户提供便捷高效、质廉价优的服务。农委副主任姜金富这样回忆："成立联合服务体，这在天长市算是一个创新实践，需要一个合适的人来将这些大户联结起来，于是我们找到了宣有林。"种植大户宣有林中专毕业，文化素质与生产技能较高，2012 年前在江浙打工的经历开拓了他的视野。宣有林介绍："一家一户即便承包千八百亩地，仍是不经风雨的小舢板。我们一行种植大户都认为要抱起团来，组建联合服务体，打造粮食生产的航空母舰。而联合社的发起真是多亏了天长市农委的支持。"就这样一拍即合，在 2012 年 2 月 17 日下午，农委副主任姜金富在新农村办公室会议室召集联合社发起人会议，参会的有宣有林、姜金富、刘明文、张献国、翁基龙、丁寿生、金树林、华福昌等 14 人。随后为吸纳天长市更多大户加入，政府出了不少力量。

农委牵头，首先将地点选在铜城镇，通过镇政府的动员，提前联系好了各村负责人，并于 3 月 1 日上午顺利召开了"种田大户座谈会"。在面对面的交流中，宣有林、姜金富、丁寿生等相继发言，通过分析数据、解读现状、剖析困境、展望未来等方式，深刻阐明了成立联合体对于种田大户的重要意义。会议获得了预想的效果，铜城镇的种植大户们纷纷表示愿意加入，"这是一件好事情啊，我们自己经营免不了信息闭塞，与其自己闯，还不如跟这样大规模的联合社合作呢！"一位与会人员谈道。

之后为了进一步对流转大户进行全方位宣传，联合社借助基层农经体系，从天长市内，再到乡镇，甚至到村，集中与分散相集合，把联合社的名头响亮地打了出去。宣传是一个双向的过程，它是联合体与种田大户的默契选择。大户们为什么要相信联合体呢？联合体给出的承诺是："使成员成本再降一点，单产再增一点，农产品销价再好一点，农机等资源配置再合理一点，资金融通再活一点，信誉和综合素质再高一点"。这"六个一点"无一不让人心动，有意向的成员可以通过本人申请、村镇签署意见、市农委审查后，在工商局按个人独资企业登记入册。

2. 完善组织，"大家的权利意识也增强了"

联合社创办之初百待废兴，首先是需要筹备场地与资金。以宣有林为首的几个领头人，租借了原党委办公处为办公场所，自己先垫付资金购买办公用品，这才让联合社的台子先出来了。其次是吸纳成员的加入。联合社的成员是有标准的，需要流转土地 300 亩以上、超过 5 年的承包期且为有多年土地经营经验的种植大户，更重要的是有契约精神。"一个组织离不开科学的管理，我们商量后决定成立理事会、监事会，当时农委领导也在场监督，理事长是我，副理事长有姜农委等三人，其他人分别就成了理事会与监事会的成员。"联合社理事长宣有林这样回忆道。随着成员的逐渐增多，他们有了新的期待，一位成员说："都是自己经营，有时忙了也顾不得开会，有些消息也不知道。现在就像人民有人民代表一样，我们也需要成员代表呀。"为此，新的 18 位成员代表产生，他们是从不同镇中选出的，再加上各镇的农经站长，肩负着维护区域内成员利益的责任。

事实上，随着联合社成员规模的进一步扩大，理事会、监事会的组织架构也出现了一些问题。有些老成员可能只是挂名，与联合社的交易甚少；有些新成员交易频繁，却缺少决策与监督的权利。为此，联合社在 2015 年 1 月 12 日按照交易额进行了改选，其中宣有林继续担任理事长，缪广平出任监事长。"我们的成员手里有钱了，大家的权利意识也增强了，2016 年初还有 26 位成员入股注资，多的是 35 万，少的是 3 万，总计 500 万元。"宣有林说。理事会、监事会经过这次大重组，由大股东们组成新的理事会，小股东们组成监事会。

一个优秀的组织需要坚强的领导核心，大地农业专业合作社联合社以民主选举方式，选出了一位无私奉献的理事长宣有林。如他所言，"从开始创立到现在，每一届理事会的服务理念都有一个总体方向，那就是让服务更优质、更便捷、更广泛"。为了更好地服务，联合社进一步招聘优秀人才，为联合社注入新鲜血液，通过招来高校大学生、专业人员担任区域经理，扩充了人才队伍。此外，为了方便给成员提供技术指导，联合社还设有专家团队，其中技术咨询组 5 人、管理咨询组 5 人，农委的房华玄、姜金富赫然在列，他们的坐镇，方便了监督，也提供了必要的支持。

3. 细化制度，"有了科学规定更好管理了"

要运行一个庞大的服务实体，提供规模化的服务，没有完善的管理制度是难以保障的。大地农业专业合作社联合社通过对农业生产经营、财务管理、安全管理方面做出系统明文规定，确保了服务体能在科学规范中有序运转。

（1）制定经营管理制度，"明文规定是为所有人负责"

"起初是没有什么管理制度的，随着我们服务做大，有些事情口头上难以协调，必须要有明文条例，这也是为所有人负责嘛。"理事长宣有林说。为了科学生产、文明生产，联合社不断完善着对生产经营的管理。首先，科学化、标准化、产业化生产。如选购天长批发商代理农资的品种、数量、结算方式，均由理事长、业务经理等三人以上研究决定，并做出格式化记录，交会计存档。其次，成员务必严格遵守农药和肥料的使用准则。如成员订购入库农资由片区经理安排，出库要由农资保管开出库单安排送货，在使用过程中要保持本场内和周围环境的卫生清洁，不能污染环境。最后，按场域面积和水利、区域情况，场内长期工分片、分块、分级负责日常田间管理。比如，联合社有南北片区业务，且不同区域不同经营主体有不同负责人。陶国军便是负责北片业务的区域经理之一，他对本场生产负责，接受奖惩。联合社正是通过以上制度来保护承包者在生产经营过程中的合法权益，促进农业生产发展的。

（2）订立财务管理制度，"我们要求收支必须开有收据"

联合社有着庞大的贸易交易网络，怎样维持科学进账与出账，也是合作社联合社需要面对的问题之一。对此，宣有林回复道："我们的要求是每一笔收入必须开列票据，支出必须有条据，谁经手谁签字，这样责任可以追溯到个人，但最终我还要再经手审批。"与此同时，为了成员交易有账可查，防止扯皮，"我们还为每个成员建立了账户，所有的交易明细皆在账上，这个任务艰巨，我们专门聘请了一位大学生，他是学会计的，可以用好这种财务软件。"此外，联合社也借鉴企业的管理模式，细分岗位。"会计的职位分为总账会计和出纳会计，总账会计事务比较多，要登记总账、明细账等财务分析（账册）；出纳会计负责收集所有收支原始单据，核实品名、数量、经办手续后，登记现金、存款、实物流水账。"以上繁杂的工作流程，在会计部人员的讲述中变得清晰明确。

（3）设定安全管理制度，"切实保证生产人员和农产品安全"

联合社的机械作业较多，保证人、物的安全是一项长期要求。一方面是生产人员的安全。如旗下成员芦龙农事服务专业合作社专门提供植保服务，其范围从当地辐射到周边，为了跟进扩大的服务规模，需要扩充植保人员队伍。为此，需要老成员对新成员进行培训，提升其工作专业性。首先，要让新成员了解各种农药性能，喷药前要服藿香正气水。其次，要让新成员知晓，在配药喷药中，必须穿好防护服等衣物，不能让皮肤裸露。工作不宜连轴转，最好采取轮流换班的形式。最后，作业结束后，老成员要告诫新成员清洗机械，避免污染水源。另一方面，农产品生产安全。"必须要标准生产，保证我们的农产品在运输、储存和销售中能有安全无毒、无害、清洁的环境，切忌与有毒有害物品混同。"相关负责人员如是说。联合社秉承"绿色发展、持续发展"原则，及时清除或者回收有害的农用薄膜，防止污染农产品产地环境。

（二）合作社联合社的外部联动发展

对内充实管理制度后，大地农业专业合作社联合社意识到还需要依靠外部关系网络为其筑基，在与政府、企业和科研高校的合作中，逐步实现多元主体的联动发展。

1. 职能互补型政企合作，"联起手来提供好服务"

政府在联合社发展中扮演着不可或缺的重要角色，引导着联合社提升规模经营水平。一是扶持联合社的成立。天长市农委与相关政府部门合力牵头，协助联合社在市工商局得以成功注册。二是帮助联合社壮大。其发起人之一姜金富作为农委副主任，多次充当中间人主持联合社的座谈会议。如在各镇农经站长会议中介绍登记家庭农场的意义，在铜城镇开展部分种田大户的座谈，以此为联合社做宣传。三是给予资金支持。联合社创立之初资金紧张，天长市政府通过灵活运用补贴资金，有效保障了生产经营，用 10 万元扶持联合社初期周转，随后又给予 60 多万元的资金扶持。而 2016 年天长市出资 1782 万元，补贴了 1201 个购买农机的经营主体，其中就包括大地农业专业合作社联合社这个农机购买大头。

此外，联合社也承担了政府的部分职能。一方面，联合社通过对成员进行培训，帮助政府减负，把传统大户变成种植能手，提高他们的种植技术。例如，联合社每年组织农场主外出考察观摩 1 次。另一方面联合社通过余缺调剂，合理配置资源。以往大户遇到困难往往自吞苦果，寻求政府相关部门帮助，也不一定能及时取得成效。如今有了联合社，需要什么一个电话、短信就能及时调度。联合社有效地承接了政府的部分职能，操着政府的心，竭力高效地为成员服务。

2. 利益融合型市场合作，"提供任何环节的服务"

联合体内成员众多，有家庭农场、种植大户、合作社等，它们互借优势，共享收益，如同集体和个体一荣俱荣，一损俱损。副理事长张建昌说："看到种粮大户们挣到钱了，管理和技术水平提升了，咱泥腿子变成职业农民了，我打心眼里高兴，个人利益受些损失也值。"

新型农业经营主体种类繁多，但联合社始终一视同仁，供给优质服务。一是技术培训。如 2016 年联合社累计开展技术培训 20 余次，3500 多人得到专业培训。二是订单服务。成员满意，才是联合社发展的动力，农户需要什么，联合社会按户所需定制个性化服务。联合社副理事长张建昌介绍："只要有需求，我们可以提供任何生产环节的服务"。三是帮助联销。联合社在部分成员销售困难时期施以援手，专门组织收购。四是预资垫付。联合社对于想要扩大规模的成员开启了"绿色通道"，可以先不交钱就能按照自己的计划购买农资，等到七月底或者元月底再行结账。

除了为成员服务，联合社与市场也紧密对接。其一，联合社通过出外考察，学习到龙头企业的管理模式和丰富的规范管理制度，如收支管理、收据管理、仓库管理、价格管理等，这有助于联合社快速走上科学运转轨道。其二，企业督促和支持家庭农场按标准生产，实现生产专业化。安徽牧马湖农业开发集团有限公司负责人说："我们来负责采购优质品种，跟大地联合社签了合同，农户也会按照给的标准生产，这样收购来的作物质量数量都跟得上。加上后期加工，打造出一个好品牌来。最近几年我们的农产品在市面上还是取得了很不错的口碑。"其三，联合社与涉农企业实现业务对接，最大程度地规避了市场风险。通过提前与企业签订订单，企业减少了粮食收购的成本，在生产各个环节中，大户也随时根据市场行情予以调整。这样既能够给成员实惠，也能够保证企业的既得利益不受损失。

3. 技术牵引型校企合作，"共享了最新的科技服务"

为了引入先进技术，实现校企资源共享，联合社与安徽的各大高校、科研机构等建立了长期合作关系。2016 年，在省市农业部门的支持下，联合社和江苏省农抬头生物科技有限公司合作，引进生物集成技术，在天长街道同心社区首期试种了 195 亩有机水稻。一方面联合社聘请高校专家做指导。为联合社成员介绍时下发达的农业应用技术，讲授系统的农业知识，并为他们现场答疑解惑。会后，联合社活学活用，在农资采购中积极引进了农药减量增效使用剂，帮助成员实现了化肥零增长，农药、除草剂半量使用的目标，为粮食绿色生产做出了表率。另一方面，高校为联合社输送人才。在校企合作中，联合社的知名度骤增，安徽省内从事农业专业的大学生将就业目标锁定在大地农业专业合作社联合社上。如高保林说："我就是毕业于安徽农业大学会计专业的，现在主要负责联合社南片的农资配送，同时我还参与筹建创办了天长市金发农事服务专业合作社。我们这里安徽省毕业的学生挺多，还有个叫瞿安桃的，他以前是安徽科技学院农村经济管理专业的，现在和我一样也是负责南片业务的。"优秀人才的涌入，壮大了联合社的人才队伍，缓解了大学生的就业压力，借此，合作社联合社也提升了服务水平。

（三）合作社联合社的全方位服务供给

大地农业专业合作社联合社通过优化生产资源配置，为成员提供产前、产中、产后的全流程服务（见图1），供给更多公益性服务，实现了经营性服务与公益性服务的有效结合。

```
┌──────────┐    ┌──────────────┐    ┌──────────┐
│   政府   │    │  农资生产厂家 │    │ 科研单位 │
└────┬─────┘    └──────┬───────┘    └────┬─────┘
┌────┴─────┐    ┌──────┴───────┐    ┌────┴─────┐
│规范市场服务│   │  供应农资服务 │    │技术研发服务│
└────┬─────┘    └──────┬───────┘    └────┬─────┘
     └───────────┐     │      ┌──────────┘
             ┌───┴─────┴──────┴───┐
             │   农业综合服务体    │
             └───┬─────┬──────┬───┘
         ┌───────┘     │      └────────┐
    ┌────┴───┐    ┌────┴───┐      ┌────┴───┐
    │  产前  │    │  产中  │      │  产后  │
    └────────┘    └────────┘      └────────┘
```

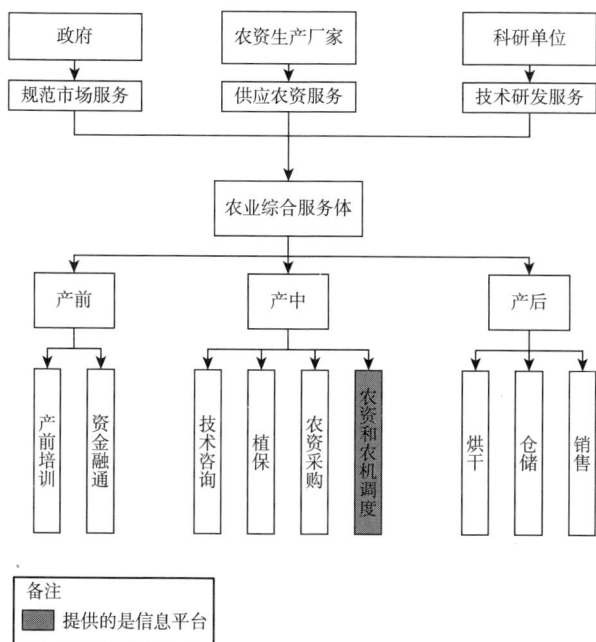

图1 天长市农业综合服务体服务流程

备注：■ 提供的是信息平台

产前：产前培训、资金融通
产中：技术咨询、植保、农资采购、农资和农机调度
产后：烘干、仓储、销售

1. 分项调配，促生产资源增效

天长市虽只有1770平方公里，但西南与东北季节差有近半个月，从季节的时间差上，农机在本市可以实现相互调剂；种子、秧苗、劳动力也一样可以调剂。有些大户抱着"万事不求人"心态，盲目购置机械，低水平重复建设，造成资源浪费很大。对此，合理的调度分配显得必不可少。联合社想出了好办法，创立了一个微信群，在里边实时更新信息，哪家成员需要使用农机了、种子不够了等，只要在群里打几个字，管理人员都会在第一时间给出回复，并迅速发出群通知来解决问题。如2012年夏种时出现了俗语所说的"有钱买种无钱买苗"的事情，部分种植大户秧苗出现短缺，联合社就发动成员互帮互助，从秧苗有剩余的大户那里进行调剂，调剂秧苗余缺2000多亩、机械500余台次。此外，联合社成员天长市润泽农业专业合作社专司工厂化育秧，保障周边5000多亩大田的秧苗，除供应本镇本市外，还销往周边的来安、定远及江苏六合等地。另外，联合社还会

在夏收夏种季节帮助种植大户解决用工难问题，据统计，2012年联合社共调剂劳力1500多人次。正是通过及时的调节，联合社为成员解决了难题，也促进了资源的高效利用。

2. 流程共营，促链条服务增质

随着经营规模的扩张，大户种植成本提升，粮食生长周期里充满无法掌控的风险。联合社认识到要想将利益进行更紧密的联结，就要把服务做到位，通过产前提供农资、培训，产中进行烘干、植保，产后进行订单销售，把精细的服务落实到耕、种、管、收、储、售等每一个环节，让种粮大户、家庭农场主能够省时、省心、省力，做到节约增效。

（1）产前服务。一是提供农资团购。联合社组织成员代表到各地厂家考察，通过量的优势获得较低的团购价格。宣有林说："尿素市场价是1800元（一吨），而我们团购的价格是1620元一吨，像苏麦市场价是每斤2.10元，我们团购每斤1.88元。由于我们采购的量大，每年各项农资成本可节约2000万元左右。"大地农业专业合作社联合社以团购农资起步，先是集中采购少数品种，后来全面放开全部采购，最后发展成为一级代理商。"现在我们是从隆平、皖农等大型农资公司直接采购，成本大大降低了。在将粮食销售给加工企业时，我们也有了议价权。"一名团购成员代表说。成员享受到了极大优惠，一方面联合社、成员、供应商之间的信用关系不断升级，多数成员可以借联合社的名义，提前从厂家取走农资后再付款，一个电话农资当天即可送到指定地点。另一方面，成员确实得到了价格实惠。据统计，2014年联合社团购为成员节约成本80多万元。2016年，联合社为成员节约成本600多万元。二是提供人员培训服务。"天长市的新农业经营主体越来越多了，但大部分都缺乏现代化的经营管理能力。"宣有林这样提到为农户培训的原因。合作社联合社先确定培训对象，即种植大户、家庭农场与合作社内成员。再精准培训内容，根据不同需求有针对性地分类开展。针对农业生产和农民科技文化需求，广泛开展大众化普及性培训；另外开展针对具体生产技术的专门化培训。如2013年4月5日，在光华村培训微肥技术和机插秧。除此之外还培训日常文明礼仪、家庭农场经营与管理、风险规避等。"这个培训确实有用哩，可以现场问，可以听课，有次一个农技专家还跑到我家田头给指导呢，咱土农民也不怕羞，有啥就问，人家态度可好了。"参与培训的成员说。联合社正是通过成立植保站、土肥站、农技中心等，让成员们开眼界，长知识，强素质，把关键农时、关键生产环节的技术集成化、简单化，编辑成好看易懂的明白纸，将新品种、新技术、新信息送到农户手中。

（2）产中服务。一是土地托管服务。万寿镇种粮大户吴保才说："我家在2011年流转了300亩地，家中四口起早贪黑种地，还会遇到假农资、病虫害、恶劣天气等问题。现在土地托管给大地联合社了，终于不用操那么多心了，管得比我们自己还好呢！"联合社通过土地托管服务，深入大户生产全过程，一季麦、一季稻地从整地、播种、插秧、灌溉、施肥、喷药到收割，环环保证较少的投入获得最大的产出。副理事长张建昌说："我们还会下到田间地头查看农户秧苗生长态势，予以技术指导，防患于未然。"土地托管服务一方面让大户们安心生产，减少支出。如吴保才将土地托管后，一年每亩地能多收250多元，每亩追施肥料比传统追肥方式少了8.83公斤，仅追肥一项就少支出1.4万元。另一方面，让大户可以进一步扩大土地规模，增加收益。如吴保才在2015年将土地流转规模从300亩扩大到了680亩。二是植保服务。如宣有林所言，"种粮大户没有大型植保机械，雇人喷药需要增加人工开支，人工喷药很容易造成药物浪费，还得增加不必要的消耗，联合社正是考虑到大户施肥植保的困难，决定提供专业的植保服务"。考虑到农村青壮年流失、植保劳动力奇缺的现状，联合社打算在发展良好的镇（街道）组建服务机构。2014年开春，杨村、桥湾、芦龙、冶山服务中心与植保董尖圩服务部相继成立。此外配备人力与器材也至关重要，一方面通过教育培训提高服务人员的操作能力与专业知识水平，为农民提供农业机械、植保、土地平整、育秧、插秧等咨询服务。另一方面配备ZB319"大地植保"专用车，开展具体的植保、农机及插秧等专业服务。如桥湾农事服务中心就有各种机械229台，其中收割机12台、大型拖拉机13台、插秧机31台、植保机械92台套、排灌设备10台150千瓦。植保机械比传统的人工作业好处良多。正如宣有林所言，"咱联合社使用长臂自走式大型喷药机，一天能喷260亩，喷洒均匀不过量、不浪费，避免了土壤污染，干活又快，还节省成本"。联合社还进一步拓宽服务范围，"我们的服务范围覆盖全市所有镇（街道）以及江苏六合的四合和东旺，服务大户 60 多户，小户 300 多户，年服务面积 15000 多亩。"桥湾农事服务中心的张建昌说。在此基础上，联合社还打算进一步引入无人植保机，从根本上解决粮食虫害防治难、防治贵的问题，为粮食丰产丰收提供保障。

（3）产后服务。一是烘干服务。缘起是 2016 年收割季节多阴雨，农户收割的粮食全部落潮。一筹莫展之际，联合社成员代表讨论，决定上烘干设备、建粮库。联合社掷重金 650 万元于永丰镇购买了一家闲置厂区，后投入近 1000 万元建了 1.2 万吨粮库，购买 16 台烘干机。此举犹如雪中送炭，得到大户的纷纷支持与响应。随后联合社与成员大户商议出合理的价钱，2016 年联合社为成员烘干粮食 2500 多万公斤，其中为 230 家大户烘小麦 1100 万公斤，为 179 家大户烘稻谷 1450 万公斤。烘干机处理能力大，燃料消耗少，干燥成本低，联合社充分抓住时机，发挥实干精神，通过高质量、高效率的专业服务，不仅保证了成员的粮食产出稳定，而且大大提高了联合社的应变能力，迎来了重要商机。二是订单服务。农产品销售是生产经营的关键一环，但是缺乏市场精准应对能力的种植大户，往往面临盲目生产的风险。为了降低风险，联合社决定为成员提供联销服务。以稻米联销为例，首先，联合社、成员与企业签订协议，谈好农产品收购的数量、质量和最低保护价。其次，企业甄选两个口感好的水稻品种：丰优香占与丰两优香 1 号，从源头上确保了种子的质量，具体再由成员按要求生产。但是订单履约需要一段生产过程，市场、自然和人为等方面都有一定风险，如联合社起初帮助 5 家大米加工企业做订单，但是收益不甚显著。副理事长姜副明说："最根本原因在于没有分品种收存、分品种加工，打不出品牌，附加值不高。"为此，联合社开始尝试分品种订单的实践。一方面优化种植结构，为成员解决销售出路，增加效益。如 2014 年，联合社对两个水稻优质品种实行分品种订单，首期种植 6000 亩，以每斤高于市场价 0.10~0.26 元的价格定价，最后分品种收购回 300 多万公斤，为订单成员增收 70 多万元。另一方面，分品种加工、包装、销售，激发了订单企业的品牌意识、精品意识。这种多方共赢的局面，促进了订单的进一步扩大化。至 2016 年，联合社与安徽隆平高科、安徽牧马湖农业开发公司组建了安徽省级农业产业化联合体，同时使用专用品牌生产，先后落实粳糯稻种植 5 万亩，联合社按每斤 1.6 元的保底价包收购，为订单户增收 2000 多万元。

3. 联同发展，为社会减贫增利

大地农业专业合作社联合社不仅为成员提供服务，还主动对社会弱势群体施以援手，荣获"2016 年爱心企业"称号。一是提供公益慈善。联合社组织成员积极参加天长市各类公益活动，如加入"天长市民生活网爱心协会""天长善行千秋公益协会"等，并针对各类公益捐款活动不定期奉献爱心，其成员代表参加活动的捐款数目均在 2 万元以上。二是帮助贷款减负。如对于缺少资金的贫困户，联合社通过对接上海宋庆龄基金会，对徐伟强、王雨先、刘富干等 20 户资金周转困难的种植户，每人提供 5 万元无息贷款，可允许使用三年。三是主动帮销。对于粮食销售困难的大户，联合社会主动予以帮助。如 2014 年秋，联合社帮助仁和集镇芦龙社区王凤清联系粮食收购商，动员牧马湖集团腾出一个大库，全部 18 万斤糯稻按照 1.7 元/斤收购。相比之前与小贩谈的每斤 1.5 元收购，王凤清净增收 3 万多元。

三　服务保障：在机制协作下形塑服务

为了实现持续、高效、健康的发展态势，联合社需要相应的运作机制为其提供动力源，通过拓展多种资金渠道，实行民主参与、民主协商、民主监督，进一步扎牢利益联结纽带，深夯联合社的服务基础。

（一）多渠道融资促进发展壮大

联合社的资金来源有四个渠道。一是带头人自行垫资。成立初期，由于没有资金来源，宣有林等几个领头人自己垫资租借办公场所、购买办公用品，为成员提供无偿服务。二是成员入股。2012 年 4 月 25 日，宣有林、姜金富、丁寿生等 10 位核心成员分别入股 1 万元，作为联合社的建设资金。随着规模的扩大，单一的资金来源已不足以支撑，因此联合社变更股权结构，积极倡导成员入股。在理事长、副理事长及联合社工作人员的带动下，按照自愿入股原则，以最低 3 万元、最高 30 万元的标准，26 位成员成功入股，入股金额共计 560 万元。三是政府资助。宣有林说："在联合社发展过程中，我们获得了省里和天长市共 60 多万元资金扶持，也得到市农业部门的指导和帮助，获得'省农民专业合作社示范社'称号。"同时，政府还鼓励龙头企业为联合社成员设立专项担保基金，放大银行贷款倍数，重点解决联合体内新型农业经营主体融资难、融资贵的问题。四是信用合作。为缓解成员资金短缺问题，联合社开展信用合作业务，把自愿入股1万元以上者设置为核心成员，入股1000元者为一般成员。筹集的资金向成员投放，月利率1.5%，逾期加收20%罚息。至2016年6月底，已吸纳股金58万元，投放52万元。五是项目收入。联合社通过其服务项目获得收入，如农资团购利润、粮食收购利润、植保服务收入和烘干收入等。

（二）多形式协商管理保证运行

大地农业专业合作社联合社是成员共同拥有、民主管理的合作组织，彼此共享利益、共担风险，其健康运行的关键是坚持独立、自治、民主的精神。首先联合社的事务协商开展形式丰富。仅会议就有很多种，如股东会议、理（监）事会议、理事会与服务中心负责人会议、成员代表会议、乡镇理事会与服务中心负责人会议等，如2015年5月宣有林和万寿服务中心负责人召开会议，研究合肥南昌新华9号丰优512号粮种采购事宜。为了让更广大成员参与到民主管理中，2016年联合社创建"大地微信群"，在这个畅通的渠道里，人人都能表态，工作人员还通过问卷调查、数据分析等方式收集成员意愿，满足他们的需求。其次，联合社的事务协商内容丰富。理（监）事会会议负责年度生产服务计划、利润分配计划及日常工作事务，包括成员的劳动报酬、工作时间、休息休假、保险福利、劳动安全等。联合社正是遵循平等、民主的协商原则，以公平、公开、公正的方式拓宽了民主管理渠道。

（三）多途径民主监督保障运转

联合社的日常运转都是在阳光下进行的，建立了内部与外部监督、定期与不定期监督、自上而下监督与自下而上评议相结合的民主监督体系。首先是内部组织的监督。联合社创建了理事会、监事会，监事会每年至少召开一次，对联合社的业务活动进行监督与检查，对没有尽到责任的人员也会提出改选建议。如联合社在2016年开股东大会，调整了决策班子。股东大会有权罢免理事会、监事会成员，正是在相互制衡中监督能够切实落地。其次是生产流程的监督。联合社对团购农资、农产联销、订单农业、技术培训、资源配置等全程提供服务，促使上下游都能在规范中运行，这其中便存在隐形监督。如对农资品种，先由龙头企业择选优质品种，联合社按需按量发给成员，在具体的生产种植中，联合社一方面开展人员培训，一方面通过土地托管保证产出。最后是定期常态的监督。联合社建立合作社财务会计制度，总会计依据农场负责人审批后的单据登记总账和明细账，出纳会计负责与农场生产相关的所有原始单据。入账单据每年度都全部由监事长理财、监事长签字。此外联合社每年向成员大会公布一次账目，股东代表有权对重大项目、不合理开支向理事长提出质询。

（四）多方式合理分配保证收益

联合社将成员的利益联结在一起，主要采用股份分红、盈余分配和利润返还三种分配方式。一是基本工资。联合社副理事长张建昌说："我和其他几个联合社负责人一开始不拿一分钱工资，现在也不过每月 2000 元工资。"二是股份分红。联合社入股员工的基本工资用来兜底风险，股份分红则长久高效地刺激了成员的工作热情，正如丁寿生所说，"我除了月基本工资 2800 元外，还有股份分红，收入不低，更有干劲"。三是利润分红。联合社初创时没有利润，几个大股东自掏腰包，为成员提供安全感和财政保障。2014 起，虽投资建厂，但仍拿出一部分利润来分红，联合社留下利润的 40%，用于再生产，剩余 60% 给成员分红。到 2016 年，总共有562 户参与分红，前后分红总额达 50 万元。四是二次返利。联合社将利润进行初次分配后，根据成员的绩效为其二次返利，进一步强化合作伙伴关系。如 2014 年二次分配大会召开，首次进行二次返利，50 户返利 3.4020万元，其中最少的 100 元，最多的是芦龙农事服务专业合作社，有 4980元。到了 2016 年，联合社又一次以公布表的形式（见表 1），把二次返还1000 元以上的 70 位成员列在表中，给成员提振信心。

表 1　2016 年大地农业专业合作社联合社成员二次分配（1000 元以上户）

姓名	农资二次分配	肥料二次分配	稻麦二次分配	总分配额	姓名	农资二次分配	肥料二次分配	稻麦二次分配	总分配额
仁和服务中心	7700	—	300	8000	王金国	400	—	1200	1600
董尖圩	2900	100	3800	6800	陶金祥	1300	300	—	1600
左艮华	5400	200	1100	6700	谢金明	1600	—	—	1600

姓名	农资二次分配	肥料二次分配	稻麦二次分配	总分配额	姓名	农资二次分配	肥料二次分配	稻麦二次分配	总分配额
胡金松	4200	100	900	5200	李夕山	—	—	1500	1500
瞿庆香	—	—	4500	4500	陈玉明	—	—	1500	1500
陶礼云	—	—	4300	4300	宣有江	—	—	1500	1500
华义先	4300	—	—	4300	缪广虎	500	—	1000	1500
徐卫章	600	—	3600	4200	张六明	800	—	700	1500
曹伟桃	1900	100	2100	4100	陈金山	1500	—	—	1500
丁长宝	3000	—	900	3900	陶国银	600	—	800	1400
张建昌	1600	—	2200	3800	吴良山	1400	—	—	1400
罗贤富	1500	200	2100	3800	唐宗余	800	—	500	1300
郭福猛	900	—	2400	3300	王宏朝	1100	—	200	1300
段富林	2900	100	—	3000	陶国荣	—	—	1300	1300
陈再朝	—	—	2500	2500	金卫彬	—	—	1300	1300
金文广	2000	—	500	2500	董银春	200	—	1100	1300
许成友	2300	200	—	2500	王恒金	900	—	400	1300
高金海	900	—	1500	2400	陈金玉	—	—	1200	1200
林桂桃	1800	—	600	2400	胡晓峰	300	—	900	1200
姜道鹏	2400	—	—	2400	景文高	500	100	600	1200
吉文国	100	—	2100	2200	於文林	600	—	600	1200
陈辉	1900	—	100	2000	郑宏亮	1100	100	—	1200
张乃林	1900	100	—	2000	许明科	1200	—	—	1200
李成勇	300	—	1700	2000	徐余春	1200	—	—	1200
朱玉龙	1300	—	700	2000	王玉军	—	—	1100	1100
王文	200	—	1700	1900	王佳军	—	—	1100	1100
赵庆才	1500	—	400	1900	徐乃国	100	—	1000	1100
瞿庆华	—	—	1800	1800	盛开彬	900	—	200	1100
刘光明	—	—	1800	1800	姜少义	1100	—	—	1100
芦龙农事	1800	—	—	1800	葛康	1100	—	—	1100
姜少田	400	100	1200	1700	梁后跃	100	200	700	1000

姓名	农资二次分配	肥料二次分配	稻麦二次分配	总分配额	姓名	农资二次分配	肥料二次分配	稻麦二次分配	总分配额
刘富干	900	100	700	1700	方群兰	—	—	1000	1000
吴仁义	1000	—	700	1700	王年章	300	—	700	1000
赵自昆	1200	—	500	1700	刘正山	600	—	400	1000
牧马湖	1600	—	—	1600	陈正阳	800	—	200	1000

四　服务有效：在创新发展中共享成果

大地农业专业合作社联合社作为一种新型农业服务主体，创立了全要素的新型服务模式，取得了显著成效。一方面为农业经营主体降低生产成本，增加盈利空间。另一方面规范了市场恶意压价、运转混乱的秩序，进一步推动了农业经营体系良性运转，形成了互利共赢的良好局面。

（一）助推经营服务主体节本提效

大地农业专业合作社联合社通过在粮食生产、经营链条上做工作，帮助成员降低了成本，提升了效益。过去，农资供应被代理商垄断，造成农资购买成本高。对此，联合社以农资团购方式来降低成本。正如成员王年章所说，"一年两季可以节本 80~100 元，划算多了呢"。联合社的农资团购服务，大大降低了天长市农资市场价格。同时，通过发展订单农业，与龙头企业签订订单收购协议，保障了农产品的销售，增加了农民的农业收入。据悉，仅 2014 年的两项水稻订单销售就帮助农民实现增收 70 多万元。

在具体生产阶段上，一是产前阶段，农资团购和信用担保解决了农民"无钱种地"的难题。一方面，农民认缴极少的农资团购资金，可获得联合社统一向厂商团购的低价农资。另一方面，联合社为成员提供信用担保，成员可以获得银行贷款，解决农业生产资金问题。二是产中阶段，技术指导和田间管理解决了农民"无技种地"难题。大地农业专业合作社联合社在各大镇成立农民服务中心，有偿或部分无偿向农民提供技术指导和施肥、撒药、抗旱等田间管理服务，实现了农业生产的有效管理。三是产后阶段，烘干仓储和产品销售解决了农产品"无路销售"的难题。一方面，大地农业专业合作社联合社购置烘干机，建设仓储设施，农产品收割完即可无缝对接到下一阶段。另一方面，联合社联系龙头企业，发展订单农业，不仅保障了稳定的农产品销售渠道，还提高了销售价格，为农业经营吃了"定心丸"。

（二）助力农业服务市场运转有序

大地农业专业合作社联合社是建立在农事需求上的市场化服务主体，通过上下游的合作，有序规制了市场运转。其一，规范了市场运行秩序。一位叫陈辉的联合社成员说："以前我们村有三个合作社，竞争得厉害。比如一家合作社的客商来收菜，菜不够，如果去找其他合作社的社员，就可能产生矛盾。"同行竞争更是加剧了互相压价，但是菜贱伤农。陈辉继续说："自从加入了联合社啊，一条绳上的蚂蚱，心都往一处想了。"其二，降低了农资市场价格。天长市农资代理众多，但价格均被垄断，联合社通过团购农资争取到价格优惠，打破了以往农资垄断下的高价局面，给天长市的农资市场带来了一场地震。其三，促进了农产品与市场的有效对接。以往农户在生产加工与销售环节中都是自主经营，有些急功近利的农户甚至生产假冒伪劣产品。联合社通过与成员签订订单作业合同，规范了从生产到销售的流程，既能帮助企业降低收购成本，还能帮助企业向下延伸产业链，以优质的农产品打出品牌效应，增强市场竞争力，同时便利消费者。其四，改变了农户在市场中的弱势地位。随着农业结构的深入发展，小农户与大市场的隔阂日益加深。建立联合社以来，农户通过联合发展逐渐争取到了市场谈判权，成员张乃林说："以前从生产到销售环节太多了，成本高，利润就少了，现在我们跟着联合社也硬气了，甚至企业还主动找我们合作呢。"市场经济鼓励自由交易、自由竞争，优点是能高效地配置资源，缺点是周期性波动明显，易对经济发展造成破坏。联合社通过农户的抱团发展，有效适应市场法则，促进了市场的健康运转。

（三）推动农业经营体系共赢共享

一是传统农户成为新型农业经营主体。乘着土地流转的直通车，小农户变成了大农户，衍生出专业大户、家庭农场、农民合作社、农业企业等新型农业经营主体，促进了农业的产业化经营。承包农户居于基础地位，是其他主体扩大经营规模的源泉；家庭农场是商品农产品特别是大田作物农产品的主要提供者；农民合作社是中坚，组织家庭经营主体参与国内外市场竞争；龙头企业是引领，是分散经营有效对接社会化大市场的重要平台，农业社会化服务组织是支撑。二是新型农业经营主体享受全程服务。天长市单一农民专业合作社是承担农资团购、农技指导、抗旱服务、农产品销售等农业服务的载体，然而自身短板制约了其服务范围的延伸。大地农业专业合作社联合社的成立，通过向全市合作社提供全流程的农事服务，有效弥补了普通合作社服务能力的缺陷。2014 年，联合社在桥湾、杨村、芦龙、冶山、董尖圩等地统一挂牌"天长市大地农业专业合作社联合社 XX 服务中心"并开展服务，组织专业服务人员 230 多人，各种机械 210 多台，开展了打药、育秧、插秧、撒肥、机收等有偿服务。三是联合服务体树立新型服务标杆。大地农业专业合作社联合社作为提供农业服务的主体，有效承接和补充了政府农事服务职能，并进一步扩展了农事服务的覆盖范围，受到政府的高度扶持与认可。成立以来，先后被评为市级、省级和国家级农业示范社，成为各地参观学习的典型。

五　总结与思考

天长市大地农业专业合作社联合社是在顶层设计、地方诉求与个体需求等合力推动下孕育而生的，在政府引导下，由天长市新型农业经营主体抱团联合发展而来，为新型农业经营主体提供规模、流程和专业的社会化服务，是新时代、新环境下对新型农业社会化服务模式的有益探索。

（一）联合服务的形成逻辑分析

大地农业专业合作社联合社创建了一种新型农业社会化服务模式，由政府引导，横向联结天长市新型农业经营主体，纵向形成全要素覆盖、产业链一体化的服务方式。作为服务型的市场主体，其能适应市场规则，满足市场需求，为成员节本提效，帮助小农户与大市场有效对接，从而实现彼此利益共赢。

1. 联合服务体本质上是实现社会化服务的利益共同体

以往的新型农业经营主体横向联结缺乏，纵向联合不够紧密，谈判能力低，在市场交易中处于弱势地位。而联合服务体正是通过资金与人才要素的有效整合，在横向联结与纵向联合中克服了单个主体势单力薄的困境，供给社会化服务，实现规模经济效益。联合社理事长宣有林说："单打独斗是不行的，还需要江湖合作呢。大地联合社是自愿加入，自愿联合，包括种植大户、家庭农场、合作社、龙头企业、粮食加工产业等。"在社会化服务体系建设中，联合社起到牵线搭桥作用，联系了上下游企业，使生产服务过程实现了无缝对接，"这是一体化的联合社，大家一起获利润。"宣有林说道。以联合社和成员关系为例，这种紧密的利益联结机制，使彼此之间不仅是市场供需关系，也是股东和公司的关系。联合社通过成员入股，使成员转化成为股东，参与联合社的经营管理。同时，联合社按交易额进行二次利润返还，有效提升了成员的归属感和获得感。可见，作为提供农事服务的联合服务共同体，一致的利益诉求成为其紧密联结的强力纽带。

2. "政引民办"是实现社会化服务的有效实现形式

大地农业专业合作社联合社是在政府牵头下发起，由民所办的服务实体。因此，社会化服务体系的建设发展道路并不一定要"自下而上"推行，可以尝试将"自下而上"的现实需求与"自上而下"的政府倡导有效对接，互动共建。政府积极作为，鼓励引导，对于促进农民专业合作社联合社的发展具有重大意义，能够弥补市场失灵。回顾联合社的建设发展历程（天长市领导及农委相关领导推动，开展农资市场调查，召开种植大户会议，设立专门的农经干部，指导联合社的成立，包括工商注册、银行开户，联合社章程拟定等）可以看出，联合社的建设运转离不开政府相关部门的全力引导和指导。但需要注意的是，政府要紧紧把握适"度"的原则，过多的行政干预可能会造成联合社的"异化"，使其偏离运行轨道，走上"非合作化而行政化"的道路。

3. 市场化手段是推进社会化服务的关键路径

天长市大地农业专业合作社联合社是建立在市场供需基础上，经过工商部门注册登记的服务体。与公益性服务组织相比，其提供的农业服务能够精准对接市场需求。一是具有服务到户的服务范围。大地农业专业合作社联合社配有农资配送服务队，能够把农资及时配送到农户和新型农业经营主体手中。另外，大地农业专业合作社联合社正逐步建立覆盖各镇的农业服务中心，能够及时、就近满足周边农业经营主体的农技农机等田间管理需求。二是服务内容覆盖农业生产全过程。大地农业专业合作社联合社建立了从产前培训、农资团购到产中植保、抗旱、收割，再到产后烘干仓储销售的"一条龙"服务，降低了农民进行农业生产的风险，也提高了农业收益。可见，不管从服务范围还是服务内容上，大地农业专业合作社联合社相比纯公益性服务组织都更能切准农户、市场的需求。同时，大地农业专业合作社联合社为了进一步联结成员，还通过股份分红、二次返利等利益分配机制，增强投资者的信心。由实践可知，合作社联合体的建立，需要政府引导支持，更需要其具有适应市场变化的能力，以及采取市场手段配置资源。因此，在建设社会化服务体系的过程中，只有激活要素、激活主体和激活市场，才能建设好、发展好和服务好现代化农业。

（二）联合服务的局限与发展方向

大地农业专业合作社联合社自 2012 年成立以来，为全市的新型农业经营主体提供了优质低廉的农业服务，取得了良好的效果和社会影响力。但事物总会在发展中出现矛盾，然后才能在解决矛盾中不断进步，并进一步深化发展。联合社尚处在发展阶段，还存在法律地位不清、政策扶持不足、自身建设不够等问题，还需要进一步明确法律地位，加大中央政策扶持力度，规范自身建设，从而实现全面、高效发展。

1. 法律地位不明

2007 年《农民专业合作社法》关于合作社联合社并未涉及，导致其管理运作、法律地位尚不明确。部分地方政府出台了相应的规章和条例，但多是过于笼统的原则性规定，对其登记、管理、政策扶持、与基层的关系以及法律地位、法律责任等方面缺乏明确具体的规定，甚至还有一些省份有关联合社的法律法规尚属空白，不仅制约了联合社的发展，也影响到合作社进行联合的决心和信心。联合社的内部管理及运营都是"摸着石头过河"，存在民主管理和决策机制不健全、利益分配不明晰等问题。缺乏独立的民事主体资格也导致了联合社与企业进行竞争或谈判时，难免受到不公正不公平的对待。2017 年国家通过最新修订对联合社的法人资格予以确认，为联合社的持续发展提供了法律保障。但作为新生事物其还需要在实践中检验发展，对此建议：一是成员准入上要坚持联合社的自立和自治，企业作为成员加入与其他成员是平等关系，联合社的决议必须通过所有成员的协商，进行民主决策。二是决策机制上要体现"民主控制"：一社一票。在民主商议的基础上，联合社的成员经常会聚集在一起讨论联合社的发展事宜，听取内部各方意见，这样的民主决策方式往往能够得到所有合作社成员的认可。三是强化激励与监管并重的政策导向。在完善政府政策扶持体系的同时，可将农民合作社联合社视作独立的市场主体，建立对联合社的第三方监督机制，完善审计抽查制度，完善惩处制度，建立联合社市场退出机制，减少直至杜绝政策负面效应的发生，实现以激励促发展，以监管促规范。

2. 政策倾斜不足

大地农业专业合作社联合社为一大批新型农业经营主体服务，带动了种植大户节本增效。但从国家工商登记机关了解的情况看，它们认为合作社联合社是非政府、非事业、非企业、非个体、非互助经济组织的属性不清晰的机构。虽然 2013 年、2014 年中央一号文件相继提出要引导发展农民专业合作社联合社，但是合作社联合社作为一个新生事物，还是面临着政策倾斜不够的困境。一是服务用地难落实。联合社并不直接从事生产，而是一个纯服务主体。按照国家规定，其服务设施用地应当根据服务需要，按照农业设施用地批准。如能办理《农业设施用地证》，并可抵押贷款，联合社的资金流动就活了。但一方面联合社无法抵押贷款。另一方面，保护联合社的相关手续并未出台，其也便无法申请到服务用地。二是资金扶持不到位。联合社是规模性服务，需要政府提供资金扶持。然而联合社只能享受与合作社同样的农机补贴，为了提高服务水准，联合社只能自行投入资金增加服务设施，靠借债欠债负重前行。三是差异化政策较匮乏。现行的国家政策对新型农业经营主体提供农机补贴，呈现"一刀切"趋势，对土地、房屋、大型先进的农业机械补贴还较薄弱。鉴于此，政府应该加强对联合社的政策扶持力度，其一是规范示范建设。把示范社作为扶持重点，发挥典型引路、示范带动的作用，引导促进其规范健康发展。其二是财政税收支持。从现代农业生产发展资金中安排部分资金专门用于联合社的发展，采取"中央指导，地方落实"的管理方式，将审批权下放地方，支持各地灵活运用贷款贴息、先建后补、以奖代补等方式。其三是金融支持。中央财政可进一步实施县域金融机构涉农贷款增量奖励，并指导地方金融机构提供定向费用补贴，激发地方金融机构对联合社贷款提供财政性担保贴息和风险补偿的动力。四是扶持差异政策，对生产主体与服务主体，小农户、家庭农场与合作社应当有所区别，细化扶持标准，对联合社所需的土地、房屋、大型机械应加大补贴力度，满足其多样化需求。

3. 自身建设不够

大地农业专业合作社联合社通过联合天长市新型农业经营主体，为其提供产前、产中、产后的流程化服务，开创了横纵一体化的综合服务发展模式。然而联合社尚处在发展阶段，仍存在自身建设的不足。在横向联合上，大地农业专业合作社联合社采取"种植大户+家庭农场+合作社+龙头企业"的联合模式，分析发现存在成员退出、交易变少、二次返利次数少的现象，可见联合社亟须进一步加强利益联结机制。随着众多合作社服务体系的健全，联合社需要创新出更高更全的服务模式，来实现紧密抱团。在纵向联合上，产业链条还需延伸。联合社的产后环节主要提供粮食烘干、订单销售服务，并没有延伸到农产品包装、运输、加工、贮藏等更深层次的产业链条上，以至于农产品的科技含量和附加值较低，市场竞争力较弱，利润空间较小。此外，联合社的公益性服务还在发展阶段，应该进一步完善服务流程，实现公益性服务与综合性服务的有效结合。鉴于此，有如下建议：一是紧密利益联结机制。处理好联合社与成员社的统分关系，防止"同社异梦""貌合神离"。在统的层面上，应强化联合社与成员社之间的利益协同关系，尤其在股份设置、资金筹集、民主管理和盈余分配等方面应实现利益一致。在分的层面上，各成员社应该发挥彼此的优势，互相促进，互相补充，坚决防止内部矛盾和恶性竞争。二是实施产业一体化经营，扩大联合范围，进一步与上下游农资企业、加工企业、销售企业合作，使农户分享到农产品加工、流通环节的增值收益。此外，可尝试自办加工企业、销售企业，建立自有品牌，开设自营店，发展电子网络销售，采用股份制的形式吸引外部投资者，实现产品精深加工等。

同流共源：探索医疗改革的
有效模式*

——基于天长市医疗服务共同体的调查

天长市位于安徽省东南部，距南京、扬州仅一小时车程，属南京"一小时都市圈"城市。从内部来看，天长市市内共有两家县级公立医院（市人民医院、市中医院）、14个镇卫生院、2个社区卫生服务中心、163个村卫生室和5家民营医院，但如此的医疗资源状况并没有很好地满足城乡居民的现实需求。特殊的地理位置加上县域内的医疗体系失衡，引发了诸如无序就医等一系列医疗乱象。早在2009年和2012年，天长市就已经分别进行了初步的医疗改革尝试，但这两次探索和努力始终无法从根本上解决问题。2015年9月，为彻底改善当时的医疗生态，天长市总结过往经验，着力于医疗体系重构，以"县级医院为龙头，上联三甲，下联乡村，组建医共体，造福天长人"为改革思路，探索出一条"同流共源"的医疗改革新路径。具体来说，是以捆绑县镇村三级医疗机构为起点，重置利益分配模式，新建多维运营制度，助推资源全域流动与深度融合，以此优化资源配置，创新基层卫生服务体制。天长市医共体的建立成功重塑了县域医疗服务体系，为我国农村分级诊疗的实现找到了一把"金钥匙"。

---

* 作者：华中师范大学中国农村研究院、政治科学高等研究院张凯肖、任怡璇。

一　体系失衡：医共体产生的背景

2012 年起，天长市就一直致力于开展医疗改革，但取得的医改成效并不显著，医疗机构竞争无序、医疗资源分布不均、医疗服务能力不足的顽疾难以纾解，阻碍了天长市医疗服务功能的有效发挥。

（一）止不住的乱象

天长市市区距扬州 51 公里，距南京 75 公里，由于特殊的地理环境，再加上县域内基层服务能力低下，形成了天长"大病只愿出县治，小病不愿基层治"的诊疗困局。与此同时，县级医院为了进一步增加既得利益，乱诊治、乱开药及多开药的状况频发，进一步加剧了县域内的医疗生态失衡。

1. 医不按序："小病也上大医院"

长期以来，县级及以上医疗机构以其优质的资源和高超的技术获得了广大病患的青睐，群众逐渐形成了"看病就去大医院"的思维定式，以致出现"医不按序"的诊疗格局。具体体现在：一是大病只愿出县治。2015 年以前，天长市县域诊疗能力低下，无力为患者提供相应的诊治服务，致使患者外出就医现象频繁发生。据统计，2015 年天长市内患者外出就诊率达 20%，医保基金使用率达 30%。"以前动手术，都去南京，感觉只有大城市的大医院才能治好"，新街镇居民吕明强如是说道。二是小病不愿基层治。由于自身资源及能力的有限性，天长市基层医疗机构的服务水平始终停滞不前，不能提供患者所需的诊疗服务，导致了病患资源的大量流失。久而久之，患者即使得了小毛病，也不再愿意前往。据统计，2015 年镇卫生院每天平均住院病人仅为 213 人次，而天长市人民医院一天的住院患者就高达 1095 人次。极端的就诊现象，充分体现了医疗体系的分级失灵状态。

2. 药不对症："看一次病就有一大堆药"

2009 年以前，天长市政府为了解决医院运行存在的资金匮乏问题，允许两家公立医院通过"药品加成"的方式提高其盈利水平。为了获得高额利润，两家公立医院自行提高药品售价，通过"以药养医"的发展模式增加医院收益。据统计，截至 2012 年，天长市人民医院药品加成收入高达

1.05 亿元，占医院收入的 60% 以上。同时，为了实现院方利益的多渠道增长，医生不顾患者病情开出"大处方""贵处方"的现象接踵而至，致使患者"看病贵"问题愈来愈严峻。便西村的周阿姨表示："以前看病啊，那是吃不完的药，连感冒也要吃 7、8 种药，这些药还很贵。所以一看病就要花很多钱，我们都负担不起啊。"

3. 诊不对病："小毛小病要大仪器"

2009 年，天长市进行药品零差率销售后，医院无法再从药品差价上获利，为了继续保持其利润水平，只能通过增加诊治项目的方式获得诊疗暴利。患者到县级医院就诊时，一般的伤风感冒要拍胸片，头痛脑热要做影像检查，医生把小病当大病诊疗，在大病治疗上更是"天价收费"。便西村 63 岁的村民李利军说道："以前不管去哪个医院看病，一进门就先做各种化验，不管有没有用。"长此以往，各级医院在利益的驱使下，对就诊患者过度诊治，导致"不问症状，先检查"的诊疗问题日益凸显。

（二）分不均的资源

随着医患资源的不断增加，县级医院的其他各类资源也同比集聚，这导致天长的医疗资源分布形成了倒三角形的配置格局，造成了医患资源县多乡少、医疗资金县富乡贫、医疗设施县优乡劣的后果。

1. 医患资源县多乡少

早在 2012 年，天长市就已经进行公立医院改革，但是并没有解决患者资源分配不均的问题，仍有 70% 的患者资源集中在县级医院。据统计，2012 年县级公立医院住院病人高达 3.32 万人次，门诊高达 46.8 万人次，而基层卫生院住院病人 6000 余人次，门诊 10 万余人次。可以说，县级医院几乎垄断了优势医疗资源。此种情况下，患者为得到更好治疗，更倾向于去县级医院就诊，甚至不得不去县级医院就诊，这导致基层医疗机构基本无人就诊，"县级医院门庭若市，基层医疗门可罗雀"现象愈演愈烈。

2. 医疗资金县富乡贫

除了医患资源的不均衡，县乡两级医院在医疗资金方面也非常悬殊，具体表现在两个方面。一方面，人事经费分配不均。市政府在各县级公立医院工资、人员培训费、医生福利费等人事经费方面的财政支持均超过

400万元，而在全市基层医疗机构人事经费上的总投入不足800万元，与县级公立医院的投入量形成鲜明对比，不利于基层医院人员的综合发展，长此以往制约了基层医疗人员的优化发展。另一方面，物资经费分配不均。在天长市，县级公立医院通常可获得足够的财政资金购置物资设备，而基层医疗机构经费却相对紧缺。这致使基层医疗机构无力进行设备更新，与县级医院在医疗设备上的差距越来越大。天长市人民医院副院长王浩说："县级医院每年获得约2000万（元）的物资经费，但基层医疗机构的物资经费却不足900万（元），物资经费不足，无法实现就诊必用资源的到位，从根本上制约了基层医院的发展。"

3. 医疗设施县优乡劣

物资资金的不足直接导致了基层医疗机构不能购买应有的、先进的医疗设备，由此带来天长市医疗资源县乡不均、县优乡劣。一方面，基层医疗设备配置不佳。大部分基层卫生院缺乏基础医疗设备，例如：基层医疗机构没有彩超机，农村医疗卫生三级网络建设也未能实现。此外，新街镇卫生机构床位数占当地总床位的比例仅有17%，低于国家20%的规定比例。新民村李阿姨也说："我们以前测量血压的时候还要去镇上面，村卫生室什么都没有。"另一方面，基层医疗设施陈旧。医疗设施无法及时更新换代，例如：大部分乡村卫生院使用的还是几十年前的X光机等产品，仍以听诊器、体温表、血压计"老三件"为主要设备。落后的医疗设施无法满足人民现代化的医疗需求。"目前我们院没有放射及检验专用场地，职工宿舍也已经成了危房，无法使用"，汉涧镇中心卫生院李医生说。新民村李阿姨还说："就连镇上的医疗设备都不齐全，我们看个小病都要去县里，很不方便。"

（三）做不精的服务

在人口老龄化的大背景下，天长市农民对基层医疗服务的需求和品质要求越来越高，但基层医疗服务由于深受覆盖面不广泛、诊疗不便利、服务难精准三方面因素掣肘，服务水平与现实要求之间的落差日益凸显。

1. 服务覆盖范围小

由于资金、设备、人员投入等配置失衡，天长市大部分医疗服务站点集中于县区，村镇一级的服务站点不仅数量稀少，而且服务的人员和设备也不到位，基层医疗机构低下的服务水平与基层群众日益提升的医疗服务需求之间的矛盾日益凸显。其一，村卫生室覆盖不足。以往每个镇一定会有1所中心卫生院，但村卫生室未必村村全覆盖。李坡村家庭医生郑家泉就感叹："以前不是每个村里都有卫生室的，一些偏远村或者规模小的村庄，比如便西村等村子，他们就没有卫生室，看病得去其他的村子，对村民尤其是老人十分不便。"村卫生室的缺乏造成医疗服务覆盖范围有限，使村民就诊不得不往外跑。其二，基层医护人员缺乏。据天长市卫计委统计，2014年镇中心医院的医师平均仅有3位，护理人员不超过6位，村卫生室平均只有1位医师和1位护理人员。便西村王医生就说："我们村卫生室人手不多，加上护士只有3人，到了换季的时候，病人多来几个，我们就忙不过来了。"看病的人员增多，有限的医生护士自然顾不过来，基层医疗服务水平难以得到保证。其三，基层医疗物资匮乏。2015年之前，基层医疗机构不仅缺卫生室、缺医护人员，而且基本的医疗设备陈旧过时，就连常见药也经常断货。"以前村里只有听诊器等4、5种检查仪器，有时候连注射器都缺"，新民村的吴医生如是说。总体来说，天长市基层医疗服务覆盖面远远不足，难以实现全面覆盖。

2. 服务供给不到位

在天长市基层医疗服务覆盖不全面的同时，服务供给也存在明显不足。其一，基层诊疗服务内容偏少。由于医疗设施、医护人员的欠缺，基层医疗机构难以提供适合患者需求的医疗服务，使70%以上的基层患者就医"舍近求远"，转而去县级或县以上大医院进行诊疗，导致患者就诊不便。正如天长市人民医院的许长松院长所说："一说起到医院看病大家都有怨言，做个小手术都要跑到县里去，基层的医生也很无奈，卫生室没有这个水平和条件。"其二，药品资源供给缺乏。由于基层医疗机构提供的药品不全，有的患者得的只是一般性感冒，却要跑到县里买药。据统计，基层医院常见病、多发病药品种类只占县级医院的47%，其中村级卫生室只占41%。其三，跟踪服务不到位。由于基层医疗服务人员短缺，很多慢性病甚至部分传染病患者无法得到医务人员的持续跟踪服务，导致后期用药不规范，加重了病人的病情。

3. 服务运行难精准

2015 年以前，天长市基层医疗机构在精准诊疗方面同样存在不到位的情况。其一，对特定的人群无法精准诊疗。对老人、小孩、慢性病患者等特殊人群，基层医疗机构无法提供与其精准对接的诊疗和药品。正如新民村的家庭医生所说："以前村里的降压药有 3、4 种，但有些高血压人群是不能吃的。"其二，对特定的疾病无法准确处理。基层医疗机构由于资源限制，不能做到与其他层级的医院对接诊疗，因此，对一些流行病、突发病应对不足，无法实现准确诊治。"以前遇到流行疫情，村里也不能准确诊断病情，还以为有的病只是感冒"，便西村的李医生如是说。其三，对特定疾病的时期无法精确判断。在疾病多发季，基层卫生室本可以发布一些宣传教育内容，但很多村卫生室并没有实施，致使村民无法合理准确判断自身病情。正如新民村李阿姨说："每年春天我们这里很多人都会感冒，以前大家都只买感冒药吃，后来才知道不能乱吃，因为得病的原因不一样的。但那时候我们都不懂这些。"

二 医制革新：医共体的政策推动

为解决医疗体系失衡的困局，天长市于 2015 年 9 月正式推行"医共体"试点。医共体立足于医疗资源合理下沉，以问题为导向，以医疗需求为牵引，以体制机制革新为依托，以三医联动为支撑，重构了管理体制，健全了运行机制，完善了配套机制，促使医疗资源合理流动，实现了整体医疗服务能力提质增效。天长市医疗体制机制的革新，不仅成为医改有效运行的基石，还成为资源优化配置的有力推手。（见图 1）

（一）分责明权先立基

天长市通过创新领导体制机制，为医共体创造性地设立了领导人统领制、组织机构负责制。新型领导管理体制成为确保改革工作有序、高效推进的基础性保障，最终保证了组织的有效运行。

1. 明确领导人员

明确的领导人员是确保医共体健康发展的重要条件。天长市在医共体各个层次分别安排了不同的管理者指导发展方向。其一，组建改革领导小组，实现双组长共抓。天长市以规划指导为先手，成立了由市委书记和市

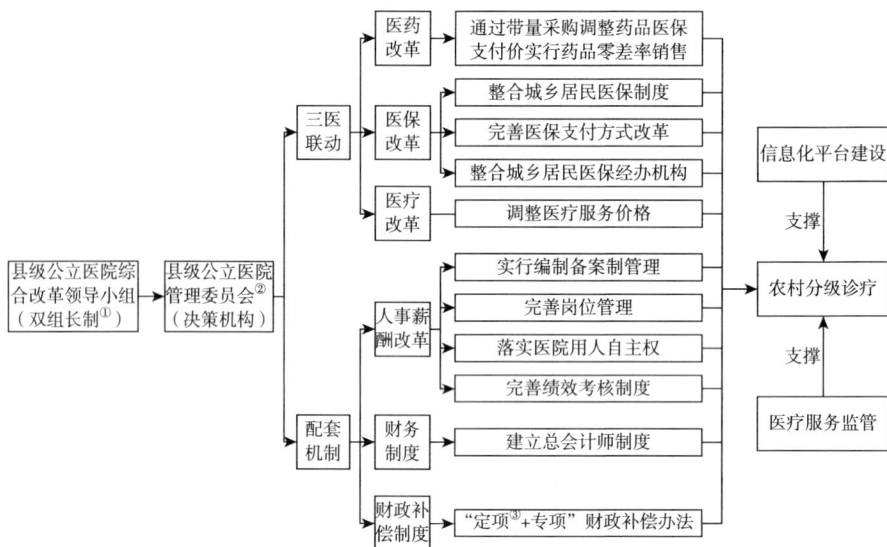

注：
① "双组长制"指市委书记、市长均任组长；
② 县级公立医院管理委员会的参与部门有：办公室、市卫计委、市发改委、市财政局、市编办、市人社局、市国土局、市规划局、市民政局、市市场监管局、市监察局、市审计局、市委组织部、市委宣传部、市人民医院、市中医院；
③ "定项"财政补偿办法：明确将政策性亏损、离退休人员经费、重点专科建设和人才培养经费等列入财政预算；"专项"就是对基本建设、大型设备购置、人才引进、承担公共卫生服务发生的支出，由市财政部门按照服务成本核定给予专项补助。

图1　天长市公立医院改革流程

长任"双组长"，市委副书记、常务副市长、分管副市长共同担任副组长的公立医院综合改革领导小组，以此对公立医院运营加强指导和规范，为医共体建设当好"领路人"。其二，建立院长负责制。天长市在公立医院内部创造性地实行院长负责制，由院长统筹管理本医院内部事务。天长市政府按照"能放全部放"的原则，将医院内部人事分配、机构设置、副职推荐、中层干部聘用、收入分配、年度预算执行等6项权力全部下放给两家县级公立医院。天长市在探索建立公立医院内部决策、执行、监督"三权制衡"机制的同时，放活了公立医院自主经营管理权。"自从实行院长负责制后，我们院定期开例会，各科室按顺序汇报工作。以前各科室职能混乱，现在都各司其职，医生工作效率更高了，（给）病人看病效率也更高了。"天长市人民医院杨医生说。

2. 划分职能部门

管理机构的健全是医共体有效运行的重要保障。天长市基于医共体运行和反馈两个阶段，设立不同的管理机构。一是成立医管会，共议发展事项。为贯彻落实医改领导小组的方针和意见，天长市在医共体内部成立公立医院管理委员会，负责医共体的运行管理。管委会是由市长任主任，相关职能部门负责人为成员组成的常设机构，综合履行政府规划、管理、保障、监督等办医职能。医管会制定了《天长市深化医药卫生体制综合改革实施方案》，对医共体运行进行管理和评估，保证医疗改革有序进行。天长市人民医院院长许长松表示："领导班子和医管会的建立解决了以往医院多头管理的局面，权力实现了下放。"二是成立医调委，协调医患纠纷。为合理解决医患纠纷，天长市创新工作方式，从卫生、公安、信访、司法、法院等部门选择 9 名具有法学、医学知识和处置医疗纠纷工作经验的同志，设立医患纠纷人民调解委员会，并出台了《天长市医患纠纷调解工作实施意见》，规定医调委依法受理和调解医患纠纷。医调委主要承担全市医疗纠纷人民调解、法律援助、提供风险防控建议等工作。天长市通过设立医患纠纷人民调解委员会，划细医院事务，为医共体运行解决后顾之忧。天长市卫计委党委书记房曰林说："医调委相当于售后服务，群众对诊疗过程中出现的问题都可以向医调委反映。"

（二）三医革新来拓路

天长市着力调和医共体内部多方利益矛盾，实行医药、医保、医疗三方面联动运行，形成互动共联的发展格局，"三医联动"的改革模式应运而生。

1. 医药改革，促医药"节流"

2009 年起，为了缓解医患利益矛盾，降低医院发展成本和患者购药成本，天长市实行医药改革。首先，药品零差率销售破除"以药养医"。自2009 年开始，天长市取消医院 15% 的药品加成，两所县级公立医院实施全部药品（中药饮片除外）零差率销售，即买进价等于卖出价，以此破除"以药养医"的局面，实现从药品销售上让利于民。其次，药品带量采购降低购药成本。为弥补药品零差率的损失，医院实行"药品带量采购"。具体即多家医院联合"团购"药品，通过加大单次采购量要求药品批发企业在省级招标价（挂网价）的基础上打折，压低了药品进口价，降低了医院成本，在降低患者用药价格的同时保障了医院利益。2016 年 1~7 月，带量采购使药品价格下降 15% 左右，节约费用约 18.6 亿元。其中，天长市将实行药品带量采购节约的 2600 万元全部用来降低药品医保支付价，药品价格再次下降 15%，在保证群众得实惠的基础上，既保证了医院的正常得利，又保障了医院的平稳运行。最后，医用耗材采购实现药价新低。为了进一步减少患者负担，公立医院在原有药品零加成及药品带量采购的基础上，采取医用耗材的零加成和带量采购。"药品、耗材零加成+公立医院带量采购"的模式实现了医用耗材的零差率销售，继续挤压了药品、耗材价格，使药价再次下降 15%，最终使患者成为最大获益者。安徽省卫计委药政处处长周涛说："药品零差率让医院无利可图，只能通过带量采购逼迫药企降价，药品的差价减少，药企给医生回扣用于临床促销的空间越来越小，从而使医生失去开大处方的动力，逐渐回归到从临床效果来选择药品，最终让患者受益。"

2. 医保改革，为诊疗"立规"

以往长期执行的医保政策在医共体内不能合理运作，为了配合医共体的运行，需要创新医保基金的管理方式，必须进行医保改革。2016 年 6 月，天长市在全省率先探索推行"三保合一"，整合城乡居民医保后成立了医疗保险管理中心。新医保中心由医管会直接领导和管理，承担全市三项基本医保基金的筹集、预决算、支付和管理，医疗行为监督与稽查等职能。首先，资金共管形成利益共同体。天长实行按人头总额预付的方式把医保基金下拨到牵头医院，每年年底结算，超支由县级医院承担，结余由县级医院、镇卫生院、村卫生室按 6∶3∶1 的比例进行分配。由此形成了一套牵头医院统筹管理医保基金的资金使用模式，构成了以利益为纽带的医疗共同体，促使医保基金得到合理使用。"这样就可以把原来医院想多花的新农合基金从'医院收入'变成'医院成本'，多花的每一分钱都是自己的，外转病人花的钱也要自己'掏口袋'，医共体内各医疗机构学会主动控制不合理医疗费用，降低外转患者，尽最大努力减少居民看病费用。"天长市中医院院长葛维朝说道。其次，差异化报销节省医保经费。各级医院同步推行临床路径管理与按病种付费，并根据收治病种及临床路径执行情况，对53个病种实行"浮动定额"，实行三档浮动。截至2016年10月底，市人民医院实行按病种付费病种200种，中医院146种；两家公立医院实施路径病种达387个，入径率74.3%、完径率84.5%，占出院比例的56%。透明合理的患者支付方式促进了医共体内各医疗机构自觉规范医疗服务行为，主动控制医疗费用。再次，健康脱贫专项基金保障患者及时就诊。2016年7月，安徽省出台《关于健康脱贫工程的实施意见》，强化政策倾斜，建立由医保补偿、大病保险和重特大疾病医疗救治基金组成的"三保险"医疗付费保障体系，实行贫困人口县域内先诊疗后付费的结算机制。《实施意见》还指出，贫困人口在享受基本医保、大病医保、民政救助后，在县、市、省三级医院的合规医药费，个人自付最高限额分别不超过3000元、5000元、1万元，其余部分由财政专项资金兜底。患者最高可以获得补偿60万元，改变了患者以往"看病致贫"的情况。

3. 医疗改革，让医院"增益"

为弥补药品降价带来的收益不足问题，天长通过调整医疗服务价格，实现药品和服务价格互补，优化了收入结构，稳定了医院收益。2016年天长市对县级公立医院医疗服务价格进行了三次共3028项调整。第一，降低基本费用以优化医院收入结构。2015年，通过降低县级医院的检验费与检查费把患者留在本市就诊，以"薄利多销"的诊疗方式保证了医院的正常诊疗收入。2016年9月又进一步调整公立医院部分医疗服务项目价格，降低了检验化验类物化性项目的价格，将检验费下调了20%。这在让利患者的同时，也促使医院的收入结构更加科学，优化了医院的收入结构。"以往我们医院的收入基本都很固定，现在由于检查费降低（病人多了），医院的收入也随之增加了"，中医院刘医生说。第二，提高后续诊疗经费以稳定医院收益。就诊过程中若出现需要进一步诊疗服务的患者，天长市通过提高治疗费、手术费、专项护理费等来彰显医疗服务的价格比价关系，保障医院收入稳定。截至2016年底，两家公立医院医务性收入占比达60%以上，使医院收入维持在往年同期水平。中医院刘医生还表示："医改后，我们医生的月收入高了许多，年终还有奖金发放。"

（三）配套机制做保障

医共体的平稳有效运作少不了完善的配套机制。2015 年底，天长市从人力、物力、财力等的运作方式入手，建立了相应的配套机制，从人事、财务、监管考核等方面把关改革运行，保障医疗改革的长效运行。

1. 理顺人事薪酬制度，完善人员管理

推进卫生事业发展必须提供强有力的组织保证和人才支撑，天长市根据市直两家公立医院的发展情况，结合实际需要，拟定了多项制度规范，保证"人"的发展。其一，院长年薪制激发领导热情。为发挥公立医院院长的带头作用，强化公立医院的公益性及院长的管理职责，提高运行效率，天长市制定了《天长市公立医院院长年薪制实施方案》，确定院长年薪由基本年薪（包括岗位工资、薪级工资、基础性绩效工资）和绩效年薪构成，每 3 年一调整，由财政全额负担。2015 年考核后两家医院院长年薪分别是 35 万元与 37 万元（税后），与 2014 年相比提升了 10%，增加了院长的管理投入意愿。第二，规范岗位设置保障人员合理配置。天长市核定两所公立医院人员编制 1841 个，并拟定《天长市公立医院岗位设置管理实施意见》，规定了专业技术人员编制不低于总编制的 80%，且公立医院可适当提高高级、中级专业技术岗位设岗比例。在人才数量得到充足的同时，基层医疗服务水平也随之实现了整体提升。市中医院李医生说："以前大家都觉得医生的工作没保障纷纷转业，现在有了编制的保障，大家都愿意留在医院继续工作了。"第三，规范招聘制度保证人才到位。天长市制定《天长市公立医院人才引进和培养工作实施意见》，规定每年按计划招聘一定数量的医护人员充实医疗队伍。若出现急需引进高层次人才、紧缺专业人才的情况，经市医管会同意后，由公立医院自行组织招聘。2016年实行新型人事制度以来，两家公立医院共引进硕士 45 名、博士 1 名，极大地提升了医院的诊疗水平。第四，内部轮岗助力医生能力提升。天长市在公立医院、镇级卫生院建立编制周转池制度，并规定"县医院每年下派 3% 流动送医援助岗位，基层卫生院上派 5% 流动送培岗位"，以此打通乡镇卫生院在编人员进入市公立医院的通道，为公立医院、基层卫生院人才队伍建设提供可持续的编制保障，破解控编减编的规定与公立医院使用编制的刚性约束的难题。第五，实行绩效分配提高人员工作积极性。为调动广大医务人员的工作积极性，天长市在综合各项指标的基础上建立了DRGs原理下新的绩效考核薪酬分配制度。新的薪酬分配制度让一线医务工作人员收入高出平均水平的25%，2016年医务人员收入比2012年增长68%，在使医务人员分享改革红利、提升满意度的基础上，保证了医共体运行。"我们院今年上派了几个医生上去学习，县医院也定时派送医生下来指导我们，与上级医院实现了互通"，新街镇中心卫生院院长胡立兵如是说。

2. 财务运行制度，保障运作规范

为保障医共体运行所必需的"资金池"充足，提高财政资金的利用效率，天长市建立起一套与医疗改革相适应的财务运行制度，即在财政拨款、公立牵头医院、基层卫生机构三个层面上设置配套的财务运行制度。首先，财政补偿机制确保资金规范下发。为确保财政资金的拨付到位，充分调动医务人员积极性，天长市完善财政补偿政策，实行"定项+专项"的财政补偿办法。天长市将县级公立医院政策性亏损、离退休人员经费、重点专科建设和人才培养等列为"定项"补偿，并对基础建设、人才引进、院长年薪等给予"专项"财政补助。近5年来市财政对公立医院的投入由医改前每年500万元增加到2800万元。2016年拨付村医各项补助资金815.8万元，为498名在岗村医购买了基本养老保险，向236名到龄退出村医发放了生活补助。其次，总会计师制度强化监督管理。为切实加强对公立医院预算、财务管理及会计核算、重大经济决策等方面的监督，天长市制定了《天长市医管办总会计师工作职责》，设立总会计师岗位，由财政局派驻1名总会计师到医管办驻地办公。同时，两个公立医院分别设置了1个总会计师岗位，建立了公立医院内部约束机制，明确了总会计师在预算管理、资金收支、资产负债及有关重大事项方面的监管职责。再次，财务统管制度实现监督有效。通过会计管理信息系统，建立信息交流与反馈机制，医共体可对各部门和单位的业务活动进行实时监控，定期认真清理基层卫生服务机构的固定资产，填报财务状况，按照2个医疗服务共同体管辖的范围，移交给相应的医共体。利用规章制度规范医共体的财务运行情况，保证了整个医共体的经营管理合法合规、资产安全、财务报告及相关信息真实完整。市人民医院财务中心的孙会计就表示："财务实行统一管理后，医院里的财务不清晰的问题就再也没有出现过了。"

3. 监督考核制度，落实监管到位

为保证各项规范、措施的落实到位，天长市建立了合理的监督考核机制，保证医疗服务能力的长效发展，保障人员不断参与，激励相关人员的工作积极性。其一，医管会全局监管。医管会制定了监管主体责任制、监管力量协同制、监管内容清单制、不良执业记分制、诉求回应平台制、结果应用联动制等六项综合监管制度。医管会将各级医院的重点指标如住院补偿比、药占比等作为定点医疗机构考核标准，每年对各级医疗机构考核2次，加强了对定点医疗机构的监管力度，并把监管结果与医保定点、等级评审、职称晋升等挂钩，按制度执行对医共体的考核标准。其二，专设纪委自查自管。天长市为了把监管落实到公立医院，在两个公立医院成立纪委，专设纪委书记，从体制入手加强了对公立医院办医行为的规范和监督，强化了纪律监督，以机制改革助推改革发展。市中医院的田医生说："每月要定期开会汇报工作内容，有专人进行考评的。"其三，第三方外部监管。医管会委托第三方评价机构对县级公立医院出院病人开展满意度调查，每月调取公立医院的出院病人信息，由第三方评价机构随机抽查，进行电话回访，询问就医感受。"我院委托第三方机构已进行了2次全面的调查"，天长市人民医院院长许长松打开一份通用调查表，"调查了1800多个样本的2013年第二季度的调查结果显示，医院的服务总分约为85分，患者还集中反映了沟通、价格、等待、停车等各方面问题"。

三 示范运行：共体同管的创新实践

天长市充分发挥医共体的利益撬动作用，逐步确立了卫生服务创新、格局创新、资源畅通流动、医疗服务共享的分级诊疗模式，让以服务为纽带、责任为根基、利益为核心、管理为手段的"四位一体"区域医疗共同体真正落地。

（一）利益撬动，建立医疗服务载体

2015年6月，为打破医疗机构利益分离、各自为政的竞争分立局面，天长市利用基金的杠杆作用，有效推动了县镇村三级医院开展合作，同时还强化了医共体内部议事机构的领导作用，为畅通医疗服务共享渠道奠定了基础（见图2）。

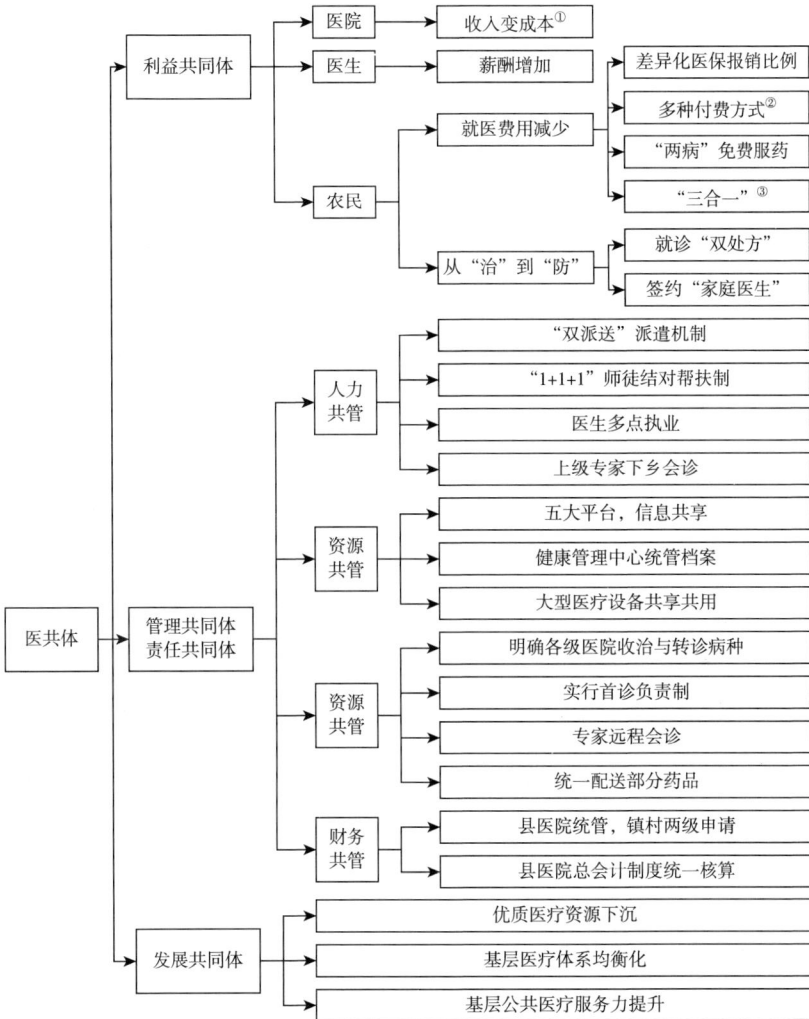

注：
① "收入变成本"：新农合基金按人头总额预付给牵头县医院，超支由县医院承担，结余由县医院、镇卫生院、村卫生室按6：3：1的比例分配；
② 多种付费方式：按病种付费、按临床路径管理付费、以病种为主的复合式付费；
③ "三合一"：整合人社部主管的城镇职工医保、城镇居民医保和卫生部门主管的新农合，合成基金，由各县医院统筹管理。

图2 天长市医共体结构功能

1. 串联县域三级医院，共筑县域医共体

为建立医共体诊疗新格局，天长市以县级公立医院为龙头，通过对基层医疗机构资源进行纵向整合，开创了市、镇、村一体化管理与服务模式。天长市医共体的成功开展基于以下三个原则。第一，纵向合作、横向竞争、双向选择原则。天长市以市二级综合医院为龙头，以互尊意愿、双向选择为基础，联结镇、村卫生机构组建纵向合作的医共体。截至 2016 年底，天长市已建成三个存在横向竞争关系的医共体。这三个医共体以竞争的方式分别提升各自诊疗能力，其医疗服务也已覆盖全市。据统计，2016年，天长市人民医院已与 6 个镇卫生院、13 个分院，以及 82 个村卫生室、2 所社区卫生服务中心建立医共体，其服务覆盖 38 万人口。中医院也与 7家镇卫生院组建了市中医院医共体，其服务覆盖 18.05 万人口。第二，稳妥起步、先易后难、循序渐进原则。天长市从 6 个镇级中心卫生院、3 家县级医院和若干村卫生室着手开展试点工作，建立纵向合作关系，再逐步扩大试点范围，最终覆盖全市，以此形成紧密型医共体。正如天长市人民医院院长许长松所说："医共体都是一步一步建成的，不可能一蹴而就地就完成了。"第三，统分结合、权责廓清、政府监督原则。2014 年 12 月，天长市首先制定了县域医共体初步实施方案和章程，随后开展了县级医院与基层医疗机构结对工作，并于 2015 年 6 月全部完成医共体签约和挂牌等具体工作。天长市通过建立医共体，理顺了县域医共体人事、财务、资产等管理体系，科学界定了医共体内部管理职能。

2. 归拢新农合基金，整合医共体利益

共同的利益是三级医疗机构合作的起点，天长市通过归拢新农合基金促进各级医院合作，实现利益的合理分配。第一，规范新农合统筹方式。天长市以长期居住在农村的农民为参合对象，以家庭为单位筹集新农合基金（总的基金不仅包括新农合当年筹集的基金还包括上年度结余基金），通过统筹的方式使资金基数增加，为各个医共体谋求更大的利益。据悉，2016 年，天长市政府规定新农合个人缴费标准为 120 元/人，新农合大病保险缴费标准为 10 元/人，两种费用合并在上一年度规定时间内交纳，从下一年度初生效，至年底结束。新街镇新民村吴大姐说："每年只用交 120块钱就能看许多病，还是政府的政策好啊。"第二，固定利益分配模式。

新农合管理中心将当年筹集的基金提取 10% 风险金、5% 的调节金后，以剩余的 85% 作为总预算，再根据各医共体辖区人头数，将总预算转换成参合人头费用交由医共体包干。年底结算后，超支由县级医院承担，结余由县级医院、镇卫生院、村卫生室按 6∶3∶1 的比例进行分配。新农合基金的统筹拨付体系，把"医院收入"变成了"医院成本"，促使医共体内各级医疗机构主动控制不合理医疗费用。仅在 2016 年，市人民医院新农合就按人头预付资金 1.13 亿元，若按以往运作模式可结余 200 万元左右，这能在保证医院有结余的同时，使每个医务工作者得到相应的分红。"改革前基层与县级医院抢患者，各家医疗机构各自伸勺子，想从医保这口锅里能多捞一点是一点。改革之后，医共体掌勺，大家齐心协力把患者留在市内，做大医保这口锅。"新街镇卫生院院长胡立兵感慨道。

3. 设立最高议决机构，保障医共体运行

为了保障医共体内部有序运行，天长市在县域医共体内部分别实施了两项措施。首先，成立医共体理事会，负责为医共体做决策。县域医共体牵头单位与各成员单位签订结对加盟协议书成立了医共体理事会。医共体理事会作为县域医共体的决策机构，设有理事长一名和理事若干，这些理事负责医共体所属医疗机构的总体规划、运营方针、资产调配、财务预决算、收入分配、人力资源管理等重大事项。理事长和理事定期召开会议，讨论和解决医共体运行出现的问题。"我们医共体内部一有问题就向理事会反应，他们就会立马召开会议解决问题，效率很高"，天长市人民医院副院长王浩如是说。其次，建立一体化管理机制，落实医共体工作。为促使医共体有效运行，天长市在成立医共体理事会之后，又建立了一体化管理机制，明确规定了医共体牵头医院和镇级中心卫生院职责。其中，牵头医院主要承担常见病、多发病诊疗、伤残康复和慢性病治疗管理等任务；镇级中心卫生院的主要职责是开展部分常规诊疗和康复、护理等工作。如新街镇中心卫生院院长胡立兵说："目前已接待下转的慢性病患者 457 人次，这不仅缓解了县医院的压力，还减轻了患者的医疗费用压力。"天长市通过设立医共体理事会，做到了决策有会、协调有人、落实有制。

（二）管理联动，纵向配置医疗资源

以利益为基础的医共体成立后，其管理要破除以往"部门隔绝，各自发展"的局面，从人力、物资、财务三个维度入手，建立分工协作机制，实现医疗卫生服务工作重心下移和资源下沉，优化医疗资源的结构和布局。

1. 人力共通，服务共升

为了解决基层医疗队伍薄弱的问题，医共体通过一系列人力管理方式的创新，实现人才贯通流动。一是推行医疗人员派送制度，实现人员共用。天长市 2016 年出台了《关于在县级公立医院和基层医疗卫生机构加强人员交流实行"双派送"的意见》，规定在公立医院备案制人员中，设置 3% 左右流动送医岗位下派至镇卫生院进行锻炼、帮扶；在基层卫生机构占用专项编制人员中，设置 5% 左右流动送培岗位用于上派进行培训、挂职锻炼。2016 年，仅人民医院就下派医生 10 人驻扎基层卫生院，同时对下级机构派送的 19 名医疗人员进行了专项培训。这项措施不仅实现了医共体对医疗卫生系统人员队伍建设的共同管理，还夯实了基层医疗卫生机构服务能力的基础。二是强化对口帮扶制度，实现技术共升。牵头医院与基层医疗卫生机构结对帮扶，由牵头医院对基层医疗卫生机构人才、技术方面的扶持负主要责任。天长市人民医院的金专家说："目前，我们院已结成 80 对师徒，师徒业务交流微信群参与人数达 300 多人。受帮扶的医生遇到了难题可以随时在群里提问，师傅及时进行解答。"这种结对帮扶，使基层医疗机构的技术得到了有效提升。三是建立多点执业许可制度，实现素质共提。天长借助法律手段建立区域内多点执业许可制度，通过签约制明确了多点执业过程中的医疗责任。县级医院具有医师资格的人员可根据工作需要，选择医共体内具有相应诊疗科目的 1 到 2 个镇级中心卫生院（是镇卫生院中的一小部分）作为多点执业地点，这不仅提高了医师的综合素质还提升了基层医护人员的医疗技术。目前，人民医院已有 114 名中级职称以上的医师在基层医院签约。"自从签约到新街镇卫生院后，我收入更高了，医疗技术能力也得到了提升"，李医生通过多点执业制度获得了切实好处。四是通过专家坐诊实行嵌入式服务，实现能力共增。天长市公立医院名医（专家）驻镇卫生院工作站，进行定期巡诊。县人民医院已

将该服务辐射到本医共体内的 3 家镇级中心卫生院和 18 家镇级以下卫生院。专家坐诊不仅提升了基层医护人员的医疗技术水平，还提高了基层医疗机构的服务能力。"专家坐诊在我们院那天，我们院的医生都会轮流去请教他，问他有关的专业技术问题"，汉涧镇镇卫生院院长说。

2. 信息共享，物资共管

人员管理初见成效后，天长又将人员共管的方式运用到物资管理上，通过建立物资共享平台，做到对各类资源的综合管理、综合运用。一方面，建立信息平台，医共体内实现信息共享。医共体内部建立起了两类信息平台，一类是帮助诊疗的信息平台。这类平台包括区域 HIS、影像、检验、心电和病理信息平台。镇卫生院、部分村卫生室可通过这类信息平台进行远程诊疗，获得医共体牵头医院专家第一时间提供的医疗影像诊断、疑难病例讨论和会诊指导等。一类是数据交换平台。基于基层医疗机构管理信息系统、居民健康档案系统和基层电子病历系统，医共体初步建设了数据交换平台。通过此平台基层医疗机构之间可实现医疗信息和公共卫生信息的共享，对患者实行健康信息管理。此外，天长市将整合现有平台，通过实时查询和共享患者的健康信息，实现互联互动、合理诊疗、医防融合。"现在我们人手一张卡，卡里我们包含信息很多，包括得过什么病，对什么药品过敏等等。一卡通使医院治病效率更高了，我们看病也不那么拥挤了。"受访患者秦大姐开心地说。另一方面，共同管理物资，医共体内实现物资同步。医共体内的大型医疗设备由牵头医院统一管理，镇村医疗机构可以申请共同使用。此外，基层医疗机构还可享有由中医院统一配送的中药饮片。2016 年底，由中医院统一配送的药品达到 309 种。中药饮片的统一配送使优质医疗资源纵向流动，实现了市镇村中药饮片同质化。新民村村卫生院刘医生说："我们卫生室都是向镇中心医院拿药，镇卫生院配有药品 800 多种，村卫生院配有药品 300 多种。县医院将药品目录向乡镇卫生院部分开放，既保障了基层医院临床用药，又满足了病人的基层就医需求。"

3. 资金共用，盈余共有

医共体内各医疗机构的财务资金实行统一管理、统一核算。首先，资金统一运作，实现资金有效使用。在不改变乡镇卫生院和村卫生室任务的基础上，基本公共卫生服务项目资金与新农合基金被"打捆"给各个医共体的牵头医院，由牵头医院根据工作需求每年编列计划，统一上报年度项目预算，之后按照年度项目预算执行。县级医院不仅管理自身的资金运作，还可管理基层医疗机构的经费开支，实现资金效用的最大化。"我们院每年都有上亿资金，都是由医院的专门部门管理，实施预算"，人民医院副院长王医生说。其次，盈余共同分配，实行利润约定分成。若是医共体内各成员单位的医保资金在年终结算的时候尚有盈余，结余资金的分配由县域医共体理事会拟定草案，各成员单位达成初步一致意见后，再按照6∶3∶1的固定比例分别分配给县医院、镇卫生院和村卫生室，各级医疗机构均可获得分红。新街镇卫生院院长胡立兵翻出了上年的记录本："我们院去年总共收到了6000元的分红，相比过去那是好多了。"

（三）分级诊疗，均等享受医疗服务

利益联动、资源共管带动了医共体内部诊疗格局的转变，天长市还通过建立家庭医生签约、上下转诊等制度，促进病患在各个医疗层级之间合理流动，最终形成了分级诊疗的就医格局。

1. 基层首诊使"小病留基层"

为了更好地实现分级诊疗，天长市开展基层首诊制，通过制定一系列管理机制，让多数病患在基层得到初步诊治，减轻上级医疗机构的工作压力。一方面，建立家庭医生责任制，实现小病就近治。全市开展家庭医生签约服务，每个村根据自身实际需求制定服务实施方案，明确签约对象、签约服务的内容、签约服务流程、签约双方的责任和义务等。按照约定，家庭医生要做到对签约服务人员每两个月进行一次随访、健康指导。有偿签约居民到镇卫生院进行有关辅助检查时，享受半价诊费，凭签约服务证即可去卫生院绿色通道直接检查。2016年，天长市家庭医生签约人数突破12万人，不仅充分调动了居民签约的积极性，方便了村民治病，还使村民就近诊治的意愿增强，实现了把常见病、多发病及慢性病留在基层就诊的改革目标。新民村签约了家庭医生的郑婆婆说："家庭医生是一项很好的服务，也非常划算而且方便，看病就在家门口。"另一方面，建立康复下转制度，实现康复在基层。医共体内建立了转诊办公室，通过健康管理网络了解患者诊疗阶段，把处于康复期的患者下转到基层卫生机构进行恢复。2016 年累计下转 10030 人次，多数慢性病患者被下转至基层，留在镇卫生院接受治疗。"我们从人民医院下转到镇卫生院，这边每天都有专家过来询问病情，根本不用跑到外地复健。医生说再养几周就可以出院了。"接受转诊的李女士受访时高兴地表示，她通过转诊服务得到了便利，并且还提到以后更愿意留在天长市医院看病了。

2. 县级接诊助"大病不出县"

医共体内实行基层首诊后，也采取了相应措施将病患留县域就诊，以此实现"大病不出县"。首先，明确收转病种制。天长市确定了县级公立医院 122 种和乡镇卫生院 50 种确保收治的病种目录，目录内病种不得外转，下转病人免收 1 次住院门槛费，以制度作为硬性规定保障县内就诊，以减免费用作为优惠措施鼓励患者留在县域就诊。截至 2016 年，全市县级公立医院可治疗病种达 2254 种。2016 年一季度，县域内就诊率上升到 92.5%。"病种收转制实行后，患者都倾向于留在县里就诊，因为相比县外的医院不仅费用少，而且更便利。"正如人民医院副院长王浩所说。其次，开通向上转诊制。转诊办公室的另一个功能就是上转患者，办公室 365 天 24 小时为转诊患者服务。为转诊便利，医共体还开通绿色通道，通过家庭医生完成上转患者，并进行一站式跟踪服务。截至 2016 年底，通过家庭医生初诊，累计上转病人达 3319 人。医共体通过上转诊疗的方式把患者留在了县内就诊。"我去年高血压很严重的时候，家庭医生很快就把我转到县医院看病了。"患有高血压的赵大姐感叹道。最后，开发对外合作制。医共体与省内外 14 家三甲医院建立了长期稳定的合作关系，通过远程诊疗平台将疑难杂症通过与省外专家会诊或申请技术外援的方式进行诊治。2016 年，仅新街镇中心卫生院就借助该平台成功诊治重症 35 例，使病人不用出县即可得到专家的诊治，实现了"大病不出县"。天长市天康医院的院长就提道："我们还和南京三甲医院联合，碰到技术上的难题就向那边请教。我们会定期安排医生过去学习，他们那边也会定期派专家下来。"

3. 急慢分治保"疾病分需治"

依托健康管理中心，天长市的分级诊疗还能依疾病类别划分诊疗层次，形成了急慢病分治的格局。首先，设置健康管理中心，区分患者病种。各家牵头医院设置了健康管理中心，实施急性病和慢性病两类诊疗方法，依托各 5 大平台的患者信息，合理划分患者病种及同一疾病的不同发展阶段，再把其归到相应类别，保证患者类别的合理区分。人民医院李医生就说："健康管理中心把患者的病种都进行了区分，急性病有急性病的信息，慢性病有慢性病的信息。"其次，共享患者信息，引导合理就诊。根据患者的发病情况、疾病谱、疾病本身不同的发病阶段，家庭医生引导患者到最适宜的医疗机构接受诊疗，在保证正常诊疗的同时，也防止了过度医疗。急性病由医院紧急处理，重点是引导慢性病患者合理分级就诊。为加强慢性病管理，天长市医生会向慢性病患者开具用药处方和个性化健康处方。截至 2016 年底，天长市重点人群签约家庭医生 4.89 万人，签约率突破 60%。"我患有高血压、糖尿病，现在只要去村卫生室治疗就可以，以后如果遇到大病就要去县里面就诊了。"已签约一年的百子村村民受访时谈道。

四　服务共享：医共体功能的发挥

天长市依托"医共体"串联医疗机构利益、重置利益分配模式、新建多维运营制度的方式，促成了医疗资源配置均衡，重塑了卫生服务格局，最终实现了市—镇—村医疗服务能力和服务水平的整体飞跃。天长市医疗改革的先进做法，对探索新时期基层医疗服务均等化、精准化的有效实现形式，保障医疗改革红利人人享有具有重要的实现意义与参考价值（见图 3）。

（一）基层医疗服务能力有效提升

天长市推行的医共体改革，让基层医疗服务能力获得了显著提升，具体体现在服务资源得以增加、服务技术得以增强、服务范围广泛延伸三个主要方面。

1. 服务资源得以增加

基层医疗资源的增加作为基层医疗服务提升的基石，是医疗服务能力提升的前提保障。第一，人员提质充实。为解决县域基层医疗卫生机构人才匮乏问题，天长市各县级公立医院通过每周下派 1 名专家医生到基层坐诊的方式，将自己的骨干力量下沉到基层，为基层医生开展现场教学，提升了基层医疗服务人员的技能素养。2016 年，仅天长市中医院就下派 8 名医生驻扎在基层卫生院。同时，天长市通过编制周转制进一步增加基层医务人员人数。截至 2016 年底，周转制已为各级医疗机构成功吸纳 330 名优

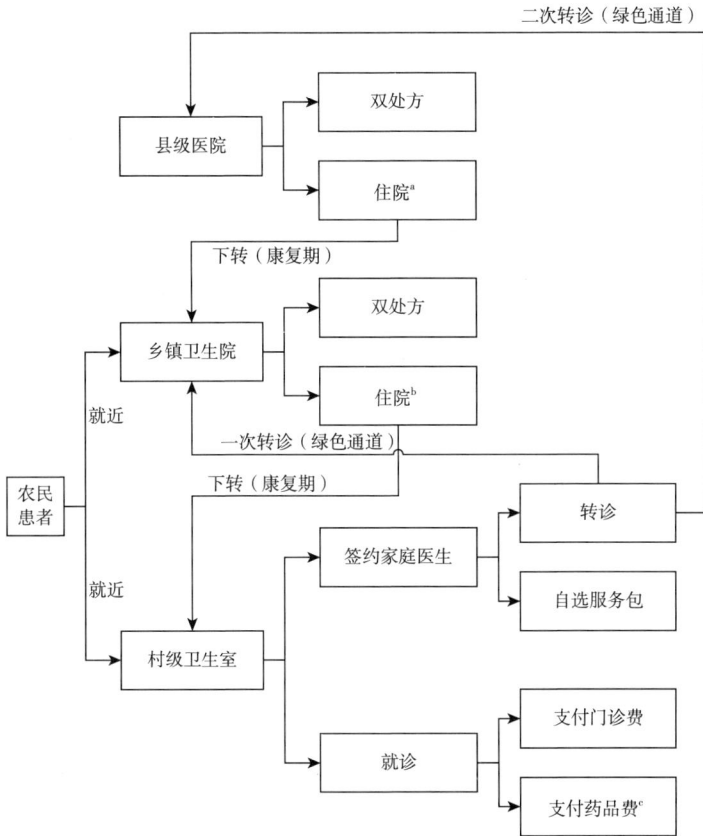

注：① 新农合报销费用：
a（大于570元的住院费用-570元）×80%
b（介于200元到570元的住院费用-200元）×90%
c 介于15元到200元的药品费用-15元
② 可接受病种数量：
县级医院：122种
乡镇卫生院：50种
县级医院下转病种：41种
康复期下转病种：15种

图 3 天长市医共体患者就医流程

秀医疗人员到基层就诊，实现了医共体内部医务人员的技能提升。第二，设备精准覆盖。天长市政府每年向一个村卫生室财政支出 5000 元用来扩充卫生室必备的硬件设施，与之前没有财政支持的状况相比，每年利用这项拨款村卫生室可以扩充部分基本必备医疗设备，实现医疗设备对接患者病情，满足患者就诊需求。如秦栏镇新民村郑桂兰表示："2016 年的时候，就是在村卫生室做 B 超查出了胆结石。"除此之外，人民医院医共体内自筹资金 200 多万元，在成员单位间搭建广域网，建起与合肥、南京多家大医院的远程会诊平台，实现了三方视频交流，乡镇卫生院医生可直接向大医院专家在线请教。医共体资源下沉，使基层医疗设备得到补充，能够精准对接患者病情。第三，医药精确下沉。天长市以镇卫生院 90 种确保收治病种为标准，按病种为村卫生室配药 300 余种，比医共体成立之前多了100 多种，其中常见病、多发病药品种类及数量明显增加，更适合患者需求。新街镇中心卫生院院长胡立兵说："现在我们医院和村医院里患者经常购买的药品基本齐全了，村民来买基本都能买到。"

2. 服务技术不断增强

医共体的开展不仅使基层服务设施得到了补充，同时还提高了基层医疗服务水平。首先，医生技能提升。为实现精准帮扶，天长市人民医院组织骨干医师与帮扶单位医务人员建立师徒关系，实行人对人、科对科的"1+1+1"结对帮扶计划，全院中级以上职称医生分别与乡镇卫生院医师、村医建立师带徒关系，手把手、"一对一"专门帮带。据统计，2016 年牵头医院共举办 103 期培训班，免费接受下级医务人员进修学习 52 人次（见图 4）。基层医生在各项帮助下医疗技术水平得以提升。秦栏镇中心卫生院李医生表示："我们每个月都有培训班，还有市里的专家来县城上课，我们也学到不少新知识。"其次，借助平台提升技能。天长市通过县、镇两级医疗机构远程系统，在每个镇中心卫生院成员单位建立远程医疗合作关系，以开展远程视频会诊、远程教学查房、远程专家门诊等活动，实现县、镇的信息互联互通，充分发挥优质医疗资源的辐射作用。2016 年，秦栏镇中心卫生院就借助该平台成功诊治重症 28 例。运用信息技术提高了镇、村医疗机构的服务能力。"在家门口的医院做手术，也能请到外省医院的专家，医疗质量有了保障。"新街镇村民赵航感叹道。最后，可治病种增量。天长市人民医院新建了 ICU 病房，分别新增省级以上重点专科和可治病种达 7 个和 32 种。在人民医院的帮助下，镇卫生院建立专科 3 个，开展新技术 1 项，可治疗病种增至 90 种。诊疗病种数量的增加充分显示了基层服务能力的扩展和提升。"现在镇里都可以做阑尾手术，实在是太方便了。"汊涧镇双原村村民李建感慨道。

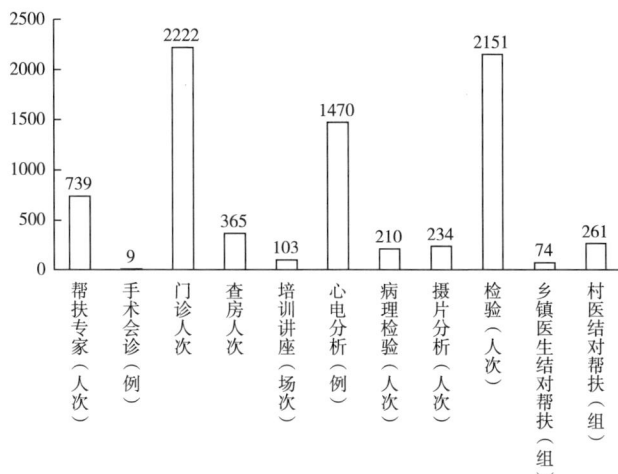

图 4　人民医院医共体内对口帮扶

3. 服务范围广泛延伸

回顾以往，基层医疗机构的人员匮乏、资源不足等问题，严重制约了天长医疗服务范围的拓展。为解决这一问题天长市通过实行家庭医生签约制度，实现了医疗服务范围和内容的再升级。一是拓宽服务边界。天长市规定每个家庭医生的服务范围至少要囊括 1000 人，通过在地理位置上固定每位家庭医生的服务范围，提高了基本医疗服务辐射面。如大通镇刘跳村的王医师说："现在我们每个家庭医生都有固定的服务区域和服务人数。"据统计，当前县域内家庭医生签约人数已达 13.8 万人，签订服务包已达 4 万余个，基本覆盖天长市所有农村地区。二是拓展服务内容。家庭医生签约服务是将家庭医生为农民提供的基本公共卫生服务和基本医疗服务以协议的形式固定下来，保证家庭医生为签约患者提供专属服务。家庭医生要完成每月定量的上门随诊任务，为行动不便患者优先送药及定期举办讲座等，把基本医疗服务内容落实到每一个签约患者，实现医疗服务均等享有。秦栏镇百子村患者戴之宽认为："现在有家庭医生帮我买药，我不担心会买到假药。"据统计，截至 2016 年底，全区域内 65 岁以上老年高血压、二型糖尿病患者获有偿服务的比例不低于 20%、15%；预计 2017 年底，重点人群签约服务覆盖率能达到 60% 以上；到 2020 年，力争将签约服务扩大到全人群，形成长期稳定的契约服务关系，基本实现家庭医生签约服务制度的全覆盖，让越来越多的村民分享基本医疗服务能力提升的红利。

（二）"整合型"医疗服务体系初步形成

天长市打造的县域健康服务体系是一个整合型医疗服务模式的范本，不仅实现了上下级医疗机构之间的联动以及医保和医疗、医药之间的三医联动，而且让群众在少花钱的基础上，享受到了更方便、优质的医疗服务。

1. 医防结合的健康管理体系得以成型

医共体运行进入良性循环之后，人们的卫生发展理念得到优化。县级公立医院设置健康管理中心，进行健康干预，形成了一个由县级公立医院、基层医疗卫生机构、专业公共卫生机构组成的健康管理网络，落实从以治病为中心转向以健康为中心。一是看病"双处方"，助推防治结合。为加强慢性病管理，县级医院和家庭医生向慢性病患者开具用药处方和个性化健康处方，在准确治疗疾病的同时增加健康防护，形成了慢病防治体系。高血压患者戴长发说："每次徐长斌医生开药后，都会再开一张健康处方。上面写让我戒烟戒酒，吃哪种水果蔬菜，做几次运动。"二是开展健康体检，实现防病优先。为落实县域内健康管理体系，各级医疗机构开展健康体检，定期定制防治处方。双元村多位村民表示："通过至少每年一次的体检，了解了自身的身体状况。"群众根据体检的结果在日常的饮食、运动方面进行了调整，提前预防疾病的产生，形成了自我预防体系。三是提供中医诊疗，扩展防治内容。市中医院牵头各级医疗机构为就诊人群提供中药疗法，加强慢性病控制，同时为老年人提供针刺、推拿、熏洗等多种形式的中医保健和预防，既缓解了老年人群慢性病的疼痛，也减少了其用药量。目前开展中医药传统疗法 50 多种，中医技术操作 100 多项，中医药特殊养生保健方法 10 种，按人体 9 种不同体质对应采用 110 多种中医技术进行健康干预，指导群众个性化自我保健，年治疗超过 8 万人次。据统计，中医保健项目已惠及老年人 5 万余人。汊涧镇双园村周文玉说："我去年一年都用中医院的中药保健，我多年的老寒腿到了冬天的时候也不那么痛了。"

2. 控收一体的医院管理体系得以实现

天长市在推进基层医疗卫生综合改革工作的过程中，形成了符合其卫生事业发展状况的工作特色，建立起控收一体的医院管理体系。其一，医药价格低廉化，收费齐降低。在全市推行门诊总额预付、住院按病种付费相结合的新农合付费方式，将控费责任交给医疗机构自身。医共体从建立新机制入手，新型按项目付费方式包括按病种付费和临床路径付费两种，改变了传统医疗机构按项目付费的方式。此外，通过建立科学有效的控费管理机制，在切实减轻患者负担的同时，还优化了医疗服务，降低了医院成本，控制了诊疗费用，促进了医疗机构由被动控费向主动控费转变，实现了资金管理体系的转变。截至 2016 年 10 月底，市人民医院实行按病种付费的病种有 200 种，中医院有 146 种，对 387 个病种明确了治疗流程，县域内人均自付医疗费用下降了 331 元。新街镇中心卫生院张医生说："医院实行新的医药付费体系后，在药价的管理上更清楚，什么药、什么病收多少钱医院都是有规定的。"（见图 5、图 6、图 7）其二，医保报销差异化，病患齐分流。为了平衡就医比例，天长市推行"倒挂式"住院报销政策，适当提高县域内和基层就医报销比例，规定镇卫生院住院报销比例高于县级医院 10%，合理引导就医流向。不仅解决了过去"大医院人满为患，镇卫生院资源浪费、病人不愿留"的问题，还节约了新农合基金，降低了医共体内的诊疗成本，创新了资金结存体系。新街镇卫生院院长胡立

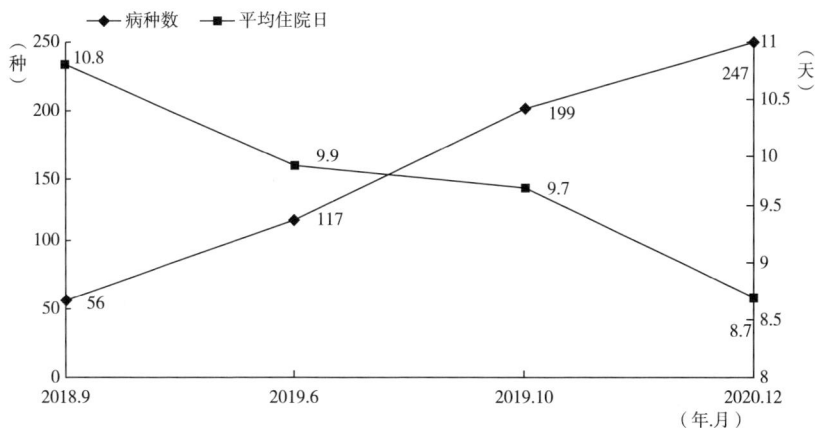

图5　天长市人民医院实施临床路径后医疗质量变化指标（平均住院日）

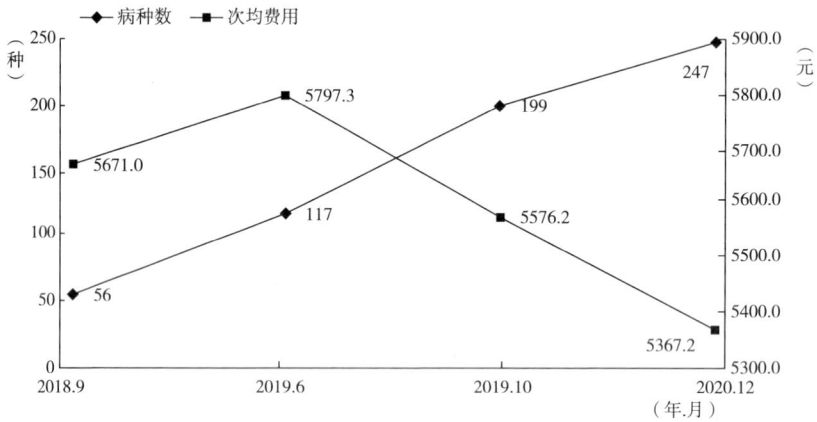

图 6　天长市人民医院实施临床路径后医疗质量变化指标（次均费用）

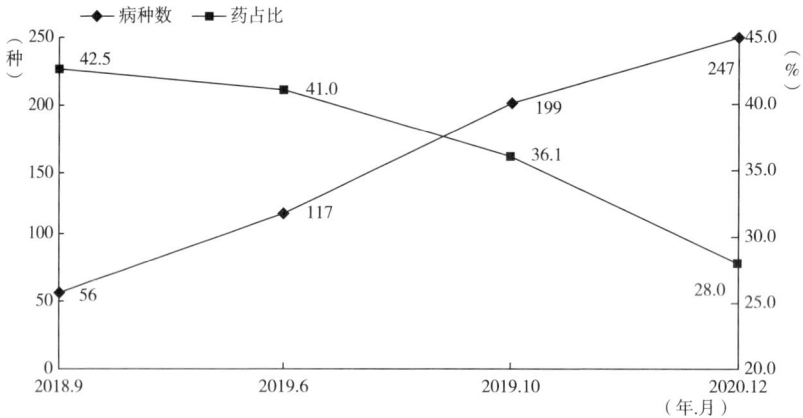

图 7　天长市人民医院实施临床路径后医疗质量变化指标（药占比）

兵介绍道："差异化报销不仅让患者就诊方便，还给他们节约了钱，同时也是节约我们自己的经费。"其三，降低成本提收入，收支齐优化。天长市政府搭建采购平台，制定基本用药目录，医疗机构组成药品采购联合体，在医保支付参考价的基础上进一步与药品企业协商，确定实际成交价格，实现了药品价格的二次降低。2015 年，药品医保支付参考价与政府定价相比，平均降幅达 42.21%，药品采购联合体又降低了 15% 左右。此后，启动医用耗材网上交易、开展医用设备省级集中采购，又平均降价 19% 和

30%。节约的费用变成医共体的盈余被按比例分配到各级医院。天长市从医保支付、药品采购两方面，把费用控制交给公立医院，以牵头医院主导、基层医院执行的形式建立了控收一体的医院采购管理体系。

3. 联动有序的分级诊疗体系得以落实

分级诊疗体系的形成，促使患者有序就医，为县域医疗体系留住患者做出了重大贡献。天长市通过建设"医共体"，实现了分级诊疗体系的良性互动。天长市委书记金维加说："我们的分级诊疗，已经形成了首诊在基层、治疗在市内、康复回基层的良性循环。"第一，引导患者基层首诊。即通过提升基层医疗服务能力，让基层患者就地、就近得到更便捷、更有效的诊疗服务。到 2016 年底，镇卫生院可治疗的病种达到 90 种，比 2012 年增加 40 种，新街镇李坡村张医生说："现在村民看小病，直接到村里卫生室，类似于在家门口看病。"基层服务能力的提升不仅促进了基层卫生机构的发展，也实现了患者遇病先到基层首诊，在减轻患者看病负担的同时，让其成为改革的最大受益者。第二，保证患者县内就诊。在基层医疗服务能力提升的基础上，县级医院可治疗的病种达到 2254 种，通过分级诊疗的上下转诊功能，可以很好地把患者留在县域就诊，提高县域就诊率，提升县域医疗满意度。截至 2016 年 10 月底，县域内就诊率达到 92.24%，较 2012 年增加 2 个百分点，高于全省平均水平 22.6 个百分点（见图 8）。大通镇便西村患者刘荣发说："我很满意在县医院做的心脏搭桥。"第三，下派患者基层康复。患者在康复期，也同样通过转诊平台下转康复，有专业的康复人员照料，保证恢复精细化。新街镇李坡村患者胡元李说："我心肌梗死这个病是在村卫生室进行后期康复的，3 个月里恢复到位，还享受'国宝级'待遇哩！"

（三）基本医疗服务均等化有力实现

十九大报告提出"全面建设中国特色医疗卫生制度、医疗保障制度和优质高效的医疗服务体系"、"加强基层医疗卫生服务体系和全科医生队伍建设"和"全面取消以药养医"。天长市医疗改革以体制机制为依托，从充实资源入手，重点提升基层医疗服务水平，最终有力地实现了基本公共服务的均等化。

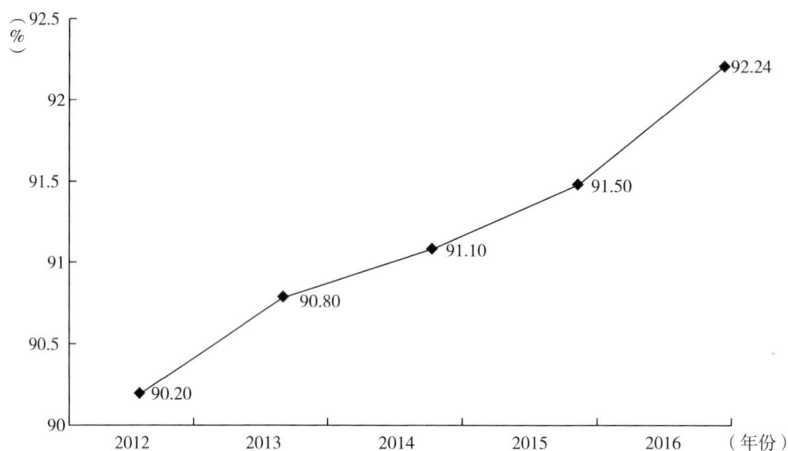

图 8　县域就诊率

1. 有效满足了多元主体的基本医疗服务需求

天长市借由"医共体"建设，在充分掌握县域内患者差异化就诊需求的基础上，着力改变以往的"单向投入型"基本公共医疗服务供给机制，成功构建了以满足不同主体、不同层次患者需求为导向的"双向互动型"服务互动机制。一是满足基本医疗服务需求。天长市进行的医共体改革，从整体上提升了县域医疗的服务能力。到 2016 年 10 月底，天长县域内就诊人次达 38.9 万人次，高于全省 19.7 个百分点，很好地满足了县内居民的基本医疗服务需求。"我们医院现在可以开展传统疗法与中医药特色疗法，还可以将两者结合，以满足绝大多数患者的需求。"市中医院院长葛维朝说。二是满足特殊人群需求。家庭医生签约服务以老年人、慢性病患者为主要服务对象，向其提供更具针对性的诊疗服务。截至 2016 年 9 月底，家庭医生向签约人群提供了近 50 万次的定制诊疗服务，以家庭医生为起点提供特色服务，满足不同类型群众的就诊需求，使群众满意度在 90% 以上。患有高血压的汊涧镇双园村周文玉说："家庭医生每次给我开药，都是根据我当时的血压情况，开多开少都有讲究！"三是满足保健预防需求。"医共体"实行的中药保健的诊疗方式推动了群众健康观念的转变和升级，从过去"有病才医"向注重保健、预防转变，由此也拉动了县内中药保健等相关诊疗方式的发展，推动医疗服务的范畴从单纯的疾病治疗向养生、保健护理等多元化的领域拓展，满足了不同类型患者的健康需求。例如，天长市各医疗机构采用冬病夏治等特色疗法，年服务超过 3000 人次，每年运用中医特色技术进行非药物疗法治疗超过 10 万人次。新型互动机制在促进政府基本公共医疗服务供给与群众医疗需求有效耦合的同时，保障了基本公共医疗卫生服务供给充分满足基层群众的不同需求。

2. 有利推动了县域内基本医疗服务均衡发展

天长市"医共体"建设的核心目标是实现诊疗高效分级。首先，医疗资源流动体系获得均衡发展。医疗资源完备是基层医疗服务提升的有力推手。通过资源下沉，充实基层医疗人力、物力资源，各类资源在医共体内实现了合理流动。一方面，医师多点执业、人事薪酬制和人员"双派送"制等，保障了资源的流动性运作；另一方面，财政机制，如财政拨付等，保障了资源流动性的实现。通过人力、物力的结合推动基层医疗能力的提升，最终实现了县域内医疗资源的合理流动。"这种医疗资源往下沉、专家往下走、小病往下转、费用往下降的做法，带来的明显变化，就是基层医疗单位有了更多的设备，相应的服务能力不断提升。"汉涧镇汉北村卫生室室长董青如是说。其次，实现按序就诊服务体系均衡发展。天长市通过建立覆盖城乡的基层医疗卫生服务体系和家庭医生签约制度，引导、鼓励和规范常见病、多发病患者首先到基层医疗卫生机构就诊。对于超出基层医疗卫生机构功能定位和服务能力的疾病，由基层医疗卫生机构为患者提供转诊服务。逐步形成基层首诊、双向转诊、急慢分治、上下联动的分级诊疗制度，实现按序就诊服务体系的均衡发展，促进了患者在县内就医格局的形成。目前，县级医院可治疗的病种近 2250 种，比 2012 年增加357 种，"我们的分级诊疗，已经形成了首诊在基层、治疗在市内、康复回基层的良性循环"。天长市委书记金维加如是说。

3. 有力提高了农村居民享受基本医疗服务的可及性

医疗服务的可及性是卫生管理的基本内容之一，它主要分为地理上的可及性、服务上的可及性和经济上的可及性。总体来看，天长市"医共体"内部医疗人员的流动提升了医疗资源统筹的科学性，分级诊疗强化了患者就医流向的合理性，精准诊疗提高了村民享受基本医疗服务的便利性，进而实现了全市居民享受基本公共服务的可及性。第一，就诊地点的接近性。2016 年，天长市投入 2800 多万元，完成镇卫生院改扩建、医疗设备更新及村卫生室基础设施标准化提升，并在全市选聘村医 571 名，保证村村有卫生室，村村有家庭医生。常见病、多发病不用出村，只需要家庭医生的诊疗即可痊愈，实现了就诊就在家门口。"我感冒发烧时就在村里看病，从我家走过去 10 分钟就到了，非常近。"汉北村村民朱春林说。第二，医疗服务的可获得性。天长市在基层推行家庭医生签约制度，规定了家庭医生的服务范围，慢性病、常见病和多发病完全交给家庭医生负责，保障农村居民基本医疗服务可获得。汉北村村民王富民说："我头痛时就给我的家庭医生打电话，他 20 分钟就来给我看病了。"截至 2016 年底，刘跳村家庭医生年均服务 3000 次，为近 1000 位患者提供了专属服务。第三，医疗费用的可接受性。天长市采取按病种和临床路径付费两种付费方式，科学合理地减少患者的诊疗费用。新农合基金实际补偿比达 70%，个人自付医疗费用比降低至 30%。此外，天长市还推行两药免费，进一步减轻慢性病人的负担。2016 年，市财政投入 400 余万元，为高血压、二型糖尿病患者免费提供国家基本药物，受惠患者达 2.5 万人。

五　总结与思考

本文采用个案研究方法，全面考察了天长市县域医疗改革的全过程。天长市以医共体建设为依托，通过打通县、镇、村三级医院医疗资源，在实现医疗资源优化配置的同时，开创出"基层首诊、双向转诊、急慢分治、连续服务"的服务模式。天长市医共体的建立不仅实现了各层级医疗机构的协同合作，而且提高了整体的医疗服务水平，精准回应了当前医疗服务体系的普遍弊病和痛点，让人民既能看得起病，又能看得好病，增强了民众的幸福感和获得感。

（一）医共体形成与发展的逻辑分析

中央持续提出"全面建设中国特色医疗卫生制度、医疗保障制度和优质高效的医疗服务体系"，表达出了对医疗改革的坚定决心。天长市的医共体建设是一项系统性工程，需要平稳有力的推动才能保证医共体内部的有效运行。天长市改革的亮点在于更好地把镇、村卫生机构融入了整体的医疗体系建设当中，实现了整个医疗资源既流动又能维持均衡的状态。天长市医共体的建设经验表明，利益联结是医共体得以形成的基础，资源流动是推动共同体运作的前提，而制度推动是其持续发展的根本保证。

1. 利益联结是医共体得以形成的基础

"人们奋斗所争取的一切，都同他们的利益有关。"[1] 改革的根本动机和最终目的在于寻求利益。共同利益的多少与相关性强弱决定了各级医疗机构组成医共体的程度与范围，而利益相关是医共体得以形成和发展的基础。因此，要实现医共体的发展就必须培育和营造共同利益。天长市医共体形成的基础是医疗机构的共同利益，以利益为纽带实现了各级医疗机构的参与。新的医疗利益共同体将县、镇、村三级医院联系起来，以利益联结形成医疗资金的共同管理、共同运作、共分红利。首先，以共同利益为起点，实现基金共筹。天长市以长期居住在农村的农民为参合对象，归拢新农合基金，通过统筹的方式使基金基数增加，为各个医共体谋求更大的利益。其次，以共同利益为切入点，实现基金共管。牵头医院以共同的利益管理为切入点来管理医保基金。通过把医保基金按人头拨付到各个牵头医院，由牵头医院统一管理整个医共体医保基金，来保证资金的合理利用，以提高资金使用效率和资金结余量。再次，以利益需求为重点，实现红利共分。各级医疗机构的利益需求要求按固定比例共同分配剩余红利，实现各家医院的自我发展。

2. 资源流动是推动共同体运作的前提

为攻克县域医疗资源固化难题，天长市从人才、物资、服务三个维度精准发力，促进了资源的联动融合。其一，人才贯通，实现纵横流动。天长通过实施"双派送"制度，切实实现了人员流动贯通。具体而言，通过把公立医院医护人员派送至基层镇卫生院进行锻炼、帮扶，实现人力资源下沉。同时，把基层卫生机构医护人员派送到市公立医院或以上的医疗机构培训、挂职锻炼，实现了医务人员能力的提升。其二，专家坐诊，实现服务提质。天长市在公立医院设立专家驻镇卫生院工作站，对镇卫生院进行定期巡诊，实行嵌入式服务。嵌入式服务的实施不仅把公立医院的优质

---

[1] 《马克思恩格斯全集》第 1 卷，人民出版社，1956，第 82 页。

医疗资源带向基层还提高了基层卫生院的医疗技术水平。其三，多点执业，实现素质拓展。各医师通过多点执业制度下基层执业，提高了医师的综合素质和能力。天长市从人才、物资、服务三个维度出发制定各项措施，充分发挥县级公立医院的医生、医技、护士、管理等人员的资源优势，切实提升了全系统的医德、医技综合素质，实现了医疗资源的贯通流动。

3. 制度推动是医共体持续发展的根本保证

为了打破体制障碍，明确导航方向，天长市完善制度建设，确定各方职责，促使医共体内部有序运行。第一，重置管理制度，理清各方职能。天长市通过设置双组长来明确医共体的领导机构，通过设置医管会来解决医共体内各项管理事宜，通过设置人民调解委员会来划细医院事务为医共体解决后顾之忧。管理制度的重置厘清了各方职能，促进了管理的有序发展。第二，明晰责任制度，理清各方责任。天长市基层首诊以"小病留基层"为责任，辅以绩效考核问责制来提高医院和医护人员的工作效率。同时，确立病种收治屡责制来明确医共体内部诊治职责。责任制度的明确夯实了责任根基，促使了各级医院主动担责。第三，共谋发展制度，贯通医疗资源。天长以内部组织帮扶、外部联通帮助为基，推进了资源均衡发展。内部有组织地开展结对帮扶，设立基层专科，外部联通三甲医院，双管齐下实现医共体内医疗资源的贯通流动。天长市建立各项合理的制度，让各级医院在日常工作中落实常态化的制度规范，保障了医共体运作的长效性，使医疗改革红利惠及各方。

（二）医共体进一步发展方向

天长市关于医共体的建设探索为医疗改革有效实现形式提供了有益的参考和借鉴。不过，当前天长市的医共体建设仍存在诸多不足，需要在后期的实践总结中不断发展完善。

1. 加强各医共体之间的横向联结

天长市医共体是在基层医疗体系下进行的有益探索，加强各医共体之间的横向联结对基层医疗体系的建设和发展尤为重要。通过改革，天长市各医共体内部在利益共享、资源互通方面均颇有成效，实现了县、镇、村三级医疗机构的纵向联合。然而，当前各医共体之间的横向联结仍较为薄弱。一方面，各医共体之间的信息尚不能实现完全的互联互通，居民诊疗信息只在本医共体内共享，若居民迁移至其他医共体管辖地区，其以往的诊疗信息将无法得到利用；另一方面，各医共体间医疗设备、医疗技术得不到共享，医共体各自拥有先进的设备和专业医生，但医共体之间并不能实现技术交流以及设备共用。因此，政府在加强上下级医疗机构纵向结合的同时，还应进一步探索其横向联结，继续为资源的全域流动进行探索。首先，政府可设立信息共享平台，把居民信息聚集在政府信息网络平台中，以便医共体可随时调用。其次，要实现医共体间互通有无。政府可制定办法鼓励各医共体向其他医共体委派医生定期学习，以促进技术交流。最后，医共体间设备要实现共享。这不仅需要政府提供政策办法，还需医共体间相互配合。通过制度化的措施，可进一步促进医共体间横向联结，为医共体的常规运行和长远发展奠定坚实的基础。

2. 增强村基层医疗队伍的稳定性

天长市医共体的基层人员主要由数量庞大的家庭医生构成，这一队伍的稳定是确保基层医疗服务能力的关键。目前，天长市家庭医生队伍面临着人员老龄化、后继无人、待遇偏低，保障不足等难题。在医共体后续的发展中，医共体应当把着力点放在进一步增强已有的家庭医生的保障上，以提升基层医疗队伍的稳定性。首先，建立家庭医生社会保障机制。给予家庭医生一定的社会保障，提高家庭医生的工资水平，给予优秀的家庭医生工作编制，既可以满足家庭医生的编制需求，又可以激励他们，提高他们的工作积极性。其次，完善人员录用机制。可将医学专业的大学生定点调入基层医疗机构实习，愿意留在基层的大学生可得到一定的政策补贴。最后，完善医生在岗锻炼机制。医共体内可定期委派优秀医生下基层，这样不仅可以提高优秀医生吃苦耐劳的能力，还可提高家庭医生的医疗技术水平。政府政策的完善加上医共体自身的协调，多方合作可为基层医疗服务的发展提供持久动力。

经验篇

分灶不分家：解开村级组织
治理"死结"*

—— 基于天长市村级组织政经分离改革的调查研究

中央《深化农村改革综合性实施方案》指出可开展"政经分开"试验。处理好"政经关系"是实现农村基层有序治理的关键。然而，受"政经合一"体制的影响，"组织权责不对等、监督机制不严密、农民权能不充分"成为农村治理转型的症结。对此，天长市以农村集体产权改革为契机，探索出了"分灶不分家"的政经分离模式。以"组织分立、财务分设、权责分明"实现"分灶"，通过建立"利益链"撬动组织间的合力共治，激发群众参与动力实现"不分家"。同时，构建"市镇村多层级、自治经济宽领域、双线反馈广覆盖"的立体监督网络，以保证政经组织人员交叉但权责独立。在节约治理成本的前提下，完善了农村基层组织运行机制，为实现农村基层治理现代化打开了新思路。

一 分权明责，组织回归本位，理顺"治理源"

天长市政府通过划清组织权力边界，分设财务，权责对等，使村级组织架构得以理顺。

* 作者：华中师范大学中国农村研究院、政治科学高等研究院郭艳艳。

（一）组织分立，促结构剥离

天长市通过从宏观到微观层面对村级组织进行统筹规划，使其权能对应，促进自治组织的"政经分离"。第一，职能分离促发展专业化。职能分离让合作社专心负责经营集体资产，以资产保值增值带动股民分红增加。第二，机构分离促服务专门化。村级自治组织由原来村委会主导的单一权力主体，发展为村党支部、村委会、监委会和集体经济组织（理事会）"四驾马车"并存的多元主体，各自权责范围明确，使村民可以"专事找专人"。第三，岗位分离促人员专责化。"四驾马车"一般分别设5个岗位，村党支部和理事会、村委会和监委会人员有交叉，但权责独立且相互制衡。如余庄理事会由村主任等5位村干部兼任，监委会由村委会主任和4位老党员或老村干部组成。

（二）财务分设，助功能复原

为了使村级组织充分发挥其功能，天长市对组织的财务管理出台相关规范。首先，专款专用，为服务组织"松绑"。为补贴村两委办公经费，市财政现实行"五七九"资助法，即3000人以下的村庄拨款5万元，3000~5000人的村庄补7万元，5000人以上的村庄补9万元。此举缓解了村办公经费与集体经济发展经费捆绑在一起的尴尬。其次，专资专营，为经济组织"腾地"。以股改中的清产核资结果为依据，合作社对于经营性资产和资源性资产，以不同的方式盘活来发展集体经济。自治组织则依托办公大楼等公益性资产集中提供服务。再次，专账专审，为监督组织"搭台"。村委会、合作社各立台账，村监会和监委会分别监督其日常开支和项目经营。镇政府设立"三资"管理中心，分村设立账户，并对其开支依票审核，不合规定不予批准。

（三）职责分离，推运行独立

原"政经合一"结构被打破，"三驾马车"各司其职，各负其责。其一，村党支"引方向"。村党支部对村委会和合作社进行监督，协调和处理各方面的利益和矛盾。同时在"村企共建"中作为桥梁引导企业带动农村经济发展。其二，村委会"供服务"。市政府倡导自治组织"下楼办公"。村委会设立便民服务中心，分设党群服务、卫计服务等窗口，一周无休坐班并签到，村民随来随办。村民普遍认为"办事方便了"。其三，合作社"谋发展"。经济组织则主要负责发展集体经济，以"特殊法人"的市场主体地位参与市场竞争，盘活各类集体资产，促进集体经济由粗放、低效的发展方式向精准定位的市场化方向发展。

二 利益联结，组织凝心聚源，撬动"共治力"

通过股改将集体资产按股分配，建立村集体与成员的利益关联，以关联促关注，可促进群众参与村庄治理。

（一）盘活内源，引"共营"

村集体经济组织通过发包、租赁等形式，盘活集体资源，实现了"资源变资产，农民变股民"。集体经济壮大，激活了村级组织建设，提升了其号召力。一是村企联手，用活经营性资产。一些村集体经济组织以资产入股或出租的方式与企业合作经营，如原蔡营村窑厂被出租给私人兴办企业，年租金10000元，老工厂由"废弃"到"活用"，实现了价值转型。二是村政协作，用实资源性资产。在镇政府三资办的引导下，一些合作社通过竞价招标等方式，充分实现了资源性资产的价值。例如长亭村由街道办事处领导、村两委领导和村民代表组成招标监督组，通过公开招标将50亩林场承包给陈茂春，年租金17000元。三是村民合意，用准公益性资产。村委会办公设施的建设和管护需征求村民意见。除使用中的办公楼等，闲置老村部、老学校可以被充分利用。长山村合作社通过招商的办法将废弃的村部大楼出租，兴办玩具厂，年租金8600元。

（二）合担盈亏，引"共策"

合担盈亏可汇集股民力量，提升集体经济发展水平，激发股民参与村庄事务的积极性。一方面，集体和股民"连体"，经营"共议"。以往集体经济由村干部说了算，村民普遍认为与自己没关系。在合作社专营经济后，集体经济发展的好坏由股民与集体共同承担。股民由此开始关注集体收入，共同商议经营之道。"锅里有，碗里就有了"，张巷村股民代表王洲元如是说。另一方面，发展和公益"同源"，收益"共决"。集体经济应反哺村庄社会管理和公共服务，集体收入如何分配产生最大效益则需由集体成员共同决定。2016年底一些村庄按股分红时，张巷村股东大会决定集体收益暂不分红，用于继续扩大生产规模。

（三）定比分配，引"共享"

由"共同共有"到"按份享有"，以建立"收益链"的形式促农民与集体齐心，形成了组织有序治理的群众基础。一方面是按份提留扩村庄公益。集体收益的30%作为公积金，主要用于扩大生产、增持资本、公益基础设施建设等。2016年高巷村利用上级扶持与村庄集体收益，修建9260米砂石路，完善了村庄基础设施。另一方面是按股分红壮股民收益。集体收益的70%按股份分红。长山村股民王长林说："2016年我们分红人均50块钱，量不多，但意义重大。现在50元，以后会到100元甚至更多。"分红让农民多了一份值得期待的收入。

三　联力监管，组织用权有度，把好"权力盘"

以往村级组织权力边界不明，监管出现盲区。通过政经分离改革，建立完善的监督体系，村干部权力可真正为农民服务。

（一）创新"制度型监督"，为权力"织牢笼"

没有规矩，不成方圆。改革建立的规则只有上升到制度层面才能够长效。其一是开权力清单，规范干部行为。天长市将村级权力细化为三资管理、工程项目、物资采购等6大类26项，出台《村干部廉洁履职八条纪律》，制定《村干部任期岗位目标考核办法》，使干部工作有依据，群众办事有底气。其二是定管理制度，稳定三资运营。天长市规定农村集体"三资"要委托代理服务中心入账核算，上级转移支付及奖补资金直接拨入该账户。实行一个漏斗向下，以此预防私设小金库或擅自截留、抵债挪用等行为，收支均以规定票据为依据。其三是建交易平台，保障信息公开。市级政府建立农村综合产权交易平台，通过网络平台公开交易信息。天长市第一单交易为北荡村林权转让项目，底价为14.6万元，以16.8万元中标，溢价2万多元。

（二）开展"合作型监督"，为权力"套紧箍"

村级组织监督体系的完善是对改革成果的巩固。一是增加监管主体。村委会仍由村监会监督，合作社由监事会对其进行监督，监事长一般由村监会主任兼任，其同时对村委会和理事会进行监督，但权责独立。二是区分监管范围。村监会对村委会自治职能的履行及办公经费的开支进行审查，监事会对理事会的财务开支和三资管理进行监督。三是各担监管职责。村监会和监事会作为监管机构分别对其成员大会负责，成员大会可要求罢免不称职者。

（三）推进"预防型监督"，为权力"划红线"

源头约束比结果管制更能保护集体资产不被侵犯。首先，预支定额经费。村级组织实行备付金制度，每月由报账员到镇三资办领取一定数量备付金供日常开销，超额则需申请，经服务中心审批后可预支。其次，预审经营方案。合作社提出的集体资产经营方案交由监事会审核并报三资办审查备案，重大事项则由成员代表大会或成员大会共同审核决定。最后，表决财务预算。通过"农民负担监督卡"，村级组织每年初提出当年资金预算方案，经成员代表大会或成员大会讨论通过后交由监督机构审核。

四　回归本位，促基层自治组织有序治理

天长市开展"政经分离"改革，为欠发达地区实现基层自治组织有序治理提供了宝贵的经验。

（一）"分灶不分家"是政经分离的有效实现形式

目前政经分离改革出现了"南海模式""枫桥经验""温州特色"等形式，但均出现在集体经济发达的东南地区。天长市的"分灶不分家"则为欠发达地区提供了借鉴。这种模式的有效性在于以自治组织和经济组织的财务分设为切入点，明确组织职责，人员有交叉，通过完善的监管机制实现制衡，降低了治理成本，提升了治理效能。作为过渡性做法，其在欠发达地区的改革初级阶段具有较强的可行性。

（二）政经分离的重点在于通过利益联结实现合力共治

政经分离改革的落脚点在于实现农村基层自治组织的有序治理。天长市以财务分设为突破口，实现分权明责。但不是一分了之，目的在于寻求共治合力。通过建立集体收益由集体和成员"风险共担、利益共享"的利益联结机制，提供成员参与的渠道，实现资源价值最大化，最终形成促进基层组织有序治理的经济基础和群众基础。

（三）基层组织回归本位的实践离不开有效的监督机制

建立有效的监督机制是巩固改革成果的手段。天长市建立起自下而上

以股民监督集体经济组织，自上而下以镇三资办监督村级自治组织，横向以监事会监督理事会、村监会监督村委会的监督机制，形成了"纵向到底、横向到边、相互制衡"的长效监督体系。以小微权力清单、"三资"管理制度等提供制度保障，促使其职能充分发挥，以实现基层组织回归本位。

（四）基层有序治理的长效发展需促进组织间的良性互动

组织间的良性互动能够融合多元化的利益诉求。政经分离改革后，应促进组织间及组织与群众利益的有机统一。对此，天长建立了由党组织领导的村级组织发展理事会，统筹党务、服务、经济、监督、议事、文娱等组织。设置组织发展基金，由专项议事会负责协调使用。由此促进组织间的有效互动，从制度上凝聚村级组织共识，优化组织有序治理的实现路径。

"空壳"变"富矿"：重蓄村庄
发展动力源[*]

——基于天长市创新村级集体经济发展方式的调查与思考

2017 年中央一号文件提出，要激活农业农村内生发展动力，壮大村级集体经济。然而长期以来，欠发达地区农村家底薄、路子窄、管理乱，使集体经济发展陷入"扶持政策失焦、内生动力失活、发展机制失调"的困境。对此，天长市在农村产权改革背景下，以加强政策引导为推手，以激活内生动力为重点，以健全发展机制作保障，通过"政府精准化培育、资产市场化运作、村庄结对化成长"，促进了政府、村集体和市场三方联动发展。助推村庄撬活沉睡资产，重蓄发展动力源，探索出了一条"空壳"变"富矿"的集体经济内生发展之路。

一 政策领航，机制护驾，精装经济发展"新引擎"

天长市加大财政扶持力度，健全集体经济发展机制，为村庄经济发展保驾护航。

（一）资金共育，发展合流同驱

政府分类别加强财政投入，为集体经济发展助力。其一，分类别确

---

* 作者：华中师范大学中国农村研究院、政治科学高等研究院李璐。

"扶持"，为发展兜底。天长市首创"五七九"财政资助办法，以人口规模定扶持规模，即 3000 人以下的村资助 5 万元、3000～5000 人的资助 7 万元、5000 人以上的资助 9 万元，为村级组织运转提供经费保障，2016 年全部消灭空壳村。其二，分层级明"提留"，为发展增力。政府通过财税反哺加强扶持力度，对村辖区内招商引资项目，以及各类经营主体承租厂房和商铺产生税收的地方留成部分，市镇财政分别按 10%、20% 的比例提取支持发展村庄经济。其三，分区位定"项目"，为发展活源。天长按照"因地兴业"的原则配项目。如支持临近高速、省道等交通区位优势明显的村，建设高炮广告位对外发包为集体增收。

（二）主体共融，发展勠力同行

政府搭建多形式服务平台，为经济发展创造条件。第一，建立市级流转平台，让产权交易更放心。天长规定集体所有资产交易必须进入农村产权交易平台，防止暗箱操作。北荡村 3.47 公顷林权项目通过交易平台竞价，从底价 14.6 万元溢价到 16.8 万元成交，增值率达 15.07%。第二，设立镇级代办机构，让资产管理更得心。依托市级公共资源交易管理平台，各镇设立"三资办"直接运作村级资产拍卖活动，运用信息化监管平台监管 151 个村的资产信息，并设置资产负债预警线，防止出现过度分红和举债发展的不良倾向。第三，成立村级经营组织，让集体发展更顺心。村级成立合作社作为集体经济经营组织负责抓经济、谋发展。秦栏镇联合村为改变无资金的尴尬局面，率先在全镇成立股份制合作社对村庄资产进行统一管理经营，为集体增收 20 多万元。

（三）制度共创，发展殊方同致

天长健全村集体经济发展机制，实现了资产的制度化、规范化管理。首先，推行政经分离制度，完善运营机制。天长推行政经分离使基层组织各归其位。合作社下设的理事会对集体资产进行经营管理，监事会对理事会的财务开支和三资管理进行监督。如光华村监事会在健身广场完工后发现存在质量问题，反馈给理事会要求整改，实现了公益资产的有效运营。其次，实施双线督查办法，健全奖惩机制。天长市村发办采用随机抽查和集中督查办法对村级经济发展进行考核，通过举办"三个十"评比活动，对获得"十强村""十快村""十优村"称号的村庄给予荣誉奖励和资金奖励。最后，运用小微权力清单，规范监督机制。小微权力清单规定"1万元以上的资产资源发包、租售，3万元以上的建筑工程发包，必须以村委会为主体公开招标，并接受村监委全程监督"。政府通过构建群众监督、村监会监督、职能部门监督三级监督体制，实现了"资产清楚、干部清白、群众清醒"。

二　资源撬活，经营有道，再造集体经济"聚宝盆"

村集体通过唤醒沉睡资产，盘活存量、做优增量、提升质量，使资产得到保值增值。

（一）靠资增产，用活"死资源"

盘活"三资"使"死资源"变"活资产"，增强了集体经济实力。其一，唤醒特殊闲置资源，做活"地产"。一些村集体将并村后产生的旧村部、旧校舍等长期闲置资产，采取发包租赁、入股经营等方式盘活，变"包袱"为财富。龙岗社区将龙西旧村部闲置房屋和宅基地以22万元高价竞拍成功，实现了集体资产的保值增值。其二，发掘特有自然资源，壮大"特产"。在一些"四荒"地和水面等自然资源较多的村，集体采用独资或联合农户参股的方式，开发特色农业种植，实现了特色产业规模增收。马塘村将原茶园周边170余亩荒山开发种植茶叶，为村集体增收17万元。其三，凭依特色文化资源，发展"旅产"。围绕美丽乡村建设，一些村集体利用当地人文资源，发展民俗景点、文化客栈等乡村旅游服务业，打造经济增长新亮点。龙岗社区挖掘抗大八分校旧址、"状元府"等当地文化"富矿"，发展"旅产"，为集体创效益。

（二）以财生利，用精"活资本"

将存量资金进行资本运作，实现了多元增收。一是投资非公企业获利。一些村集体将累积资金投资企业保息分红。龙集社区将125万元集体资金投资到4家经济效益好的企业，每年获利13.76万元。二是投入国有公司得利。天长成立了综投、城投、天振三家零风险融资公司，十八集社区将220万元累积资金投放到综投公司，每年可得16万元收益。三是注资村级实体创利。一些村集体牵头组建或直接兴办合作社和企业等创利。长亭村投资80.5万元，由村干部领头创办了农事服务专业合作社，2015年为集体增收 15.2 万元。

（三）借力使力，用细"散资金"

村级借助社会力量促进了集体脱贫致富。一方面，引入"返乡资本"，共铺致富路。为吸引能人返乡创业，天长每年拿出 1 亿元设立创业基金，同时出台支持创业小额担保贷款、税费减免等优惠政策。上千名返乡乡贤创办了各类经济实体 500 多家，每年上缴税金 1 亿多元，为税收反哺村庄发展提供了持续财源。另一方面，投放"公益资金"，同除贫困名。一些村集体将精准扶贫到户的财政补助资金作为贫困户的股金，投放到合作社或其他经济组织形成股权，贫困户按股份比例分享收益，既为其找到了持续增收新方式，也增加了集体收入。

三　内育外引，联动发展，厚植村级经济"摇钱树"

天长市既注重整合内部资源，又注重与宏观市场经济体制对接，促进集体经济持续发展。

（一）村村联建，协同发展动力

一些村庄打破了地域限制，共同发展。一是并村建园，追求集聚效应。村集体通过合并自然村，建立产业园区，利用基础设施使用中的聚集效应，为招商引资、争取项目等奠定了基础。余庄村的余庄和四里两个自然村合并之后建立了工业园区。二是异地置业，谋求集体共赢。一些村庄联建联购，在城镇、工业功能区等地发展标准厂房、商业用房等物业项目，为村庄经济开辟了新的发展空间。大通镇便益社区在异地交通便利的地方建厂房收租金，每年收入 10 万元左右。

（二）村企联营，汇聚发展合力

天长通过建立村企之间的利益联结，实现了以企带村，村企互哺，共促共建。第一，龙头企业带领，促"合作型"发展。即村企以股份合作形式建立利益关联，企业带领发展经济。天翔集团是谕兴社区辖区内的龙头企业，社区以土地入股方式与其合作，三年累计增收 5 万元。第二，经济组织引领，助"服务型"发展。一些村集体开展服务创收，培育经济新增长点。谕兴社区创办了各类服务实体，为辖区内 20 多家企业提供便民服务、劳务服务等，收取服务费增加集体收入。第三，基层党员统领，保

"连带型"发展。天长实行村党支部出力、党员引领带动、企业出资、农民得实惠的连带模式发展集体经济。龙岗社区党支部帮芡实合作社建芡实大市场，辐射带动全村 1000 多家芡实经营加工户加入，社区通过收取服务管理费实现了增收。

（三）人才联帮，激发发展活力

一些村庄引入能人，充实了集体经济发展主力军。其一，能人回村，为致富谋划。村集体通过优化创业环境，吸引人才回村。时任余庄村集体经济发展指导员的王兆军是在外自主创业 20 余年的能人，谈到壮大村集体经济，他说："我主要是出谋划策，利用市场经验带动村庄经济发展。"其二，干部驻村，为致富规划。政府安排驻村干部定点帮扶薄弱村，为其发展找门路。董玉海作为农委选派干部帮扶指导魏桥村，帮助规划成立了魏桥农事合作社，年收入达 3.6 万元。其三，党员包村，为致富筹划。天长市设置包村党员，当好富民强村"服务员"。天长市规定，每个党政包村干部每年至少要为结对帮扶村争取发展项目 1 个，或争创 3 万元以上收入。

四 策源引流，厚积薄发，力推村级经济"再升级"

天长市通过"政府助推、村级激活、内外联动"实现了集体经济由"空壳"变"富矿"，为全国农村壮大集体经济提供了经验借鉴。

（一）村级集体经济发展壮大的核心在于激活内生动力

中央一号文件连年提出要"激活农业农村内生发展动力"，盘活内源则为激活内动力的第一步。发展村庄经济不能仅靠政府扶持，天长在政策精准帮扶之下，村集体因地制宜充分挖掘现有资源，通过唤醒沉睡资产，激活了村级经济的内生发展动力。同时衔接市场要素，通过招商引资，引导能人返乡创业，资金市场化运作，与内源相结合联动发展，进一步驱动了村集体经济持续发展。

（二）政策牵引是壮大村级集体经济发展的强大推手

政策的倾斜与牵引是村集体经济发展的需要。在壮大村庄经济过程中，政府要担任好"服务人"角色，给农村经济发展提供保障性服务。天长市立足实际，通过创新财政扶持方式、搭建多形式服务平台、健全经济长效发展机制等为经济发展提供保障、注入动力，在发展农村经济过程中，充分发挥了政策的驱动效应。

（三）农村集体产权改革是壮大集体经济的有效之举

壮大集体经济关键在于内源发力，而调整产权关系能有效激发内源。天长通过农村股权改革不仅唤醒了沉睡资产，实现了资产效益最大化；而且将集体资产折股量化到个人，调动了农民参与发展集体经济的积极性，增强了农村集体经济发展活力。因此，农村集体产权改革是壮大集体经济的有效举措。

（四）机制配套是村级集体经济可持续发展的重要保障

壮大农村集体经济需要健全的配套机制保驾护航。天长通过完善政策引导机制、遵循市场规律和尊重村集体主体地位，实施符合市场经济要求的发展项目，逐步壮大了村庄经济实力。同时，健全村级集体经济法人治理机制、经营运行机制、监督管理机制和利益分配机制，构建集体经济发展长效机制，不断提高了农村集体经济持续发展的能力。

农权互保：破解金融支农"痛点"*

——基于天长市"农权贷"金融产品的调查研究

中办《关于稳步推进农村集体产权制度改革的意见》指出，要研究制定集体资产股份抵押担保贷款办法，引导农村产权规范流转和交易。然而，农村集体资产权属不明，信用体系建设不全，风险控制模式不灵，导致农民"有地无证融资无据，有产无份抵押无凭，有求无托贷款无信"，农村金融发展阻力重重。为此，天长市以"农权贷"金融产品为突破口，探索"农权互保"方式破解农民贷款难题。具体而言，以农村资产权属认定为先导，放活资产收益权，盘活农民财产权，育活农村信用权，开辟了多权之间价值互利、价格互保、风险互担的金融服务新路径，进而落实了农民财产权利，激活了产权金融功能，重塑了农村信用体系，升级了金融支农模式。

一 "两权"互利，活化用益权，农民架起"等值线"

天长市通过盘活农村资源，赋予农民权利，拓展农权范围，激活了农民财产权利的金融价值。

（一）握权在手，从"以物质押"到"用权抵押"

依托确权和股改明晰产权归属，抵押物实现了由"物"向"权"的飞

---

* 作者：华中师范大学中国农村研究院、政治科学高等研究院韩帅。

跃。一是确权作支点，撬动经营权流转。土地确权是实现农民财产权抵押的基础。农村土地承包经营权确权登记，放活了土地经营权，维护了土地物权。铜城镇余庄村郁宗和表示："拿新土地证到银行抵押，银行会根据土地情况，参考土地流转价格授信。"二是股改作切点，键入股份权抵押。天长市开展农村集体资产股份权能改革，用股改的"钥匙"打开了资产的"枷锁"，并将集体资产折股量化到户，让股权价值实现了"落户生根"。三是平台搭交点，融汇财产权流转。天长市建立农村综合产权交易所，完善流转交易机制，因流转而获得"两权"的受让者按约定支付原始承包方承包费用，实现了"活资源"到"活资金"的转变。

（二）用权有方，变"小额贷款"为"灵活贷款"

通过加农权、减程序、乘垫头、除手续，银行开始为农民提供"质优价高"的贷款。其一，加权又加价，注贷款"活水"。农权是提升农民贷款额度的有力砝码。天长市引入集体资产股权，与土地经营权捆绑抵押，实现了贷款额度的大幅提升。郑集镇光华村郑传明说："我家土地证和2160股股权贷到了8万元，光是地哪能贷到这么多。"其二，增速又增度，添放款"活力"。"农权贷"金融产品在提高抵押率的基础上，实现了集中办理、批量授信、灵活还款，达到了"放款多、放款快、放款活"的目的。其三，提率又提质，升服务"活性"。银行创新授信方式，通过"两升一降"，提升股权价值抵押率最高可达8倍，提升经营权价值抵押率最高可达100%，降贷款利率在5%~6%，低于小额信贷8%~9%的利率。同时为贷款行为良好的农户简化续贷手续，提升了服务质量。

（三）带权准入，化"单一组合"成"多权融合"

银行拓宽权利抵押范围，为丰富贷款权利组合打好了基础。一方面，开放农权"朋友圈"，优化供给。民生村镇银行在"两权"贷款的基础上，不断发掘农民的潜在用益权，逐步由"两权"组合向"多权"融合转变。虞行长表示，在今后的农权抵押中，将尝试林权、水权、宅基地等抵押贷款。另一方面，引入财权"组合圈"，丰富搭配。民生村镇银行不局限于集体资产赋予的农权，还放开了农权与农民个人财产权利组合贷款，虞行长表示，"农民的车、农机等个人财产也可和农权组合贷款"。

二 "三级"互评，量化财产权，农权配备"保价险"

天长市在农权价值评估中，通过村民自主估算、银行授信评估、乡镇监督登记，"三级"护航确保农权价值。

（一）村民估算，为资产"定价"

在价值评估中，天长市通过对农村资产进行摸底、量化、估算、配股，让资产价值落实到户。一是，资产"亮家底"，农民贷款有"底气"。天长市清查资源性资产、经营性资产以及非经营性资产，将可量化经营性资产全部按成员个人股量化到个人，将未折股量化的资源性资产的经营收益量化分配给成员，实现了集体资产及其收益"按份所有"，亮明资产"家底"，为农民贷款打下了基础。二是，农权"挂吊牌"，银行授信有"底价"。为确保评估合理，清理出的资产以账面价值为基础，由集体经济组织成员代表参照同类资产流转或交易价格评估作价。集体资产经过评估量化有了价格，可作为银行授信参考。

（二）银行核算，给农权"开价"

银行自主核算农权价值，评估农权更有章法。首先，以村民估算为参考。村民以每亩粮食产量作为估价依据。考虑到粮食产量具有不稳定性，银行将村民评估作价作为农权价值的参照之一，不作为独立核算标准。其次，以流转时价为参照。银行评估农权的一种方式是参考流转时价，虞行长对此做了说明："市场流转时价是一定区域内广泛认可的价值，有其合理性，是农民和银行双方容易接受的一种方式。"最后，以专业评估做决定。银行用自身的评估体系和方式对农权价值进行定价，具有科学性、专业性、合理性。虞行长表示："更多时候是我们自己组织专业的团队去评估，减少了主观随意性。"

（三）政府验算，帮抵押"计价"

为了规范农权评估和流转，政府当起管家，把好验算一关。其一，记录村民估算"账本"。通过建立健全"两权"台账管理制度，政府对评估和分配结果以及交易变更建档备案，实现了对农权的"全程跟踪"。其二，监督银行评估"账单"。政府完善"两权"抵押价值评估制度，要求试点银行与市农委确立简易评估机制。银行评估结束后，农委审核评估是否符合流程，价格是否界定合理，并加快引进专业评估机构。其三，做好权利流转"账房"。农权流转需要一定的规则安排，市农委建立了抵押备案登记和注销登记制度，对用于抵押的承包土地经营权权属进行审核、公示；债务履行完毕后，须办理抵押注销登记手续。

三 "四维"互信，强化信用权，农贷装配"安全阀"

制定村规民约，发挥自治力量，辅以外部强化，天长市提升了农村整体信用水平，完善了社会信用体系建设。

（一）政府出资强担保，撑起"权益保护伞"

政府设立风险补偿基金，通过管理运作实现了基金的自我补充。一方面兜底资金起到了"强心剂"的作用。政府担保是降低风险的重要一环。天长市设立200万元风险补偿基金，为银行和农民开出"定心丸"，保护了银行收益权，同时也维护了农民财产权。另一方面基金成为动态管护"安全罩"。在风险补偿基金设立之初，由农委对基金进行管理，并通过投资运作实现基金的不断增值，确保出现危机时兜得住。

（二）村民互助提授信，延伸"诚信价值链"

天长市构筑诚信链条，打破村民信用"孤立"状态，建立了诚信"共荣"机制。一是建档立卡，信息"集中化"。民生村镇银行搜集村民资产信息和信用记录，以村为单位为村民建立档案，使村民信息由分散走向集中，引导了支农金融产品的整村推进。二是诚信联结，信用"集成化"。民生村镇银行将村民信用与村庄信用绑定，形成"一人失约，全村失信"机制。铜城镇余庄村郁宗和表示："我一个人不还款，银行当然会觉得你这个村子没诚信，其他人再想贷款就难了。"三是互帮升值，信誉"合营化"。村民之间信用挂钩——农户个人信用的好坏将直接影响其他村民信用评级，形成村民间信用"互升互降"机制。

（三）村委严把守诚信，共建"村民信用库"

村委完善了审核推荐工作，做好贷款"中间人"。首先，申请有章。村委自定规范是增信的前提，通过制定村规民约，为申请贷款立下章程。理事会要求，贷款申请人须具备集体成员身份，并提交申请报告。其次，审核有依。村庄激活民间道德，为审核信用提供依据。理事会从履约能力、收入来源、亲属信用等多个方面综合审核申请人信用。最后，推荐有效。村民申请贷款要求开具理事会的推荐证明，否则不予受理。

（四）银行查验定信用，合筑"信用共同体"

银行多方面审核农户和村庄诚信，筑起了贷款"防火墙"。其一，跟踪观察，制定奖惩规则。银行会对村民贷款行为进行持续跟踪，对信用行为良好的农户会适度提高授信额度，对出现不良信用行为的农户会停止提供贷款。其二，审核信用，评定级差系数。通过对村民贷款行为的跟踪观察，银行会有针对性地对其评定信用系数，形成信用级差。其三，公示结果，建立黑白名单。依据信用级差，银行评定出"信用户""信用村""信用镇"，在村民、村和镇三级建立信用黑白名单，对增信起到了监督和督促作用。其四，定制还款，简化续贷要求。对还款困难的村民，若判定其具有还款意愿，银行可为其制定延期还款计划。对信用良好的村民还可以免去续贷时的授信流程，直接放款。

四 权利发力，融通资源，铺设支农"远航线"

天长市创新权利抵押，解农民财产权利"无力"困局，让金融支农有支撑、有活力、有保障。

（一）激活产权的金融功能是发展支农金融的基础

激活产权的金融功能是解决农民贷款抵押难的根本落脚点。过去农民抵押物"量少而价低"，贷款供求矛盾无法得到系统性解决。对此，天长市转变思路，设兜底强保障，引农权作抵押，实现了从过去"以物质押"路径到现在"用权抵押"模型的转型，让支农金融在农村生根。因此，只有激活农权的金融功能，才能实现金融有力支农。

（二）多维度构建农村信用评级是发展农村金融服务的关键

构建农村信用评级是金融支农的关键。长期以来农村缺乏和城市一样的信用评级体系，导致银行不方便也不愿意触及农村贷款业务。天长市在农村金融服务中，以贷款中的不同主体为切入点，组合"四维"互信，明确村民、村委、银行和政府四级职责，促使各级职能和权利归位，营造共同维护信用的氛围，为金融支农提供了有力保障。

（三）做好支农金融风险管控需引入民间道德约束

引入民间道德约束是发展农村金融服务的着力点。过去，在农村贷款中，存在大量不良贷款，致使银行"惜贷"现象严重。天长市通过为村民建档立卡，促村委制定村规民约，在增信中发挥村民自治功效，在村民之间、村民与村庄之间建立了信用关联，用集体信用稳定个人信用。

（四）支农金融的发展需探索村集体经济组织的担保功能

引导理事会权责一致是发展农村金融的内在要求。目前村理事会的职能仅停留在推荐层面，对推荐结果不承担责任。应当逐步实现理事会的担保功能，使其在推荐贷款人的同时，与贷款人负连带责任。实现贷款人与政府、银行风险共担，对于支农金融的规范化、长久化、互惠化有着重要意义。

权利相称：配好村民自治的"钥匙"[*]

——基于天长市以产权改革创新乡村治理的调研与思考

中央《关于稳步推进农村集体产权制度改革的意见》指出，要落实农民的集体收益分配权和对集体经济活动的民主管理权利。然而长期以来，由于成员权利虚置、集体资产虚化、共享利益虚有，村民自治陷入了"牵引动力不强、组织载体不全、长效机制不足"的疲软状态。对此，天长市巧借产权改革杠杆，创设经济组织平台，妙用监管制度后盾，重蓄参与发展动能，使财产权利与自治权利相称，找准了村民参与的利益联结点，配好了开启村民自治的"钥匙"，探索出了"权利相称"推进乡村治理升级的新模式。

一 还权赋能，结构对扣，为自治体系健全装"巧杠杆"

天长市以产权改革为契机，健全村级组织架构，完善配套制度，保障村民自治找到支撑力。

（一）专置权能改革，为体系运转把准"发力源"

以产权改革为着力点，进一步释放土地权能，村庄发展获得了动力。其一，土地承包权切入改革，唤醒经营权。在"三权分置"改革中，天长市积极培育新型农业经营主体，推进承包地规范有序流转，让土地"变大

---

*　作者：华中师范大学中国农村研究院、政治科学高等研究院欧阳倩。

块""生大户"，为农民增收拓路。其二，集体股份权被带入改革，分享收益。各村将经营性资产配股到户，一人一股，资产实现了由集体所有到村民实有。光华村股民代表王干说："去年家里 4 人分到 400 元，虽然办不了大事，但意义重大。"其三，"三资"流转权深入改革，激活了治理权。各村"三资"由村委会代管变为经济合作社专管。同时，各村借助农村产权交易平台，确保产权流转顺畅，让专事专属专办。

（二）专分政经组织，为体系运转找准"施力点"

村民自治良性运转需要基层组织合理分工，以保证村级事务各归其位，村庄组织各显其能。一是因能定位，立本配强党组织。在股份权能改革中，基层党组织号召党员宣传引导，发挥"领头雁"作用，共同监督村集体资产，筑牢党组织根基。"社区资产有我一份，共同监督好这些资产，才能得到红利"，龙岗社区老党员刘吉月谈到。二是因资定制，分类配套合作社。以 2 万元的集体资产额度为界，天长市根据经营性资产规模分类开展股改工作，成立不同性质的经济组织。在全市范围内，127 个经营性净资产为正值的村开展股份合作制改革，24 个负值村成立经济合作社。三是因需定责，交叉配齐监事会。为监管好集体资产，合作社采取干部交叉任职方式成立监事会，单数配齐监事会成员。"如果监事会重新选人，村里得多开工资多花钱"，光华村股民代表王玉中说。

（三）专设经管制度，为体系运转切准"受力线"

为巩固村民自治的经济基础，维护村民合法权益，各镇村精准细化了管理制度。第一，政经联心，分灶算账。各村形成"一班人马，两套账目"的财务管理新模式，村委会与合作社账务分设、独立核算，携手合力壮大集体经济。第二，镇村联手，分级管账。镇"三资"委托代理中心为各村在银行设立"专户"，镇级严格把关原始单据，保证报账程序规范；村监委进行季度发票审核，保障账款相符，"村财镇管"，分级联手管理账务。第三，清单联动，分项查账。通过实行"小微权力清单"制度，天长市细化了村级"三资"管理和工程项目等 6 大类 26 小项的权力边界，做到逐项监督。

二 护权定则，监管对标，为自治机制运行配"助力器"

天长市完善系列标准化的村务、财务监管制度，助力民主管理和民主监督的有效落实，避免村民自治悬空。

（一）共筑固址，打造"专属型监督"

对于村级重大经济事项及群众关心的问题，村庄实行定人定责，发挥村民监督主体作用。一是"专职"监督，监事成员靠民选。股民选出负责任、不怕事且有能力的人担任监事会成员，专职负责监督合作社财务运行情况。余庄村监事会成员王属瑞说："对老百姓有利的事情，即使得罪人也得管好。"二是"专款"监督，经营方式由民定。村级组织层级把关、共同商定，保证集体资产有效运营。使用非经营性资产进行投资、入股和联营等运作时，由村级经济组织提出，并由成员或成员代表会议讨论通过。"经营搞得好，我们分得就多，搞不好，分得也就少了"，张巷村股民代表王洲元谈到。三是"专项"监督，热点问题让民知。专设财务公开日，专项公开群众关心的"三资"管理热点问题，村级财务公示从"制度上墙"到"人人关心"。"现在 3 个月公开一次账目，大家对每件事都熟悉，不再是望而不问"，光华村股民代表王玉中谈到。

（二）合填漏洞，构建"前置性监督"

借助配套的积极性监督措施，天长市打好村级财务腐败的"预防针"。一是制作台账，全流程留白。各村集体资产按照类别建立固定资产台账，集体经济组织负责记录资产变动情况，镇"三资"委托代理服务中心负责备案，实现资产流程管理。二是预算监督，全口径留底。村集体经济组织根据当年可支配总收入，提出相应的资金预算方案，股东代表大会讨论通过后交监事会审核。村级一事一议筹资筹劳方案需填入农民负担监督卡后方可实施，村民对预算实行事前监督。三是网上竞价，全方位留痕。天长市设立资产交易平台，实行"网上竞价"，产权交易透明有序，"压扁"了暗箱操作空间。例如，杨村镇北荡村林权项目挂上平台公开交易，以超出保留价 2.2 万元成功交易，增值率达 15.07%。

（三）互垒铁壁，熔铸"兜底型监督"

天长市进一步加强制度约束，保证村务监管得力。一是股权为证，参与管理凭"明白纸"。股权证书是集体成员占有资产股份、参与决策管理和享有利益分配的有力凭证。村民代表王玉中说："刚发股权证的时候乱丢，知道要凭借它参与管理和分红时，就当银行卡一样保管。"二是以票管理，防止村财打"空白条"。对于各村集体收入、一事一议筹资筹劳款，天长市严格要求使用专用票据，严禁使用不规范的白条抵库和白条记账等。三是对财审计，帮助干部留"清白身"。在村干部任期内或离任时，天长市要求对其财务管理制度执行和廉洁自律情况进行审计，最终向全体村民交出一本"明白账"。

三　活权增力，权利对位，为自治主体发展注"动力油"

产权改革提升了村民的参与意识，村民在村务中民主决策、共同建设，为村庄治理注入了持久动力。

（一）"一改百应"，分层参与产助力

集体产权改革拓宽了自治范围，不同层级单元的村民在参与改革中，实现了共商共议。首先，村民代表讨论，帮村庄事务把门。在村民小组长带动下，村民代表会议积极讨论，让村民了解股改。张巷村村民代表经国江表示："现在都愿意参加村民代表会议，因为讨论的事关系到大家的利益。"其次，股民代表商议，替村庄事务把关。合作社通过每季度召开一次股民代表会议，使股民全方位了解集体资产收支情况，为资产管理"把脉出方"。最后，家户代表决议，对村庄事务进行把控。以村小组为单元召开户主会议，户主对村庄事务进行最后表决，民意表达会更加充分。以秦栏镇新民村为例，村干部会提前打电话通知外地的户主回来参会，户主参会率达98%，保证了决策的顺利执行。

（二）"一改百出"，分类建设生合力

股份权能改革创新驱动了村级公益事业建设，村民在建设中出谋献智，共享发展成果。其一，"一村一景"，实现设施共建。天长市以乡村自然禀赋、历史文化等因素为依托，实施了"一村一特色""村村景不同"的美丽乡村建设。如龙岗社区以古村落保护、红色旅游为特色，以"美丽乡村建设理事会"为组织载体，协力共建龙岗美丽乡村。其二，"一村一策"，实现服务共管。针对不同经济条件的村庄公共服务，村民自主决策，

采取多元方式共管。长山村借助集体经济优势，采用市场化运作方式，实现了保洁服务的升级。其三，"一村一品"，实现荣誉共享。天长市鼓励各村建设特色主导产业，以奖代补促进村庄稳产增收；设立"十强村"、"十快村"和"十优村"等荣誉称号，以荣誉共享带来众心所向。

（三）"一改百活"，分别发展出新力

各村因地制宜，分类壮大村集体经济，深耕村民自治经济土壤。一方面，分门输资，明确发展方向。村委会等基层组织的运转经费，由政府"五七九"财政资助办法予以保障；合作社以保值增值为目标发展集体经济，实现村级发展"双轨驱动"。另一方面，分项投资，拓宽发展领域。各村（社区）分类注资，不断拓宽增收致富"门道"。如通过将资金投放到政府金融平台、投入零风险国有公司或注资兴办村级实体企业等方式获利。

四　优化权能，明则定制，开辟村民自治"新天地"

天长市以产权改革为切口，赋权于民，激活村民自治参与意识，为探索多种有效实现形式的村民自治开辟新路径。

（一）权利相称是激活村民自治的有效途径

利益相关是村民自治的产权基础，产权基础上的利益关联程度决定了村民自治的水平。天长市依托产权改革，将集体资产量化到人，让集体成员享有占有权、抵押担保权和财产收益权，村民的知情权、参与权和监督权得到保障，财产权与自治权得以有效对称。这种做法真正将村民利益和村集体事务联结了起来，村民参加村庄事务更积极，为探索村民自治有效实现形式提供了有益路径。

（二）组织健全是村民自治运转顺畅的必要基础

村民自治的有效运转需要健全的组织体系。长期以来，各村村务、财务均由村委会"一肩挑"，村级经济组织长期缺位，共有资产缺乏专人管理，因此配齐村级经济组织、理顺产权关系尤为必要。对此，天长市在股改中因需设立了集体经济股份合作社，厘清了村级组织的权责关系，使党务、村务、财务和服务由"四驾马车"同驱，为村民自治的顺畅运行打下了坚实基础。

（三）保障村民自治长效运行需要强有力的监督机制

村民自治的良性运转离不开民主监督机制的保障。天长市在创设经济组织的同时，跟进配套了财务监管体系。设立专门的监事组织，创新资产台账、口径预算、网上竞价等监督方式，建立多元"巧机制、活制度"。使村民在获得经济权益的同时，也获得了民主监督权利，提升了监督效能，有利于他们进一步维护好并发展好集体经济。

（四）优化权能关系是深入探索农村基层治理的发展方向

当前，乡村治理的目标在于保障农民财产权利，实现农民参与公共事务的权利。天长市从产权改革入手，将财产权利"还到民手"，自治能力"赋予民身"，将村民享有集体资产的占有权和收益权等落到实处，以利益牵引撬动村民参与到村庄事务的决策、监督和管理中。通过优化权能关系，进一步把准了乡村治理的发展方向。

为枯木"寻春"：股改助农村公益事业焕新生[*]

——基于天长市创新村级公益事业建设的调查与思考

中央《深化农村改革综合性实施方案》指出，要"完善农村基础设施建设投入和建管机制"。农村公益事业建设是提升公共服务、释放自治潜能的必由之路。尽管"一事一议"制度以民办公助的方式开辟了经费渠道，减轻了农民负担，但未能从根本上扭转村级公益事业"缺钱兴办，无力专办，欠管协办"的困局。对此，天长市借力农村集体产权改革，助推村级公益事业建设。具体而言，依托集体收益、借助能人效应、利用政策扶持，拓建设之源；以政经分离促专管、以交易平台引竞争、以企业帮扶促共建，增建设之力；专业管护找市场、专项议事交村民、有效监管靠清单，保建设之效。以此探索村级公益事业建设发展的新路径，以利益关联促农民关注，为释放农村基层自治活力开辟新方向。

一 凭股改势，多渠道扩源，解"缺钱"之困

天长市以股改为切入点，撬动各方资源，为村级公益事业建设聚拢"源头活水"。

---

* 作者：华中师范大学中国农村研究院、政治科学高等研究院杨怡云。

（一）集体经济组织上阵，助"有水可取"

天长市从集体经济组织的收益入手，扩展村级公益事业资金来源。一是经济组织做"水管"。股改过程中，各村庄依资产量成立了集体经济股份合作社或集体经济合作社。合作社专营村集体经济，为村集体经济发展谋新路径。二是集体收益为"龙头"。村集体资产由合作社统一经营管理，以经营性资产入股、闲置土地租赁、资源性资产外包等形式为集体经济增收。高巷村将闲置的 180 亩水库发包，每年为村集体增收 2 万元。三是公益提留变"水池"。各村庄从集体收益中提取不低于 30% 作为公积金、公益金等，村级公益事业建设可申请使用。汊涧镇长山村从集体收益中拿出 5 万元用来整修村组道路、平整荒坡。

（二）村集体指导员发力，聚"多方之源"

天长市各村庄借用村集体经济发展指导员的力量和资源，为村级公益事业建设注入新活力。一是村庄能人来担任。村集体经济发展指导员多为村庄的能人，如农民企业家、专业技术人员等。铜城镇联圩村的村集体经济发展指导员由安徽昊天电缆股份有限公司郭忠良担任。二是人脉资源全融合。指导员利用身边资源，为公益事业建设筹集资金。联圩村办公楼建设的 70 万元资金缺口全靠村指导员"化缘"筹齐。三是身体力行带示范。指导员郭忠良率先出资 10 万元，最终为联圩村筹资 50 多万元建起了便民服务中心。

（三）财政奖补政策到位，保"细水长流"

财政奖补资金的使用一直面临着"难议、难决、难行"的问题。天长市通过股改联系村民参与决议、建设，使财政奖补资金平稳着陆，公益事业"落地生根"。一是政策系村民，"事不难议"。村民依自身对公益设施的需求，以村民小组为单位向村委会提议，通过召开村民代表大会决定是否使用奖补资金建设村民所需设施。二是建设看规划，"事不难决"。村委会利用财政奖补资金，委托第三方建设公司考察村庄实况，由专业团队进行规划，由村民决定是否进行改造。长山村院落围墙的规划设计，由建设公司提供设计方案图，交由村民决定是否建设。三是使用有监管，"事不难行"。村委会通过公示栏定期公开财政奖补资金的使用情况，如工程花费、工人工资、原料采购等，使农民有渠道监督财政奖补资金如何使用。

二　借专业手，全方位盘活，消"无力"之难

天长市充分发挥各方力量，打破以往政府"输血"式的建设方式，增强了村级公益事业自身的生命力。

（一）依政经分离，人员专职有"精力"

政经分离"以分促专"的理念为村庄公益事业建设启发了思路。一是组织分立，平台专司其职。村委会履行自治、服务和公益建设的职能，村集体经济组织专门负责经营集体经济。天长市通过组织分立促权责明确，并设专人负责农村公益事业建设。二是财务分设，资金专谋其用。天长市对政经组织实行分账管理，村委会依托转移支付保障日常运作。天长市首创"五七九"资助法，以人口规模定补贴标准，此类经费专用于村委日常开支，以此保证村委运行不占用村级公益事业建设资金。

（二）靠交易平台，事务专办出"大力"

天长市通过建立农权市场交易平台，借助网络信息化手段，使资产增值、集体增收，为村级公益事业建设赋予了"新能量"。一是信息公开，吸引"八方来客"。村庄提供详细的竞拍信息，由镇三资管理中心审核后挂在交易平台。打破原有以村委会为主的"熟人"式招标，以公开的市场化运作促进集体收益增加，拓宽了公益事业建设的资金来源。二是网上竞拍，最终"价高者得"。竞标者在规定时间内，通过网络报名参与投标，经过竞争后得出最终结果。杨村镇北荡村52.05亩林权转让，从14.6万的底价经过31次竞价，最终以16.8万的高价成交。三是结果公示，确保"后顾无忧"。竞拍结束后结果会进行公示，竞买人可以在公示期间提出质疑，村民可在网络平台了解交易信息，发现问题可向天长市公管局监督检查股提出投诉。

（三）协村企联合，项目专建来"补力"

安徽省全面开展村企结对帮扶工作，由企业助力农村公益事业建设。一是村庄"迎亲"，引导企业协建。村委会为企业解决用地、用工问题，帮助企业顺利入驻。石梁镇十八集社区为入驻企业征地拆迁提供服务，为其解决用地难题。二是企业"进门"，助力村庄共建。一些企业入村为村庄建设广场、办公楼、村民活动中心等，为农村公益事业增加了新的建设

主体。千秋电力公司帮助便益社区整改排灌站，提供办公活动场所，借助企业之力推动了农村公益事业建设。三是村企"联姻"，携手实现共进。一些村委会为企业申报了公益设施类建设项目，企业则为村庄公益事业出力，以此实现村企共赢。中南集团在便西村投资捐建中南广场，服务村民、建设村庄又扩大了企业的影响力，使三方受益。

三　引村民力，多角度突击，破"欠管"之局

农民是村级公益事业长久发展的重要助推力。天长市发挥农民力量，使村民由"旁观者"变为"参与者"，解决了公益事业管理缺失的难题。

（一）村民齐管护，"被动"变"主动"

天长市通过股改建立利益联结，驱动村民参与公益事业管护，弥补政府缺失。一是利益关联，管护有动力。天长市依据股改中清产核资的结果，明确公益性资产的权属，引村民积极参与设施管护。"从前觉得村里建设和自己没什么关系，股改以后，村里做什么我们都要明白，都要参与。"长山村小集组徐队长说道。二是市场运作，管护专业。村委会通过市场机制，引入第三方主体保障村庄公益事业管护。长山村美好乡村建成后，管护工作交由天长市中南环保服务有限公司负责，以专业管理保障农村公益设施建设。三是全面评价，管护看反馈。原有的公益事业评价过分强调建设数量等硬性指标而忽略了软指标。汉涧镇党委舒书记表示："不能仅看到村里垃圾桶从无到有，应该重视群众态度的变化，参与度提高，满意度达95%。"

（二）村民共协商，"独唱"变"合唱"

农村公益事业建设专人管、专钱办吸引了村民主动参与，以"主人翁"的身份协商共治。首先，源头汇民心。村委会依托美丽乡村建设，对村民家中厨房和厕所进行改造，村庄整体环境得到改善。张巷村村民代表说："我们家的厨房和厕所都改了，又方便又卫生。"其次，决议循规矩。村委会将公益事业建设资金使用、建设主体、建设过程等以规范的形式进行明文规定，使行事有依据。铜城镇余庄村在决议时严格遵守章程，规定决议须经全体成员半数以上通过，在维护村民能动性的同时保障了决议的合理性。最后，行事顺民意。村级公益事业建设由民提、由民决、由民

管，运行结果必然顺民意。就像汉涧镇长山村村民代表说的，"干部对我们的事情有求必应，我们也非常信任他们，也更愿意参与"。

（三）村民均监督，"无视"变"重视"

天长市通过股改带动村民参与监督，保障了村级公益事业的长久运行。一是干部用权"常审视"。小微权力清单规定 3 万元以上的村级集体工程建设项目，如水电路基础设施改造、园林绿化改造等，村委会需掌握相关专业人员名单，由两委会议研究确定施工人员、经费预算、实施方案等，将结果公示，交由村民监督。二是监督反馈"需正视"。即由村民单向监督变为政府与村民的双向反馈。张铺镇虎山村原村干部吉启刚等人因贪污受到处理，市纪委将信息及时在网上公布，让村民看到监督反馈。

四　尽各方能，形破竹之势，生"长久之计"

通过拓展公益事业资金来源、夯实公益事业建设、融入村民参与，天长市村级公益事业建设为其他地区提供了有益借鉴。

（一）利益联结是撬动村级公益事业的有力杠杆

村级公益事业在建设过程中，一直面临着农民参与感弱、供需不协调等问题。天长市通过股改对集体资产进行清查核算，强化公益性资产"归属感"，紧抓利益联结点，激发了农民的主体意识，撬动了农民参与。农村公益事业建设应通过利益联结使农民认识到公益事业"公"之所在，挖掘参与深度，扩展参与广度，助推村级公益事业发展。

（二）多方聚力从根源保障村级公益事业建设与发展

原有的村级公益事业建设基本依靠政府的推动，取消"三提五统"后公益事业建设资金"捉襟见肘"。天长市融合政府、村集体和社会多元力量，一改过去"政府供给、村民共筹"的模式，解决了公益事业"缺钱兴办"的难题。逐步建立起"政府财政投资、集体收益出资、社会企业注资"的资金聚拢机制，从根本上保障了村级公益事业建设。

（三）长效管护机制是村级公益事业赖以运行的关键

农村公益事业的管理一直是薄弱环节，长久面临着"重建轻管"的问题，而其持久运行应该是"政府建、集体管、村民护"三方共同作用。天长市创新长效管护机制，集监事会监督建设、第三方协助管理、村民参与维护于一体，增加管护主体、延展管护范围、优化管护内容，最终形成了高效的长效发展机制。

（四）村级公益事业发展的内生力有待进一步挖掘

村级公益事业建设应以村庄内生力为主。然而目前天长市的农村公益事业仍处于强化"造血"功能的阶段，未脱离政府扶持独立发展。因此，农村公益事业应变政府主导为辅导，挖掘村民的主体意识。村委会通过设立公益事业建设协会，统一管理建设资金；引导村庄老干部、老党员等力量参与公益事业建设；将村庄公益落实到家户如房前屋后的公益资产包片管护，以此回应村民合理的利益诉求，提升了村民的自我管理水平，推动了农村基层自治的优化升级。

"田掌柜"结盟：念活农业
经营"生意经"[*]

——基于天长市新型农业经营主体的调研与思考

中办印发《关于加快构建政策体系培育新型农业经营主体的意见》指出，在坚持家庭承包经营的基础上，培育从事农业生产和服务的新型农业经营主体是关系我国农业现代化的重大战略。然而，新型农业经营主体由于引育政策不齐、要素配置不优、制度衔接不畅，出现"土地流转经营失力、粮食增收提质费力、主体长效发展乏力"，严重阻滞了农业经营迈向现代化的前进步伐。对此，天长市以政策整合为撬动力，以要素聚合为核心力，以制度融合为保障力，培育多元经营主体，优化生产资源组合，畅通管理运行机制，合源共济，力促现代农业经营发展"规范化、优质化、长效化"，实现了新型农业经营体系的再造升级。

一 政策整合，夯基培土，为规范经营建造"农田房"

天长市以土地流转为支点，通过规范流转程序、补贴财政资金等方式，为主体规范经营打下了坚实基础。

（一）出地有序，构架农地流转"旋转盘"

促进土地有序流转是农业主体规范经营的前提。第一，户组到人，签

---

* 作者：华中师范大学中国农村研究院、政治科学高等研究院韩露。

约流转。村民小组向户主确认流转意愿，组织土地统一流转，发包方与承包方签订合同，降低了土地流转的违约风险。例如，冶山镇高巷村委托小组长协调沟通，集中与承包方签订了为期5年的土地流转合同。第二，村社到家，协调流转。为保证土地流转顺畅，村委会发挥了监督协调职能，细化工作到户，当好农户和经营主体的经纪担保。光华农业示范园夏总说："村委会帮我们协调流转1000亩土地，流转费用由村镇发放到户，方便又省心。"第三，镇街到位，规范流转。各镇街依托土地流转服务中心，对合同签订、土地用途等进行监管，优化土地流转程序。截至2017年6月，天长市已建成1个市级和15个镇级土地流转服务中心，保障了土地的有序流转。

（二）拓地有效，构建农地经营"试验田"

政府鼓励经营主体平整土地、改良土壤和转包代耕，提高农地产能。其一，农场整合，土地成规模。天长市农地的碎片化制约着农业规模化生产。对此，政府投放补贴资金，激励经营主体平整承包地。仅2016年政府即投入土地整治资金近4000万元，平整土地2万~3万亩。其二，企业改良，土地提效能。政府聘请专业技术人员，助经营主体改良土壤，深挖土地潜能。政府每月聘用3~5名农技人员，实地向经营主体传授土壤改良技艺。其三，合作社返包，土地少抛荒。为减少土地抛荒面积，天长市引导合作社将土地返包流转给家庭农场。如芦柴合作社将自营之外的近3000亩土地返包给了十几个家庭农场。

（三）种地有补，构筑农业经营"防护罩"

通过灵活运用补贴资金，政府有效保障了经营主体的农业生产。一是农机补贴，经营有助力。政府在经营主体购买农机上予以补贴。2016年天长市出资1782万元，共补贴1201个购买农机的经营主体，有效提升了经营主体的机械利用率。二是信贷担保，经营有助跑。针对经营主体融资难题，政府出资设立了专项贷款担保基金。天长市安排500万元，与民生银行按照1∶6配套，共设了"兴农贷"。截至2016年4月，已为114位农户授信3341万元。三是风险赔付，经营有助威。采用农险保费补贴的方式，政府为经营主体参保添加了后劲。2016年，天长市对农业保费给予15%的补贴，有效推动了546个规模经营主体投保，共计承保31.8万亩。

二 要素聚合，绸缪桑土，助有效经营塑造"培养皿"

多元经营主体联合共营，一手抓要素优化配置，一手抓产销稳步拓展，实现了有效经营。

（一）凭"优势"打点，为生产配好"服务供应商"

经营主体优势互补，优化服务，实现节本提质。一是场社一体，自给服务。农场和合作社共建服务队，实现生产服务自给自足。如金穗合作社和丰穗家庭农场下设的服务队，可为自身 1000 多亩承包地提供质高价廉的服务。二是场社分置，结对服务。合作社的服务队与农场签订服务合同，溢出服务辐射周边。芦龙合作社的抗旱服务队，在满足自营农场需求的同时，服务于周边 37 个村民小组。三是联社供给，外购服务。经营主体向联合社购买农机等全程服务，实现集约化生产。"我们向大地联合社购买服务，仅 2016 年 650 亩土地的农资成本就下降 19500 元"，丰盈合作社陈宏平表示。

（二）用"熟人"打理，为管理找好"把式店伙计"

经营主体借力能人、亲人和邻里等乡土资源，实现"定位""定人""定规"管理。其一，业缘相似，"分场长"分场负责。经营主体实行公司化管理，聘请种地能手为分场长，"包干到人"以促管理"专职化"。如瑞鹤家庭农场安排 5 名分场场长，每人管理 1800 亩土地，让管理有效"定位"。其二，血缘相融，"家族人"分工协作。以血缘为纽带，家族成员结成利益共同体，场社"定人"分管。芦柴合作社刘炳朝将 1460 亩自营耕地交由 8 位亲属管理，2016 年净利润达 30 多万元。其三，地缘相连，"小班长"分头带班。凭借地缘优势，经营主体委托当地能人带班，达到管理有方。如圣丰农业园聘用 17 位当地能人做"小班长"，"定细"了各项生产指标。

（三）靠"品牌"打通，为营销对好"区域代理人"

借助品牌效应，经营主体强化市场链接，提高产品竞争力，实现增销提利。首先，预签公司订单，价格保底。农企预签订单，保证粮食单价不低于市场标准价。如稼农家庭农场将高于市场价 0.16 元/公斤的特种水稻，签售给龙头企业牧马湖。其次，对接国家粮库，销路兜底。为保障粮食销路，一些经营主体有效对接国家粮库。瑞鹤家庭农场每年将 90% 干湿度达标的粮食售给国家储备库，售价比商贩收购价高出 2~3 分/斤。最后，创设自营商标，市场托底。一些经营主体通过创立商标，增加产品附加值，提升了市场影响力。例如，稼农农场依靠"天长稼农"品牌实现品牌溢价，其品牌创收占利润总额的 35%。

三 制度融合，聚沙垒土，促长效经营搭造"温室棚"

经营主体借助多元化投资、全方位监督和最优化分配等手段，力保生产经营能长效、可持续。

（一）多元投入，为撬动经营供给"营养剂"

经营主体鼓励员工以土地、资本和技术参股，壮大股本，助力农业经营。一是土地入股，为经营添"高钙土"。将入社的土地折算成股，农户可以以股民身份为经营主体出谋划策。如圣丰农业园将 42 位流转户的土地折价入股，赋予成员决策参与权。二是资本入股，为经营加"助壮素"。为强化经营实力，部分经营主体为农户专设了现金股。芦龙合作社财务会计何美玲说："我看好合作社前景，在合作社投入 4 股共 20000 元。现在既有工资，又可分红。"三是技术入股，为经营追"有机肥"。一些经营主体让技术人员以研发成果入股，激活参与积极性。如圣丰农业园聘请吉林农大的专业技师，鼓励其将技术成果作价入股公司，实现互利共赢。

（二）多级监督，为保障经营配备"监控器"

天长市实行龙头企业、研发机构和股东成员三方共同监督，保障经营主体的经营效益。第一，联结龙头企业，带头质量监督。在订单生产中，企业可把关生产流程，有效提高产品品质。如芦龙合作社与牧马湖签约种植 400 亩有机稻，企业可以随时监测粮食生产，保证产品质量。第二，借力合作伙伴，合伙技术监督。一些研发机构为经营主体提供技术，分享技术使用细则。大地联合社引进中国空间技术研究院的植保技术，并获得手把手指导，确保技术使用到位。第三，放权股东成员，协同财务监督。经营主体落实股东监督权，成员可协同参与账目审计。芦龙合作社每年在股东大会上公开账目明细，由股东成员现场质询监督。

（三）多种分配，为激励经营安装"分流阀"

利用股份分红、盈余分配和利润返还三种分配方式，经营主体激励成员投资生产。其一，工资加股份分红。入股员工除基本工资外，还可分得股份红利，激发了他们的工作热情。"我除了月基本工资 2800 元外，还有股份分红，收入不低，更有干劲"，大地联合社理事长张建昌谈道。其二，公积金盈余分配。在预留部分利润作为公积金的同时，一些经营主体将盈余资金进行分红，提升成员获得感。芦龙合作社每年提取 15% 的利润作为公积金，25% 的盈余按比例分配给员工。其三，交易额二次返利。一些经营主体将部分利润按交易额返还，强化了合作伙伴关系。2016 年大地联合社拿出 60% 的利润，为交易额达 1000 元以上的 70 位合作方进行了返利。

四　互动共融，合源共济，育活助优新型农业经营主体

天长市引导农业经营主体合作共融，优势联合，开拓出构建新型农业经营体系的新道路，为经营发展现代农业提供了现实经验和有益启示。

（一）主体培育是构建新型农业经营体系的关键一环

经营主体作为新型农业经营体系的组织载体，其培育状况决定着新型农业经营体系的发展水平。天长市借助政策铺路，规范土地流转经营，活用补贴资金。在此基础上，着力引导经营主体多样要素聚合、多种制度融合，实现经营主体规范、有序和长效发展。因此，主体培育是构建新型农业经营体系应该迈好的关键一步。

（二）经营发展现代农业的核心在于激活市场要素

激活市场要素是经营发展现代农业的核心环节。以往，农业经营主体的运营理念追求"小而全"，生产资料供给"零散乱"，导致资源配置难以优化，高效服务难以共享，经营发展难以长久。对此，天长市农业经营主体依托市场机制，一方面集约优化土地、技术和资金等要素，另一方面，借势抱团经营，创新品牌占领市场。可见，市场化运作是发展现代农业的有效手段。

（三）完善利益分配机制是经营发展现代农业的重要保障

现代化农业的发展目标在于经营主体的利益增加及主体之间的利益共享。过去，农业经营主体的财务管理制度不全，利益分配机制不顺，导致

自身持续投入动力不足，发展积极性不高。天长市农业经营主体通过订单农业、股份分红和利润返还等分配方式，建立紧密的利益联结，提高了农业经营主体的参与度，增强了发展的获得感，真正踏出了一条共建共享之路。

（四）现代农业转型升级需新型农业经营主体纵深融合

天长市农业经营主体之间互动共融，优势互补，加快了现代农业转型升级的步伐。然而，经营发展现代农业还需主体间向纵深方向发力。一方面，政府应提升对农业经营主体的扶持力度，引导优势资源适度倾斜。同时，各经营主体要加快对接联合，促成要素深度融合。另一方面，经营主体应拓展产业链条，开展多元化经营，最大程度地降低风险损失。综上，发展现代农业的步子才能走得更实、更稳、更远。

层级式服务：配齐农业社会化服务的"吉祥三保"

——基于安徽省天长市新型农业服务主体的调查与思考

农业部印发《关于推进农业供给侧结构性改革的实施意见》指出，要大力培育新型农业服务主体，总结推广农业生产全程社会化服务试点经验。然而，当前现代农业服务亟须突破"政府整体配给不精准、企业单体信息不对称、农户个体经营难高效、村组集体管护常失序"等发展瓶颈。对此，安徽省天长市开创了市场运作与承接职能并举、生产经营与公益服务并重、专业服务与村组治理同驱的"层级式服务"新格局。具体言之，即以服务需求为导向，育活多元服务主体，妙用市场服务手段，巧接公共服务职能，力拓基层治理功能，构造出集联合化、精准化和专业化服务于一体的梯次型农业社会化服务体系。真正让社会化服务扎根希望田野，为构建新型农业经营体系注入新动能。

一　市镇联耕，经营领航，担当社会化服务的"保护人"

天长市部分合作社组建联合社，为成员提供保姆型的农业社会化服务，起到了服务全局的作用。

　作者：华中师范大学中国农村研究院、政治科学高等研究院陈新泰。

（一）业务对接，替农业服务"定新位"

为降低成员的生产成本，联合社与涉农企业实现业务对接，发挥中介功能。其一，组团购买，担起"采购人"。大地联合社组团考察农资厂家，讨论决定购买优质农资，并在包装上加印"大地联合社团购"标记。其二，抱团谈价，当起"议价人"。通过与农资厂家商议价格，一些联合社以厂家直销价购得农资，驱使天长市农资市场价格回落。数据显示，全市农民每年农业生产成本下降 2000 万元以上。其三，集团联销，做起"中间人"。除安排成员分类种植优质水稻并实现统销外，一些联合社在稻麦销售困难时期，还组织专库收购。2012 年遭遇小麦赤霉病重难题，大地联合社帮助 20 多个成员联销了 1000 多万斤滞销粮。

（二）职能承接，为农业服务"补空位"

为打造服务综合体，联合社在全市范围内推出信息调度、农技培训和生产订单等一揽子服务。其一，信息调剂，补给资料短缺。借助在微信群上实时更新信息动态，联合社合理调剂资料余缺。仅 2012 年夏种，大地联合社就调配秧苗余缺 2000 多亩和机械 500 余台次。其二，培训跟踪，补齐技术短板。联合社设立职业农民服务中心，聘请农技人员组成专家组，按季开办跟踪培训服务。2016 年天长市各联合社累计开展技术培训 20 余次，3500 多人得到专业培训。其三，点单服务，补接生产短链。创新推送自主点单式服务，联合社为农户定制个性化服务，实现了生产链动化。据大地联合社副理事长张建昌介绍，"只要有需求，我们可以提供任何生产环节的服务"。

（三）利益连接，助农业服务"对准位"

以利益协调机制为纽带，联合社与成员联动共生。第一，信用担保，计划供应农资。依托信用担保，联合社可向农资供应商直接赊购，社内成员按需向联合社申领农资，收粮后分期付款。2016 年大地联合社为成员预先垫付农资 700 多万，保证了成员"有资可用"。第二，风险监控，巡视田间生产。为降低粮食生产风险，联合社会随机巡视成员田产长势，对有问题的农场及时提供指导。"我们下到田间地头查看农户秧苗生长态势，予以技术指导，防患于未然"，大地联合社张理事长说。第三，利润共享，分配交易份额。根据成员的年交易额，联合社会预留部分利润进行二次返还。2014～2016年大地联合社实现利润返还共50余万元。

二　村社深耕，生产衔接，承当社会化服务的"保育员"

农事服务专业合作社立足生产，因需拓展功能，成为村庄生产、服务和发展的重要支撑力量。

（一）白手起家，搭建经营主体的"育婴室"

为解决家庭农场种地难题，天长市的农事服务专业合作社开展一系列培育服务，为家庭农场建起了"育婴室"。第一，"返包"经营，无地能种地。针对有钱无地的农户，农事服务专业合作社承租土地后返包给家庭农场，让其能"土里刨金"。截至2016年，芦龙农事服务专业合作社将流转的8000余亩土地中的4800亩返包给了10个家庭农场。第二，"节点"信贷，无钱让种地。农户可先"免费"从合作社获得农资农机服务，按合同定期缴清管理服务费。天菊家庭农场主吴赶山得知优惠办法，特从外地到芦龙合作社租地经营1000余亩药菊。第三，"打包"服务，无技可种地。为了让无技术的农户安心种地，农事服务专业合作社提供一条龙农技服务。"合作社可以提供'整捆打包'服务，种地不再是问题"，芦龙合作社刘明文理事长谈到。

（二）立本开源，搭起农事服务的"托儿所"

农事服务专业合作社创新经营方式，高效服务经营主体。一方面，自主服务，联管散户耕地。针对不愿种地的散户，合作社以吸纳土地入股的方式，开展联耕联营服务。如芦龙合作社530户成员以土地入股，实现规模化经营。另一方面，延展服务，托管经营土地。农事服务专业合作社为经营主体提供全托或半托的托管服务。截至2016年，全市开展土地托管服务的农事服务专业合作社共有26家。

（三）通脉疏络，搭造社内成员的"孵化器"

农事服务专业合作社创建多种功能性平台，培育和发展社员。一是建支部空间，帮青年人成长"打基础"。农事服务专业合作社成立党支部，发挥战斗堡垒作用，引领青年农民发展。如芦龙合作社于2015年成立滁州市首家农民工工会组织，将青年农民纳入其中，助力其成长。二是结帮扶对子，助贫困户脱贫"摘帽子"。为帮助贫困户脱贫，农事服务专业合作社对于无劳力的贫困户，提供全程免费的生产服务。"我们家缺乏劳力，芦龙农事服务专业合作社每年为我家免费收割小麦和水稻"，贫困户龚兴民老人畅言。三是辟创业基地，为大学生发展"插翅膀"。农事服务专业合作社为大学生提供创业孵化基地，助其圆了返乡创业梦。芦龙合作社为社内的大学生开辟瓜棚园地，作为大学生创业的"试验田"。

三 队组拓耕，自治突围，充当社会化服务的"保安队"

农户以合作社为依托，自发成立了抗旱服务队，在破解生产难题的同时，改善了村庄秩序。

（一）凿通运水渠，化解用水"死局"

抗旱服务队多措并施，打通了村组用水的"堵点"。首先，层级提水，供水不再远。为解决"远水难解近渴"的问题，抗旱服务队采取层级提水的办法，从河流提水到当家塘，让农户就近取水。其次，低价配水，浇水不再贵。抗旱服务队集中与河流管理方预订用水量，商定水价，降低了农户的灌溉成本。如芦龙抗旱服务队帮助农户节约浇水费用40元/亩。最后，安全放水，灌水不再险。过去农户私架电线放水，存在触电隐患。抗旱服务队统一安装抗旱浇水设备，让农户远离"电老虎"，保障了生产安全。

（二）疏通资金渠，破解管水"僵局"

运用市场购买手段，抗旱服务队配齐用于生产的人员、物资和设备。其一，雇请当地村民，看水有人。依靠雇请当地村民有偿专职看水的办法，抗旱服务队解决了义务看水员管水不力的问题，确保浇地少跑水、无漏水。例如，芦龙抗旱服务队每年为看水员发放1000元的田间看水费。其二，预留公共积金，护水有钱。以往村集体资金有限，水利设施管护不到位。抗旱服务队采取预留公积金的方式，确保了农田小水利有效管护。芦龙抗旱服务队每年提取15%的利润作为公积金，维护水利设施。其三，购置多样设备，抗旱有力。为防止设备短缺造成供水间断情况发生，抗旱服务队购置了大批量、多类型的灌溉设备。稼农抗旱服务队投资20余万元购买了电机、水泵等设备，确保旱时可用，用时能取。

（三）打通制度渠，疏解治水"乱局"

抗旱服务队不仅解决了村庄用水难、管护难等问题，更解开了村庄由抢水导致的乱序"死结"。一是定约供应，用水有则。采取"与大户签订协议、与散户口头协议"的方式，抗旱服务队使农户用水有章可循。"有了规矩，水路畅通了，人心也畅通了"，芦龙抗旱服务队队长刘明文说。二是按章办事，治水有制。抗旱服务队按照"先来后到、先高后低和由近到远"的规定依次灌溉，解决了抢水闹事的难题。三是能人入队，治水有法。为了便于服务的开展，抗旱服务队雇请村民小组组长为其队员。例如，稼农抗旱服务队有 3 个村民小组组长加入，在发生服务纠纷时可以调解矛盾。

四 多级精耕，同力协创，推进农业社会化服务再升级

天长市依托市场运作机制，创新构建多层次、立体型的农业服务体系，打造出新型农业服务主体的升级版，为探索发展农业社会化服务提供了宝贵经验。

（一）新型农业服务主体是发展适度规模经营的必要保证

现代化农业具有适度规模化的突出特点，亟须配套的规模化、集约化和社会化服务予以支撑保障。天长市新型农业服务主体应需而生、因需创制，逐步从农业经营主体中剥离出来，发展壮大为多类型的农业经营性与社会化服务组织。有效提供公益性、专业化和精准化的农事服务，真正服务好农业生产，成为助力现代化农业发展的坚强后盾。

（二）层级式服务是实现农业社会化服务的有益方式

只有根据不同地域单元或不同层次农业经营主体的需求，有针对性地供给多样化的社会化服务，避免"撒胡椒面"或"摊大饼"型的服务方式，才能实现服务效益的最优化。基于此，天长市培育多元农业服务组织，使服务覆盖不同层级单元，延伸多重服务功能，破解多种农业服务难题，开创了"层级式服务"的新模式，成为实现农业社会化服务的有益探索。

（三）市场机制是优化农业社会化服务的有效途径

市场化运作是推进农业社会化服务的有效途径。以往，农业服务主要由政府、村组集体或者农户个体供给，市场意识薄弱，服务效能低下，难以充分释放发展活力。天长市在培育农业社会化服务进程中，采取市场化运作模式、信息化手段调配资料余缺，团购联销保障供销均衡，真正实现

了资源的优化配置，力求社会化服务的规模效益。可见，充分挖掘市场要素是优化农业社会化服务的有效路径。

（四）社会化服务的良效运行在于服务主体功能拓展

天长市新型农业服务主体异军突起，满足了农业经营主体的需求，实现了经济发展效益。同时，新型农业服务主体丰富服务内容，拓展主体功能，创造了较大的社会效益。一方面，拓展公共服务功能。通过承接政府职能，创新服务模式，供给公益性服务，助力政府减负，促进农民脱贫致富。另一方面，溢出村组治理功能。农业服务组织提供专业化服务，解决了农田小水利建设管护难题，破解了村组生产乱序的历史积弊，补齐了村组治理的短板。

联利同享：集成现代农业
产业化"共生链"[*]

——基于天长市现代农业产业化联合体的调研与思考

中办国办印发的《关于加快构建政策体系培育新型农业经营主体的意见》指出，要促进各类新型农业经营主体融合发展，培育和发展农业产业化联合体。长期以来，单个市场主体抵御风险力脆弱、供给服务力孱弱、辐射带动力虚弱，导致利益难以联动，发展无法共享。对此，安徽省天长市以市场引力为基础，实现资源和要素有效联结，构造出以"联利同享"为机制的农业产业化联合体。闯出了一条分工专业化、产服销一体化、效益最大化的共生共享之路，推进了现代农业产业化协同发展，为突破农业产业化难题提供了新范本。

一 农企同躯并跑，联控风险，力促农业生产链标准化

创新运用"私人订制"方式，龙头企业与家庭农场联手把控风险，实现了农业生产标准化。

（一）"技术"下单，为抵御自然风险撑好"保护伞"

为确保粮食稳产优产，龙头企业以技术为牵引，全流程参与到农业生

---

* 作者：华中师范大学中国农村研究院、政治科学高等研究院马静。

产中。首先，培育高效种，种苗质量有保障。企业委托专业育苗中心统一育秧，根据不同农场特点配给高质量秧苗，提高秧苗成活率。例如，偎偎米业实行"一场一品"模式，因地制宜开展特色种植。其次，下派技术员，生产过程重监督。企业定期下派技术员，全程跟踪记录农场秧苗生长情况，为生产拴上"安全绳"。"好大米是种出来的，必须严把生产流程关"，偎偎米业赵主任坦言。最后，下置检测台，原粮品质定标准。企业分派检测员到农场验收粮食，根据标准划分原粮等级。截至2017年6月，偎偎米业农业产业化联合体内的每个家庭农场均配有1台质量检测设备。

（二）"合同"订单，为规避市场风险装好"保险丝"

以合同签订为保证，龙头企业与农场建立利益联结，实现粮食供销匹配，降低了市场风险。其一，合同预购，保证生产安心。企业与家庭农场预签合同，家庭农场按约生产，确保双方满意。偎偎米业合同规定，"家庭农场须将生产的订单粮食全部出售给偎偎米业"。其二，高价订购，保有粮源放心。为降低缺粮风险，企业通过高价订购占领市场先机。如偎偎米业以高于市场0.10元/斤的价格分级收购协议粮食。其三，按单回购，保障销路顺心。企业按粮食等级分类回购，解除农民销粮无路的后顾之忧。牧马湖集团谢经理说，"因有合同在先，不论粮质好坏，我们都会回购"。

（三）"筹资"买单，为防控资金风险砌好"蓄水池"

农业生产离不开资金投入，合力祛除资金风险尤为重要。一是合伙互融，共存基金库。专业合作社每年按比例抽取部分利润作为风险基金，以备不时之需。比如，通旺养殖专业合作社每年提取利润的20%作为风险基金。截至2017年5月，风险基金累计达400多万元。二是农企互助，同填保险单。在企业的引导下，家庭农场积极购买农业保险，与企业联手化解风险。偎偎米业赵主任介绍："企业出资'占大头'，与家庭农场共同购买农业保险。"三是政府支持，补强保险力。政府引导家庭农场购买政策性农业保险，增强抗风险能力。考虑联合体作为整体尚不具备法人资格，政府优先扶持各主体，间接达到培育联合体的目标。

二 企社携手陪跑，联供服务，力保农业服务链社会化

联合体的规模化经营需要配套集约化服务，龙头企业联合专业合作

社，协同为家庭农场提供社会化服务。

（一）农事服务惠民，让利于农

专业合作社的农事服务贯穿产前、产中、产后三个阶段，通过低价服务实现了为农场节本增利。一是团购农资降成本。企业委托专业合作社向厂家团购农资，直供给联合体的家庭农场。如芦龙农事服务专业合作社统一采购各类农资，每年为成员节约成本 65 元/亩。二是联种统管提效益。合作社出资整合"碎花田"变"大格子"，实现了联耕联营。牧马湖谷物专业合作社通过土地流转，统一管理经营 1700 亩土地，耕种效益得到提升。三是优价农机省投入。收割烘干等农机服务由专业合作社提供，家庭农场可享打折优惠。以倮倮米业为例，其合同规定，"专业合作社为成员提供的农机服务，费用须低于市场价格"。

（二）技术服务育民，授艺于农

专业合作社提供技术培训服务，培育新型职业农民，变"种地大户"为"种地能手"。首先，培养科学理念。专业合作社组织定期培训，培养农场主的科学种养理念。例如，大地农业专业合作社联合社每年组织农场主外出考察观摩 1 次。张建昌副理事长说，"让农场主走出去，才能把技术学回来"。其次，培育种养技术。将课堂搬到田间地头，专业合作社通过实地操演进行现场教学。如丰盈农事服务专业合作社成立了稻麦种植协会，为冶山镇的 87 个农场提供技术指导服务。最后，培训服务组织。企业邀请农业高校专家对专业合作社进行技术培训，提高了农事服务合作社的农技水平。周氏羊业成立了安徽省院士工作站，对合作社进行遗传育种等专业指导。

（三）信息服务便民，添智于农

信息技术应用使农事服务更具时效性，推进了智慧农业发展进程。其一，无人机行智能"飞防"。引进植保无人机后，专业合作社实现了通过导航飞控进行药物喷洒作业。例如，大地合作社联合社的 50 台植保无人机每天可作业面积达 2 万亩。其二，新媒体畅信息"联通"。专业合作社设立微信交流群，实现了全天候在线服务。大地合作社联合社创立微信群，包括家庭农场等 170 个成员可以自由"群聊"，实时向专家咨询农业难题。其三，互联网保质量"在线"。政府支持企业建立农产品质量可追溯体系，实现农产品源头可追溯、流向可跟踪、信息可查询、责任可追究。例如，扫描周氏羊业羊耳标签上的可追溯系统二维码，即可获得羊的"生命周期"信息。

三 多元合体领跑，联动发展，力创农业产业链品牌化

联合体各成员互助联动，发展绿色农业，创造共享品牌，参与社会治理，提高了农业产业的综合效益。

（一）依质互利，兜起协同发展的"底盘"

依托专业化分工，联合体在提高产品质量的基础上实现了共赢。第一，企业购销产品提质。企业对优质原粮进行加工，打造属于联合体的共有品牌。以牧马湖米业为例，截至 2017 年 5 月其已注册商标 20 个，原粮分不同质量等级挂牌，通过分类经营占领市场"高地"。第二，农民收入水平提高。在企业和专业合作社的支持下，农场实现了节本增收。2014年，退休的时雨山在周氏羊业的帮助下开办养殖农场。截至 2017 年 5 月，羊存栏量达 1000 余只，年收益额可观。第三，社会服务效果提升。专业合作社在"连片式"规模经营的基础上，依托专业化手段，提高了服务质量。大地合作社联合社顾问姜金富主任谈到，"农场购买社会化服务，生产更加高效省心"。

（二）以能互享，立起一体发展的"拼盘"

为优化配置资源，追求效益最大化，联合体探索发展生态复合型农业。一方面，种养结合，发展循环农业。联合体创新运用种养结合技术，打造出"链条式"循环农业。例如，周氏羊业下辖种植及养殖业家庭农场10 家，联合体统一调配生产资料，实现了种养互补共生。另一方面，农乐一体，开发休闲农业。融合一三产业，联合体着力建设现代农业示范园。如芦龙专业合作社新建了果蔬采摘园、苗木花卉观光园等集食、购、娱于一体的农业园区，让游客真正"乐"在其中。

（三）因责互助，竖起辐射发展的"转盘"

联合体的发展壮大有效带动了周边区域的经济发展，同时其积极参与公共事务回馈社会。第一，扩联合规模，带领区域致富。政府引导一些联合体吸收更多家庭农场，促进了区域经济发展。如来安县政府与周氏羊业

洽谈合作，带动了适合发展养殖业的乡镇因地兴业，实现了产业致富。第二，投基建工程，补给公共服务。一些龙头企业作为政府重点扶持企业，承接起部分公共服务职能。周氏羊业在大通村投资 30 万元，修建公路 2 公里，解决了村民的出行难题。第三，结扶贫队伍，致力精准脱贫。一些龙头企业参与政府扶贫项目，帮助村镇减贫。周氏羊业免费为大通镇每个贫困户提供了 2 只种羊，并以高于市场价 1 元/斤的价格回购。

四 主体重塑，融合共生，现代农业产业化再进一步

现代农业产业化联合体是市场经济的产物，通过主体联结，集成风险共担、利益共享的"共生链"，为各地推进农业产业化发展提供了可资借鉴的范本。

（一）农业产业化联合体是推进现代农业产业化的重要载体

天长市现代农业产业化联合体充分发挥优势，在龙头企业的带动下，依靠企业化管理，驱使专业合作社实现了服务规模化、供给社会化服务。同时，企业督促和支持家庭农场按标准生产，实现生产专业化。现代农业产业化联合体的建立，将农业的产前、产中、产后有效连接起来，形成了种养加、产供销一体化的新型农业经营体系，是实现现代农业产业化的重要载体。

（二）有效的利益联结是实现现代农业产业化的内在基础

联合体的形成基础是利益联结。在以往的"订单农业"中，由于企业和农户之间只是外部合作关系，利益结合不够紧密，企业粮源无法保证，农户难以增收。自天长市出台产业化联合体扶持政策以来，一些龙头企业委托专业合作社联系家庭农场，并建立了长期契约关系，依托资金担保互助、服务利润返还、原粮高价回购等方式建立利益联系，使联合体内成员互利共赢，真正发挥了"订单农业"的优势。

（三）借势共享是发展现代农业产业化的根本要旨

联合体内各主体通过互借优势，共享收益。长期以来，龙头企业、专业合作社和家庭农场虽然各具优势，却难以联动共享，始终面临发展瓶颈。在天长市，联合体内各市场主体通过分工协作，实现了互利共赢。龙头企业通过向下延伸产业链，打造"共享品牌"提高了市场影响力；专业

合作社提供规模化服务，实现了节本增效；家庭农场开展集约化生产，农产品实现了提质增收。可见，农业经营主体间的优势互补是实现农业产业化的重要条件。

（四）推进现代农业产业化长效运转仍需主体深度融合

目前，天长市的农业产业化联合体在发展经济效益、生态效益和社会效益方面已初见成效。然而，联合体内成员间的互助参与仍处于较低层次，融合共生程度还需加强。因此，在以下两个方面可以继续改善。一方面，政府需出台相关规范文件，加大对联合体的引育力度。另一方面，在进一步扶持联合体做大做强的基础上，应鼓励家庭农场、合作社及龙头企业互相参股入股，推动联合体成为真正的利益共同体和命运共同体。

同流共源：为医疗资源配置
不均"开药方"[*]

——基于安徽省天长市县域"医共体"建设的调查与思考

2017 年中央一号文件提出要"优化医疗卫生资源布局，明确各级各类医疗卫生机构功能定位，加强协作，推动功能整合和资源共享"。然而各级医疗机构因利益分离而相互割裂，长期陷于同质化竞争的困局，造成了资源固化、服务碎化的不良后果。对此，天长市重塑基层医疗格局，以"四位一体"区域医疗共同体（以下简称"医共体"）为载体，探索出一条"同流共源"的资源配置新路径。所谓"同流共源"，是指以捆绑县镇村三级医疗机构为起点，以互利共赢为目标，以同享共管为手段，实现医疗资源的均衡配置。具体而言，就是通过串联医疗机构利益，重置利益分配模式，新建多维运营制度的方式，助推资源全域流动与深度融合，以此优化资源配置，创新基层卫生服务。

一　基金撬动，破利益藩篱，促"对手"变"伙伴"

为了打破各级医疗机构利益分离、各自为政的竞争局面，天长市适时合资捆利，促协作发展。

---

*　作者：华中师范大学中国农村研究院、政治科学高等研究院张凯肖。

（一）资金聚拢，合并"钱袋子"

以统筹资金为起点，天长市切实发挥县医院统领作用，将利益整合分为"两步走"。第一步是归拢新农合。市政府按序汇聚资金，于每年初筹集新农合资金，然后再整合上年度结余。2016年，全市已成功归并新农合资金1.39亿元。第二步是县医院统管。通过按步骤合并资金，政府首先排除新农合中10%的风险金，其次抽取5%作为调节金，剩余的85%预算全部划给县医院，确保了资金的统管。

（二）收支有道，分配"换法子"

为了平衡各方收支，天长市就医药、医保、分红等方面进行调试，再造了利益分配模式。一是医药价格低廉化，收费齐降低。天长市通过实行药品零差率挤压药品虚高水分，同时将药品费的增长纳入医疗机构绩效考核，以此降低药价。据统计，2016年天长市药占比与药价同比分别下降了11.6%和15%。二是医保报销差异化，病患齐分流。为了平衡就医比例，天长市推行"倒挂式"住院报销政策，规定镇卫生院住院报销比例高于县级医院10%。差异化报销让全市镇卫生院的住院人次较上年同比上涨17.3%，成功分流了患者。三是医院收入成本化，控费齐自觉。以往医疗机构增收依靠乱开药、开贵药等不合理方式，如今天长把新农合基金转为成本，并规定超支自担、结余留用，以此倒逼各医疗机构主动控费。截至2016年10月底，县域内人均自付医疗费用下降了331元。四是结余分红比例化，薪酬齐增长。天长市医共体规定，当年结余基金按6∶3∶1的固化比例分配给三级医疗机构，以此让各方增收。新街镇卫生院胡立兵院长表示："2016年镇卫生院工资总额上涨约有10%，县医院人均年收入超10万（元）了。"

（三）财务严管，核算"循路子"

医共体内资金要得到有效核算，须有健全严格的财务管理制度作为保障。一方面，外核上级资金，监管有效。天长市充分发挥市财政局的外部监管作用，向医管办派驻1名总会计师专人把控，同时又组建医疗保险管理中心，对全市医保基金进行专门管理。另一方面，内管基层资金，结算有益。通过建立全市基层卫生系统会计核算中心，并在医共体内设立约束监管机制，天长市切实引导基层医疗机构独立结算，实施源头管理。

二 资源流动，解异质困局，引"阻隔"变"融合"

为攻克县域医疗资源固化难题，天长市从人才、物资、服务三个维度精准发力，促资源联动融合。

（一）人才贯通，实现纵横有方

天长市积极开发人员流动和培育机制，夯实人才基础。首先，双向派送，人员输送有门道。天长市规定，县医院每年须下派 3% 流动送医援助岗位，而基层卫生院须上派 5% 流动送培岗位，以此实现人力资源的双向互动。2016 年，仅人民医院就下派医生 10 人驻扎基层卫生院，同时对下级机构派送的 19 名医疗人员进行了专项培训。其次，专家坐诊，技术增强有后盾。天长市规定，县级牵头医院要向下两级医疗机构嵌入专家，以定期坐诊形式保障基层医疗技术。如县人民医院就已将该服务辐射到本医共体内的 3 家中心卫生院、18 家基层卫生院。最后，多点执业，素质拓展有平台。除了为人才输送疏通道路，天长市还为医生素质拓展提供了多点执业平台。据统计，已有 114 名医生以多点执业的形式签约各镇卫生院，以此丰富执业经历，充实诊疗经验。

（二）物资同享，实现互通有无

为了使物资做到同建共用，天长市着力打造"零距离"平台，让物资在医共体内部顺畅流动。其一，档案共建，健康服务"一站式"。天长市统建了群众健康卡，以此整合全市档案信息，促进就医信息共享，夯筑高效服务根基。预计到 2017 年底，健康卡发放会辐射到 50 万人次。其二，系统共享，诊疗服务"就近化"。为了实现医共体内部信息共享互通，天长市依托县级公立医院，建设了区域 HIS、影像、检验、心电、病理等五大中心系统。双元村村医陈从文表示："有了这五个系统，再加上专家远程诊疗，村民在家门口就能治病了。"其三，设备共用，医疗设施"优质化"。为了解决大型医疗设备不均难题，天长着力推动了设备申请代查制度，以此实现设施共用。人民医院常务副院长王浩讲到，"以前大型检查镇卫生院做不了，现在镇卫生院只用向县级牵头医院申请代做就行，收入还算镇里的"。

（三）服务畅达，实现通流有道

天长市有的放矢地创新机制，不遗余力疏通服务渠道。一是药物统配，加大药品可及性。天长市为高糖患者免费配药，同时规定医共体内部统配中药饮片，以此缓解基层拿药压力。当前仅高糖药物统配已惠及患者超过 2.5 万人。二是编制周转，促进医生流动性。为引入更多人才，天长适时将空余编制流转给所需医疗机构，为诊疗队伍注能。截至 2016 年底，周转制已为各级医疗机构成功吸纳 330 名优秀医疗人员。三是医防结合，增强诊疗全面性。为进一步做实农村基层医疗服务，天长市着力构建三层健康服务网络，开展了乡村家庭医生签约服务并实行"双处方"制。当前县域内签约家庭医生的人数已达 13.8 万人，切实加强了一体化诊疗服务。

三　制度推动，除体制掣肘，驱"错位"变"归位"

为了打破体制障碍，明确导航方向，天长市完善制度建设，确定各方职责，促使医共体内部有序运行。

（一）重置管理制度，理职能不清

为摆脱医疗管理职责不明的窘境，天长市设置了专门机构，厘清各方职能，促管理有序。第一，双组长共抓。天长市委书记和市长以"双组长"身份领导医疗改革，以此对公立医院运营加强指导和规范，为医共体建设当好"领路人"。第二，医委会共议。天长市一改以往多头管理的局面，统筹财政局、人社局等六大部门共建医委会，同步协商议定医共体各项管理事宜。第三，医调委共行。通过设立医患纠纷人民调解委员会，天长市创新工作方式，划细医院事务，为医共体运行解决了后顾之忧。

（二）明晰责任制度，捋权责不明

天长以制度保障夯实责任根基，促使各级医院主动担责。一是基层首诊负责制。为切实做到"小病留基层"，天长市施行家庭医生签约制度，并规定每个家庭医生的服务范围需有 1000 人。汊涧镇双园村蒋阿姨说："签了家庭医生，现在我们村的人小毛小病都在村卫生室治，最多到镇里。没大病基本不去县里。"二是绩效考核问责制。确立职责与薪酬的同向正比关系，是确保各级医院和人员履职的有效手段。医共体内牵头医院可自行制定不同的考核制度，对下两级医疗机构按规定实施奖惩。三是病种收治履责制。通过确定各级医疗机构的收转病种，医共体内部明确了诊治职责。天长市制定收治病种清单，分别明确了县级公立医院的 122 种和乡镇卫生院的 50 种病种收治，划清了各级医院的诊治界限。

（三）共谋发展制度，通援助不顺

天长以内部组织帮扶、外部联通帮助为基，推进了资源均衡发展。首先，组织师徒结对，对口援助"造血"。为进一步加强基层医疗人员的服务水平，天长市大力探索师徒结对帮扶制度。据统计，全市现已结成师徒 396 组，群众满意度上升至 92%。其次，设立基层专科，平台援助"供血"。本着"技术扶上马，平台跟上来"的原则，医共体内牵头医院积极向下设立专科，为医疗发展提供后备力量。如县人民医院已成功帮助镇卫生院建立专科 3 个，促使镇级就诊率上升。最后，联通三甲医院，外部援助"给养"。除了内部扶助，天长市医共体还连通外部，寻求外援。截至目前，各医共体已与省内外 14 家三甲医院建立了长期稳定合作关系，遇到疑难杂症可向其申请技术外援，外部帮助为医共体注入了新能源。

四 联合助推，协力共管，促进医疗资源配置更优化

天长市以利益撬动基层医疗机构互助合作，以制度促进各方主体共同发力，实现了医疗资源的再整合。

（一）构建利益共同体是医疗资源均等化配置的核心

构建利益共同体是各级医疗结构实现合作的"动力源"，是优化医疗资源配置的有效手段。然而，长期以来各级医疗机构因利益分离而陷于同质化竞争困局，造成了基层医疗资源固化的不良后果。为此，天长市重塑基层医疗格局，串联各级医疗机构利益，再造利益分配方式，以此为资源整合夯实了根基，为均等化配置排除了路障。

（二）医疗资源均等化配置的落脚点在于联动贯通

天长市县域医共体建设是整合型医疗服务模式的有益范本。它既实现了上下级医疗机构之间的联动，也实现了医保和医疗、医药的三医联动。这说明医疗资源均等化配置的关键就在于要系统谋划、统筹管理。通过三医同步改革"外促"，资源共建共享"内育"，天长市基层医疗资源得以破除道道屏障，从固化走向流动。

（三）制度共建是医疗资源均等化配置的强力保障

要加快优化医疗资源配置的步伐，同时保有医疗资源均等化配置的优良果实，必须深入推进配套的制度建设。为此，天长市统筹兼顾管理主体、协商主体和实施主体，分别制定了以规范性、约束性、鞭策性和激励性为导向的多种制度，以此完善制度导引链，为进一步深化医疗资源均等化配置"保驾护航"。

（四）深耕均等化配置还需加强各医共体之间的横向联结

当前，天长市各医共体内部在利益共享、资源互通方面均颇有成效，实现了县镇村三级医疗机构的纵向联合。但是，各医共体之间的横向联结仍然较为薄弱。人民医院常务副院长王浩表示："三个医共体都由自己的牵头医院主导，相互之间联系不多。"因此，政府还应进一步探索其横向联结，继续为资源的全域流动"造桥铺路"。

契约式医疗:"小协议"精准
定制"大服务"[*]

——基于天长市农村家庭医生签约服务的调查与思考

习近平总书记在 2016 年全国卫生与健康大会上指出,要"不断完善制度、扩展服务、提高质量,让广大人民群众享有公平可及、系统连续的预防、治疗、康复、健康促进等健康服务"。要实现一体化卫生服务特别是农村医疗服务,需以加强基层医疗服务能力为题中要义。然而长期以来,农村医疗服务却深受"不广、不便、不精"三因素掣肘,导致农村基本医疗需求都难以满足。为此,天长市着力开发契约式医疗服务模式,以家庭签约医生为基,以多渠道畅医为支,以精准化服务为靶,有效升级基层医疗服务能力,夯实了农村医疗服务体系根基,为实现农村一体化卫生服务"铺平了道路"。

一 家庭签约,联医结民,达服务全面化

天长市从签约需求、形式和渠道入手,通过医民携手推行家庭医生签约服务,推动基层医疗服务全覆盖。

(一)需求全覆盖,签发医疗均享"保单"

为吸引村民签约,天长市按需提供签约类型,促医疗服务落地生根。

---

* 作者:华中师范大学中国农村研究院、政治科学高等研究院任怡璇。

一方面，同质需求，同质服务。对于常见病与多发病，天长市家庭医生均提供无差别化诊疗和药品。李坡村家庭医生郑家泉讲到："小毛小病治起来一个样，药也差不多。感冒基本都开感冒灵和日夜百服宁之类，一般性的肺炎就开青霉素类的。"另一方面，个性要求，因需定制。天长视患者的健康状况不同，从基础服务、定期评估、健康管理三个方面出发，制定了基础服务初级包、个性诊疗服务中级包、延展服务高级包，以此回应多元需求。2016年9月底，全市签订服务包已达4万余个，群众满意度在90%以上。

（二）形式多样化，获取医疗个性"订单"

天长市以村民需求为导向，以多种形式提供个性签约，实现签约覆盖"真落实"。其一，个体签约，常见疾病"专治"。与家庭医生一对一签约后，村民即使身患常见疾病，也可享受私人专项诊治。汊涧镇双园村患者徐秀芳表示："以前发烧感冒就自己买点药吃，现在都会找家庭医生看一下才放心！"其二，团队签约，复杂病种"帮治"。除在市区和城郊地区推行团队签约外，天长市即将在农村地区推行由家庭医生、护士和公共卫生医师联合对病人签约服务，实现团队诊治疑难病症。汊涧镇卫生院孙友和院长说："为提高患者就诊效率，团队签约将成为一种趋势。"

（三）途径有衔接，构造医疗互通"桥梁"

天长市尊重不同村民的签约习惯，开拓"线上""线下"签约渠道，为实现医疗信息共享筑基。一方面，以网签线上"拓渠"。村民通过手机客户端、村卫生室网点签约后，即可享受诊疗服务，诊疗信息一并上传至健康档案库。秦栏镇新民村赵先生说："网签太方便了，我儿子在外地就能帮我弄。"另一方面，以面签线下"开道"。村民通过填写《基本公共卫生签约服务记录簿》完成签约，其填写的个人信息可在县域信息平台内共享。据统计，超6成的村民使用传统面签的方式完成了签约，并上传了健康信息。

二 便利赴约，多路畅医，促服务高效化

天长市从多渠道拓展医疗服务范围，保障就诊便捷通畅，为家庭医生高效履约奠定了基础。

（一）信息化服务，替医生省力

以信息化服务为切入点，天长市通过县域信息平台、客户端，实现了患者医疗信息的高效利用，为家庭医生诊疗增添了助手。第一，掌上咨询，诊疗快速便利。通过手机客户端，家庭医生可随时接受患者联系，实时解答患者问题。新街镇卫生院院长胡立兵指出："村民现在可以在线求医，足不出户就能看病。"第二，远程指导，诊治专业及时。若遇疑难杂症，家庭医生可通过远程会诊平台，寻求更专业的诊疗方案。2016年，仅新街镇中心卫生院就借助该平台成功诊治重症35例。第三，信息共享，病情了解到位。为降低误诊率，天长市着力打造县域信息平台，让家庭医生能实时查看患者健康资料，及时掌握患者病情。汊涧镇双园村吴朝春医师表示："有了信息平台，村民看了什么病怎么治的我都能知道，他们自己还不一定清楚呢。"

（二）上门式服务，给患者省时

落实医生上门服务，天长市破除患者上门寻医"老路子"，为便捷医疗服务添了"新路子"。首先，电话联系叫上门，就医"少跑路"。只要患者电话联系签约医生，医生会即刻上门提供诊疗，患者足不出户就能接受诊疗。汊北村村民朱春林说："我感冒发烧时就给我的家庭医生打电话，他20分钟就到了。"其次，优先用药送上门，用药"少跑腿"。对行动不便又急需用药的患者，协议规定签约医生优先将药物送上门。到2016年底，天长市有13.8万签约村民享受了优先用药上门服务。最后，健康讲授寻上门，预防"少跑外"。为加强健康管理服务，家庭医生会不定期对村民开展健康讲座，让患者轻松获取健康知识。截至2016年底，汊涧镇家庭医生已上门办讲座超300次。

（三）中介性服务，为患者省心

一些家庭医生扮演中间人角色，让便利融入了村民的就诊过程，疏通诊疗"关节"。一是药品代购，安全有保障。以患者病情为导向，家庭医生可替患者购药，让患者用药安全有保障。秦栏镇百子村患者戴之宽认为："家庭医生帮我买药，我不担心会买到假药。"二是费用代收，程序能简化。对于部分签约患者，家庭医生还充当"移动缴费窗口"代收费用。不仅减免患者费用，更简化了缴费流程。三是转诊代联，通道能顺畅。基于患者自行转诊困难，家庭医生可代替患者与市级转诊办公室对接，实现一站式转诊。2016 年新街镇中心卫生院就接收了由家庭医生上转的病患 205 人，让其可及时就诊。

三　精准履约，对症有方，保服务精细化

天长市从资源精准到位、医生精确诊治和防治结合入手，三方聚力促家庭医生精准履约，为服务精细化注入"精髓"。

（一）医资对应医情，确保精准供需

牵头医院瞄准村民医资需求，落实了医疗资源下沉。第一，设备对接医需，病能细查。牵头医院对准患者需求，为"医共体"内的村卫生室免费配备了健康一体机，实现了村民家门口查病。秦栏镇新民村郑桂兰患者表示："2016 年的时候，就是在村卫生院做 B 超查出了胆结石。"第二，药品对准病型，病能精治。天长市以镇卫生院 90 种确保收治病种为标准，按病种为村卫生室配药 300 余种，让小病有药根治。

（二）医生对接患者，踏实精准诊治

医患对接互动，以患者病情为落脚点，让精确诊治落到了实处。其一，按病情诊断，精确用药。家庭医生需根据患病程度不同，做到诊疗对病、用药对症。汊涧镇双园村周文玉说："家庭医生每次给我开药，都是根据我那病的情况，开多开少都有讲究！"其二，依病情转诊，精湛诊疗。如遇到不能诊治的情况，家庭医生有义务帮助患者经转诊通道上转，使其接受精确到位的治疗。截至 2016 年底，天长市通过家庭医生初诊的上转病人达 3319 人。其三，康复期照料，精细恢复。患者病情稳定转到村卫生室后，由签约医生按恢复程度制定合适的康复计划并及时跟踪，保证恢复精细化。新街镇李坡村患者胡元李说："我心肌梗死这个病是在村卫生室进行后期康复的，3 个月里恢复到位，还享受'国宝级'待遇哩！"

（三）医防双管齐下，落实精准防治

以多样化诊疗方式将医疗服务重心从看病治病转向健康管理，家庭医生践行了防治精准。一是推行看病双处方，为慢性患者导航。为加强慢性病管理，家庭医生都向慢性病患者开具用药处方和个性化健康处方，在准确治疗疾病的同时增加了健康防护。高血压患者戴长发说："每次徐长斌

医生开药后，都会再开一张健康处方。上面写让我戒烟戒酒，吃哪种水果蔬菜，做几次运动。"二是开展健康体检，为妇幼人群护航。为重点落实对孕产妇、婴幼儿的医疗服务，家庭医生专门对其开展了健康体检，定期定制防治处方。双园村多位家庭医生表示："像孕妇、小孩这样的人群一定先为他们详细体检再开防治的方子。"三是提供中医保健，为老年群体续航。家庭医生为老年人提供了针刺、推拿、熏洗等多种形式的中医保健，以此关照老年人群。据统计，中医保健项目已惠及老年人5万余。

四 医患相约，合伙践约，助推基层医疗服务再深耕

天长市通过契约式医疗助医民携手，实现了基层医疗服务精准定制，为提升基层医疗服务注入了新活力。

（一）契约式医疗是增强基层医疗服务能力的有效尝试

作为留病患在基层的"排头兵"，契约式医疗是提升基层医疗服务能力的有益探索。天长市针对基层医疗服务能力不足的实际，以优质便利的分级服务形式，实现医防结合的全周期健康管理服务链，实现了"小病不出村""初诊能在基层"，为增强基层医疗服务能力注入了新动力。

（二）医疗资源下沉是实现契约式医疗的重要基础

长期以来基层医疗资源缺乏，村民基本医疗需求得不到有效满足。为使家庭医生签约服务精准实施，需要保证基层医疗机构人才资源、物质资源、信息资源的有力续航。天长市通过建设"医共体"推动物质性医疗资源下沉，创造多样化的技能提升制度促使人才资源下沉，同时构建县域信息平台保障医疗信息资源下沉，聚集零散医疗资源，激活基层医疗资源，为家庭医生签约提供了必要的物质保障。

（三）健全的考核机制是契约式医疗长效运行的有力支撑

考核机制是基层医疗服务工作深入实处、长效运行的重要支撑。实行契约式医疗，离不开家庭医生考核机制的配合实施。天长市通过建立家庭医生目标责任制和绩效考核，引入满意度第三方考核以及强化牵头医院考核等方式，形成了既有监督又有推动的长效考核机制。同时结合家庭医生医疗服务运行流程，综合考察契约式医疗服务的运行管理，确保了契约式医疗服务的有效运行、有序发展。

（四）契约式医疗的持续发展应注重基层医疗队伍稳定性

家庭医生作为基层医疗队伍的主体构成，人员队伍的稳定是确保契约式医疗持续运行的关键。目前，家庭医生仍面临人员老龄化、后继无人、待遇偏低、保障不足等难题。下一步，建议从家庭医生社会保障机制到位入手，通过完善录用机制、提升家庭医生综合素质两方面助力医生队伍的健全稳定，做到全面统筹、多方发力以稳定医疗队伍建设，为契约式医疗的持续发展注入力量之源。

附　录

一　天长市农村综合改革的媒体报道情况

天长市作为国家级农村综合改革试验区，在农业经营体制、农村集体产权改革和县域医疗改革三个方面成绩斐然。改革愈发成为天长市一张崭新的名片，其改革经验也得到了地方乃至中央权威媒体的关注。从 2016 年底至 2017 年全年，《人民日报》《光明日报》等中央权威媒体对天长市农村集体资产股份权能改革和县域医疗制度改革的专门性报道超过 10 篇，《安徽日报》、滁州网等省市级地方媒体也从不同角度对天长市的改革成效和经验进行了转载和报道，总数量超过 80 篇，全景再现了天长市的改革历程。现将典型新闻报道梳理和摘录如表附 1。

表附 1　权威媒体报道情况

文章标题	出处	作者	时间
第三届中国地方改革创新成果在京发布与会专家点赞"天长模式"	央广网	王利	2017 年 9 月 26 日
安徽天长：股改"杠杆"撬动农村集体资产新活力	央广网	鲍玉婵、刘兴民	2017 年 4 月 28 日
安徽省首张以土地经营权入股的公司营业执照在天长发出	央广网	刘军	2017 年 4 月 18 日
天长农村集体"股改"：让"沉睡"的集体资产"活"起来	新华网	刘晓君	2017 年 4 月 26 日

文章标题	出处	作者	时间
土地确权让农民吃下"定心丸"	光明网	王有桥、郑如梅、李振萍	2016 年 3 月 23 日
安徽天长市：一改百活　激发农村新活力	经济日报	郑彬	2017 年 10 月 4 日
农村产权制度改革"经验谈"：集体股份如何分配？	21 世纪经济报道	宋兴国	2017 年 9 月 27 日
天长农民出镜《将改革进行到底》，安徽农村改革了不起！	安徽日报	——	2017 年 7 月 21 日
新型职业农民种出农业新天地	人民政协报	——	2014 年 12 月 8 日
听种粮大户细说"种田经"	农民日报	范正磊	2014 年 2 月 27 日
安徽天长：联合社抱团发展　年增效益 200 万	新华网安徽频道	姜金富、李炳旺	2014 年 12 月 29 日
联合社让种田职业化	安徽日报	罗宝、李炳旺	2015 年 3 月 28 日
百家"示范区"领跑现代农业	安徽日报	周连山	2017 年 4 月 6 日
安徽天长医改："医共体"带动整合型医疗	人民政协网	刘喜梅	2016 年 12 月 14 日
县域医改的"天长模式"	央广网	徐秋韵	2017 年 2 月 14 日
医共体让资源"活"起来　大小医院成"一家人"	央广网	徐秋韵	2017 年 2 月 12 日
医改"天长模式"：为居民谋福祉　让城市展新风	新华社	左瑭	2017 年 2 月 16 日
大小医院，一个碗里吃饭	人民日报	李红梅	2016 年 12 月 21 日
安徽天长：农村分级诊疗模式强医便民	光明日报	李陈续	2016 年 10 月 12 日
天长医改"处方"有良效：医生工资涨　患者费用降	人民网-安徽频道	胡磊	2017 年 2 月 16 日

二　重点报道原文摘录

第三届中国地方改革创新成果在京发布
与会专家点赞"天长模式"

央广网　2017年9月26日　记者：王利

"将改革进行到底"地方经验报告会暨第三届中国地方改革创新成果新闻发布会在北京召开，会上发布了安徽天长等四地的改革实践和取得的显著成效。其中，安徽天长市深化农村综合改革经验成果，获得与会专家一致点赞。

华中师范大学中国农村研究院院长邓大才教授表示，天长市的农村综合改革可称为一条"攻坚之路"，其基本特点可以用四个"全"来概括，即天长市通过全面启动、全域覆盖、全程创新、全员增效的改革手段，迈入农业现代"经营之路"，实现了农村全面发展新跨越。

股改：激起的是活力

作为全国首批29个农村集体资产股份权能改革试点县市之一，目前，天长市全面完成了151个村的股份合作制改革，共确认集体经济组织成员50.7万人，以户为单位发放股权证书11.3万份，42.6万农民成为股东。

杨村镇光华村是第一个让天长农民享受分红的村子。回忆起分红当天的情形，村民王玉中激动地说："分红大会召开时，大家心情特别激动。股改刚启动时，没人当回事，通知领钱了，家家户户才翻箱倒柜找股权证。"分红的当天，光华村共发放了30万元左右，每个股民领了100元。

分红不在于钱多少，而是让大家看到了权益。股改后，"分红"成为天长农民茶余饭后的热点话题。60岁的光华村村民王玉虎每天都要去村部转转，研究公告栏，琢磨合作社有哪些项目能让村民们分红，能分多少。谈起股改后的转变，光华村党总支书记任宝贵告诉记者，过去村里开群众会有时要花钱请，现在不用请，一通知就来了。

老百姓的期待越来越高，干部工作也有了压力。以前，村集体资产的出租发包都是村干部说了算，缺少群众监督，往往价格较低。股改后，群众对集体资产关注度极大提高，集体资产晒在了阳光下，流转交易程序公开透明，避免了优亲厚友、暗箱操作。2016年，天长市村级集体经营性收益1411万元。

"通过改革，农民能从集体收益中分到钱，与集体资产之间产生直接利益关系，参与村级事务的积极性高了。农民对集体资产由看得见、摸得着、管不着变为既监督，又当家，还分红，农村工作呈现出农民有动力，干部有压力，集体资产有活力，基层组织建设有合力（的局面）。"滁州市政协副主席、天长市委书记金维加说。

三权分置：让地有人种人有事做

如何让农村土地释放出新活力？用天长市委书记金维加的话说，就是要"落实集体所有权、稳定农户承包权、放活土地经营权，大力推进农业适度规模经营"。

为此，天长以开展农村土地确权为契机，去年5月，该市全面完成确权登记颁证任务，明确了土地承包经营权归属，给土地上了户口。承包土地有了身份证，真正让农民吃上了"定心丸"。

土地确权后，农民的思想顾虑打消了，有偿流转土地的意愿显著增强。据介绍，天长全市土地流转面积79.6万亩，占承包地面积的59.8%，大量农村劳动力从零散的土地上解放了出来。

而为了解决"谁来种地"的问题，天长大力培育了各类新型农业经营主体。目前全市登记注册的家庭农场已达946家，各类农民专业合作组织达830个，其中天长市丰穗家庭农场是全国首个经工商登记注册的家庭农场。专业大户、家庭农场、农民专业合作社成为农业生产的主力军，农业生产方式开始由分散经营向适度规模经营转变，农业生产力水平显著提高。

农村改革需要综合发力

农村改革需要系统推进，综合发力，不断发现问题，解决问题。为此，天长市通过实施一系列配套改革，助推了农村改革向纵深推进。

推进农村改革离不开农经力量的加强。天长市委书记金维加在接受记者采访时表示，天长将农村合作经济经营管理站升格为正科级的事业单位，按5万农村人口配备一名农经人员的标准，核定编制11个；各镇又设农经管理办公室，选配农经工作人员46名，打造了得力的农经管理队伍，确保农村改革发展"事有人干、责有人负"。

农资市场放开以后，天长市农资市场也出现了种子、化肥等品种杂乱、质量参差不齐的现象。为此，天长市一方面整合农技、农机、畜牧、水产等涉农部门，统一设立农事服务中心。另一方面，整合全市农资市场资源，通过政府招标统一农资品牌、价格，由农事服务中心统一以招标价对外销售，政府财政予以补贴。同时，在各村设立代理农事服务点，形成市镇村三级网络，一条龙服务，既规范了管理，又壮大了集体经济，还能降低农户生产成本。

在解决"三农"融资难的问题上，天长通过制度创新，先后推出"兴农贷""惠农贷""农权贷""劝耕贷"等一系列融资产品，通过设立担保基金、风险补偿基金和政策性保险等途径，有效防范金融风险。累计发放涉农贷款超亿元，有效化解了"三农"融资难题。

此外，天长还依托公共资源交易中心现有的交易场所、服务设施和机构人员，借助安徽省农村综合产权交易所成熟的软硬件平台和信息化手段，综合设立了农村产权流转交易市场，确保农村产权流转交易公开公平有序。自5月23日上线以来，已进场项目43宗，成交项目22宗，成交金额481万元，与过去相比大幅增值。

去年，天长市完成地区生产总值318.3亿元，农村居民人均可支配收入15309元，高于全国、全省的平均水平。

安徽天长：股改"杠杆"撬动农村集体资产新活力

央广网 2017年4月28日 记者：鲍玉婵 通讯员：刘兴民

安徽省天长市汊涧镇长山村的村民王长林怎么也想不到，自己会成为村里的"股东"。"虽然现在分红很少，但让我们心里都有了奔头。"说起村居集体经济股改，王长林揣着股权小红本乐得合不拢嘴。从 2015 年天长市被确定为全国农村集体资产股份权能改革试点单位以来，全市 151 个村全部完成股份合作制改革，共确认集体经济组织成员 50.7 万人，其中：127 个有经营性净资产的村成立了集体经济股份合作社，量化资产 8332.4万元，发放股权证书 11.3 万份，42.6 万农民成为股东。

"通过股改，农村集体经济的产权确定下来，量化到了个人。"滁州市政协副主席、天长市委书记金维加在日前召开的天长市农村集体资产股份权能改革现场交流会上说。村居集体经济股改，确立了"确权到人、权跟人走"的农村集体产权制度体系，极大盘活了农村资产，增加了农民收益。

据了解，在天长市进行股改的 151 个村（社区）中，集体经营性资产为正数的有 127 个，在今年初实现分红的有 12 个，人均分红最多达 150元。天长市市委书记金维加认为，可以将天长的农村集体股份合作制改革比喻为一根撬动农村集体经济发展壮大的杠杆，而村民能不能分钱，能分多少钱取决于合作社对于集体经营性资产的利用情况。尤其是在为股民们分完第一次红利后，当务之急是发展村集体经济，既要村集体发力，也需要相关支持。

为了帮助村集体经济健康发展，天长市通过集体资产股份权能改革，建立起规范的集体资产管理和收益分配机制，为集体经济发展壮大创造了条件。市财政连续三年每年拿出 3000 万元，设立村级集体经济发展专项基金，投入政府的平台公司，收益用于奖补村级集体经济项目。同时，天长市各村庄以美丽乡村和一村一品为载体，积极申报村级集体经济发展项目，通过建设光伏电站、发展乡村旅游、发展现代农业等途径，打造村集体经济增长新亮点。2016 年全市村级经营性收益达 1411 万元，较上年增长了 61%。

该市在村集体经济组织股份价值普遍不高的情况下，还试行农村集体资产股权与农村土地承包经营权捆绑抵押贷款的做法，创设了"农权贷"融资产品，释放了农民的股份权能。同时，市财政拿出 200 万元设立了风险补偿基金，降低银行融资风险。截至目前，累计发放"农权贷"163 笔1588.5 万元。

"通过集体资产股份权能改革，群众对集体资产既看得见、摸得着，也管得住了。通过建章立制、搭建平台，实现了集体资产的制度化、规范化、信息化管理，让'沉睡'的集体资产'活'了起来。"金维加在天长市农村集体资产股份权能改革现场交流暨理论研讨会上如是表示。

农村产权制度改革"经验谈"：
集体股份如何分配？

21世纪经济报道　2017年9月27日　记者：宋兴国

近日，农业部、中央农办确定北京市海淀区等100个县（市、区）为2017年度农村集体产权制度改革试点单位。

据了解，农业部、中央农办要求各试点地区要全面开展农村集体资产清产核资，全面强化农村集体资产财务管理，重点在确认农村集体成员身份、有序推进经营性资产股份合作制改革、赋予农民集体资产股份权能、发挥农村集体经济组织功能作用、多种形式发展集体经济等五个方面进行积极探索。

9月26日，由华中师范大学中国农村研究院主办的"将改革进行到底"地方经验报告会在北京召开，参与上一轮农村集体产权制度改革试点的部分地方，分享了其试点经验。华中师范大学中国农村研究院院长邓大才认为，从地方改革创新实践情况来看，部分地方已经形成了可辅助、可推广、可学习的制度经验。

摸清家底是基础

作为此轮农村改革的主要对象，农村集体资产被认为主要有三类：第一类是集体所有的土地等资源性资产；第二类是用于集体统一经营的经营性资产；第三类是用于公共服务的非经营性资产。

实际上，早在2015年5月，我国就已开始在29个县（市、区）进行农民股份合作、赋予农民集体资产股份权能改革试点。而在2016年12月底，中共中央、国务院发布《关于稳步推进农村集体产权制度改革的意见》（以下简称《意见》），对盘活集体资产、维护农民成员权利的重大改革任务做出了总体的纲领性部署。

今年初，农业部部长韩长赋在接受媒体采访时表示，目前，我国农村集体经济组织积累了大量资产。大量的集体资产，如果不盘活整合，就难以发挥应有的作用；如果不尽早确权到户，就存在流失或者被侵占的危险。推进这项改革非常必要、非常紧迫。

包括农村土地确权颁证在内，对集体资产的清产核资，被认为是加快农村土地流转、实现农业规模经营的前提条件。《意见》当中提出，力争用三年左右的时间基本完成全国农村集体资产的清产核资。

以农村土地承包经营权确权登记颁证工作为主的资源性资产清查中，部分工作已经接近完成。根据农业部公布的数据，截至 7 月底，全国农村承包地确权面积已完成 10.5 亿亩，约占二轮家庭承包耕地面积的 80%。山东、宁夏、安徽、四川 4 省区已基本完成。

这对于农村集体产权制度改革的推动毋庸置疑。清华大学中国农村研究院调查显示，在 2012 年至 2016 年间受其调查的 200 余个村中，完成确权的受访村平均流转承包地 392.5 亩，是总体平均流转规模的 4.9 倍。受访农户流转土地平均收益为 3542 元/年。

而从试点经验来看，要为农村集体产权制度改革"摸清家底"，不仅需要完成集体"三资"的清产核资，还需要完成以集体经济组织成员认定标准制定为主的"身份认定"。

以安徽省天长市为例。该市作为全国首批 29 个试点县市之一，总结提炼了农村集体资产股份权能改革试点操作程序的"18 步工作法"，将股份合作制改革过程划分为成立组织制定其方案阶段、清产核资资产量化阶段、成员确认股权配置阶段等 6 个阶段，并细分成建立领导小组、表决改革实施方案、召开成员代表大会等 18 个工作步骤。

在成员身份界定方面，天长市规定，成员身份界定应遵循尊重历史、照顾现实、程序规范和群众认可的基本原则，由以村两委成员、监委会成员和村民代表等为成员的试点村工作小组具体负责，自行确定界定身份的基准日，报镇（街道）股改办备案，成员身份界定方案需经村民会议表决通过。

重点突破经营性资产

多位分析人士均向《21 世纪经济报道》记者指出，此轮农村集体产权制度改革的重点，是集体经营性资产的股份合作改革。后者也被认为是增加农民财产性收入的关键。

《意见》指出，要在对集体所有的各类资产进行全面清产核资、健全台账管理制度的基础上，将经营性资产以股份或份额形式量化到集体成员，有序推进经营性资产股份合作制改革，力争用5年左右时间基本完成改革。

以湖北省京山县为例，该县提出了"3342"工作法，通过清地确权、清产核资和清人分类的"三清理"明细底数，以确定资产量化范围、民主决定股权设置和静态管理固化股权的"三步走"固化股权，以规范股权占有、收益分配、有偿退出和股份继承的"四规范"赋予权能，以集体经济股份合作社和土地股份合作社的"两合作"激活要素。

其中，在关键的股权配置环节，该县将全域村庄分为资产主导型、资源主导型、双资兼具型和双资匮乏型村庄，将集体经营性资产和集体经营性资源分别按总额、面积折股到人。

而对于集体经济组织成员，京山县又按照贡献配股、权责对等的原则，对不同历史改革节点、不同搬迁时间节点、不同历史贡献的成员设置不同的分配系数，依劳动年限配股份，依赡养承诺换股权，依历史贡献补资金。

安徽社科院乡镇所所长谢培秀表示，集体组织成员股权分配的具体方式可以有多样化的分配方案，但在总体原则方面，可以比照家庭承包经营制度，实行落实到户的静态固化管理，同时必须保障集体经济组织成员充分的知情权和参与权。

而在解决了集体经营性资产的分配问题后，完善现代农业的经营体系，增添农业农村发展的新动能，则成为地方试点的最终目标。

以天长市的引导适度规模经营政策为例，华中师范大学中国农村研究院的天长市研究团队负责人党亚飞博士告诉《21世纪经济报道》记者，天长的适度规模经营经历了三个阶段：第一个阶段农地抛荒严重，农业效率低下，土地流转市场形成，政府开始鼓励土地流转；第二个阶段是调结构，一刀切的奖励政策导致部分农场主盲目扩张，经营不善，政府开始转变补贴政策，重视农业人才的吸引和培养；第三个阶段则是重视经营方式和服务能力，引导适度规模阶段。

党亚飞认为，不同的经营模式，决定着不同的经营规模，经营规模又与服务规模相适应。以农事服务为业务的服务主体影响经营主体的规模。以国家政策和农民实际需求为前提，政府应当从经营方式和服务能力来综合考虑，做好市场监管和必要的服务，积极引导各类主体，才能形成"适度规模、增产增收"农业经营格局。

天长农民出镜《将改革进行到底》，安徽农村改革了不起！

安徽日报　2017 年 7 月 21 日

据《安徽日报》7 月 20 日报道，连日来，央视正在播出十集电视政论专题片《将改革进行到底》，全面展现党的十八大以来，党领导全国各族人民全面深化改革的伟大成就。安徽广大干部群众积极收看，反响强烈。

细心的观众会发现，7 月 18 日晚，十集大型政论专题片《将改革进行到底》第二集《引领经济发展新常态》中，关于深入推进土地制度改革的内容多次提及在深化农村改革方面成效显著的天长市，天长大通镇齐庙村的一名普通农民徐长林也"出镜"《引领经济发展新常态》专题片。

见到自己的身影出现在央视的政论片中，老徐格外激动，感受着农村土地三权分置改革为农民们带来的诸多实惠，徐长林道出了自己的心声："三权分置改革是相当好的一个政策，使我们得到了三放心，承包放心，经营放心，所有权放心。国家政策是我们最大的靠山，将来日子会越过越红火。"

1978 年末，小岗村 18 户农民冒着坐牢的危险在大包干协议上按下了手印，开启了中国农村改革的先河。多年后的今天，天长农村改革又成为全国农村改革的排头兵。

2015 年初，国家农业部等三部委确定天长市为安徽省唯一"积极发展农民股份合作赋予农民对集体资产股份权能改革试点县"，随后天长市积极推进村集体资产清产核资、资产量化、成员确认、股权配置和管理等工作，组建了村集体经济股份合作社和村集体经济合作社。

2015 年，该市 151 个村（社区）共确认集体经济组织成员 50.71 万人，将经营性资产净额按照集体经济组织成员数全部折股量化到人，只设置个人股；通过合作社《章程》约定，在收益分配中明确一定比例资金用于村级公益性支出；股权管理实行"生不增、死不减、进不增、出不减"的静态模式，并以户为单位统一发放股权证书，实现了农村集体资产由共同共有到按份共有的历史性转变，建立了集体资产与成员之间"按股享有、民主管理、风险共担、利益共享"的利益联结机制。

2016 年，在前期试点和清产核资的基础上，天长市出台《农村集体资产股份权能改革试点工作推进方案》，在全部 151 个村（社区）全面开展村集体经济股份权能改革工作，全覆盖，不留白，不搞选择性试点。在实际操作中，总结提炼了"18 步工作法"，将股份合作制改革过程划分为成立组织制订方案阶段、清产核资资产量化阶段、成员确认股权配置阶段等 6 个阶段，并细分成建立领导小组、表决改革实施方案、召开成员代表大会等 18 个工作步骤。

2017 年 1 月 10 日，国务院召开全国农村集体产权制度改革电视电话会议，天长市向全国做了关于农村集体产权制度改革经验的典型发言。作为全国 29 个试点单位中率先实现村级股份合作制改革的试点单位之一，天长市先试先行，全市 151 个村（社区）全部完成股份合作制改革，为全国推行农村集体产权股份改革做了有益的探索，提供了可复制的经验。

大小医院，一个碗里吃饭

人民日报　2016 年 12 月 21 日　记者：李红梅

作为县级公立医院综合改革试点，安徽天长推出系列举措，把病人留在县里：组建 3 个县级医共体，牵头医院对人、财、物进行统一管理；大医院为小医院提供设备、技术、专家支撑，改变基层"上转多于下转"情况；在全省率先探索实行城镇居民医保、新农合、城镇职工医疗保险"三保合一"；实行药品零差率。种种举措，使各项指标有了变化：住院次均费用减少 10.2%，平均住院日从 10.8 天降至 8.6 天，药占比降至 28.7%，医务性收入占到 60%，医共体内就诊率达到 92.6%。

今年 4 月，国办印发《深化医药卫生体制改革 2016 年重点工作任务》，明确"选择江苏省启东市、安徽省天长市、福建省尤溪县、青海省互助土族自治县，开展县级公立医院综合改革示范工作"。试点试了什么？怎么试的？近日，记者来到天长进行了采访。

加减乘除改革法把病人留下来

天长离南京、扬州市区车程分别为 40 分钟和 1 个多小时，三面连接江苏，只有一面和本省相连。天长市委书记金维加说："中部其他地区有的问题我们都有，比如县医院人满为患，乡镇卫生院吃不饱，再加上位置独特，县里人看病都爱往南京、扬州去。"大城市大医院收费水平高，让县医保压力很大。以肺恶性肿瘤为例，2015 年在天长人民医院治疗费用约为 5000 多元，外转后治疗费用为 2 万多元。

要把大部分病人留在县里，不仅是医保、人事、财政、医院等各方面都要进行改革，触动原有格局。金维加总结了天长"加减乘除"的改革方法。

加，有 4 个方面：增强中心医院的龙头作用，组建医共体，构建农村分级诊疗模式，即县级人民医院+乡镇卫生院+村卫生室；增加医生职责，为患者的健康管理服务；增加医改成效，承担大健康管理职责；增加财政投入，县级公立医院财政投入由医改前每年 500 万元，增加到 2016 年的 2800 万元。

减，有 3 个方面：减去药品加成，突破以药养医；减少大型设备检查费用；减去不合理收费。

乘，即调动医院和医生的积极性，使医疗服务效果翻倍。实行院长年薪制，市人民医院、中医院的院长年收入税后超过 35 万元，由财政直接支付。普通医护人员收入与服务质量、服务数量、医改综合考核指标挂钩。

除，即着眼于平均数，比如人均可报销比例等，以此衡量改革成效。截至 2016 年 10 月底，县域内就诊率达 92.24%，药占比降至 30%以下，检查费用占比为 10%。

天长还成立了书记和市长担纲的"双组长制"医改领导小组，组建了由市长任主任的公立医院管理委员会，行使政府办医职能，给医改"算法"提供了强有力的组织保障。

整合型"医共体"留住居民脚步

记者在天长新街镇卫生院采访的当天，卫生院刚做完一例复杂的疝气手术，此前卫生院做不了这类手术。患者赵先生在杭州打工，但选择了回老家卫生院看病，"这里报销多，还有市里专家支持，所以我一发病就想着回来做手术。"

这例手术的确得到了市里专家的现场技术支持，钱花得也少。据该卫生院院长胡立兵介绍，这个"福利"是医共体发的。镇卫生院和市中医院结成医疗共同体，中医院给卫生院添置了大量设备，开通了远程会诊服务。医共体有化验、病理中心，送标本给中心即可诊断。中医院专家逢集便到卫生院出诊、培训，卫生院有需要也可以请专家来指导，治疗的病种增加到50种。自从2015年6月加入医共体以来，该卫生院门诊、住院人次分别增长20%、40%，上转患者140人次，接待下转患者360人次，改变了基层"上转多于下转"的情况。

市中医院为何愿意分流病人给基层？原来，天长的医共体还是紧密的利益共同体。市卫计委主任杨辅仁介绍，天长组建了3个县级医共体，分别由市人民医院、市中医院和一家民营医院牵头，牵头医院对医共体内的人、财、物进行统一管理。医保基金以医共体为单位，实行按人头总额预付制，超支由县级医院承担，结余由县级医院、镇卫生院、村卫生室按6：3：1进行分配。

主管医共体管理工作的天长市人民医院副院长王浩，给记者讲了几个令人吃惊的指标变化。住院次均费用减少10.2%，药占比降至28.7%，耗材占比降至9%，平均住院日从10.8天降至8.6天，医务性收入占到60%，医共体内就诊率达到92.6%。

华中科技大学医药卫生管理学院教授张亮认为，如果不是系统性措施，难以将这些指标全部降下来。他认为天长的特点是以医保支付方式的改变，促进医共体的发展。

只有提升服务能力，才能留住病人外转的脚步。为此，天长在全省率先探索实行城镇居民医保、新农合、城镇职工医疗保险"三保合一"，成立医疗保险管理中心，由市医管会直接管理，并实施按人头付费、按病种付费、DRGs付费等多种支付方式。实行药品零差率后，天长市降低了药品医保支付价15%，并调整医疗服务价格。

国家卫计委科技发展研究中心副主任代涛认为，天长通过取消以药补医，腾挪空间，理顺医疗服务价格，推行医保支付方式改革和医保管理体制改革来配合医疗、医药改革，实现了真正的三医联动。

居民享受到全程健康管理服务

"现在我们的设备和南京大医院一样，定期请南京专家来会诊。费用低很多，而且我们会管理病人的整个治疗过程。"天长市人民医院肿瘤二科主任徐云峰说。放疗后的患者回乡镇，可在医共体卫生院护理和检查，医生会下去查房，有什么问题医生会在微信群里及时指导卫生院医生，患者不用总跑市医院。天长两家市医院均设置了慢病管理部，不仅负责医共体内居民体检，还负责各类慢病人群的健康管理。不仅是治疗，疾病控制、妇幼保健等均参与公共卫生服务，实现诊前诊中诊后的全程管理。

在新街镇李坡村卫生室，记者看到了市中医院和该村卫生室的协议，以及三个档次的家庭医生签约服务包内容，恶性肿瘤患者的专用服务包也在列。村医郑家泉学会了不少中医诊疗技术，他说："这里也能进行中医康复治疗。"

安徽医科大学卫生管理学院副教授赵林海认为，天长在县域医共体内，通过按人头总额预付医保基金、医保支付方式改革，促使县、乡、村机构体制机制发生了改变，从疾病治疗转向健康促进，从追求医疗收入转向合理控制医疗费用增长。

"过去，我国医疗卫生服务体系一个很大的问题就是碎片化、防治割裂，不同医疗卫生机构之间同质化竞争，造成基层病人流失。如何构建整合型的医疗卫生服务体系，建立分级诊疗制度，打造以健康而不是以医疗为中心的新型服务体系，是改革的一个重要方面。天长医共体通过服务、利益、责任、发展的'四位一体'，实现上下联动、预防治疗康复联动、三医联动，代表着以健康为核心的新型服务模式和整合医疗卫生服务体系的发展方向。"代涛说。

代涛指出，天长的医改仍需要完善，如医共体内的激励相容机制需完善，提升基层能力和水平还需要一个长期的过程，医保支付方式改革需进一步探索，还需要推进家庭医生签约服务、加强信息化建设等。

在国家卫计委天长医改进展媒体沟通会上，国家卫计委体改司副司长姚建红提出，天长可以在新旧机制转换、服务模式转变、改革策略转换、支付方式转换、管理方式转换等5个方面再上新台阶。

后　记

　　我国正处于建成全面小康社会的攻坚阶段，发展成就显著，但基层治理问题也更加突出，改革步入了深水区。可以说，40 年前安徽省滁州市凤阳县小岗村的家庭联产承包责任制改革，成功解决了农民吃饭问题。但是在新时代，让农民个体富起来、农村集体强起来，解决城乡社会发展不均衡、不充分的问题，成为农村基层面临的新命题和新要求。作为改革尖兵和创新先锋的安徽省天长市，在"三权分置"和农村集体产权制度改革中，创新突破，探索出一条"让土地活起来"的新路径、新范本，给予了时代命题以有力回音。本书正是对这一重大创新实践的经验总结和理论提升。

　　2017 年 5 月，受天长市农委邀请，邓大才教授带领中国农村研究院调研团队一行 17 人赴天长市开展实地调查与研究，受到天长方面的热情接待和全力支持。调研组深入走访调研 10 余个村庄（社区）和 10 个新型农业经营主体，与农委各部门领导及相关负责人、乡村干部、基层群众多次座谈，深度访谈，得到了诸多改革创新启示，获得了一大批翔实的一手资料。在此基础上，进行经验总结，撰写典型个案，引发理论思考，为著作的最终完成提供了可靠保证。

　　本书是在天长市各级领导干部和基层群众的鼎力支持下完成的。天长市及各乡镇、社区干部对调研团队的实地调查提供了便利条件，对调研团队的生活、交通给予了细心照顾和周到安排，为调研工作的顺利开展打下了良好基础。锐意进取、敢为人先的天长市人民也全程参与了调研工作，对调研工作给予了全力配合，让我们深受感动，备受启发。如果没有天长干部群众的大胆创新和积极支持，《天长突破》这本著作是难以完成的。

中国农村研究院徐勇教授、邓大才教授为本书也付出了大量心血。一方面，在著作写作前给予了明确的思路和方向，强调了写作的重点、特点和突破点，对提纲框架进行了整体把关。另一方面，在写作进程中悉心指导，提出了诸多宝贵的修改意见。同时，及时匡正调研组在写作中的不足之处，并给予勉励督促。正是由于两位老师的耐心指导和辛勤付出，著作才能顺利完成。

本书序言由徐勇教授赐稿。全书分为理论篇、经验篇、个案篇三部分，附录为媒体报道情况，具体写作任务由中国农村研究院的博士和硕士生完成。其中，理论篇的导论部分由姜胜辉承担，第一章由邓佼、林圣蒙负责，第二章由肖超和杨怡云合著，第三章由林圣蒙、韩露执笔，李璐和韩帅共同完成了第四章，第五章由马静和陈新泰合作撰写，郭艳艳和欧阳倩完成了第六章的写作，结论部分由党亚飞梳理提升。个案篇由肖超、王柳青、张凯肖、任怡璇等共同完成。经验篇部分由党亚飞、姜胜辉、邓佼、林圣蒙、马静、肖超、张凯肖、欧阳倩、郭艳艳、李璐、韩帅、陈新泰、杨怡云、任怡璇、韩露等共同撰写而成。肖超、杨怡云、韩露为媒体报道的搜集与整理付出了较多精力。最后，由党亚飞对全书进行校对与统稿。

由于编著者实践与理论水平有限，写作中难免存在缺陷，在此真诚期望各位读者给予批评与雅正！

图书在版编目(CIP)数 据

天长突破：让土地活起来的农村产权改革／党亚飞
等著. -- 北京：社会科学文献出版社，2018.8
（智库书系. 地方经验研究）
ISBN 978-7-5201-3116-2

Ⅰ.①天… Ⅱ.①党… Ⅲ.①农村-产权制度改革-
研究-中国 Ⅳ.①F321.1

中国版本图书馆 CIP 数据核字（2018）第 161694 号

智库书系·地方经验研究

天长突破：让土地活起来的农村产权改革

著　　者／党亚飞　姜胜辉　邓　佼　等

出 版 人／谢寿光
项目统筹／王　绯　赵慧英
责任编辑／赵慧英

出　　版／社会科学文献出版社·社会政法分社（010）59367156
　　　　　地址：北京市北三环中路甲29号院华龙大厦　邮编：100029
　　　　　网址：www.ssap.com.cn
发　　行／市场营销中心（010）59367081　59367018
印　　装／三河市龙林印务有限公司

规　　格／开　本：787mm×1092mm　1/16
　　　　　印　张：22　字　数：344千字
版　　次／2018年8月第1版　2018年8月第1次印刷
书　　号／ISBN 978-7-5201-3116-2
定　　价／78.00元